本书为2019年度河北大学哲学社会科学重大培育项目"明清民国时期京津冀地区山西商人史料搜集整理与研究"（批准号：2019HPY024）的阶段性成果之一

Investigation of Villages
and Towns in the Taihang Mountain Area since
the Ming and Qing Dynasties

明清以来太行山地区村镇考察与研究

刘秋根 杨波 主编

中国社会科学出版社

图书在版编目（CIP）数据

明清以来太行山地区村镇考察与研究 / 刘秋根，杨波主编 . —北京：
中国社会科学出版社，2023.5
ISBN 978 - 7 - 5227 - 1673 - 2

Ⅰ . ①明… Ⅱ . ①刘…②杨… Ⅲ . ①太行山—山区—村落—调查
研究—明清时代 Ⅳ . ①K928.5

中国国家版本馆 CIP 数据核字（2023）第 050656 号

出 版 人	赵剑英
责任编辑	宋燕鹏 史丽清
责任校对	李 硕
责任印制	李寡寡

出 版	中国社会科学出版社
社 址	北京鼓楼西大街甲 158 号
邮 编	100720
网 址	http://www.csspw.cn
发 行 部	010 - 84083685
门 市 部	010 - 84029450
经 销	新华书店及其他书店

印刷装订	三河市华骏印务包装有限公司
版 次	2023 年 5 月第 1 版
印 次	2023 年 5 月第 1 次印刷

开 本	710 × 1000 1/16
印 张	28.5
插 页	2
字 数	439 千字
定 价	158.00 元

前　　言

　　本书书名里有两个关键词，一是"太行山地区"，一是"村镇"，这就引发了两个问题：我们为什么要研究太行山？为什么要研究这个地区的"村镇"？太行山地区作为自然地理概念也好，作为行政区划也好，毫无疑问是客观存在的，但这里所谓"太行山"地区，就其学理意义来说，则是社会经济史意义上的太行。那么作为社会经济史意义上的"太行山地区"，是否能够存在呢？如果与目前研究最为深入的江南地区或珠江三角洲地区，甚至四川地区、湖广地区作一个对比，似乎是有点理由不充足的，因为太行山地区虽然河流众多，但为太行山势所阻隔，是分散的，在本地航运的意义不大；这里不论东太行、西太行，还是南太行、北太行，都没有类似苏州、广州、汉口、成都这样的商品流通、资金供需、人才集聚的经济中心城市，谈不上向中心城市集中的商品、资金、劳动力流动，及中心城市对周边地区的经济辐射，故总的说来，这里也就谈不上区域内经济整合，形成区域性市场，或者说是一个实体的、有所整合的经济区域。

　　那么，"太行山"地区何以可以作为社会经济史的研究单元呢？以至于我们可以对这一地区进行考察与研究呢？通过数年的考察与体会，我觉得可能有以下几个因素：

　　第一，这里可能是全国庙宇最多的地方，既有在山林之中的寺院、道观，更多的是立在村落中、市镇内的各色大庙小寺。它们是村民的精神寄托之所，也是村民镇民陈情议事之处，更是各类问题、纠纷的处理场所，总而言之是一个范围大小不等的百姓的公共地点。庙中事务通常由村社管理，如有社中管不了的事，也常上诉到县级政府，故而庙宇又是村镇联系县政府的地方。而且各村镇庙宇虽然种类、建筑及神祇、开展各种村庄公共事务的形式多样，但也有不少的共性呈现出来，反映了至少一千年以来即北宋南渡以后的社会演变方面的某些规律性。

第二，为了建设这样的庙宇，不但有本地的村民捐献或是摊派，也有外地村社，甚至外县的民众捐献，更有本村本镇外出经商之人或商号捐献。为记叙这些庙、这些信仰，还有这些捐款，村社会立碑，一则因为总量够大，一则因为本地百姓的真正信仰，这些庙宇、碑刻就这样被保存下来了。有了全国单位面积内数量最多的庙宇及与之相联的碑刻。这为史学界提供了一座取之不尽、用之不竭的材料宝库。

第三，太行山地区为处理村社公共事务，自古以来便形成了一整套村社机构。经过长期演变，村社形成了一定组织形式的、有事权的、有经费的、有时还能跟县政府联系的民间组织。这样的组织在北宋南渡后，不但在传世文献中存在，而且在碑刻文献中生动地存在着。直至民国，随着抗战及20世纪50年代土地改革的开展，太行山地区在走向近代社会，这些村社才逐渐衰落。

第四，这一地区是山西商人崛起的核心区域，他们正是由太行山地区的村镇出发，走出山西，走向全国，走向海外，去买贱卖贵、去典当放贷、去生产开发，总而言之，去做一切能带来利润的事业。这一区域既有在明代就辉煌灿烂的泽潞商人、也有清代以后才兴旺的晋中、晋东商人。这样，贫瘠的、农业生产积累极低的太行山区在为华北、为全中国培养、输送商人、商业经营者，筹措并输出资本、资金，甚至输出经商的知识经验、乃至体制、机制、经营理念，这不值得我们深入地思考吗？这样的思考与研究是不是应该回到这些商人的故乡去呢？在古老村落之中、去庙宇之中、在古碑之下、在古道当中去体会、去思考呢？

与前面所谈区域问题相对照，与江南、珠三角、四川等地相比，我们认为太行山地区代表了另一种类型的区域。太行山地区以一个人口密度很低的山区为中心，将华北平原、黄土高原、草原地区、黄河流域等区域联系在了一起。一方面，太行山地区成为这些区域之间相互沟通交流的天然屏障，另一方面，也就成了这些区域之间交流的通道和走廊。由于历史的原因，宋代以来北方地区战乱灾荒频仍，平原地区破坏比较严重，保留下来的史料较少，山区的自然环境弹性更大，保留了更多的民间文献史料。太行山地区的这种特点更类似于布罗代尔所讨论的地中海地区，地中海同样是天然的地理屏障，也是周边区域沟通交流的通道和走廊。太行山地区的这种区域特征使得它更能够反映长时段的、动态的区域演变过程。因此，对太行山地区的研究具有非常重要的区域史、社会经济史研究价值。

中国比较系统的区域性市镇研究，是 20 世纪 80 年代中后期开始的江南市镇的研究，稍后的是珠江三角洲地区，以后扩展到两湖、江西乃至华北等地区。前期的市镇研究，主体当然是一种区域史的方法，研究一个时代商品经济、货币经济在自然经济中如何成长发展起来的中心思路，其中贯穿着资本主义萌芽、原始工业化、近代化的主体理论。与江南市镇经济比较，太行山地区的村镇主要有以下的显著特征：首先，太行山地区的市镇表现出相当明显的长时段延续特征，不少村镇甚至可以追溯到唐宋时期，其中一部分还保留着不少宋元时期的碑刻史料，这就使得长时段研究村镇的历史变迁成为可能。这在全国其他地区是很罕见的。其次，至少明中叶以后，这里的商品货币经济的发展也是明显的，尤其是在晋东南即泽潞地区，[①] 以丝绸生产、铁矿开采冶炼及铁货制造、运销为主体的生产之中，而且包括农业及其他手工业生产（如造纸业、染业、池盐业、烟业、粮食种植业），对于太行山地区而言，[②] 资本主义生产方式的萌芽无疑也产生了。最后，虽然太行山地区是一个地理上的闭塞区域，但整体上说，却是一种外向型经济，手工业、农业产品通过晋商走向全国市场，包括广阔的草原市场。20%、30% 甚至 40% 以上的人员外出或在本地从事工商业、服务业。至少在晚明以后，太行山地区已经不

---

① 所谓的晋东地区即平定、盂县等地也是类似产业，其经济变动也是如此。

② 尤其是在其西面，即山西的太行山地区。

再是一个纯粹的农业社会，而是农业、手工业和商业并重的社会。在社会层面，太行山地区已经呈现出和传统农业社会不同的特征。从长时段来看，太行山地区的村镇发展就可以分为宋元至明前期一个阶段，晚明以后是另一个阶段。在后一个阶段，经济出现新的生产方式特征，社会逐步走出传统单一的农业社会，这是我们把握太行山地区社会经济发展的一个基本认识。

本书大部分文章还是以传统的社会经济史理论与方法为主，当然也有社会史、文化史的方法。考察了明中叶以来，商品经济发展的状况，如商品生产、商人兴起、手工业、矿冶业的发展、本地商业进步、商品的运销、商人信仰、本村本镇商人在华北、全国乃至海外经营的字号、地域等，但无疑也有一些新的研究内容加持其中，如考察本地商人群体的形成、商业会馆在本地的作用及其功能、本地村社对经济事务的管理、商人信仰、本地商号及本村镇在外经营的商号对本村镇公益事业的捐献、本村本镇庙宇的修建等社会的、文化的要素。总的说来，我们试图在这两方面理论的指导下，把太行山地区明清民国以来的村镇呈现出一个有整体感的图景。①

本书按现在的行政区划包括三个部分，第一部分为张家口地区，大课题组成员对张家口市及其周围县市进行了多次田野考察，对相关民间文献包括碑刻、纸质契约文书、文物、古迹等，已经发表了一些论文，还有大型文献资料集正在编辑之中。这里只收录了王新磊、赵公智两位撰写的《清代商镇暖泉初探》，探讨了蔚县暖泉镇明清民国时期工商业的发展。第二部分是石家庄地区，收录了高雪莹撰写的《清代获鹿商业研究——以碑刻、票据和信稿为中心》，此文探讨了清代获鹿商业兴衰历程及经营特色。第三部分是山西的晋城地区高平市，包括王晶《明清以来山西高平汤王头工匠研究》、孟伟《明清以来的寺庄及寺庄商人研究——针对高平市寺庄村庙宇碑刻的考察》、《明清以来的康营

① 这当然不是说，要把每一个村镇都拿来作研究，实际上这也是不可能的，因为多数村镇并没那么多的有一定序列性的资料。故而本书的探讨还是带有举例说明的意义，我们力图对一个村、一个镇有一些整体性的探索，而不局限于"社会经济史"。当然如果可能以后还会做一些类似研究，以便提供更多的个案，以便对太行山村镇演变的整体特征有所把握。

及康营商人研究——针对高平市康营村庙宇碑刻的考察》、杨波《明清泽州茧用与市镇牙佣管理研究——以高平郭庄村为中心》、杨建庭《合会与清代民国时期乡村公共事务的经费问题——以太行山地区乡村庙宇修建为例》、张楠《明清时期南太行地区的金龙四大王》共六篇。第一篇重点考察高平市郊区汤王头村历史工匠群体的形成及其制度，同时对汤王头村清代前期以来外出经商的风气形成、大量汤王头人在外经商的情况进行了探讨。杨波关于茧用的文章，对高平市郭庄村清代中期以来的蚕丝买卖中付牙行的佣钱归谁使用的问题进行了个案研究，反映了郭庄商业的发展，说明了其周边区域作为桑蚕生产中心的历史事实，也说明了太行山地区一些村镇作为桑蚕种植养殖及蚕丝生产销售中心的事实。第二篇、第三篇则对高平市两个著名的古村落——寺庄村、康营村明清以来的历史文化进行了相对全面的探讨，两文先以庙宇、碑刻为中心对寺庄村、康营村的文化遗存作了全面概述，然后对这些文献中所蕴含的社会经济史问题如本地会、社问题，商业会馆问题、本地商业发展问题、本地外出经商的问题做了深入的考证与探讨。杨建庭的《合会与清代民国时期乡村公共事务的经费问题——以太行山地区乡村庙宇修建为例》一文主要以高平市永禄乡三个村的庙宇碑刻材料为主，以乡村庙宇建设为例，对太行山公共事务经费的筹措做了深入的研究。张楠《明清时期南太行地区的金龙四大王》则论述了由外地传入晋南地区保佑水路平安的金龙四大王信仰的形成、庙宇的修建、金龙四大王神灵形象的维护等方面的问题。第三部分为晋城地区泽州县。共两篇论文——张林峰的《清代泽潞地区的手工业集镇发展的个案研究》、黄振华《清代至民国时期泽州铁业研究——以大阳镇为中心》。前者以传世文献为对泽潞地区冶炼业的生产与销售情况及铁冶重地周纂镇的铁冶、制针作了具体研究。后者以档案材料及碑刻材料为主对明清泽州府暨现代晋城为中心的冶铁业进行了细致探讨，包括生产技术、组织、销售等，同时对以大阳为中心的针的制造行业进行了个案考察，并对大阳商人的针神信仰、商人对公益事业的捐献等问题也进行了考证。

　　本书作为国家社科基金重大招标项目——《山西民间契约文书搜集整理与研究》的成果之一，虽主要运用的是碑刻材料，但是一则这些海量的碑刻中也存在不少契约文书，另外，更重要的是，本课题组所整理的、所搜集到的契约文书主体就是商人商业文书，而这些以碑刻为主体材料所做的研究在相当程度上反映了商人回到家乡后他们的所思所想所为，是我们探索山西暨太行山地区商人的一条重要途径。毕竟村镇才是商人的家。将本书作为大课题结题成果之主要目的盖在于此。

当然除社会经济史、文化史之外，在这些村镇的碑刻文献史料、实物史料、口述史料、风俗遗存史料、契约文书史料、古建筑史料中还蕴含着无比丰富的社会、文化、艺术、政治等其他多个方面极为丰富的信息，还值得我们从多个方面进行探索。这些东西与全中国留存最多的古建筑、甚至整体保留的古村、古镇、大院，壮美的自然风光，还有与太行群山中还生动地存活的红色故事、红色文化相结合，这应能成就太行山地区作为全中国内容最为丰富生动的文化旅游资源聚集地的荣光，故而对这一地区古村镇进行全面研究是一个长期的过程，本书只是做了个小小的尝试。另外，本书大部分论文还附录了搜集到的碑刻资料，我想这对读者全面认识太行山区会有益处。

本书的形成是河北大学特聘教授孟伟、河北大学宋史研究中心、中国社会经济史研究所兼职研究员杨波领导的团队①对以高平为中心的晋东南地区、平定县及阳泉市郊区大量村镇进行田野考察及学术研究的结果，我要感谢他们二位，作为太行山地区村镇田野考察的发起者、领导者，走遍了太行山地区千村万镇、踏遍了太行山的山山水水，搜集了大量资料，而且摸索形成以社会经济史、地方信仰为核心的田野考察的规范、方法、工作流程，如怎样测量、定位、拍照，晚上回来后，如何录入碑上文字，如何开展讨论，如何总结经验、提出问题等等。考察完之后，所有资料全部提供给参加考察的各高校同学们使用，甚至并不局限于此。以上王新磊、赵公智、王晶、陈添翼、刘建哲、黄振华、张林峰等同学就是在这样的支持甚至指导之下，完成他们的论文的（其中一部分是硕士论文），这些作者绝大部分是国

─────────────

① 团队成员包括山西师大、南开大学、河北大学等单位。

家社科基金重大招标项目——《山西民间契约文书搜集整理与研究》各子课题的成员。我也参与了这一工作，后来我也带领河北大学中国史专业中国社会经济史方向的博士生、硕士生同学对张家口及周边村镇、城堡，还有以忻州商人为中心的一些村镇，及著名商品转运中心——获鹿做了多次田野考察及学术研究。在进村进庙、上山下岭的过程中，使我对太行山地区、对山西、对晋商乃至对华北历史、明清社会经济史的认识与体悟，有了重大的提升，而编辑本书的创意便是在辗转太行村镇的山路上形成的。我相信此书对我们认识太行、认识山西、认识晋商，乃至认识华北及明清市镇经济都具有一定的积极意义。

刘秋根

2020 年 3 月 22 日于保定市七一路迎宾宅

目　　录

晋城地区——泽州县

张家口地区——蔚县

清代商镇暖泉初探

王新磊　赵公智

摘　要： 暖泉是清代蔚县重要的商业集镇，在顺治年间就有了较大的发展，成为蔚县"八大商镇"之一。暖泉商业的发展主要得益于交通优势，两条重要的商道从暖泉经过，一条是连接蔚县和山西广灵的商道，同时也是连接山西北部地区和北京的商道。一条是连接山西北部和保定地区的商道。此外，暖泉本地也有发达的手工业，其中以缸房、油房较为突出。多种内部因素和外部因素使暖泉成为整个"蔚县—广灵"盆地的重要商镇。

关键词： 暖泉；商镇；商路；工商业

暖泉位于河北省蔚县西部，是蔚县下辖的一个镇。清代民国时期，蔚县形成了"八大商镇"[①]，暖泉就是其中之一。目前学术界对暖泉的关注多集中在古建筑和传统文化领域，主要成果有杨佳音的硕士学位论文《河北省蔚县历史文化村镇建筑文化特色研究——以暖泉镇为例》[②] 从建筑文化的视角分析了暖泉的建筑特色，罗德胤的《暖泉——固若金汤的

[①]　蔚县八大商镇指：蔚县城、暖泉镇、代王城镇、西合营镇、北水泉镇、吉家庄镇、桃花镇、白乐镇。

[②]　杨佳音：《河北省蔚县历史文化村镇建筑文化特色研究——以暖泉镇为例》，硕士学位论文，河北工业大学，2012 年。

城堡古镇》① 从建筑、集市等角度介绍了暖泉。此外，还有一些对暖泉打树花等传统文化介绍的文学性作品。以上大多没有深入探究建筑和文化背后的经济问题②，主要原因还是暖泉留下的商业史料较少并且零散。只是少量的散布在蔚县地方志和一些本地区的碑刻中。本文拟从社会经济史研究的视角，利用方志和碑刻材料对清代暖泉工商业的发展进行初步的探究。

一　暖泉概况

暖泉，得名于泉水，泉水源于村中，"其水澄清如鉴，三冬不冻，故云"③。暖泉有"三堡、六巷、十八庄"之称，其核心还是暖泉三堡，即北官堡、西古堡、中小堡。三堡修建时间不一，最晚到明朝崇祯年间已经形成了暖泉三堡的格局④。经过清代不断的修缮、扩建，暖泉已经形成了集"军事防御、商业集市、手工业生产"于一体的重镇，无论是建筑水平还是商业发展水平，在蔚县所有市镇中都是首屈一指的。

在暖泉三堡中，尤以西古堡规模最大。该村堡建于明代嘉靖年间，重建、增建于清代顺治、康熙时期。西古堡呈方形，边长200米，古堡总平面呈"国"字形，"一条街，三道巷、一官井、更道环堡一圈走"是对该堡形制的概括。⑤ 古堡中的瓮城、民居、寺庙、戏台等建筑都非常精美宏伟。这些建筑背后是暖泉繁荣的商业。

在西古堡西北方向有一"西券门"与西市相连，西市就是一条七八米宽的街道，店铺分列于南北两侧，这里就是清代暖泉最为繁华的商业街。西市的东头分出上街和下街。上下两街的尽头是一片空地，也称

---

① 罗德胤：《暖泉——固若金汤的城堡古镇》，《中国遗产》2016年第1期，第137—138页。

② 刘秋根、杨伟东在《清代中后期暖泉镇商业概况及其变迁——暖泉镇中小堡村关帝庙碑文研究》（《保定学院学报》2017年第1期）一文以暖泉中小堡碑刻为材料分析了清朝中后期暖泉商业的变迁。

③ 光绪《蔚州志》卷四，清光绪三年刻本。

④ 崇祯《蔚州志》卷四，明崇祯钞本。

⑤ 杨建军：《蔚县历史文化名村——西古堡》，《蔚县文史资料选辑》第10辑，内部刊物，第67—68页。

"河滩"，每逢集日商家都在这里设摊，河滩东为草市街，西为米粮市。河滩是暖泉的公共地带、庙宇的聚集区，一般公共活动，例如庙会、集市都在这里举行。西市、上街、下街和河滩共同组成了暖泉的集市。①

二　暖泉集市的发展

暖泉集形成的时间已经无从考证，在《董氏家族与暖泉古建筑》一文中提到董汝翠（萃）买集："清代之前，暖泉还没有形成商业集市，西乡一带均到暖泉东南 3 华里的辛孟庄去赶集，人们称之为'千家集'，是蔚县西部最为繁华的商业综合贸易物资集散地。在顺治年间，辛孟庄因一场洪水冲毁了大部分的房舍，商业巨子董汝翠（萃）趁机在暖泉设立集市，一时间四方商贾纷至沓来。暖泉取代了辛孟庄的商业地位，成为蔚县西部重要的商业集镇。"② 据崇祯《蔚州志》可以看出，明崇祯时期暖泉村已经有了集市③，清初顺治时期是暖泉集镇大发展的时期，已经具有了较大的规模。例如，顺治《蔚州志》记载蔚县集市如下④：

常宁村集（今废）　　鸦儿涧集（今废）

黄梅寺集（今废）　　西合营集（州属）

吉家庄集（卫属）　　桃花堡集（卫属）

水泉儿集（卫属）　　白乐村集（卫属）

暖泉村集（州属）　　小关村集（今废）

可以看出，顺治时期蔚县全县共有 6 处集市，暖泉村集和西合营集为州属，其他集市为卫属。暖泉集成为蔚县西部最大的集镇，暖泉、蔚州城、西合营三镇由西、中、东连成一条线，成为蔚县商业的核心地区。

---

① 罗德胤：《暖泉——固若金汤的城堡古镇》，第137—138页。

② 贾晓：《董氏家族与暖泉古建筑》，《蔚县文史资料选辑》第 13 辑，内部刊物，第67—68页。

③ 崇祯《蔚州志》卷四，明崇祯钞本。

④ 顺治《蔚州志》卷之上《市集名》，清顺治十六年刻本。

光绪《蔚州志》镇集记载如下①：

　　暖泉堡二、五、八日　西合营四、九日　代王城二、七日　吉
家庄一、六日

　　白乐站、桃花堡并五、十日　北水泉、百草窑并三、八日

在蔚县所有镇集中，只有暖泉集为每旬三集，其他镇集为每旬两集。暖泉集期较其他集镇更多，可以看出暖泉商业贸易更为频繁。经过清朝前中期的发展，到光绪时期，暖泉镇的商业地位要超过其他的镇，成为蔚县继蔚州城以外的第二大商业集镇。

集市是古代商业贸易的重要场所，是农村和城市经济交流的重要载体。根据县志记载，在暖泉周围的阳眷镇、南留庄镇、下宫村乡等地区都没有集市，广灵县东部的蕉山乡、加斗乡等地区也没有集市。这些乡镇距离县城较远，大多需要在暖泉购买商品和出售农产品，广灵东部、蔚县西部广大农业地区通过暖泉集镇和外地建立经济联系，暖泉也成为蔚县—广灵盆地的次经济中心，成为广灵县城、蔚县县城区域经济中心，也成为两大区域经济中心与广大农村地区交流的中间集镇。

三　暖泉工商业

清代暖泉商业的突出发展表现在有大量的工商业字号，与暖泉商业字号的相关史料散布一些碑刻上，碑刻主要分为两种情况，暖泉本地碑刻和外地碑刻，现将涉及暖泉的商业字号碑刻材料整理如下：

一　暖泉碑刻

（一）暖泉西市关圣庙重造供器碑记②

刊刻于乾隆三十一年（1766），现存于暖泉镇中小堡关帝庙内，为壁

---

① 光绪《蔚州志》卷六《镇集》，清光绪三年刻本。

② 邓庆平、赵世瑜：《蔚县碑铭辑录》，广西师范大学出版社 2009 年版，第 496 页。

碑，高 39 厘米，宽 55 厘米。碑文中有永康当、广盛铺等 57 个字号捐款情况。个别字号漫漶不清。

（二）暖泉西市关圣庙造供器碑①

刊刻于乾隆四十五年（1780），现存于暖泉镇中小堡关帝庙内，为壁碑，高 40 厘米，宽 67 厘米。碑文中有永顺局、永兴当等 43 个字号捐款情况。有一部分漫漶不清。

（三）暖泉西市关帝庙重修供器碑记②

刊刻于嘉庆三年（1799），现存于暖泉镇中小堡关帝庙内，为壁碑，高 35 厘米，宽 77 厘米。碑文中有聚金当、泽字铺等 63 个字号捐款情况。

（四）重修关帝庙供器碑③

刊刻于光绪六年（1880），现存于暖泉镇中小堡关帝庙内，为壁碑，高 58 厘米，宽 86 厘米。碑文中有兴泰当、庆生成等 61 个字号捐款情况。

二　外地碑刻

（一）重修玉泉寺碑记④

刊刻于乾隆三十五年（1770），现存于下宫村乡浮图村玉泉寺内，碑高 166 厘米，宽 71 厘米，厚 20 厘米。碑阴中有盛字铺、泽字铺等 15 个暖泉字号捐款情况。部分字号漫漶不清。

（二）新建禅房九间收支碑⑤

刊刻于嘉庆十七年（1812），现存于广灵县城北千福山庙内，碑高 170 厘米，宽 68 厘米，厚 17 厘米。碑阳记录了从嘉庆十三年到嘉庆十七年通过募化集资新建禅房九间，其中有协盛恒、三合铺等 10 个暖泉字号捐款情况。

---

① 邓庆平、赵世瑜：《蔚县碑铭辑录》，第 500 页。
② 邓庆平、赵世瑜：《蔚县碑铭辑录》，第 504 页。
③ 邓庆平、赵世瑜：《蔚县碑铭辑录》，第 508 页。
④ 邓庆平、赵世瑜：《蔚县碑铭辑录》，第 232 页。
⑤ 刘祖福等：《三晋石刻大全·广灵县卷》，三晋出版社 2003 年版，第 160 页。

（三）玉泉寺布施碑①

刊刻于嘉庆十九年（1814），现存于下宫村乡浮图村玉泉寺内，碑高212厘米，宽72厘米，厚18厘米。碑阳、碑阴中有复成油房、源金当等54个暖泉字号捐款情况。

（四）玉泉寺创建千佛道场善会碑记②

刊刻于道光十六年（1836），现存于下宫村乡浮图村玉泉寺内，碑额高76厘米，宽70厘米，厚26厘米。碑身高165厘米，宽70厘米，厚24厘米。有圭形碑座。碑阴中有仁裕当、裕盛钱铺等46个暖泉字号捐款情况。

（五）释迦寺重修传戒碑记③

刊刻于道光十七年（1837），现存于蔚州镇释迦寺院内，碑高183厘米，宽74厘米，厚17厘米。本碑为残碑，有一部分文字漫漶不清。碑阴中还能看出有海城当、仁裕当和淳裕当等3个暖泉字号捐款情况。

（六）玉泉山寺重修碑记④

刊刻于咸丰二年（1852），现存于下宫村乡浮图村玉泉寺内，高205厘米，宽69厘米，厚21厘米。碑阳、碑阴中有义成油铺、兴泰油房等69个暖泉字号捐款情况。

（七）重修玉泉寺创建水青阁碑记⑤

刊刻于光绪二年（1876），现存于下宫村乡浮图村玉泉寺内，碑高193厘米，宽70厘米，厚19厘米。碑阴中有福源恒、元泰店等8个暖泉字号捐款情况。

（八）重修蔚州北城玉皇碑记⑥

刊刻于光绪三十二年（1906），现存于蔚州镇玉皇阁内，碑额高93

---

① 邓庆平、赵世瑜：《蔚县碑铭辑录》，第238页。
② 邓庆平、赵世瑜：《蔚县碑铭辑录》，第248页。
③ 邓庆平、赵世瑜：《蔚县碑铭辑录》，第36页。
④ 邓庆平、赵世瑜：《蔚县碑铭辑录》，第260页。
⑤ 邓庆平、赵世瑜：《蔚县碑铭辑录》，第274页。
⑥ 邓庆平、赵世瑜：《蔚县碑铭辑录》，第126页。

厘米，宽 99 厘米，厚 22 厘米，碑身高 214 厘米，宽 95 厘米，厚 21 厘米，有长方形碑座。碑阴中有德源当、庆生成等 71 个暖泉字号捐款情况。

（九）重泰寺布施碑①

刊刻年代不祥，根据捐款字号与其他碑刻对比，大概时间为同治或光绪初年，现存于涌泉庄崇泰寺碑亭内，碑额高 76 厘米，宽 72 厘米，厚 23 厘米，碑身高 183 厘米，宽 73 厘米，厚 24 厘米。碑阳中有永成帽铺、庆生源等 64 个暖泉字号捐款情况。

（十）千福山捐款商号②

清代立，具体时间不祥，现存于广灵县城北千福山庙内，碑高 158 厘米，宽 68 厘米，厚 17 厘米。此碑为捐施碑，碑文中有泽字铺、堆金铺等 10 个暖泉字号捐款情况。

十四通碑刻共出现商号 574 次，可以看出暖泉有大量的店铺，暖泉的商业不仅仅在集期内繁荣，在其他时间中商业活动也较为频繁。

暖泉商业字号不仅仅为本地的寺庙捐钱，也多为外地寺庙捐款，现将暖泉字号在外地捐款列于下表：

序号	捐款地点	寺庙	捐款商号数量
1	蔚县下宫村乡浮图村	玉泉寺	192 个
2	蔚县县城	释迦寺	3 个
3	蔚县县城	玉皇阁	71 个
4	山西省广灵县城北	千福山庙	20 个
5	蔚县涌泉庄乡	重泰寺	64 个

通过上表可以看出，暖泉商号外地捐款主要是四个地方：蔚县县城、广灵县县城、蔚县浮图村、蔚县涌泉庄。暖泉商人为蔚县县城和广灵县县城的寺庙捐款，说明暖泉商业和两地区商业联系密切，暖泉是连

---

① 邓庆平、赵世瑜：《蔚县碑铭辑录》，第 546 页。
② 刘祖福等：《三晋石刻大全·广灵县卷》，第 273 页。

接蔚县和广灵的商业要地。此外，"广灵县县城——暖泉——蔚县县城一线"也是连接山西北部和北京地区的重要商路，大量的晋商沿着这条商路到达北京。商人的往来促进了三地的经济交流，也推动了暖泉的商业发展。

上表还反映出另外一个现象，暖泉字号对蔚县浮图村玉泉寺捐款次数非常多，时间跨度长，从乾隆三十五年持续到光绪二十三年。之所以出现这一现象，还要从蔚县的另外一条商道说起。蔚县有一条连接华北平原的要道——飞狐古道，是"太行八陉"之一，位于太行山和燕山、恒山山脉的交接点，在蔚州东南与易州（今河北易县）广昌县（今河北涞源县）相连①。大量商人从山西、蔚县等地经飞狐古道来华北平原经商，而浮图村正位于暖泉到飞狐峪入口的商路上，这样从山西大同、广灵去往飞狐古道就可以从暖泉经浮图村到达。此外还有大量山西广灵县商号为玉泉寺的捐款②，从而也可以看到广灵、暖泉与保定等华北平原地区的商业联系。

四　暖泉商铺类型及主要手工业

暖泉字号捐款的碑文中，有一部分可以看出商铺所经营的行业，主要的商户类型有：缸房、油房、油铺、肉铺、当铺、衣铺、帽铺、麻铺、药铺、米店、饼铺、面铺、纸房、糖房、铁炉、砖厂、钱铺、饭铺、菜摊、糕铺、酒铺、麻房、扛房、木铺、粉房、染房、烟铺、猪店等等，工商业种类众多。其中较为主要的是与农产品相关的加工、销售型店铺和金融当铺型店铺。有196个商铺可以看出其经营的行业类型。其中缸房54家，占比27.5%。油房、油铺42家，占比21.4%。可见缸房和油房是暖泉地区重点商业种类，也恰恰说明暖泉农业和手工业促进了商业的繁荣。

缸房业即酿酒业，缸房即酿酒的作坊。因在酿酒时以大缸为酿酒的

---

① 光绪《蔚州志》卷五《关隘》，清光绪三年刻本。
② 刘祖福等《三晋石刻大全·广灵县卷》，第261页。

容器，又被形象地称为缸房，而酿酒的人家被称为缸户。缸房根据使用原料不同，可以分为两种情况：黄酒酿造和白酒酿造。黄酒以黄米为原料，黄米又称黍。白酒的酿造主要使用高粱，乾隆蔚县县志记载："蜀秫，俗名高粮，干叶俱如蔗而长，亦可酿酒。"① 缸房对粮食的消耗量非常大，《宣化府志》记载，"缸房一座中，少者数缸，多者至三五十缸。每口尽烧自一二缸至五六缸不等。需要七八日轮辅一次，而缸口又有大小。每口每缸所烧粮石自六斗至一石二斗不等"②，一个有三十口缸的普通缸房每七天就要消耗三十石左右的粮食。而暖泉周围大量的粮田为缸房业的发展提供了支撑。

缸房每年烧酒的时间是有限的，"一年内开缸停止虽无定期，而暑月易于作酸，寒月天不能发变。又每当青黄不接之季粮价既昂，烧缸减利往往自行停止，大率一岁中二三八九十月蒸烧为多"③。缸房酿酒又可以和农业生产时间错开，酿酒种田两不误，这也是缸房较多的重要原因。暖泉又有酒的广阔市场，本地人口聚集商贾众多，再加上行商把大量酒带到外地销售，多种条件促进了暖泉缸房业的发展，蔚县在清末被称为"塞外酒郡"。

暖泉地区的油房多产麻油，胡麻油、菜籽油、麻子油统称为麻油，主要原料就是胡麻、麻子和菜籽，油液呈黄褐色。纯胡麻油为最佳，胡麻油、菜籽油混合次之，纯菜籽或麻子油最次。崇祯《蔚州志》在物产中提到有麻子，④ 广灵县志在物产中也提到"麻子、胡麻"⑤，周围大量原料种植，为暖泉油房提供了大量的原料，又因为暖泉处于商业要道，麻油又被带到各地的市场上销售。

此外，暖泉也有大量的饭铺和肉铺，这些都是为来往商旅和本地商人服务的。大量商人消费也推动了暖泉商业的繁荣。

① 乾隆《蔚县志》志之十五，乾隆四年刊本。
② 乾隆《宣化府续修志》志之一，清乾隆八年修二十二年订补重刊本。
③ 乾隆《宣化府续修志》志之一，清乾隆八年修二十二年订补重刊本。
④ 崇祯《蔚州志》卷之上《物产》，明崇祯钞本。
⑤ 乾隆《广灵县志》卷四，清乾隆十九年刊本。

五　结语

　　暖泉商镇的形成和商业迅速发展是多方面因素造成的。首先，暖泉独特的地理交通优势，暖泉距离蔚县县城三十里，而蔚县"西至广灵县六十里，由暖泉"①。暖泉正好位于两县中间位置，是连接两县交通的要道上，也是连接山西北部与北京地区的重要商道。同时由山西北部经过暖泉，再由飞狐古道到达保定等地，由于地理位置特殊，暖泉成为两条商路的重要节点。暖泉有大量过路的商旅，为暖泉商业的发展不断注入活力。其次，暖泉周围的农业、手工业较为发达，为商业提供了基础。蔚县南北均为山地，中间是广阔的平原，形成了"蔚县—广灵"盆地，暖泉正处在平原的中心位置，并且暖泉周围有丰富的水源，暖泉泉水"民利灌溉种杭稻麻，遇旱祈雨辄应池内"②，使暖泉周围盛产稻、麻、高粱、荞麦等农作物。暖泉镇手工业也相当发达，暖泉"六巷"中就有油房巷和皮房巷，为商业的发展提供手工业产品。第三，暖泉商业的发展得到了政府支持，县志中记载"西合营、暖泉村两集，小税于顺治十六年二月内，州守李公英虑集蠹借端科敛，除马骡等税外悉罢"③。蔚州州守免去杂税，规范市场的行为有利于暖泉集镇的健康发展，在一定程度上减轻了商人的负担，促进了商业的发展。第四，本地商人的努力也是暖泉发展的重要原因，大商人董汝萃就是典型的代表。顺治时期董汝萃因"广灵长堑阻行人，乃独自行成石梁通往来"④，使广灵到暖泉的道路更为通畅。顺治十一年（1654）春发生饥荒，董汝萃又在暖泉施粥救民，从二月到三月，使百姓度过饥荒⑤。以董汝萃为代表的商人为暖泉商业的发展也做出了卓越的贡献。以上因素，使暖泉商业快速发展，暖泉成为蔚县西部最主要的商镇。

---

① 顺治《蔚州志》卷之上《疆域》，清顺治十六年刻本。
② 崇祯《蔚州志》卷之一《山川》，明崇祯钞本。
③ 顺治《蔚州志》卷之上《市集名》，清顺治十六年刻本。
④ 光绪《蔚州志》志十五，清光绪三年刻本。
⑤ 顺治《蔚州志》卷之下，清顺治十六年刻本。

　　暖泉在清代快速发展是外部条件和自身条件共同作用的结果。暖泉也成为蔚县—广灵盆地的次经济中心，暖泉的商业地位尤为突出。民国时期，随着张家口商业和晋商的日落西山，暖泉的商业也随之衰落。再加上抗日战争时期战争对商业的破坏，使暖泉商业深受打击。新中国成立后，连接蔚县和广灵的公路绕开了暖泉，飞狐古道不再使用，使得暖泉的商业地位再也没有恢复，原来的暖泉古镇失去了往日的商业辉煌。

　　近些年暖泉古镇依托本地区古建筑和传统民间技艺打树花，大力发展旅游业，使古镇焕发了新的活力。而在古建筑和传统文化背后，则是清代暖泉商业的繁荣，本文希望通过深入挖掘暖泉辉煌的商业，为暖泉旅游业的发展提供有力的支撑，也为暖泉旅游文化的提升贡献自己的绵薄之力。

石家庄地区——获鹿

清代获鹿县商业发展
——以碑刻、票据和信稿为中心

高雪莹

　　摘　要：获鹿作为重要关口，商业重镇，其商业最晚于乾隆三十六年（1771）已十分发达，一直延续到光绪三十三年（1907）都十分繁荣。1907年正太铁路修建以后，商业中心逐渐从获鹿县城东移至石家庄村。其中受交通方式变革影响最大的，当属驼店。而相对来说，经营棉花、杂货行和布行等行业的店铺则受其影响较小。本文旨在梳理获鹿商业的发展历程和商业分布，又以花行和布行为例，剖析不同时期各行业的发展模式。最后以运输行业为例，对交通方式变革给商业带来的影响进行分析。

　　关键词：获鹿；发展历程；经营模式；影响

　　获鹿物产资源丰富，地理位置特殊，明末清初时已成为商户聚集之地，后更是享有"一京、二卫、三通州，比不上获鹿的旱码头"① 的美誉。获鹿作为连接直隶和山陕的重要纽带，在晋冀商业往来中发挥了重要作用，对清代时期获鹿商业发展进行分析具有重要的学术意义。

　　目前关于获鹿县的研究成果多集中于军事、政治和社会等方面，对

---

① "一京二卫三通州，京指北京，卫指天津，通州即现在的通州"，"三省通衢"三省指山西、陕西和绥远。

于经济未见专门的论述。梁勇《石家庄通史·古代卷》① 和《石家庄史志论稿》、② 戴建兵《传统府县社会经济环境史料（1912—1949）——以石家庄为中心》③ 均在谈及石家庄时对获鹿略有涉及。鹿泉志叟《获鹿旱码头旧事》④ 一文，运用口述史资料，结合自身的经历和其他辅助性材料，对获鹿旱码头进行考证，但缺乏客观史料。因此本文旨在以获鹿西会馆现存碑刻，梳理获鹿商业发展历程，利用《晋商史料集成》中所收相关票据和信稿资料，探讨获鹿商业的经营模式，以期对获鹿商业发展做出初步探讨。

一　获鹿县简介

获鹿县位于河北省的中部，石家庄市西部，现为石家庄市鹿泉区。清朝设立之初，延续明朝建制，获鹿县归真定府管辖。雍正元年（1723），改真定为正定，获鹿归正定府。民国二年（1913）废州府，各县直辖于省。不久全省设道，获鹿属范阳道。获鹿县东接正定，西依太行，南接栾城、元氏县，北临平山、灵寿，连接晋冀，具有得天独厚的地理优势。由于地形地势不同，山西境内主要依靠骡车或者驴车驮运，河北境内使用马车运输，商品由晋入冀需在获鹿换乘，获鹿商业因此而逐渐繁荣。

二　获鹿商业发展历程

（一）清朝中期——繁荣阶段

西会馆位于原获鹿县城西南部牛山山坡处，坐北朝南，为山西商人

① 梁勇主编：《石家庄通史·古代卷》，河北人民出版社 2010 年版。
② 梁勇：《石家庄史志论稿》，河北教育出版社 1988 年版。
③ 戴建兵：《传统府县社会经济环境史料（1912—1949）——以石家庄为中心》，天津古籍出版社 2011 年版。
④ 鹿泉志叟：《获鹿旱码头旧事》，《当代人》2017 年第 2 期，第 52—56 页。

所建。会馆留存的 6 座①碑刻，主要分布于清代中后期，时间最早为乾隆四十八年（1783），最晚为宣统三年（1911），碑刻中保留很多信息，为研究获鹿商业提供重要资料参考，现整理如下：

乾隆四十八年《创修晋鹿会馆各字号□□碑记》，方首方趺，位于鹿泉西会馆旧址新建小院内，高 229 厘米，宽 95 厘米，厚 29 厘米，碑座宽 125 厘米，厚 72 厘米，高 45 厘米。

乾隆四十九年《创建晋鹿会馆众会□□碑记》，方首方趺，位于鹿泉西会馆旧址新建小院内，高 229 厘米，宽 95 厘米，厚 29 厘米，碑座宽 125 厘米，厚 64 厘米，高 41 厘米。

乾隆五十七年《晋鹿会馆制膳养地碑记》，方首方趺，位于鹿泉西会馆旧址新建小院内，高 229 厘米，宽 95 厘米，厚 29 厘米，碑座宽 125 厘米，厚 64 厘米，高 41 厘米。

嘉庆十八年《无题名碑》，圭首方趺，位于鹿泉西会馆旧址新建小院内，高 190 厘米，宽 81 厘米，厚 26 厘米，碑座宽 100 厘米，厚 61 厘米，高 30 厘米，碑首高 58 厘米。

道光十五年《补修会馆碑记》，方首方趺，位于鹿泉西会馆旧址新建小院内，高 232 厘米，宽 92 厘米，厚 29 厘米，碑座宽 110 厘米，厚 61 厘米，高 27 厘米。

宣统三年《补修西会馆碑记》，位于鹿泉西会馆旧址新建小院内，高 186 厘米，宽 79 厘米，厚 23 厘米，碑座宽 100 厘米，厚 60 厘米，高 26 厘米。

注：乾隆四十八年《创修晋鹿会馆各字号□□碑记》和嘉庆十八年《无题名碑》因年代久远，字迹漫漶，大部分文字难以识读。

从西会馆修建时间来看，碑刻中两次出现"斯庙之建始于乾隆三十

---

① 乾隆四十九年与乾隆五十七年碑为同一碑刻原石，因碑阳、碑阴纪年与内容不同，本文将其视为两座碑。

六年"、①"庙创建于乾隆三十六年，迄今已百有余年矣"②的记载，因而可推断获鹿西会馆的修建时间最早可追溯至乾隆三十六年（1771），证明此时已有山西商人来获鹿经商。

会馆碑刻对捐资商号和个人有详细记载：

表1　　　　　　　获鹿西会馆碑刻整理一览

乾隆四十九年·创建晋鹿会馆众会□□碑记			
分类	个数	钱数	总计
商号	85 家	5424.8 两	5535.8 两
个人	5 个	111 两	
乾隆五十七年·晋鹿会馆制膳养地碑记			
商号	72 家	580800 文	583200 文
个人	2 个	2400 文	
道光十五年·补修会馆碑记			
商号	101 家	2182800 文	2182800 文
宣统三年·补修西会馆碑记			
商号	31 家	750000 文	750000 文

据表1统计，从乾隆四十九年（1784）到道光十五年（1835），参与捐资的商号数量变动不大，最少时为乾隆五十七年（1792）有72家，最多时为道光十五年（1835）有101家。而宣统三年（1911）参与捐资的商号与前期相差40到70余家，造成商号大规模减少的原因，《补修西会馆碑记》给出详细的解释："铁轨维横之际，获邑城关生意颇形萧索。"③即1907年正太铁路修建，石家庄成为新的交通枢纽，部分商业转向石家庄村，获鹿生意逐渐萧索。

另据乾隆四十九年（1784）《创建晋鹿会馆众会□□碑记》载，既

① 《补修会馆碑记》，位于鹿泉西会馆。
② 《补修会馆碑记》，位于鹿泉西会馆。
③ 《补修西会馆碑记》，位于鹿泉西会馆。

翕号捐资数额最大，达 600 两；世丰当捐资数额虽少，亦有 15 两。乾隆五十七年（1792）《晋鹿会馆制膳养地碑记》载人和号捐资数额最大，65000 文，约为银 65 两；隆盛纸铺、永盛号、天兴号、白万全号、发昌号、四合店均捐款 400 文，约为 0.4 两，属捐款数额最少的商号。道光十五年（1835）《补修会馆碑记》上载万裕号和义合号捐资数额最大，二者均为 110000 文，约计白银 84—110 两之间；"西□□、会□□、新泰号、和成号、泰兴号、合泰号、顺合公、隆盛号、大顺□、大合成、义兴号、合成号、大兴号、天瑞号、义□店、□□号、同兴号、吉成公、悠久成、顺兴店、恒顺号、丰源号、积隆，以上共施钱壹佰贰拾千文"① 每家商号约捐资 5217 文，不到 5 两。宣统三年（1911），钱行每家捐钱 23529 文，杂货行每家捐钱 31250 文，花行每家捐钱 16667 文，捐款最多时也少于 30 两。综上所述，不同时间段捐款数额不一，但是宣统三年（1911）的各家捐款数额明显较前三次捐款数额变少，由此可见获鹿商业此时规模缩小，商业繁荣度也有所下降。

无独有偶，从总的捐资数额上也可看出变化。乾隆四十九年（1784）时捐资 5525.8 两；乾隆五十七年（1792）时捐资 583200 文，除此之外"捐项不足，预支地租钱壹佰零壹千壹佰柒拾文"②，合计 684370 文，约为 684.37 两；道光十五年（1835）合计 2602800 文，约为 1984—1679 两③；宣统三年（1911）合计 750000，即使按一两等于 1000 文算，只有 750 两，然实际一两远不止 1000 文。由此可见，商号捐资数额在宣统三年（1911）时出现大幅度下降。

碑刻中除去对捐资商号数量有所记载，部分碑刻对商号还进行分类统计，从中可窥探当时获鹿县的商业结构，详见下表：

---

① 《补修会馆碑记》，位于鹿泉西会馆。
② 《晋鹿会馆制膳养地碑记》，位于鹿泉西会馆。
③ 乾隆五十七年一两等于 1000 文，道光十五年一两约等于 1100—1300 文（以下均参照此条），均参见陈峰《清代财政政策与货币政策研究》，武汉大学出版社 2013 年版，第 579 页，表 10—1 清代法定银钱比价沿革表。

表 2　　　　　　　　获鹿县西会馆碑刻商号种类统计

	道光十五年·补修会馆碑记		
	其他商号 23 家		3820001 文
	估衣铺 7 家		50000 文
商号	油店 6 家	101 家	60000 文
	杂货铺 26 家		1453400 文
	其余商铺 38 家		380000 文
	公合油店 1 家		30000 文
	宣统三年·补修西会馆碑记		
	钱行 17 家		400000 文
商号	杂货行 8 家	31 家	250000 文
	花行 6 家		100000 文

　　从表 2 可以看出，道光十五年（1835）杂货铺有 26 家，约占商号总数三分之一，捐钱 1453400 文，约占捐款总额的 70%。宣统三年（1911），杂货行有 8 家，约占商号总数四分之一，捐钱 250000 文，约占捐款总额的 30%。此时，杂货行在获鹿商业中应占据重要地位，当然估衣铺、油店、花行、钱行也相对繁荣。

　　综上所述，获鹿商业自乾隆三十六年（1771）时已经相当繁荣，一直到道光十五年（1835）都保持平稳发展，宣统三年（1911）时商业则出现大幅度下降。

（二）清末民初——逐步萧条

　　前文已经论及，宣统三年（1911）时商业呈现萧条之势，是继 1907 年正太铁路修建后，京汉铁路与正太铁路相交于石家庄，依靠原始交通方式生存的部分商业被近代交通方式取代，获鹿县商业中心开始由获鹿县城向东移至石家庄村所致。那么民国初期获鹿的商业如何呢？

　　东会馆位于原获鹿县城潭沟街东端，会馆街西端，坐北朝南。1950 年，东会馆被部队占用至今。山西商人于获鹿设立东会馆，因其所存碑刻最后落款为铁行会馆，故获鹿东会馆又被称为铁行会馆。东会馆仅存碑一座，现整理如下：

> 建修悬钟石牌坊记
> 自古祀典昭垂，礼乐并重，钟之器亦乐中之一器也。铁行会馆有前清雍正二年创铸之钟，旋即世运承平，神人以和，弃未悬设。□至民国肇基于今四载，中外不靖，殊失前日之和，世人犹睡如梦梦□。故建坊特悬□子午钟，届时一鸣，金声四达，岂惟足以动神听，亦且惊人梦醒。爰勒诸贞珉，以冀永垂不朽云，是为记。
> 刘运泰、潘忠翰仝撰
> 葛如楣书丹
> 经理人：霍玉绶、路得功、王步章、王守规、王玺志、刘步鳌
> 铁行公建
> 住持：张丹星
> 石工：傅铜山
> 民国四年五月谷旦①

获鹿东会馆为前后两进院落。后院有正殿和左右配殿各三间，前院正房为五间过厅，过厅东面砖柱上刻有"乾隆六年"字样，说明在乾隆六年进行过修缮。《建修悬钟石牌坊记》中写到"铁行会馆有前清雍正二年创铸之钟"②，表明雍正二年（1724）年又一次进行修缮。而该碑刻的落款时间为民国四年（1915），指出这次修缮的时间。综合来看，获鹿东会馆自建立以来，修葺三次不止，其中最晚一次于民国四年（1915）。

以上碑文大意为"铁行会馆于雍正二年（1724）创建的钟，因世道和平，一直闲置。民国四年（1915）中外不够太平，但世人未能认清现状。故将此钟悬挂，以求惊醒世人"。该碑文给出民国四年（1915）重修会馆，详细的解释。由此可以看出，山西商人想要通过此种手段唤醒百姓，以使商业也能与时俱进。但从另一侧面，也不难看出，获鹿商业正

---

① 《建修悬钟石牌坊记》，位于鹿泉东会馆。
② 《建修悬钟石牌坊记》，位于鹿泉东会馆。

逐步走向萧条。

（三）民国后期——衰落阶段

石家庄村 1939 年正式成为石门市，标志着石家庄独立，此时获鹿彻底走向衰落。但是在 1939 年以前，从商铺数量就已经可以看出石家庄商业已经远超获鹿。

表3　　　　　　民国后期获鹿与石家庄商号数量对比表

民国二十四年（1936）获鹿商号统计表		民国二十七年（1938）石家庄商号分类表	
商号	数量（家）	类别	数量（家）
粮店	22	日用品类	544
洋布店	9	饮食品类	562
土布店	13	服用品类	237
盐店	1	卫生事业类	55
钱铺	17	娱乐艺术业类	20
杂货铺	17	装饰品类	37
茶叶铺	5	文具印刷类	40
鞋铺	17	金属类	159
香末店	8	贷赁修理表	119
铁铺	6	皮革业类	24
药铺	6	金融交通业	23
洋货铺	10	建筑业类	85
货铺	8	其他	147
造皮房	14	总计	2052
瓜子店	13		
各色织工手艺铺	25		
总计	191		

资料来源：陈佩：《河北省获鹿县及石门市事情》，"新民会中央总会" 1940 年版，第45—50页。

因材料有限，未能找到 1939 年以后获鹿县城与石家庄商号数量的统计数据。但获鹿县 1936 年商号总数和 1938 年石家庄商号总数应与 1939 年相差不大，故以此进行对比。通过上表可以看出 1936 年时获鹿县城 191 家，石家庄商号数量是其 10 倍之多。另外从石家庄销售数额也可看出其商业发展状况。

表4　　　　　　　　1937 年前后石家庄物资输出统计

品名	数额	备注
棉花	500 万吨	棉花子、棉子油等
硬煤	100 万吨	每吨八元
烟煤	100 万吨	每吨约五元
铁锅	1 万吨	每二十吨约一千五百
羊毛	1 万吨	每一百斤一百两内外
核桃仁	5000 吨	每一百斤四百内外

资料来源：陈佩：《河北省获鹿县及石门市事情》，"新民会中央总会" 1940 年版，第 39 页。

通过上表可以看出，1937 年左右石家庄运输量相当巨大，尤其是棉花每年高达 500 万吨，煤炭也名列前茅。"自民国三十九年市制实现以来，市政猛进，商况渐转活跃，户口激增，贸易亦渐发达"①，石家庄自独立以来，商业日渐发达，侧面反映出获鹿商业的衰落之况。

三　交通变革前后获鹿商业

（一）交通变革前——以花行为例

清代后期，河北境内大范围种植棉花，棉花为大宗产品。棉花产量的丰富为布匹手工业的生产提供坚实的物质基础，河北各地棉花与布匹除自给自足外，还分销外地。《光绪元年至光绪三年某商河北买花账》为我们提供重要信息，该账册共有 134 张，其内容包括购买地点和购买商号

---

① 陈佩：《河北省获鹿县及石门市事情》，"新民会中央总会" 1940 年版，第 39 页。

等内容，现部分摘录于下：

　　获鹿：振头巨川花店，东尹村天益花店、隆盛花店、天和花店，
天和亿记，晋恒益，谈村恒兴花店，南王村合盛花店、获鹿涌合店。
　　鹿泉：休门镇德泰花店、同盛花店，鹿泉贾村德益花店，鹿泉
天懋德记、晋恒益记。
　　石家庄：南府协和花店，郊马隆泰花店。
　　元氏：义成花店、宝和花店。
　　藁城：岗镇乾益花店、黄庄天义花店，赵庄万顺花店、玉兴花
店、天顺花店，陶镇乾益花店。
　　正定：义合花店，南村镇福泉花店，榷城积庆花店，北街谦恒
花店。①
　　□河：大来庆花店。

　　由上可知，该商号共从河北获鹿县、鹿泉郡、石家庄村、元氏县、
藁城县、正定府、□河共 7 个地方购买棉花，涉及 30 个商号。据光绪
《获鹿县志》载"石家庄村、休门村、贾村"② 均为获鹿县城所辖村镇，
而该信稿中将石家庄（郊马算在石家庄管辖区域内）与鹿泉（休门村和
贾村均算在鹿泉管辖区域内）分别单独列出来，然实际上"获鹿、鹿泉、
石家庄"三地均可计入获鹿县境内。获鹿县共有商号 16 家，元氏县共有
商号 2 家，藁城县共有商号 6 家，正定府共有商号 4 家，只获鹿一地商号
数量就达总数的一半之多。
　　综上可知，获鹿花行数量不少，然获鹿花行并非仅买卖棉花，也从
事运输业务。《获鹿县锦泰花店为给德新荣货物开货运单》有详细记述，
原图如下：

---

　　① 《光绪元年至光绪三年某商河北买花账》，刘建民主编：《晋商史料集成》第 44 册，第
667—801 页。
　　② （光绪）《获鹿县志》卷二《地理下·社乡》，第 56—57 页。

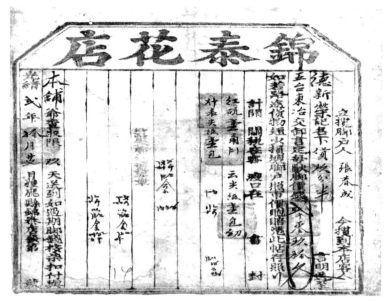

图1　获鹿县锦泰花店为给德新荣货物开货运单①

《获鹿县锦泰花店为给德新荣货物开货运单》录文如下：

> 锦泰花店
>
> 　立揽脚户人张春成，今揽到本店的德新荣记名下货九分半，言明送至五台东冶交卸，言定每驮脚价钱贰仟零玖拾文。如若路途货物短少、损坏，脚户照市价包赔，凭此贴存照。
>
> 　计开红矾壹甬，121；云尖纸壹包，5刀；40表尖纸壹包
>
> 　本铺爷查收，限玖天运到，如过限期，脚钱按七扣付与。
>
> 　光绪贰年拾月廿日 获鹿县锦泰店发，第×号。

由上可知，锦泰花店于光绪二年（1876）十月二十日雇佣脚户张春成，将德馨荣记名下红矾、云尖纸、表尖纸运送至五台东冶镇，要求9天内送达。

---

① 《票据8·获鹿县锦泰花店为给德新荣货物开货运单》，刘建民主编：《晋商史料集成》第69册，第264页。

总的来说，获鹿花行经营以买卖棉花和经营运输为主，花行经营模式与布行、粮行略有区别，一般来说，经营布行和粮行的商号，于获鹿设立分号，其负责布匹和粮食的采买与运输，最后将货物运送至总号。但无论是花行还是布行、粮行，都从事商品买卖和运输两种业务。

（二）交通变革后——以布行为例

《民国四年汾阳某布庄获号信稿》为民国四年（1915）汾阳总号于石家庄设立的分号，其主要负责从河北中南部、河南采买布匹，运往汾阳。

表5　　　　　　民国四年（1915）获鹿分号运输布匹统计

时间	布匹来源	布匹种类	来源店铺	布匹数量	合计
四月十一月初三日	一七石布	河南石固镇	锦盛店	8卷	36卷
	李布	河北李村	锦盛店	6卷	
			锦源同	14卷	
			锦盛长	8卷	
十一月初六日	一七东石布	河南石固镇	锦盛店	6卷	6卷
十一月十五日	李布	河北李村	锦源泰	8卷	53卷
			锦源同	22卷	
			宝泰恒	8卷	
	一七石布	河南石固镇	天德店	15卷	
十一月二十九日	李布	河北李村	宝泰恒	8卷	88卷
	石布	河南石固镇	锦盛长	18卷	
			锦源泰	10卷	
			锦源同	16卷	
			锦盛店	16卷	
			恒和店	20卷	
十二月初四日	李布	河北李村	宝泰恒	12卷	12卷
十二月十一日	李布	河北李村	宝泰恒	10卷	66卷
			锦源同	26卷	
	石布	河南石固镇	天德店	30卷	

时间	布匹来源	布匹种类	来源店铺	布匹数量	合计
十二月十三日	李布	河北李村	宝泰恒	8 卷	90 卷
			锦盛长	10 卷	
			锦源同	10 卷	
			锦源泰	42 卷	
	石布	河南石固镇	锦盛店	20 卷	
十二月二十九日	李布	河北李村	锦源泰	168 卷	578 卷
			锦源同	116 卷	
			锦盛长	46 卷	
			宝泰恒	100 卷	
	石布	河南石固镇	锦盛店	88 卷	
			天德店	100 卷	
			恒和号	60 卷	
十一月十五日	一八南石布	河南石固镇	三和公	6 卷	6 卷

四　交通对商业的影响——以运输行业为例

（一）车马驮运时期

交通优势给获鹿带来"经济红利"，从事运输的商号必不可少。《晋商史料集成》中所藏《天顺亨店》运单为研究获鹿布匹转运提供重要的史料参考。天顺亨运单时间为道光二十六年（1846），其主营业务为运输业务。该运单所记载内容为锡和明记委托天顺亨店将布匹从鹿泉郡运往山西忻州，详见下表6：

表6　　　　道光二十六年（1846）鹿泉郡天顺亨店业务往来

编号	承运方	货物	发货时间	收货时间	运输天数
1 号	脚户王大元	新市布二卷	一月初七日	二月初一日	25
2 号	脚户赵兴文	新河布包一件	一月十三日	一月二十日	7
3 号	脚户杨永照	旧县布一卷	一月二十四日	一月二十九日	5

续表

编号	承运方	货物	发货时间	收货时间	运输天数
4 号	脚户冀维屏	获包布一卷 线货包一件 获花二驴包	二月初一日	二月初九日	8
5 号	永兴公	新市布三卷 隆平布二卷	二月初九日	二月二十七日	18
6 号	脚户赵兴文	辛庄布二卷	二月十八日	二月二十五日	7
7 号	脚户石和祥	辛庄布四卷 原庄布三卷 新市布二卷 大树布二卷 隆平布二卷 柏乡布四卷	二月十九日	二月二十一日	3
8 号	湧泉成	原庄布二卷 一卷	二月二十日	二月二十六日	6
9 号	仁德通	大树布二卷	三月初一日	三月初九日	8
10 号	春益合	大树布二卷 获包布一卷 新河布包一件	三月初六日	三月十四日	8
11 号	脚户毕清	魏庄布三卷 一卷	三月十一日	三月二十七日	16
12 号	脚户杨应富	隆平布六卷	三月十五日	三月二十三日	8
14 号	脚户赵邦杰、赵兴文	新市布二卷 魏庄布三卷	三月十九日	三月二十九日	10
15 号	双和公	隆平布一卷 一卷	三月二十一日	三月二十八日	7
16 号	脚户杨进宝	原庄布三卷	四月初十日	四月十七日	7
17 号	脚户张德兴、马智会	任县布二卷 大树布包一件	五月初三日	五月十一日	7
18 号	脚户李建	任县布二卷； 内有棉库一条	五月初六日	五月十三日	7

编号	承运方	货物	发货时间	收货时间	运输天数
19 号	脚户赵兴文、赵邦智	隆平布一卷 一卷 新市布二卷	五月初八日	五月十七日	9
20 号	脚户郝智、尹成保	任县布二卷 布包一件	五月初九日	五月十八日	9
21 号	脚户白增祥、贾永元、赵明子	任县布二卷	五月十一日	五月十八日	7
22 号	脚户王培贤、李儒典	柏乡布一卷	五月十二日	五月十七日	5
空白	脚户毛怀佼	锡和明王爷名下骑骡一头，随身行李一应在内			
23 号	脚户南斌利、马央中	新市布二卷	五月十九日	五月二十六日	7
24 号	复兴德	贺钊女代包一件，皮包二匹	五月二十五日	六月初三日	8
25 号	脚户赵义仁、孙德仁	获包布二卷	六月二十二日	六月二十九日	7
26 号	脚户翟培成、翟锦	大树布一卷 布包三件 印园布一件	八月初九日	八月十六日	7
29 号	大有庆	获花一驴包	九月初六日	九月二十二日	16
31 号	脚户郭茂禄	获花二驴包	九月十六日	九月二十三日	7
32 号	脚户郑生秀、郑生湧	获花二驴包	九月二十一日	九月二十八日	7
33 号	脚户郭如岱	印园布包四件，内有花二斤	九月二十五日	十月初二日	7
37 号	脚户惠兴魁	新市布二卷	十月初九日	十月十七日	8
38 号	脚户赵宝义、赵腾交	印园布包一件	十月十一日	十月十八日	7

编号	承运方	货物	发货时间	收货时间	运输天数
39 号	脚户惠春隆	夏津花二包 又驮贺钊布包二件	十月十二日	十月十九日	7
41 号	脚户南斌元、南斌恒	原庄布二卷	十月二十日	十月二十七日	7
42 号	脚户王锐	夏津布二卷 魏庄布二卷 大树布包一件 夏津花一包	十月二十六日	十月初四日	22
43 号	脚户赵邦杰	大树布三卷	十月二十六日	十月初四日	22
44 号	脚户赵兴旺	大树布二卷	十月二十六日	十月初四日	22
45 号	脚户南秉谦	新市布二卷	十一月初五日	十月十四日	
46 号	脚户刘玉珮	柏乡布二卷	十一月初六日	十一月十九日	13
47 号	脚户折喜珍	辛庄布二卷 夏津花二包	十一月初十日	十一月十七日	7
48 号	德和合	夏津花布二包	十一月初十日		
49 号	脚户赵兴旺、马央忠	辛庄布二卷	十一月十一日	十一月十八日	7
50 号	永盛店	夏津花二包	十一月十四日	十一月二十一日	7
51 号	脚户郝云	新市布二卷	十一月十八日	十二月初一日	13
52 号	脚户梁照成	隆平布一卷 新市布二卷	十一月十八日	十一月二十四日	6
53 号	脚户侯定邦	魏庄布二卷			
56 号	脚户白凤彩	柏乡布六卷	十一月二十日	十一月初五日	15
		魏庄布二卷	十二月初一日	十一月初七日	22
57 号	脚户曹兴魁	隆平布二卷 新市布二卷 柏乡布三卷 魏庄一卷	十二月初一日	十二月初八日	7
58 号	兴泰店	原庄布二卷	十二月初四日	十二月十八日	14
60 号	脚户曹发盛	任县布四卷	十二月初八日	十二月十五日	7

续表

编号	承运方	货物	发货时间	收货时间	运输天数
61 号	王万宝	任县布一卷	十二月初九日	十二月十六日	17
		新市布三卷			
		隆平布一卷			
62 号	赵尔功	隆平布二卷	十二月初十日	十二月十七日	7
63 号	脚户赵廷估	新市布一卷	十二月二十三日	十二月二十八日	5

资料来源：根据《晋商史料集成·与锡和明记相关的货运单》综合整理绘制。

　　由上表可知，布匹种类包含新河布、新市布、柏乡布、隆平布、任县布、获鹿布、旧县布、大树布、原庄布、魏庄布、印园布和夏津布等，布匹产地大部分位于河北南部的邢台和河北中部的获鹿一带，详见下图：

图 2　天顺亨店布匹来源统计图

　　注：①绘制此图的地理位置坐标数据（保留至小数点后五位数）和底图矢量数据均来自"中国历史地理信息系统"（1911CE）。制图软件为 QGIS，比例尺：1：1053227；旋转角度为 0°。

　　②因有些布匹产自于某村庄，当时村庄重名较多，不能准确定位，上图为从发票中挑选出来的能够准确定位的地点。

通过天顺亨店运单所记载的信息可以清晰看出，天顺亨店位于获鹿县境内，其主要负责将河北境内主要是河北中南部地区的布匹和棉花，转运至山西忻州城。不同地区布匹的单位并不相同，例如获鹿以"驴包"为单位，新河布以"包"为单位，新市布及大部分布匹以"卷"为单位，棉花基本上以"包"为单位。货物的包装以头苦布为主，基本上布一匹需要头苦布一连或二连。货物运输时以"担"计量，第三号信"杨永照运送布匹半担，合旧县布一卷"① 表明，布匹一卷等于半担。

当时的运输方式以原始运输方式为主，运输人员或以个人承运，或以商号承运。运输时间票据也有详细的规定，其中写到"限拾天送到，如过期，脚价按七扣付与"②，即最晚期限不得晚于 10 天。就实际运输情况来看，留下记载的 50 次运单中，13 次超过规定时间，37 次按时送达。

除去主营运输业务的驼店，服务运输相关的店铺应运而生并渐趋兴盛，如麻绳店、骡马店等。麻绳业作坊主要位于获鹿西关街西段，其主营业务是为来自四面八方的驮户提供更换绳索套股的服务。骡马店主要位于获鹿西关街中段，其主营业务为租借马匹，同时为出入的商旅以及骡马等牲畜提供休息的场所。服务设施的完善，更是进一步促进获鹿商业发展。

综上可知，获鹿驼店的经营模式为雇佣脚户，在规定期限内将指定货物送至规定地点，这一行业的兴盛与获鹿独特的地理位置有重大关系，可以说井陉商路与驼店密切相关。然正太铁路修建以后，铁路进入大众视野，部分商号改革经营模式，转为铁路运输，也有部分商号坚持采用传统运输方式。

（三）铁路运输时期

交通方式变革对从事交通运输行业的店铺冲击最大，本文以石家庄义合公盛为例，与传统运输时期进行分析对比。义合公盛发票是民国十一年（1922）石家庄义和公盛负责将福星聚记的货物通过火车运往榆次

---

① 《与锡和明记相关的货运单》，刘建民主编：《晋商史料集成》第 69 册，第 157 页。
② 《与锡和明记相关的货运单》，刘建民主编：《晋商史料集成》第 66 册，第 304 页。

北关的商号查收。

表7　　　民国十一年（1922）石家庄义合公盛发货单统计

序号	第几号	工具	货物名称	收货商号	时间
1	第元号	火车	一八京庄布 一八大恒布	广顺通	一月十二日
2	第2号	火车	一七加重石固布	广顺林	二月初四日
3	第6号	火车	一八京庄布	广顺栈	三月初三日
4	第8号	火车	一八苏正布 一七京东布	广顺栈	三月二十日
5	第9号	火车	二六魁□布	广顺栈	三月二十九日
6	第11号	火车	四十南台包布	广顺栈	四月十四日
7	第12号	火车	一七石固布 一八苏正布	广顺栈	四月二十四日
8	第13号	火车	一七京东布	广顺通	四月二十九日
9	第15号	火车	四十南台包布 一七京东布	广顺通	五月初四日
10	第18号	火车	三十伍庄布	广顺栈	五月十七日
11	第19号	火车	三十伍庄布	广顺栈	五月二十六日
12	第20号	火车	一七石固布	广顺栈	七月初十日
13	第21号	火车	三十任庄布	广顺栈	七月十七日
14	第28号	火车	三十任庄布	广顺栈	九月初九日
15	第29号	火车	洋线批一十件	广顺通	九月二十日
16	第30号	火车	三十任庄布	广顺通	九月二十六日
17	第32号	火车	一七京东布	广顺栈	十月十八日
18	第34号	火车	一七京东布	广顺通	十月二十三日
19	第38号	火车	三十任庄布	广顺栈	十一月十四日
20	第39号	火车	一七京东布	广顺林	十一月二十日
21	第41号	火车	一七京东布 四十赵州包布 一八大恒布 一八收极京庄布	广顺通	十一月二十六日

首先，运输货物虽然依旧以布匹为主，但是从名称来看，此时布匹的名称为京庄布、大恒布、石固布、苏正布、南台包布、魁口布、伍庄布、任庄布、赵州包布，与传统方式有所不同。其次，布匹来源范围也有所扩大，例如石固布，来源于河南许昌。据《许昌县志》记载"二八布俗亦名石固布，每匹二十八尺，布面较丈六布稍宽，亦行销于秦、晋两省。惟该镇仅销二八布，不二销六丈布，故二八布几成石固镇专销之特产，其销售额亦不减于当日五女镇之销丈六布"①。最后，也可以看出铁路运输时期，除本土布匹运输，还有洋线的运输。

综上所述，我们可知，传统运输与近代运输，除运输方式不同以外，运输商品名称以及生产地也有所不同。

结　语

综上所述，清代中前期获鹿因连接晋冀，商业十分繁荣。全国各地商人集聚获鹿，尤其以山西商人为最，获鹿东、西会馆即为山西商人所建。从碑刻捐资商号和捐资数额来看，清代商业相当繁华，甚至形成专门的贸易场所；而1907年正太铁路修建后，商号明显减少，规模也有所缩减；1939年石家庄独立以后，获鹿彻底走向衰落。那么，近代铁路修建前后，获鹿商业不同商号如何经营呢？本文以花行和布行为例，进行分析。花行经商除买卖棉花以外，还从事运输。而布行则依据总号的要求，从各地采买布匹，运往山西。另外，本文以天顺亨和义合公盛为例，将车马驮运时期的运输行业和铁路时期的运输行业进行对比。随着交通运输方式的变革，运输方式、运输货物名称、货物来源地均有所不同。

---

① 朱又廉等编：(民国)《许昌县志》卷七《工业·棉织》，中州古籍出版社1987年版，第350页。

阳泉地区

清代平定商人与商业研究
——以大阳泉村为个案

陈添翼

摘　要：目前学者们对清代平定地区商业与商人的研究关注不够。本文将民间碑刻资料与文献资料相互印证，以大阳泉村为切入点研究清代平定的商人与商业。由于大阳泉商人商业是平定商人商业的组成部分，其发展特点在平定地区具有普遍性，故采取个案分析的研究方法，可以窥见平定商人商业的特点。平定毗邻河北，为晋冀要冲，清代京陕、京蜀大官道穿境而过，交通便利，且煤铁等物产资源丰富，为其商业的发展奠定了坚实的基础。从大阳泉村的个案发展来看，平定地区商业起步于明末清初，鼎盛于同光时期。其行商范围主要集中于京、津、冀、鲁、蒙、吉、辽等北方地区，南方地区则少有涉及。其商人在商业兴盛过程中积极参与地方政治、经济、文化建设。

关键词：清代；平定；商人与商业；大阳泉村

一　引言

目前，山西商人的研究日益引起学者们的关注，有关明清晋商资料的收集、整理、研究蔚然成风。但就地域来说，学者们大都着眼于太原府、汾州府、平阳府、泽州府、潞安府等山西中南部地区的商业、商人；

就行业而言，对垄断性强、影响力大的行业关注较多，如茶业、盐业、粮食业、典当业等；就商人及家族而言，主要对豪商巨贾的研究较多，如祁县的渠家、乔家，介休的冀家，榆次的常家等。因此，在山西商人研究中，学者们对平定地区商业、商人的研究关注不够。

学界关于平定地区的研究有以下几种形式。第一种是将今阳泉市辖的市区、平定、盂县以及晋中市所辖的寿阳、昔阳、左权，作为一个整体区域进行研究，即晋东地区。第二种是将清代平定直隶州及其所辖的盂县、寿阳、乐平作为整体区域进行研究。而本文所研究的平定是指清代平定州州治所在的平定地区，包括今平定县全部，及阳泉市所辖的城区、矿区、郊区的大部分地区。

目前，对平定商人与商业进行专门研究的著作主要有王智庆、李存华的《晋东商业文化》① 一书，以晋东地区为研究范围（包括今天的阳泉市所辖的市区、郊区、矿区、盂县，晋中市所辖的寿阳县、昔阳县、和顺县、左权县），从商贸重镇、商路、豪商巨贾、商业望族、三大商帮、名特产品、商号以及晋东商人的衰落多个侧面为研究视角，对晋东商业文化进行了较为系统的分析与研究，为晋商区域商人及商业研究提供了范例。其中在晋东豪商巨贾评价一章，提到了以冶铁起家、富甲一方的大阳泉郗家，随着当地煤铁工业的发展，主要通过经营煤铁等工商业攫取巨额利润，而在晋东名特产品述评一章，将平定的铁器、砂货、黄瓜干、煤炭各列一节进行详细的论述。陶宏伟的《明清时期平定商人的发展与转型》② 一文主要从平定的染房、毛纺织业、煤炭业三个行业的发展转型探讨平定商人的发展、演变及转型过程。

此外，对平定商人与商业的研究还包含在其他山西商人的研究之中，如张正明编的《山西工商业史拾掇》③ 一书以山西经济为研究对象，重点介绍了山西手工业、商业、近代工业的各个方面，所引资料较为丰富，时间跨度大、涉及面广、内容翔实。还有黄鉴晖的《明清山西商人研

---

① 王智庆、李存华：《晋东商业文化》，科学出版社 2009 年版。
② 陶宏伟：《明清时期平定商人的发展与转型》，《忻州师范学院学报》2009 年第 2 期。
③ 张正明：《山西工商业史拾掇》，山西人民出版社 1987 年版。

究》①、崔满红等的《商业文明演进与晋商转型研究》② 等也都提到了平定的商业。

二　平定商业发展的社会背景

平定，西汉始设上艾县，隶属太原郡。东汉时隶属常山国。西晋时隶属乐平郡。北魏道武帝时改石艾县。隋代隶属辽州，后归太原郡。唐代武德三年（620）归辽州，六年（623）改隶受州（州治在阳泉赛鱼）；贞观八年（634）废受州，隶属太原府；天宝八载（749）更名为广阳县。北宋初年，宋军攻取北汉，首先攻下广阳。公元979年，广阳县改为平定县，并迁县治于今上城，营造了大城中套小城的上下重城。金代时，平定升为州，属太原支郡，领平定、乐平二县。元代，平定州属冀宁路太原府。明代，冀宁路改为冀宁道，仍归太原府。清代雍正二年（1724），平定州升为直隶州，属省直辖，领寿阳、乐平、盂县三县。民国初为平定县和盂县，属山西冀宁道，后直辖山西省。抗日战争时期，平定分置平定县、平东县和平西县，盂县分置盂平县、盂阳县、盂寿县；正太铁路以南的平东、平西二县属晋冀鲁豫边区，以北各县属晋察冀边区。解放战争时期，平定、盂县逐渐恢复原建置，新中国成立后，先后置城区、郊区和矿区。目前平定为阳泉市下辖的一个县。

（一）全国商品经济的发展

明清时期，耕地面积增加，传统农作物的亩产量提高。新的粮食品种和经济作物的种植得到推广，使得农产品商品化程度显著提高，出现了专业化的生产区。明代玉米、花生、番薯、马铃薯等外来农作物传入中国，在清代得到推广，扩大了种植面积，丰富了农作物品种，增加了粮食产量，这也使得粮食供应有了保障。明代江南地区是中国传统的棉产区，也是重要的棉纺织业中心。民谣就说"买不尽的松江布，收不尽

---

① 黄鉴晖：《明清山西商人研究》，山西经济出版社2002年版。
② 崔满红、宁振华、康宁：《商业文明演进与晋商转型研究》，经济管理出版社2008年版。

的魏塘纱"。清代,棉花种植扩展到华北地区,河北、山东成为著名的棉产区,进而成为新的棉纺织业区。手工业技术和生产水平提高,门类增加,产品种类增多,导致手工业产品的商品化程度提高。在此基础上,地区之间的商品交流更加频繁。商品经济与商业得到发展,商路与市场扩大,商人与商业资本更加活跃,更多的商人开始从事远距离的长途贩运贸易,区域之间的联系更加紧密,如徽商、晋商等商人团体崛起,足迹遍布全国。随之,货币经济得到发展,金融事业发达起来,如钱庄、票号、钱铺、银号、典当、账局等。

(二) 山西中南部地区商业的发展对平定地区商业发展的激励作用

山西人经商的历史悠久,但真正成为一支全国性商业劲旅则是在明清时期。明清时期,就山西商人内部而言,不同地区之间的商人发展、兴盛时期是不同的。明代,较早发展起来,且实力较强的是平阳府、泽州府、潞安府商人。明人沈思孝撰写的《晋录》中称:"平阳、泽、潞豪商大贾甲天下,非数十万不称富。"① 平阳属于晋南地区,泽、潞属于晋东南地区,可见当时山西南部地区的商人实力雄厚,理所当然地成为晋商的主体。明代前期,晋中的商人才刚刚兴起,还处于起步阶段,实力不如平阳、泽、潞商人,甚至逊于大同商人。到明代后期,晋中商人才在晋商内部崭露头角。清代,晋中商人抓住历史机遇,快速崛起,跃居晋商内部商帮之首。黄鉴晖先生通过研究山西商人的籍贯,揭示出山西商人由南向北发展的过程,山西中北部商人主要在清代才发展起来。②

刘于义在雍正三年 (1725) 上疏的《敬筹晋省积贮疏》中提到:圣祖仁皇帝时,"平汾为山右殷富之郡,百姓颇有蓄积"③。平阳属于晋南,而汾州属于晋中。可见在康熙年间,晋中的汾州商人已经发展起来,成为山西比较富裕的地区,且已与平阳商人齐名。

到雍正九年 (1731),山西全省 106 个州县中,缴纳商税、酒课、契

---

① 沈思孝:《晋录》,中华书局 1986 年版,第 3 页。
② 黄鉴晖:《明清山西商人研究》,山西经济出版社 2002 年版,第 294 页。
③ (清) 仁和琴川居士:《皇清奏议》卷二十六,《近代中国史料丛刊三编》,第 99 辑,台北文海出版社 2006 年版,第 2382—2383 页。

税、牙当、杂课等达到千两以上者共有36个州县，纳税一千两到二千两的有祁县、文水县、临汾县、洪洞县、翼城县、长子县、孝义县、大同县、右玉县、朔州、阳城县、永济县、平定州、寿阳县、盂县、崞县、河曲县、安邑县、夏县、河津县等20个州县；纳税二千两到三千两的有阳曲县、太原县、太谷县、交城县、太平县、曲沃县、长治县、平遥县、忻州、绛州等10个州县；纳税三千两以上的有榆次县、汾阳县、介休县、凤台县、高平县、代州等6个州县。① 从各个州县缴纳的商税等的数量就可以看出该州县的商业实力。山西全省纳税两千两以上的共有16个州县，其中属于晋中地区的就有8个，占到了总量的一半，分别是阳曲、太原、太谷、交城、平遥、榆次、汾阳、介休，此外还包括明代属于太原府、清代析出的忻州、代州，平阳府的太平、曲沃、绛州，潞安府的长治，泽州府的凤台、高平。此时晋中的地区的商业已经比较发达，因此缴纳的各种税课也比较多，其实力应当已经超过了晋南地区。

徐珂《清稗类钞》在山西多富商条中载："山西富室，多以经商起家。亢氏号称数千万两，实为最钜。"② 接着列出了"资产之七八百万两至三十万两者"，分别为介休的侯氏、冀氏，祁县的乔氏、渠氏，太谷的曹氏、刘氏、武氏、孟氏、杨氏，榆次的常氏、侯氏、王氏、何氏、郝氏，这些富户多集中于晋中的介休县、祁县、太谷县、榆次县4个县中。这些富室，多数在乾隆、嘉庆年间便已经商致富。

平定在清代为直隶州，紧邻晋中地区。介休、平遥、祁县、太谷、榆次的商业已经非常发达，不断涌现豪商巨贾。介休冀家明代正德年间开始经商，经过明清两朝400多年的发展，家族的商业不断兴盛。太谷曹家、榆次常家清代初期开始经商，乾嘉时期已经家兴业旺。介休侯家在康熙、雍正年间也开始经商，乾嘉时期兴盛，道光年间在平遥李家的影响下又创办了票号，最兴盛时在全国50个大中城市开设了100多处分庄。乾隆年间祁县的乔家和渠家，平遥的李家，以经营商业起家，发迹后都

---

① （清）觉罗石麟：《山西通志》卷三十九—卷四十四《田赋》，清雍正十二年刻本。

② （清）徐珂：《清稗类钞》第五册，《农商类·山西多富商》，中华书局1984年版，第2307页。

转向经营票号，为富一方。以上各家或是先走西口、东口，闯关东外出打工，后转向经营商业，或是小本经营、长途贩运发家，但最终都开办了票号，经营金融业。

平定位于京蜀、京陕大官道上，路上车马、商贩来来往往，这对其产生了激励作用，有些敏锐的人就发现经商比务农致富要快，再依托当地的资源，很快走上了外出经商的道路，如大阳泉村的郗家，就是贩运当地的铁器制品，在鹿泉开设店铺，通货四方。

（三）平定地区山多田少，土瘠民贫

平定地区，古人素有"半田半水九分山"之叹。雍正元年的钦奉谕旨中就指出："山西平定州等处，山多田少，粮食恒艰，小民向赖陶冶器具，输运直省易米以供朝夕。近闻直隶州县，因米贵禁粜，此方百姓何以仰给。"① 这就说明平定州山多田少导致粮食生产不足，百姓不得不生产、贩卖陶冶器具谋生。祁朝骏在《禁囤积说》中也指出："寿邑以农为重，上户田多者积蓄有余，凭粜粮以为日用之资，中户稍有赢余，或三斗或二斗，亦凭出粜为水火用。而邻境不足者，如榆次、平定诸地皆可搬运待食。非若他境之土狭人稠，不足偿其用也，是不必有商贾囤积而自充足有余也。"② 由此可知，在清代寿阳产粮较多，除自用外还可以供用他地，而平定地区由于地狭人稠，产粮不足，需要从外县或外省输入粮食。

光绪年间的《平定州志》中记载：平定州"平地九顷七十七亩二分三厘，每亩科粮九升；坡地一千七百四十二顷四十六亩七分四厘六毫七丝，每亩科粮六升；沙地一百九十二顷二十八亩二分二厘三毫三丝，每亩科粮三升"③。由此得知在平定州耕地总量中，平地占0.5%，坡地占89.7%，沙地占9.8%。平地的产量最高，因此科粮最重，其次是坡地和沙地，而产量低的坡地和沙地却是本区内耕地的主体，占耕地总量的

---

① （清）赖昌期：《平定州志》卷五《食货志·赋役》，清光绪八年刻本。
② （清）白昶：《寿阳县志》卷十一《艺文志上》《禁囤积说》，清光绪十六年刻本。
③ （清）赖昌期：《平定州志》卷五《食货志·赋役》，清光绪八年刻本。

99.5%，因此平定州的人民耕地的收益应当是较低的。相比较而言，外出经商的收益要高于务农，且更容易发家致富，故平定人多外出经商谋生。

（四）平定人吃苦耐劳，有从事劳动密集型手工业、商业的传统

平定地区地瘠民贫，为求生存，再加上受到其他地区从商致富的激励，也有外出经商的欲望。但由于资金的不足，他们只得依托当地资源丰富、交通便利的条件，选择劳动力需求量大、资金需求量小的商业、手工业。又因处于晋冀两省的交界处，京蜀、京陕大官道穿境而过，因此平定人外出经商的活动区域，多集中于河北、山东、天津、北京等地。

李燧的《晋游日记》中载："平定为西晋门户，与直隶井陉接界，人文甲于通省。地出铁矿，穷民皆采铁为生……祠旁供一神，乃周官慌人之祖。州人多业采染，岁是祭赛，不忘本也。"① 文中记录了平定人从事的两种行业，采矿业和印染业。两种行业的从业者付出的劳动量都很大，以印染业为例，外出经商的平定人，多选择佣工于染房或自己开染房，称为"走染房"。"走染房"这一行当，对资金的需求量不大，对从业者的知识水平要求不高，吃苦耐劳是根本，而且相对于其他行业来说收效较快，利润较丰。

三　大阳泉村的基本概况

（一）历史沿革

大阳泉村原属平定州义羊都，现属于阳泉市郊区义井镇，为阳泉市西南郊城乡接合部。大阳泉古村镇作为阳泉市的主体大型村镇，对阳泉的历史、文化、经济和意识形态起到了直接转化、输入和牵动的作用。可以说，大阳泉是阳泉市的史缘文脉，地祖名源。

大阳泉村始建于何时，确切年代难以考证，目前能够考证的可追溯至北宋时期。据村中三棵超过千年树龄的古槐推断，在唐代这里已有人

---

① （清）李燧著，黄鉴辉校注：《晋游日记》卷一，山西经济出版社 2003 年版，第 21 页。

定居。古时候，此地水草丰茂，人们在此定居后，有多处泉水自平地涌出。《平定州志》载："阳泉有五：一在邨南涧中，俗名饮马坑；一在邨西野子沟，皆夏秋有水，冬春则涸；一在邨北寺沟，相去丈余，水盈盈常不涸；一在张氏山庄问渠亭右侧，深广丈余，石甃为池，土人常祷雨于此；或今曰邨中上港井亦泉也，今有石槽尚存，后填以巨石，因以为井自平地涌出，本名漾泉，讹为阳云。"① 现存漾泉遗址 5 处，分别为寺沟朝阳泉（至今泉流不息）、古街大漾泉（水位下降）、村南五龙泉（汇成一汪潭水）、村东观音泉、村西太阳泉（暂为民居覆压）。根据中国古代地名命名方式，江河北岸为"阳"，南岸为"阴"，该村地处义井河北岸阳坡处，且村内有泉平地涌出，因而称为"阳泉"。

　　北宋时期大阳泉村已经形成村落，当时与周围几个村子统称"阳泉里"。据赵怀允于金大定二十六年（1186）所撰的《重修灵瞻王庙碑》，载："宋世岁旱……因仿彼童子置瓶于蒲下，而有祷焉。屡获其应，敏于影响，由是大建祠宇于石台之下，名之曰蒲台神庙而奉祀之。宋崇宁三年（1104），赐庙额曰灵瞻……庙属阳泉里，里中大姓范宇，好事君子者也……惧其历世浸远，载书既略，则传者愈讹。敢请于子详而志之。"② 从碑文中可知灵瞻王庙始建于北宋，具体年代不详，由于"宋崇宁三年（1104）"才"赐庙额"，因此创建年代至少在崇宁三年（1104）以前。且灵瞻王庙属于阳泉里，里人范宇请赵怀允撰志刻石，以告后人，防止以讹传讹。

　　据光绪八年《平定州志》载："蒲台庙在狮子山隈，宋崇宁元年（1102）建，封灵瞻公。金大定间修，元至正间复修，加封昭应灵瞻王。"③ 由此可以清楚知道，灵瞻王庙始建于崇宁元年（1102），崇宁三年（1104）获封，金大定年间、元至正年间都曾复修。因此我们可以推断，在崇宁元年（1102）以前大阳泉村就已经存在了。

　　冯姓始祖冯秀于北宋末年由上党迁入此地，有立于金朝大定二十二

---

① （清）金明源：《平定州志》卷三《舆地志·山川·阳泉》，清乾隆五十五年刻本。
② 此碑现存郊区蒲台山蒲台庙，此碑文曾收录于赖昌期《平定州志》卷十《艺文》，清光绪八年刻本。
③ （清）赖昌期：《平定州志》卷三《坛庙附寺观·州·蒲台庙》，清光绪八年刻本。

年（1182）冯氏三世祖冯仙墓志、立石于元朝大德三年（1199）的五世祖冯泰亨的墓志、立石于元贞元年（1295）冯公建墓志碑为证。①

自宋元至明朝中叶四百年来，此地一直称作阳泉村。明朝嘉靖二年（1523）立石于蒲台山蒲台庙的《告文碑记》载："近年干旱，乡人归诸蒲没。致仕知府孙杰等，访得灵蒲，择日祭告，补栽石台之上，是日天气晴朗，告毕旋归，刚至阳泉，时雨即降，遍于境内，群稿复苏，夏秋大熟，实神之惠。"② 可见此时阳泉并未分村，无大、小阳泉之称。嘉靖年间（约1550年左右）商氏在阳泉定居后，以村北寺沟古庙为界分为大、小阳泉二村，大阳泉村是由于村子较大故名。但人们习惯仍称"大阳泉"为"阳泉"。在碑文或文献记载中，阳泉和大阳泉混合使用，这样沿用了三百多年。

万历三十年（1602）的《琼瑶山关帝祠碑记》中碑阳载："传闻四角过，雷风烈，大雹伤苗，乡人为之大惊，遂面东来东散，西来西退，阳泉并南庄等大小庙来人，心寝懈，毁亵神祇，将神置之不礼，年首者率众捐资，使庙貌焕然一新。"而碑阴载有大阳泉、小阳泉、西裕、南庄等村名。③

乾隆三十四年（1769）张佩芳撰写的《重修蒲台山神庙碑》碑阳载："予以未至其地，无可言辞，以异日次年考绩入觐，便道过予阳泉，新居阳泉在山之麓，以迫于行，又未得一登览。"可见此村仍称阳泉，而在碑阴功德碑上却标名"大阳泉"。

乾隆五十五年（1790）的《平定州志》载："义羊都……大阳泉，州西四十五里……赛兴都……小阳泉，州西二十里。"④ 可见大阳泉与小阳泉此时已经分至两个不同的都管辖。

光绪八年的《平定州志》中仍记有"张佩芳墓在州西阳泉村""郗森之，同知衔大阳泉人"的混合用法。明清以来虽然有大、小阳泉之分，但是人们仍混合称呼"阳泉""大阳泉"。

---

① 墓志刻于两座香亭之上，现存置于阳泉市郊区义井镇大阳泉村冯氏宗祠内。
② 此碑为残碑，只存下半截，现存于郊区义井镇狮脑山中峰蒲台庙。
③ 薛林平等：《大阳泉古村》，中国建筑工业出版社2010年版，第4页。
④ （清）金明源：《平定州志》卷三《舆地志·都邨·州》，清乾隆五十五年刻本。

直至 1905 年正太铁路开通，阳泉设站，大阳泉村的村名才逐渐叫响，结束了长达三百多年的混合称呼。由此可知，"阳泉"指作"大阳泉"，历经了宋、元、明、清约八百多年，而把"阳泉"指作"阳泉市"，只有 1947 年以来的六十多年。

（二）历史遗存

目前大阳泉村的历史文化和实物遗存当为阳泉街、庙宇、碑刻、民居。阳泉街是大阳泉古村的主街道，呈东西走向。东起东阁楼，西至西阁楼，全长 360 米。街面以洗面砂石砌就，最后一次修整街道是在宣统三年（1911），存有宣统三年（1911）立石的《公议捐款修理街道布施碑记》为证。街道两侧商铺林立，以魁盛号为代表的店铺，分别为绸缎庄、磨坊、造纸坊、毡房、木匠房、烧饼铺、杂货铺、药铺、理发铺、杂货铺、小吃铺、广泰昌粮店、大生堂药店、同心圆茶庄、当铺、钱庄等。

村中原有庙宇 18 座，分别为广育祠（大庙）、五龙宫、观音真武庙、三观庙、仙翁庙、瘟神庙、关帝庙、文昌庙、铁角庙、五道庙（7 座）河神庙（2 座），现村中存有庙宇 6 座，均有碑刻遗存。

现将庙宇及碑刻情况概述如下：

1. 蒲台庙

蒲台庙又名灵瞻王庙，位于狮垴山东南侧，庙内供奉蒲台神，是周围百姓祭祀求雨之处。始建于崇宁元年（1102），崇宁三年（1104）赐额灵瞻，金大定、元至正、明嘉靖、明万历、清雍正、清乾隆年间皆对其重修，乾隆三年（1738）新建戏楼，每年四月十五日供神献戏，今仅存遗迹。现遗址留有 11 通碑碣，立石年份分别为宋崇宁五年（1106）、金大定二十六年（1186）、金明昌三年（1192）、元至元二年（1265）、元至正十三年（1353）、明嘉靖二年（1523）、嘉靖三十六年（1557）、明万历二十年（1592）、清雍正五年（1727）、清乾隆三年（1738）、乾隆四十三年（1778）。

2. 广育祠

广育祠位于大阳泉村中央，原名广胤祠，后因避讳更为现名，当地人俗称大庙。广育祠疑始建于元至正五年（1345），是大阳泉村的主要庙宇。该庙建筑面积 560 平方米，用地面积 793 平方米，分为东西两个院落，西侧为偏院，东院为主院。两组院落都向外开门，主院只在举行重大祭祀活动时才开门，普通祭祀仅从西院进入。院前为宽阔的广场，是村落的活动场所，庙对面的戏台是古代春社献戏之处。清乾隆、道光、光绪年间均对其修缮，乾隆年间新建钟鼓楼，现祠内遗存碑碣 10 通，记载了该庙的历史。

3. 关帝祠

关帝祠位于大阳泉村琼瑶山，始建年代不详。但乾隆五十五年（1790）的《重修关帝庙碑记》载："明万历壬寅（1602 年）始为石洞，天启癸酉（疑为有误）重修，国朝康熙间又重修，皆有碑记。"[①] 因此可以断定，关帝祠的创建年代至少在万历壬寅年（1602）以前，天启、崇祯、康熙、乾隆、嘉庆时期均有修缮。现遗存碑碣只有崇祯、乾隆、嘉庆 3 通。

4. 东阁

东阁创建年代最晚在万历三十三年（1605），位于村东入口。下层为拱券，横跨在阳泉街上，是入村的通道；上层为三开间硬山阁楼，供奉观音、真武大帝，以求保护，同时也起到关防之作用。建筑面积 112 平方米，用地面积 503 平方米。该阁于康熙、同治年间均有修葺，并遗有碑碣。

5. 五龙宫

五龙宫位于村南，俗称"龙王庙"，始建于清康熙年间，于乾隆二十一年（1756）移建于现址，是村民祈雨的寺庙，寺内供奉龙母及四海龙王。建筑严格按照轴线布局，从南到北依次为戏台、山门、正殿。建筑面积 276 平方米，占地面积 392 平方米。嘉庆、道光、光绪年间均有修缮，包括新建戏楼、设立规条等，现遗存碑碣 5 通。

6. 葛仙翁庙

葛仙翁庙位于村东，为经营靛染生意者特求建祠立阁以祭祀仙翁。该庙创修于嘉庆二十三年（1818），同治九年（1870）对其重修，现存碑

---

① 此碑现存于阳泉市郊区琼瑶山关帝庙。

碣 2 通。

此外，村中还有东、西两座五道庙。据村中人回忆，村中原有七座五道庙，平均十几家人共享一座，现仅存两座。

另外大阳泉村原来建有现在不存的庙宇，有文昌庙、老爷庙、瘟神庙、西阁等，现将庙宇情况汇表如下：

表 3   大阳泉村庙宇情况一览

序号	庙宇	创修建年代	村中位置	重修年代	现存碑刻数	备注
1	蒲台庙	宋崇宁元年（1102）	村外蒲台山上	金大定、元至正、明嘉靖、明万历、清雍正、清乾隆	13	
2	广育祠	元至正五年（1345）	村中央	清乾隆、道光、光绪	10	
3	关帝祠	不详	村外琼瑶山	明天启、明崇祯、清康熙、清乾隆、清嘉庆	4	有大量残碑
4	东阁	不详	村东入口	清康熙、清同治	0	
5	五龙宫	康熙年间	村东	清乾隆、嘉庆、道光、光绪	10	有残碑
6	葛仙翁庙	嘉庆二十三年（1818）	村东	同治	1	
7	东五道庙	不详	村东	嘉庆	0	
8	西五道庙	不详	村西	不详	2	
9	西阁	不详	村西	不详	4	

备注：本表是笔者根据实地地调查统计。

除以上表中所列外，大阳泉村的碑刻还散存在郗家祠堂、冯家祠堂、张穆故居等地方。目前，大阳泉村现遗存碑碣多集中于明清时期立石，共计 60 余通，记载了大阳泉的历史，弥补了古籍文献对大阳泉历史记载不足的情况，具有重要的史料价值。其中涉及商号捐款名录的碑碣分别为同治十年（1871）《重修玄天阁观音阁碑》、光绪五年（1879）《重修广育祠碑记》、光绪年间《重修五龙宫碑》、光绪年间《本村诸公布施碑》、光绪年间《万善同归募施碑》、宣统三年（1911）《村中公议捐款修理街道布施碑记》。

　　除庙宇外，现遗存的典型清代建筑古民居多为名人故居、晋商名号故居。这些民居有张穆故居、魁盛号、景园堂、四达堂、正元堂、德裕诚、广泰昌、祥瑞堂、四义号、大生堂等。现将其汇总成表介绍如下：

表4　　　　　　　　　　　大阳泉著名古民居建筑一览

序号	名称	位置	概况
1	魁盛号	大阳泉村北	大院第一层由三套两进院和四组偏院组成，正房均为窑洞，连成一体，窑洞上再建三院，为大院二层。其中九龙廷为明七开间，暗为九开间。建筑面积3689平方米，占地面积4168平方米
2	张穆故居	阳泉街南	由三套主院东西并排构成，坐北朝南，空间结构完整，院内建筑均为木结构，装饰简朴大方。占地面积11375平方米，建筑面积3801.61平方米
3	景园堂	冯家祠堂西侧	建筑空间结构完整，建筑装饰精美，门楼的处理尤其别致。建筑正房为窑洞，建筑面积为1342平方米，占地面积为1961平方米
4	四达堂	景元堂北侧	现建筑完整，建筑装饰精美。建筑面积386平方米，总占地面积1501平方米
5	正元堂	四达堂西侧	由五组院落组成，空间结构完美，建筑保存完好，建筑面积826平方米，占地面积1033平方米
6	四义号	正元堂西侧	由五组院落组成，空间格局完整，建筑面积994平方米，占地面积1457平方米
7	德裕诚	阳泉街南侧兰家巷西侧	德裕诚是商住合用建筑，修建于民国年间，建筑面积986平方米，占地面积1222平方米。建筑的空间按照中国传统的合院式布局，建筑临街的东立面则采用了连续构图，还将西式的壁柱运用到建筑立面上，但壁柱装饰则采用中国传统形式
8	广泰昌	四义号西侧	由两组一进式院落组成，两院落东西错落布局。建筑面积529平方米，占地面积687平方米

续表

序号	名称	位置	概况
9	祥瑞堂	四义号南侧	由七组院落组成，空间结构完整，正房均为窑洞。建筑面积 1406 平方米，占地面积 2055 平方米
10	大生堂	牌楼巷东侧，义学堂北侧	由六组院落组成，空间格局完整。建筑面积 1100 平方米，占地面积 1621 平方米

备注：本表根据《大阳泉古村》① 一书第 45 页—86 页整理所得。

四　大阳泉村的商业

（一）商业发展概况

明清以来，大阳泉村及其所在的平定地区手工业生产、加工、销售为一体的经营模式逐渐形成。与买低卖高的商品贸易或传统的商品流通区别很大，大阳泉村的商人无论是从经商经验、文化水平或者是家族实力等方面，都难以与晋商中的晋中、晋南商人相提并论。为了在市场中占有一席之地，为了求得生存，大阳泉村商人必须从本地的特色出发，以地方的物产的商品化为基础，走出一条适合自己发展的道路。大阳泉村的商人充分利用靠近晋冀要道的便利交通条件，以平定丰富的资源为支撑，通过自己的努力，使得本村的商业蓬勃发展。

大阳泉村商人、商业的发展大致经历了产生、发展、鼎盛和衰落四个阶段。大阳泉村的商人依托便利的交通和丰富的资源发展商业。崇祯癸酉年（1633）的《重修关王洞记》载："地瘠民贫，其风俗厚，差役赖人以耕田烧铁为务。"② 当地土地贫瘠，人民贫苦，但是由于铁资源丰富，人们农闲时冶铁以代差役。光绪版《平定州志》③ 收录了雍正元年谕旨，谕旨中就指出了平定山多田少，粮食不足，但是当地产砂，百姓将烧制的陶器等运到直隶，卖钱买米的现象。早期大阳泉商人或是依靠自

---

① 薛林平等：《大阳泉古村》，中国建筑工业出版社 2010 年版，第 45—86 页。
② 此碑于明崇祯癸酉年立石于平定州阳泉村琼瑶山关王洞，现存阳泉市郊区义井镇大阳泉村琼瑶山关王洞。
③ （清）赖昌期：《平定州志》卷五《食货》，清光绪八年刻本。

己的手艺外出打工；或是自己开铺；或是将本地的物产如铁器、砂器等贩卖到他处销售；或是农闲时采矿冶铁制器。而据民间珍藏的有关家谱记载，平定地区明代便有人赴外从事染业。① 因此在明清，无论冶铁、制陶还是从事印染，都是人们为了改变山多田少，地瘠民贫的现状，为了糊口，为求得生存做出的选择。此时人们经商还处于刚刚起步阶段，收益不大，只能维持基本的生活。

清代中期大阳泉村的商人以本地的商业经营为基础，经过几代人的努力，逐渐积累资金和商业资本，开始扩大规模和经营范围。此时已经出现了较大的商号、较为富裕的商人。这些人富裕后开始积极投入公益事业当中，如扶危济困、修缮庙宇等，如郗家的先祖"以冶起家，设肆鹿泉，以通货于四方"。传至郗若梅，若梅十分孝顺，由于父亲年老多病，不能"到肆经理"，遂弃科举从商，赖其苦心经营、锐意进取，终在其晚年以他自己的名字创立了"魁盛号"，既表明了"魁盛"的信心，又下了"占魁"的决心，为郗家成为富甲一方的商业望族打下了坚实的基础。"公一生勤俭，不骄不吝"，而且扶危济困，"亲族有告贷者，当与即慨然与之。甚有不俟其请而即与之，皆如其意之所"②。在重修庙宇的碑记中总会出现郗姓，如"雍正十二年新置香炉蜡台二副，支钱三是二百。纠首冯世登、刘炯、冯玉珍、郗士焉各施钱五十"③。咸丰十一年（1861）的《广育祠施地碑记》中也记载了郗姓子孙的名字。除了郗家，本村其他经商致富的人也开始致力于修缮庙宇，如村民冯叙依靠在山东经营靛染业发家致富，为创修仙翁庙"遍质同人，合志捐金"。这个阶段本村商人仍然以个人名义投身公益事业当中。

同光时期是大阳泉商业发展的鼎盛时期，同时也是郗家郗象峰、郗森之父子掌管魁盛号期间，是魁盛号最为鼎盛的时期，郗家成为平定的首富。"郗家利用当地的煤铁资源丰富的优势，在本地和外埠扩大了经营

---

① 转引自李克明《浅谈平定历史上的"走染坊"》，《文史月刊》2008 年第 5 期。

② 《清皇例授昭信校尉郡庠生乡饮大宾占魁郗公暨德配例赠安人商太安人葬墓志铭》，于大清道光十七年（1837）立石于平定州义羊都大阳泉村魁盛号郗氏祠堂，现存阳泉市郊区义井镇大阳泉村魁盛号郗氏祠堂。

③ 此碑存于大阳泉村广育祠。

规模，先后在本村办起了炒铁炉、焖炉，在杨家庄开办锄板厂，又在本村阳坡墒开了福盛窑，在小阳泉开了大兴矿，在平定城和阳泉镇开办了多处'魁'字号商行，直至河北的获鹿、井陉、石家庄、正定，北京，山东，东北的大连、海城、营口都有了"魁"字号的买卖和店铺，如复兴魁、永盛魁、德聚魁、宗和魁、魁盛庄、魁永庄、魁盛成等等。这些商行大多是经营山西平定的特产铁货，有东沟的铁锅、河底的铁货、杨家庄的锄板、锨、炉条、火口等。随着生意的兴隆，有的店铺经营范围扩大，上至绸缎，下至葱蒜，成了应有尽有的百货商行。当时由魁盛号领东，挂魁字号的商行有 36 座，底下还有不少分支店铺和出摊，覆盖华北一带。"①

　　依据村里现存的碑刻资料也可以看出，该村已经发展到鼎盛。此时本村商人更加积极的投身于公益事业，这更多的表现在修缮庙宇上，且以商号的名义进行捐款，以本村或本乡在外地的商人或商号为主，甚至有的整块碑全部是商号捐款。同治十年（1871）的《重修玄天阁观音阁碑》中共有 260 个商号，河北地区的商号至少有 199 家，占到外地商号数量的 76.6%，其余为北京、天津、辽宁、山东、内蒙古的商号。光绪五年《重修广育祠碑记》共有 179 个商号捐款，河北地区的商号至少有102 家，占到外地商号数量的 57%，其余为北京、天津、辽宁、山东、河南、安徽、内蒙古的商号。在五龙宫中还有两块碑碣②，没有立石年代，但是从其募化者姓名及捐款商号可推测，当为光绪年间的碑碣。在《重修五龙宫碑》中，共有 136 家商号捐款，河北地区的商号至少有 93 家，占到外地商号总数的 68.4%，其余为北京、天津、辽宁、山东、陕西的商号。第二块《万善同归募化碑》共有 96 家商号捐款，河北地区的商号至少有 51 家，占到外地商号总数的 53.2%，其余为北京、天津、辽宁的商号，而且这块碑全部是商号布施捐款。由此可见，同光时期，外地商号捐款成为大阳泉村庙宇修缮资金的主要来源，大阳泉村的商业也在此

---

　　① 张承铭、商锁贵、刘春明、姚裕：《平定州第一富豪大阳泉村郗家》，《晋商史料全览·阳泉卷》，山西人民出版社 2006 年版，第 40—41 页。

　　② 两块碑都立石于大阳泉村五龙宫，由于没有题目，文中所用的题目是笔者根据碑刻的碑额及碑文内容所拟。

时进入鼎盛时期。

对一个村庄而言，村中较大商业家族的兴衰将会影响到整个村庄的兴衰。民国年间，大阳泉村的兴衰轨迹基本上与郗家的兴衰轨迹是一致的。郗家最后走向衰落有一个致命的原因，后继无人，子孙好逸恶劳，吸毒成瘾。魁盛号第五代掌门人郗永寿膝下无子，为了万贯家业，无奈只得将同族的子侄过继过来。过继后不到一年，郗永寿就壮年早逝，两继子做东后，由于年纪小，不懂得执掌家业，贪图享乐，商号全靠外人来做，各地掌柜乘机自捞或单干，商号一时分崩离析，财源逐渐断绝，家道日渐衰落，再加上两子又染上毒瘾，雪上加霜，终致魁盛号衰败。郗家败落后，大阳泉村再无如郗家这样的商业大族，也走上了衰落的道路。1905 年后正太铁路开通，设阳泉站，为大阳泉村带来新的机遇和挑战。虽然大阳泉以后未出现郗家魁盛号一样的大的商号，但是却成为山西省一个地级市的名称，其影响力可见一斑。

（二）本村商业情况

如果村里的商人只到外地经商，而本村没有商业，那几乎是不可能的。以大阳泉村为例，大阳泉村的商人遍布河北、北京、天津、山东等地，同时本村的商业也是很发达的。《晋商史料全览·阳泉卷》中记载了大阳泉村晚清民国时期的商铺情况，"主街店铺由东至西连绵排列，依次为绸缎铺、豆腐房、肉铺、药铺、染纸房（古碾砣）、烧饼铺、副食铺、洋货铺、酱菜铺、磨面访、广泰昌粮店、大生堂药店、酱醋店、鲜货铺、毡房、永庆城杂货店、木匠铺、同心园茶庄、理发铺、杂货店等 30 余家。兰家巷有杂货铺、木匠铺、木店、茶叶庄、药店。牌楼巷有糖房、当铺、钱庄、银店等"①。这只是晚清民国时期大阳泉村的商业状况，而此时整个大阳泉村的商业已现衰退之势，在其鼎盛时期的状况当更盛。当前，我们对当时大阳泉村的规模无从所知，但据大阳泉村提供的数据显示，2008 年村中的常驻人口一万余，晚清民国时期的村中规模应比 2008 年小，

---

① 白亮、张晓玲：《明清民国时期大阳泉村商业一条街》，《晋商史料全览·阳泉卷》，山西人民出版社 2006 年版，第 499 页。

而村中还有 30 多家店铺，可见大阳泉本村的商业也是非常发达的。

另一个可证明大阳泉本村商业发达的证据就是，村中的庙会在明清时期有 12 个之多，为期最长的达半月之久（详见表6）。许多研究者都揭示了庙会除具有祭祀功能外，还有一个重要的功能即商品交流。许檀先生认为："庙会是农村集市的另一种形式，庙会以祀神、祈福、演剧而聚众，商人因以设市贸易；庙会为定期市，开设以年为计，有的一年只开一次，多者不过数次；庙会开设时间多集中在春耕之前，或秋收之后，与农作季节密切相关。庙会的贸易范围比集市大得多，大致可达方圆数百里，三五个县的范围，或更大些；其商人来自各地，商品品种、数量和交易量都远远超过集市。庙会中贸易的商品大多以日用百货、牲畜、农具为主。"① 虽然没有找到记载山西大阳泉村庙会商品交易的直接证据，但是清代山西有关其他州县庙会的记载可以作为佐证。

乾隆十五年（1750）《榆次县志》载："县人操田作者十之六七，服贾者十之三四，常以岁中为会场，合百货而市易焉。正月于怀仁，二月聂村东阳，三月郭家堡，四月王都村，五月榆邑城隍庙中，七月源涡鸣谦驿，凡会则陈优伶合乐，城隍庙则会场之尤大者。"② 又民国三十一年（1942）《榆次县志》载："各乡镇神庙演剧，开辟广场聚百货以售者谓之赶会，一日者名小会，三日、五日者名为大会，兼牲畜者名骡子会，惟五月城隍庙会期为最久。"③ 上述两则材料说明，榆次县各乡镇的庙会大都成为百货交易的场所，甚至出现了专门的以牲畜贸易为主的骡子会，在这些庙会中，城隍庙庙会是全县规模最大为期最久的。

咸丰五年（1855）《太谷县志》也载："二十一日沙河村会，村民于里庙祀神、演剧，四乡商贾以百货交易杂沓，终日而罢者为小会，赁房列肆，裘绮珍玩，经旬匝月而市者为大会，城乡岁会凡五十五。"④《太谷县志》的记载也说明，庙会具有百货交易的功能。虽然《平定州志》中尚未记载各村庙会是否有商品交易的状况，但却描述了"每当祀期，附

---

① 许檀：《明清时期农村集市的发展》，《中国经济史研究》1997 年第 2 期。

② 钱之青：《榆次县志》卷六《风俗》，清乾隆十五年刻本。

③ 张敦颢：《榆次县志》卷三《乡聚考·市集会场》，民国三十一年铅印本。

④ 章青选、汪和：《太谷县志》卷三《风俗》，清咸丰五年刻本。

近村庄扮演杂剧，十百为群相引而至，名曰上会"，各村上会时"万众聚观，男女错杂"的景象。庙会因祀神、演剧而聚众，商人则会辐辏而至，因此商品交易的现象应当存在。

此外《义东沟村志》中记载："民间庙会形成自由的核心特征，即经济方面是百货交易；在社会组织方面是'社'或'会'；在意识形态方面是祀神娱神；在人际关系方面是一种人情交往，这些都是庙会能够长期传承的经济基础和民俗惯制。庙会期间，有各类民间艺人进行表演，有打拳的、卖艺的、变戏法的、唱戏的、算命卜卦的，照西洋镜的，门类齐全。有繁华的集贸交易，锅盆碗箸、日用百货、衣帽鞋袜应有尽有。"①义东沟与大阳泉同属于义井镇，距离较近，风俗习惯相近，因此，义东沟与大阳泉村庙会情况应当类似。

大阳泉村一个村庄一年就有 12 个庙会，可见其商品交易繁盛的景象。现将大阳泉村庙会情况汇表如下：

表6 **大阳泉村庙会一览**

名称	时间	位置	规模
祝人会	正月初一至十五	广育祠	持续十五天
观音会	二月十九	东阁	持续三天
祭染织	二月初十	仙翁庙	持续一天
祭灾	三月三	瘟神庙	持续一天
踩河堰	四月	河神庙	持续一天
祈雨	四月十五	蒲台庙	持续一天
谢土、送神	五月五	五道庙	持续一天
老爷庙会	五月十三	关老爷庙	持续一天
龙王庙会	六月十九	五龙宫	持续三天
谢天、谢秋	八月十五	西阁	持续一天
祭圣	九月九	义学堂	持续一天
老君庙会	腊月十八	老君庙	持续一天

备注：摘自《山西省阳泉市郊区义井镇大阳泉村申报材料》，第156页。

---

① 村志编纂委员会：《义东沟村志》（下），山西人民出版社2011年版，第108—109页。

　　集市的开市频率可以反映一地的商业发展水平，在集市数量一定的情况下，开市频率越高，商业发展水平越高。那么作为集市另一表现形式的庙会，在一年之内庙会数量越多，也能够证明商业发展水平越高。从表6中可以看出，就数量而言，大阳泉村在一年十二个月中，十个月份都有庙会，甚至一个月中有两次庙会，分别为二月、四月、五月；就会期而言，各个庙会中为期最长的是祝人会，会期十五天，另观音会和龙王庙会为期三天。一个村庄一年之内就有三个大会，商业发达程度可见一斑。此外，大阳泉村的庙会中还出现了专门的祭祀行业神的庙会，二月初十在仙翁庙祭祀染织业的行业神葛仙翁，腊月十八在老君庙祭祀煤铁行业神老君爷，由此可知染织业、煤铁业是大阳泉村商人从事较多的两个行业。上述十二个庙会，因时间久远等多种原因也就慢慢地取消了，只保留下可数的几个，甚至举行庙会的时间也有所变动。现在保留下来的庙会有六月十七五龙宫的龙王庙，为期六天，正月十四广育祠的人祖庙，为期三天。

　　总之，无论是大阳泉村村内的店铺数量，还是村中庙会的数量及规模，都证明大阳泉村的商业发展程度比较高，且商人以从事染织业、煤铁业为主。

（三）本地区商业情况

　　目前，文献对平定地区在清代末年的商业情况少有记载，但是通过大阳泉村遗存的碑刻可以窥探一二。在同治十年（1871）《重修玄天阁观音阁碑》、光绪五年（1879）《重修广育祠碑记》、光绪年间《重修五龙宫碑》、光绪年间《万善同归募施碑》四通碑碣中，记载了本地区商号对大阳泉村捐款的情况。通过对碑文的整理可以判定，在同治光绪年间，今阳泉市所辖的郊区、平定县、盂县的一些村镇的商号对大阳泉村进行了捐款。以郊区为例，阳泉市郊区共辖4镇4乡，四通碑碣中共有4镇2乡的19个村庄的61个商号捐款，总额为121千7百文，其中河底镇的山底村、河底村，荫营镇的荫营村，李家庄乡的李家庄村的捐资商号数量较多。虽然目前我们并不能确定这些商号的具体情况，但是可以肯定这些商号与大阳泉村有着密切的关系。仅光绪五年（1879）大阳泉村重修广育祠时平定县城就有元隆永、四合公、裕成魁、永泰盛、恒顺德、德全号、三合永、鸿顺兴、允千吉、德盛堂、义合隆、庆元成、义合永、广隆成、四和公、三有成、福庆隆、庆宜公、元德恒、元森涌、德和魁、庆兴正、永隆长、源顺德、元兴成、和合号 26 家商号对其进行了捐款，总额为 47 千文。这说明光绪五年（1879）仅县城一地就有 26 家商号与大阳泉村保持着密切的联系。

现将本区域商号捐款情况汇总成表如下。

表 7　　　　　　　　　　本区域商号捐款汇总表

序号	县	乡（镇）	村	商号数量（个）	捐款数
1	平定县	—	—	27	49 千文
2	郊区	河底镇	上章召村	1	3 千文
			任家峪	1	2 千文
			山底村	8	30 千文
			牵牛镇	2	6 千文
			河底村	6	20 千文
		荫营镇	荫营村	10	29 千文
			南窑庄村	1	4 百文
			三泉村	1	3 千文
			林里村	2	3 千文
		李家庄乡	李家庄村	17	10 千文
			柳沟村	1	3 千文
			桃坡村	1	3 千文
		义井镇	河下	1	1 千文
		平坦镇	魏家峪	1	2 千文
			赛鱼村	1	6 百文
			辛兴村	1	4 百文
			西上庄	1	1 千文
		旧街乡	测石村	1	1 千文
			保安村	3	3 千文

续表

序号	县	乡（镇）	村	商号数量（个）	捐款数
3	城区	开发区	上五渡村	2	
			平坦垴	2	
4	盂县	—	—	6	9千文
5	合计			98	185千2百文

备注：本表根据四通碑碣整理所得。

（四）大阳泉商人行商活动区域

最迟到同治年间，大阳泉村东阁重修时的布施的碑刻上，来自外省和外县的商号成为当时修缮资金的主要来源。他们募化的地方大部分是一些外省的市镇，这些募化的人很可能就是在这些市镇经商的人或商号。

同治十年（1871）的《重修玄天阁观音阁碑》明确记载："因以矍铄之翁，膺艰巨之任，不辞心力，孤身独当，于是奋义首倡，并纠其乡之乐善不倦，出外经商者，各携缘引，或募化于邻村，或捐资于异域，而是乡黾勉愿施，望切观光者，亦不乏人，卜日鸠工，顿兴土木。"由此可以看出，同治十年（1871）重修东阁的资金来源分别为外出经商者、本村人、邻村人、路过者四部分人，外地捐资的地方比较集中，多为市镇，故主持外地募化的人很可能就是在外地某市镇经商的人。对于这些外地商号是否为本村的商人，还是与大阳泉村的人有某种关系，我们不得而知。即使这些商号并不全是大阳泉村的商人，但募捐碑刻的记载也使我们了解到有关大阳泉村商人在这些市镇中的商业关系网络，可以明确大阳泉村商人经商的区域。至少可以确定这些给大阳泉村捐款的商家，当属于清代"行商天下"的平定商人或者晋东商人、山西商人。通过对碑文的整理，基本可以判断大阳泉村商人的行商活动区域即大阳泉村商人的行商范围以河北、北京、天津、山东、山西、河南为主，东北最远到达辽宁，西北到达陕西，最南到达安徽。

河北县级城镇有：邢台市的平乡，石家庄市的正定、束鹿、深泽、辛集、获鹿、栾城、藁城、行唐、元氏、灵寿、井陉，保定市的易县、安新、高碑店、定兴、高阳、博野、蠡县，廊坊市的大城、文安、三河，衡水市的衡水县、冀州、武强、饶阳，沧州市的盐山、沧县、泊头、任丘，承德市的承德、平泉县、丰宁，唐山市的滦州、乐亭、遵化、卢龙、开平、迁安、昌黎、玉田、山海关、丰润。

山东县级城镇有：德州市的乐陵、临邑、平原县、陵县、恩县、夏津、武城，菏泽市的定陶，滨州市的蒲台，济南市的济南、商河，淄博市的淄博、桓台县，青岛市。

山西县级城镇有：盂县、平定、清徐、太原、太谷、长治、长治县、大同。

河南县级城镇有：郑州、新乡、河内、灵宝。

北京县级城镇有：京都、房山、通州、丰台、密云、顺义、怀柔、昌平。

天津县级城镇有：双口、静海、武清县、宁河县。

辽宁县级城镇有：绥中、沈阳、锦州、建昌县、皇姑屯。

内蒙古县级城镇有：赤峰。

安徽县级城镇有：凤台县。

现将各碑刻捐资情形汇总成表具体分析。①

根据表8进一步整理得到表9如下：

从下述表格可知，同治十年（1871）大阳泉村重修玄天阁观音阁时，募化的外省区域范围主要集中在今天的河北中北部，山东西部，辽宁西南部，内蒙古东南部，以及北京、天津地区。就各地的捐款总额来说，河北的捐资总额最多，其次为北京、天津、辽宁、山东、内蒙古。就捐资商号数量来说，河北商号的总数也是最多的，占到商号总数的76.6%，其次为北京15.4%、天津2.3%、辽宁2.3%、山东1.9%、内蒙古1.5%。就平均每个商号的捐资数量而言，受到三方面因素的影响，一是商号的经营规模；二是捐资商号与大阳泉村的密切程度；三是

---

① 以下根据碑刻整理的表格中省份、地区、县皆采用现在的区划名称，乡镇村名均为当时的名称。

捐资商号与募化人的关系。由此笔者推测北京、天津的商号经营规模相对较大，河北商号数量众多，规模相对较小，但是与大阳泉村的关系较为密切。

表 8　　同治十年（1871）《重修玄天阁观音阁》外省商号捐款统计

序号	省份	地区	县乡镇（村）	捐资总额	商号数量（个）	平均数
1	河北	石家庄	获鹿	17 两 + 152 千 8 百文	100	0.17 两 + 1528 文
			正定	20 千 2 百文	15	1346 文
			束鹿	3 千文	3	1000 文
			深泽	1 千文	1	1000 文
			辛集·和睦井	4 千文	1	4000 文
			怀鹿	6 两	2	3 两
		承德	平泉县	39 两 + 3 千文	31	1.2 两 + 96 文
		秦皇岛	卢龙	12 两 + 6 千 9 百文	18	0.7 两 + 383 文
			乐亭	5 两	5	1 两
			抚宁·台头营	6 两	2	3 两
			昌黎	2 两	1	2 两
		保定	定兴·高里店	5 千 5 百文	7	786 文
			安新·端村	2 两	1	2 两
		唐山	丰润·稻地	4 两	2	2 两
			迁安·建昌营	4 两	2	2 两
			开平	3 两	1	3 两
			丰润·沙流河	3 两	1	3 两
			玉田	1 两	1	1 两
			遵化	1 千文	1	1000 文
		沧州	鄚州	2 两	1	2 两
			泊头	2 千文	1	2000 文
		衡水	冀州	1 千文	1	1000
		邢台	平乡·姜庄	1 两	1	1 两

序号	省份	地区	县乡镇（村）	捐资总额	商号数量（个）	平均数
2	北京	北京	丰台	2 两 + 29 千文	16	0.1 两 + 1813 文
			北京	8 两 + 5 千文	6	1.3 两 + 833 文
			密云	11 两 + 8 千文	10	1.1 两 + 800 文
			怀柔	6 两	3	2 两
			通州	5 两	3	1.7 两
			顺义·牛栏山	3 两	1	3 两
			昌平·沙河	2 两	1	2 两
3	天津	天津	双口	18 两	3	6 两
			天津	1 千文	1	1000 文
			静海·杨柳青	3 两	1	3 两
			静海·坝台	1 千文	1	1000 文
4	辽宁	锦州	建昌县	1 两 + 4 千文	5	0.2 两 + 800 文
		葫芦岛	绥中·中后所	3 两	1	3 两
5	山东	德州	乐陵	3 两	3	1 两
		菏泽	定陶	1 千文	2	500 文
6	内蒙古	内蒙古	赤峰	1 两 + 4 千 5 百文	4	0.5 两 + 1125 文

备注：1. 本表依据大阳泉村现存同治十年（1871）《重修玄天阁观音阁》碑刻整理；2. 表中统计的商号只有能够识别地区的外省商号，山西等地的商号以及未识别区的商号均未列在内；3. 表中的"·"是指所属乡镇、村庄。

表9　同治十年（1871）《重修玄天阁观音阁》外省捐款百分比统计

序号	省份	捐款总额	商号总量（个）	百分比	平均值
1	河北	173 两 + 253 千 9 百文	199	76.6%	0.5 两 + 1007 文
2	北京	37 两 + 42 千文	40	15.4%	0.9 两 + 1050 文
3	天津	21 两 + 2 千文	6	2.3%	3.5 两 + 333 文
4	辽宁	4 两 + 4 千文	6	2.3%	0.7 两 + 667 文
5	山东	3 两 + 1 千文	5	1.9%	0.6 两 + 200 文
6	内蒙古	1 两 + 4 千 5 百文	4	1.5%	0.25 两 + 1125 文
7	合计	239 两 + 307 千 4 百文	260	100%	0.9 两 + 1182 文

表10   光绪五年（1879）《重修广育祠碑记》外地商号捐款统计

序号	省份	地区	县乡镇（村）	捐资总额	数量（个）	平均值
1	天津	天津	天津	60 两	8	7.5 两
			武清县	6.5 两	5	1.3 两
			武清·双口	10 两 + 3 千文	3	3.3 两 + 1000 文
			天津·杨柳青	4 两	2	2 两
			宁河县·芦台	3 千文	1	3000 文
			静海·坝台	2 两	1	2 两
2	北京	北京	北京	23 两	14	1.6 两
			通州	1 两	1	1 两
3	河北	石家庄	获鹿	18 两 + 66 千 2 百文	39	0.5 两 + 1697 文
			正定	23 千文	15	1533 文
			栾城	2 两 + 21 千文	9	0.2 两 + 2333 文
			行唐	5 千文	3	1666 文
		承德	平泉	18 两	9	2 两
			承德	6 两	3	2 两
		衡水	武强·小范	13 千文	8	1625 文
			衡水县	2 千文	1	2 千文
			饶阳	4 两	2	2 两
			冀州	0.5 两	1	0.5 两
		唐山	乐亭·汀流河	2 两	1	2 两
			丰润·稻地	2.5 两	3	0.8 两
		廊坊	大城县	2 两	1	2 两
			文安·胜芳	2 两	1	2 两
		保定	高碑店	2 千文	1	2000 文
			蠡县	1 千 5 百文	1	1500 文
			博野县	1 千 5 百文	1	1500 文
			易县	2 两	1	2 两
			定兴	2 千文	1	2000 文
		沧州	任丘·鄚州	4 两	2	2 两

序号	省份	地区	县乡镇（村）	捐资总额	数量（个）	平均值
4	山东	山东	山东	5 两	7	0.7 两
		德州	德州	6 两 + 3 千文	5	1.2 两 + 600 文
			临邑·林子街	2 两	2	1 两
			临邑·里合务	2 两	2	1 两
			临邑	2 两	2	1 两
			平原	2 两	2	1 两
			恩县	1 千 5 百文	1	1500 文
			武城	1 千 5 百文	1	1500 文
			夏津	1 千 5 百文	1	1500 文
			乐陵	1 两	1	1 两
			临邑·德平	1 两	1	1 两
			陵县·凤凰店	1 两	1	1 两
		淄博	淄博·周村	4 千文	2	2 千文
		青岛	青岛·雏口	6 千文	2	3 千文
		济南	济南	2 千文	1	2 千文
		滨州	蒲台	5 千文	2	2500 文
			滨州	2 千文	1	2000 文
5	河南	洛阳	洛宁县·故县	2 两	2	1 两
		新乡	新乡	5 两	1	5 两
		焦作	沁阳·河内	5 两	1	5 两
6	安徽	淮南市	凤台县	2 两	1	2 两
7	辽宁	沈阳	皇姑屯	2 两	1	2 两
		沈阳	沈阳	3 两	1	3 两
8	内蒙古	内蒙古	赤峰	2 两	1	2 两

备注：1. 本表依据大阳泉村现存光绪五年（1879）《重修广育祠碑记》碑刻整理；2. 表中统计的商号只有能够识别地区的外省商号，山西等地的商号以及未识别区的商号均未列在内；3. 表中的"·"是指所属乡镇、村庄。

就河北地域而言，大阳泉村商人在河北的行商地大都是位于官道两侧的著名商业市镇。仅就商业市镇而言，获鹿是大阳泉村商人行商最集中的地区。同治十年（1871）《重修玄天阁观音阁碑》中河北地区共 199

个商号捐款，获鹿一地有 100 个，占到河北地区商号总数的 50%。由此大阳泉村与获鹿的关系的密切程度可见一斑。

此外，根据捐资商号的名称我们还可以看出，捐资商号从事的行当包括布业、靛染业、运输业、铁业、煤业、典当、烟业等。就大阳泉村商人在获鹿地区经营的行业而言，能够从商号名称辨别出来的为棉布业、煤业、铁业是其从事最多的行业。这与大阳泉村所在的平定地区的手工业生产这一情况一致。

根据表 10 进一步整理得到表 11 如下：

表 11　　　光绪五年（1879）《重修广育祠碑记》外省捐款百分比统计

序号	省份	捐款总额	商号总量（个）	百分比	平均值
1	河北	63 两 + 137 千 2 百文	102	57%	0.6 两 + 1345 文
2	北京	24 两	15	8.4%	1.6 两
3	天津	82.5 两 + 6 千文	20	11.2%	4.125 两 + 300 文
4	辽宁	5 两	2	1.2%	2.5 两
5	山东	22 两 + 26 千 5 百文	34	19%	0.6 两 + 779 文
6	河南	12 两	4	2.2%	3 两
7	安徽	2 两	1	0.5%	2 两
8	内蒙古	2 两	1	0.5%	2 两
9	合计	212.5 两 + 169 千 7 百文	179	100%	1.2 两 + 948 文

从上述表格我们可知，光绪五年（1871）大阳泉村重修广育祠时，外省募化的区域范围仍主要集中在今天的河北中北部、山东西部、辽宁西南部、内蒙古东南部以及北京、天津地区。就各地的捐款总额来说，河北的捐资总额最多，其次为天津、山东、北京、河南、辽宁、安徽、内蒙古。就捐资商号数量来说，河北商号的总数也是最多的，占到商号总数的 57%，其次为山东 19%、天津 11.2%，北京 8.4%，河南 2.2%，辽宁 1.2%，安徽 0.5%，内蒙古 0.5%。就河北地区而言，光绪五年（1879）《重修广育祠碑记》中，河北地区共 102 个商号捐款，获鹿一地就有 39 个，占到河北地区总数的 38%。

将表8、表9与表10、表11对比可知，光绪五年（1879）比同治十年（1871）的募化范围广，增加了安徽、河南两省的部分地区。就河北、北京、天津、山东、辽宁、内蒙古六地捐资商号数量来说，河北、北京、内蒙古、辽宁的捐资商号数量减少，山东、天津两地的捐资商号数量增多。造成捐资商号数量减少的原因有两种，一是，重修庙宇需要的资金少，故不需要大规模募捐；二是，由于种种原因导致商号数量减少，笔者认为第一种原因的可能性比较大。此外，通过两次募捐可知，除北京外，其他五个地区平均每个商号捐资额都呈上升趋势，其中山东、天津两地的涨幅最大，这与两地捐资商号数量的增加是一致的。其中的原因值得我们思考，但由于资料所限，此处不加讨论。

表12   **光绪年间《重修五龙宫碑》外地商号统计**

序号	省份	地区	县乡镇（村）	捐资总额	数量（个）	平均值
1	河北	石家庄	获鹿	78千文	39	2000文
			正定	15千文	5	3000文
			正定·北孙邨	10千文	5	2000文
			井陉	1千2百文	3	400文
			栾城	4千文	2	2000文
			元氏	8百文	1	8百文
			藁城·赵庄镇	2千文	1	2000文
			行唐	6千文	3	2000文
			灵寿	2千文	1	2000文
		保定	高阳	5两+2千4百文	7	0.7两+343文
			易县	2两+2千文	2	1两+1千文
			新安	2两	1	2两
			新城	1两	1	1两
		衡水	冀州	3千2百文	4	800文
			武强·小范	6千文	2	3000文
		沧州	泊头·泊镇	4千文	3	1333文
			盐山	2两	1	2两
			沧县·兴济	2两	1	2两
		廊坊	文安·胜芳	1两	1	1两

序号	省份	地区	县乡镇（村）	捐资总额	数量（个）	平均值
2	山东	德州	乐陵	2 两	1	2 两
			德州	8 两	6	1.3 两
			德平	1 两	1	1 两
			陵县	1 两	1	1 两
			临邑	8 百文	1	800 文
			陵县·凤凰店	1 两	1	1 两
		淄博	山东·周邨	7 千文	5	1400 文
			桓台县·索镇	2 两	1	2 两
		济南	商河	4 两	4	1 两
3	北京	北京	北京	9 两 +1 千文	9	1 两 +111 文
		北京	房山·七里店	4 千文	4	1 千文
		北京	房山·韩村	4 千文	4	1 千文
		北京	丰台	2 两	2	1 两
4	天津	天津	双口	3 两	1	3 两
5	辽宁	葫芦岛	绥中·中后所	1 两	1	1 两
6	陕西			2 两	1	2 两

备注：1. 本表依据大阳泉村现存《重修五龙宫碑》整理；2. 表中统计的商号只有能够识别地区的外省商号，山西等地的商号以及未识别区的商号均未列在内；3. 表中的"·"是指所属乡镇、村庄。

根据表 12 进一步整理得到表 13 如下：

表 13　　　　光绪年间《重修五龙宫碑》外省捐款百分比统计

序号	省份	捐款总额	商号总量（个）	百分比	平均值
1	河北	15 两 +143 千 8 百文	93	68.4%	0.2 两 +1546 文
2	北京	11 两 +9 千文	19	14%	0.6 两 +474 文
3	天津	3 两	1	0.7%	3 两
4	辽宁	1 两	1	0.7%	1 两
5	山东	19 两 +7 千 8 百文	21	15.5%	0.9 两 +371 文
6	陕西	2 两	1	0.7%	2 两
7	合计	51 两 +160 千 6 百文	136	100%	0.4 两 +1181 文

从上述表格可知，光绪年间重修五龙宫碑时，外省募化的区域仍集中在今天的河北中北部，山东西部，辽宁西南部，内蒙古东南部，以及北京、天津地区，甚至到陕西。就各地的捐款总额来说，河北的捐资总额最多，其次为山东、北京、天津、陕西、辽宁。就捐资商号数量来说，河北商号的总数也是最多的，占到商号总数的68.4%，其次为山东15.5%、北京14%，辽宁0.7%，陕西0.7%。就河北地区而言，光绪年间《重修五龙宫碑记》中河北地区共93个商号捐款，获鹿一地就有39个，占到河北地区总数的42%。

表14　　　光绪年间《万善同归募施碑》外地商号捐款统计

序号	省份	地区	地区府县乡镇（村）	捐款总额	数量（个）	平均值
1	河北	石家庄	获鹿	186千文	33	5636文
			元氏·南佐	3千文	1	3千文
		承德	丰宁	6两	5	1.2两
			承德	5两	2	2.5两
		唐山	丰润·荫庄湖	8两	1	8两
			滦州·□城镇	20两	2	10两
		秦皇岛	山海关	4两	2	2两
		保定	蠡县·小陈乡	1两	1	1两
			新安·湍村	10两	1	10两
		邢台	邢台	5两	1	5两
		衡水	饶阳	2两	1	2两
		廊坊	三河县	2两	1	2两
2	北京	北京	顺义·牛栏山	12两	7	1.7两
			丰台	3两	3	1两
			昌平·沙河镇	2.5两	2	1.25两
			昌平	7.5两	3	3.3两
			密云·石匣	7.5两	3	2.5两
			密云	7两	2	3.5两
			密云·古北口	3两	3	1两
			京都·打磨厂	10两	1	10两

序号	省份	地区	地区府县乡镇（村）	捐款总额	数量（个）	平均值
2	北京	北京	京都·瓜市	5 两	2	2.5 两
			京都	16 两	2	8 两
			通州	22 两	2	11 两
			怀柔	3 两	2	1.5 两
3	天津	天津	静海·坝台	2 两	1	2 两
			天津·杨柳青	4 两	2	2 两
4	辽宁	辽宁	锦州	8 两 + 10 千文	5	1.6 两 + 2000 文
			沈阳	14 两	3	4.7 两
			绥中·中后所	4 两	2	2 两

备注：1. 本表根据光绪年间《万善同归募施碑》整理；2. 表中统计的商号只有能够识别地区的外省商号，山西等地的商号以及未识别区的商号均未列在内；3. 表中的"·"是指所属乡镇、村庄。

根据表 14 进一步整理得到表 15 如下：

表 15   光绪年间《万善同归募施碑》外省捐款百分比统计

序号	省份	捐款总额	商号总量（个）	百分比	平均值
1	河北	63 两 + 189 千文	51	53.2%	1.2 两 + 3705 文
2	北京	98.5 两	32	33.3%	3.1 两
3	天津	6 两	3	10.4%	2 两
4	辽宁	26 两 + 10 千文	10	3.1%	2.6 两 + 100 文
5	合计	193.5 两 + 199 千文	96	100%	2 两 + 2073 文

从上述表格可知，光绪年间《万善同归募施碑记》记载外省募化的区域仍集中在今天的河北中北部，辽宁南部，及北京、天津地区。就各地的捐款总额来说，河北的捐资总额最多，其次为北京、天津、辽宁。就捐资商号数量来说，河北商号的总数也是最多的，占到商号总数的

53.2%，其次为北京 33.3%、天津 10.4%，辽宁 3.1%。就河北地区而言，河北地区共 51 个商号捐款，获鹿一地就有 33 个，占到河北地区总数的 65%。

以上从表 8—表 15 可以看出，捐款最多的商号分别是现在的河北、北京两个地区。究其原因，明清时期，北京是全国的政治、经济、文化中心，因此商业贸易发达，全国的商人与商业都向北京集聚，因此大阳泉村的商人行商北京不难理解。河北与山西相邻，大阳泉村所在的平定州向东穿越太行山就到达了河北地区，因此两地是相邻的，且位于京蜀、京陕两大官道上，是晋商到京贸易的必经之地，故河北成为大阳泉村商人行商比较集中的地区。

同时也从碑记中可以看出，大阳泉村商人在河北的行商地大都是位于官道两侧的著名商业市镇。仅就河北地区的商业市镇而言，获鹿是大阳泉村商人行商最集中的地区。而且获鹿在《重修玄天阁观音阁碑》《重修五龙宫碑》《万善同归募化碑》三次捐款中出现了花店公、驼行公、煤行公、铁行公、花行公、当行公的捐款，在这里"公"应当与"共"同一意思，即整个行业团体捐款的总额，故实际参与捐款的商号总数要比现在所统计的数量更多，可见获鹿是大阳泉村商人行商较为集中的地区。

就大阳泉村商人在获鹿地区经营的行业而言，能够从商号名称中辨别出，布业、煤业、铁业是其从事最多的行业。这与大阳泉村所在的平定地区的手工业生产这一情况相一致。同时我们也可以看出，在获鹿这一地区众多商号的捐资显现出，同种类型的行业在一起捐资的特点。如在同治十年（1871）重修玄天阁观音阁时，魁盛号在获鹿募化的 18 家商号中，花店有 2 家，驼店有 2 家，德聚魁、魁和成、复兴魁、宗和魁、魁盛成 5 家商号同属大阳泉都家的商号；冯锦华募化的商号中，花店、驼店、煤行、铁行四个行业都是团体捐款，德聚魁是都家商号，另有不能辨别行业的 3 家商号个体捐款；冯景礼在获鹿募化的 9 家商号中，有花店 8 家，都家商号 1 家。

光绪年间重修五龙宫时，复兴魁杨绍仁、宗和魁葛履观在获鹿募化的商号中，花行和当行为团体捐款，复兴魁、宗和魁、魁和成属于都家的商号。上述行业，花店当属于布业，而都家的商号以经营煤、铁等为主，驼店属于运输行业。清代获鹿是平定地区煤铁总行的所在地，平定的煤铁需先用驴车、骡车等经京蜀大官道运到获鹿总行，然后再向其他地区分销。上述现象说明，清代获鹿地区行业间的分工已相当明确，行业间的内部联系也更加紧密。

由此还可以做出推断：在清代，尤其是清后期河北中北部、山东东部、辽宁南部、河南北部活跃着为数不少与大阳泉村有关联的商家，除个别商号，如复兴魁、德聚魁、宗和魁、魁盛成等为大阳泉村都家的商号，以经营煤、铁为主外，还有一些商号我们可以根据名字确定其行业，如布、粮食、皮货、雨衣、帽子、靛染、油、运输、铁、煤、当铺、货栈、毛毡、碱、胶、烟等。但是，更多的情况是，我们并不了解这些商号的具体情况，对其从事的行业及其规模、与大阳泉村的关系等问题有待进一步考证。

五　大阳泉商人与地方社会

（一）大阳泉商人与里社

大阳泉村所在的平定地区存在传统的民间组织——里社。乾隆版《平定州志》载："《管子》：方六里命之曰暴，五暴名之曰部，五部命之曰聚。聚有市；五聚命之曰乡，四乡命之曰都。自汉以后聚曰村，至元则改里为图，其实一而已。平定与乐平皆以都统村。"[①]

在明初，里甲制度是国家设立的地方基层行政组织，承担着征发赋税徭役等国家功能。"洪武十四年（1381年）诏天下编赋役黄册，以一百十户为一里，推丁粮多者十户为长，余百户为十甲，甲凡十人。岁役里长一人，甲首一人，董一里一甲之事。先后以丁粮多寡为序，凡十年一周，曰排年。在城曰坊，近城曰厢，乡都曰里。里编为册，册首总为一图。鳏寡孤独不任役者，附十甲后为畸零。僧道给度牒，有田者编册如民科，无田者亦为畸零。每十年有司更定其册，以丁粮增减而升

---

① （清）金明源：《平定州志》卷二《舆地志·都村·附市集》，清乾隆五十五年刻本。

降之。"① 而里社则是与里甲制度相互配合，具有民间自治性的宗教与社会组织，起到从文化上、宗教上整合基层组织的作用。里甲与里社相互配合形成了政治、经济、文化、宗教高度同构的基层组织。明代规定，每里设"里社"，定期举行祭社仪式。"凡各处乡村人民、每里一百户内立坛一所，祀五土五谷之神。专为祈祷雨旸时若、五谷丰登。每岁一户轮当会首。常川洁净坛场。遇春秋二社、预期率办祭物。至日、约聚祭祀。其祭用一羊、一豕，酒果香烛随用。祭毕、就行会饮。会中先令一人读抑强扶弱之誓，其词曰、凡我同里之人、各遵守礼法，毋恃力凌弱。违者先共制之，然后经官。或贫无可瞻、周给其家。三年不立，不使与会。其婚姻丧葬有乏，随力相助。如不从众，及犯奸盗诈伪，一切非为之人，并不许入会。读誓词毕，长幼以次就坐，尽欢而退。务在恭敬神明、和睦乡里、以厚风俗。"②

明中叶以后，由于国家改革了赋税和财政制度，使得里甲组织的政治经济等国家功能逐渐退化，而在宗教上、文化上的功能得到了快速发展，承担了基层社会的基本功能，如组织祭祀、修缮庙宇、兴修水利、维护公益等。

乾隆三年（1738），立石于蒲台山蒲台庙的《新建蒲台庙戏楼碑记》，载有周围数十村轮流组织春祈秋报两次祭社活动。

州西二十里有狮子山，山上庙宇不一，其间有石为蒲台庙者，其所由来，曷可诬哉。噫！山中有大石一块，石上蒲草层生，草下泉水涌出，此天造地设，非人力所能为也。凡有水雨泽者，祈祷于石下，草上水点如珠，立刻雨泽遍野。人人服其灵感，遂于此处建立庙宇，塑灵瞻大王二尊。庙因名为蒲台庙，神亦因名为蒲台神。迄今春祈秋报，数十村轮流供奉者，固多历年所矣。厥后于蒲台神东壁又塑藏山大王一尊，固同与蒲台神布泽于苍生者也。雍正五年

① （清）张廷玉：《明史》卷七十七《食货志一·户口田制·屯田庄田》，中华书局1974年版，第1878页。
② （明）申行时：《明会典》卷一百九十四《群祀四·里社》，万历朝重修本，中华书局影印1989年版。

天气亢旱，村人每请尊神祷雨，驾到即能沾足，其灵感速，与蒲台神无异，是以之后各有感激报效之心，共起补葺修建之志。然是庙也，由始建以迄今，补修已经数次，殿宇则已辉煌矣，栋梁则已坚固矣，廊房山门较之始建而更增益矣。报效不何所寄哉，因思有庙宇而无戏楼，敬神之心无自而达，于是或输红粟，或出青钱，共举银钩之举；或施砖瓦，或助数椽，齐开金错之囊。各发菩提心，共成功德事，而戏台之举不日而遂成矣。戏楼成而献戏有资，而敬神之心于是乎无憾。藉非神之灵感，何以令人不惮劳不惜赀，每岁四月十五尊神圣诞时，各秉虔诚供神献戏，以为洋洋大会也哉。故立碑垂后，以志不朽云。

上述材料说明，蒲台庙是周围十几个村庄轮流组织春祈秋报的祭社之所，其中包括大阳泉村。后人们为了感谢神之灵验，里社组织修缮庙宇，并修建了戏楼，每年四月十五为蒲台庙的庙会，组织祭神献戏，蒲台庙庙会涉及周围十几个村庄，其规模应当是较大的。但对于春秋社祭情况并没有详细的记载。

幸运的是道光六年（1826），立石于广育祠的《重修嘻愉楼新建遏云楼记》，详细记载了大阳泉村的里社组织情况。

王者天父母地，而郊社之礼兴，所以报两大之德，亦即以神道设教也。顾郊非天子不得举社，则并使大夫以下，成群立社，曰置社者，父为之后者惟一人母，则众子皆母之设教民美报焉。虽党祭荣，族祭酺，祭之大小，义起于民之众置，实则里以上皆有社，所谓为有社事，单出里是也。特其仪或不传周礼钥章，凡国祈年于田祖，吹豳雅，击土鼓，以乐田畯，国祭蜡吹豳颂，击土鼓以息物。夫《豳诗》为王业之本，而不陈于宗庙，以其非王者之乐，故用以索飨万物，协天时，劝民事，亦犹《二南》为风教之原，故以用燕乐也。《二南》既可用之，乡党邦国则《豳诗》，或亦可通用，与击鼓吹《豳》，里社或一如祈年祭蜡与古礼，多不可考。社之名，则汉以来皆沿其旧，以今历书观之，近二分前后戊日，特书社，盖择元日命民社之遗法也。平定俗以春社，各设俎豆于里社，必招优人演剧，名曰祭灾，秋社亦如之，名曰秋报，祭灾之义，或因周官祭酺以起与？秋报，即所谓美报与？而招优人演剧，必即击土鼓吹《豳诗》之遗意与？阳泉故有广育祠，祠之前建嘒愉楼，每春社演剧于此，然岁久楼少倾圮矣，秋社则演剧于里之南偏五龙宫之石台，台之阔仅数武，且亦就颓焉。岁辛巳，里人捐赀重修嘒愉楼，并广石台，而覆以宇，颜曰遏云。工既竣有余赀，又相广育祠之山门，两观旧为土壁者，易以木扉，度五龙宫之禅房，旧已毁废者，重起墉屋，筑削丹刻，焕然一新。噫，穷乡僻壤，土木繁兴，亦几废中人数家之产矣。而人顾乐赞厥成者，以其为社事也，盖社所以报本反始。报本，故礼无弗达，反思，故心无弗齐，观于此者，孝弟之心，可油然以生，是即圣人之所以神道设教，而且足以见圣天子修其教不易其俗，齐其政不易其休养生息，濡百余年之久，于以岁时祭祀，歌咏太平，亦所谓和敉以鸣盛也，故书以记其事。①

从上述记载可知，清代大阳泉村仍保留着里社组织及春秋两次祭社的习俗。撰文者既描述了社祭的变迁，又详细记载了大阳泉村的祭社情况。大阳泉村延续了平定地区里社组织春秋两次社祭的习俗，时间为春秋二分前后的见戊之日，并以"招优人演剧"代替古代的"击土鼓吹豳诗"。大阳泉村的春社于广育祠前的嘒愉楼演剧，秋社则在五龙宫前的石台演剧。此次重修嘒愉楼之余，在五龙宫石台上修建了遏云楼。文中还明确了里社的职责与功能，组织祭祀，招人演剧，修缮庙宇是其职责，从而达到教化乡邻的作用。此外，里社祭社还有歌咏太平之意。

清代以来由于商品经济的发展，在商人的积极参与下，尤其是商人资金的注入，使得里社的职能和权威不断扩展。村中的庙宇是里社组织的中心，里社以重修庙宇作为强化扩展其职能权威的契机和手段。最明显的表现就是清中期以后，庙宇的重修碑刻中出现了大量的商号、商人的捐款，以及外出经商的商人在经商所在地募化款项的记载。

---

① 此碑现存于阳泉市郊区义井镇大阳泉村广育祠。

　　大阳泉村商人积极参加修缮庙宇、修整道路、赈灾济贫等公共活动，以大阳泉郗家为例可见，自郗矗开始，"以冶起家，设肆鹿泉，以通货于四方"，此后参与了乾隆五十五年的关帝祠的重修活动。《重修关帝祠》载："阳泉李有祥、李进福、郗品□、郗矗，南庄李浚、张存威、尹彦等，募建石洞三于旧洞旁，□数步高广，视较前加倍，中祀一神，左右为募食处，凡四阅月而落成。"① 自郗矗以后的各代子孙都继承了其优良的传统，慷慨解囊，积极投身公益。

　　光绪八年（1882）《平定州志》载："光绪三年（1877）大饥，与堂兄凝之捐助官赈，又在村中给粟贫乏，全活多人，乡人德之。"② 清光绪年间重修关帝庙的一块残碑中载："年之名，四海内之生，墉基址时多倾颓。公永寿、振藻各施钱二百缗，劝募勤劳数载，张公募钱三千二百余吊，爰乃鸠工庀材，楼台下西后窑二眼，正三门耕地之永，工历数年焕然一新，谨序其颠末并将乐输芳。"③ 另一块残碑的碑阴也载有郗永寿的名字。虽然是两块都是残碑，但并不妨碍我们得知郗永寿、郗振藻为重修关帝祠各施钱二百缗，并为其劝募多年。

　　光绪十八年（1892）的《施好善》碑中载："郗森之，施米一百石，郗凝之，施米五十石，郗振藻，施米五十石。"④ 光绪三十年（1904）大阳泉村河水泛滥，为防洪，保家园，郗家出巨资与村民一起修筑了高3至5米，上宽1米，下宽1.5米的防水堤坝，全长300米（俗称大灰埭）。河堤修成后，郗家又带头倡修了大阳泉村古街。此次修整街道，有碑文为证，其碑文中的大埭余存钱九十千，也可以证明大灰埭的存在，上述修堤一事，情况属实。

　　宣统三年（1911）立石的《村中公议捐资修理街道布施碑记》载："督工经理人：太学生王熙纯，钦加四品衔郗永寿，登仕郎陆芝位，太学生郗文玉，奎文阁典籍郗其仁，直隶州州同郗采藻，军功五品衔张根源、郗清选、姚希元，例贡生张同泰，军品五品衔冯奋、温世明、蓝均、郗

---

①　此碑现存于阳泉市郊区义井镇大阳泉村广育祠。

②　（清）赖昌期：《平定州志》卷八《人物志上·劝学》，光绪八年铅印本。

③　此碑现存于阳泉市郊区琼瑶山。

④　此碑原立石于郗家祖坟，现存相继福家院内。

九忠。乐善布施人：大垯余存钱九十千，仓谷积余钱三十千，郗永寿施钱壹百吊，王熙魁施钱陆拾吊、郗三元施钱四十吊、陆芝位施钱三十吊，郗采藻施钱二十吊，郗奋藻施钱二十吊，张奋泰施钱二十吊。"①

民国十三年（1924）年立石的《清诰授中宪大夫花翎知府衔中书科中书介眉□□□□氏墓志铭》载："余友郗公介眉者，祖居于山西平定县西乡之大阳泉村。其先业铁兴家，克勤克俭，已越七世。绝无奢侈之风，故人号为望族。至公介眉，虽未创业，而守业则可告无愧于先人。公讳永寿，字介眉，性和平谨，愿与人无忤，待戚族怡如也。遇婚丧酌其轻重，无不解囊慨助，至今依其生活者尚十余家。尤可嘉者，遵其伯父重如公遗命，民五年，连饥馑，慨赈合村米若干；民九年（1920），□□□捐助平定中校五千两。性虽俭而丝毫不吝，尤为人所难能。故前清将其先伯重如公配享忠义孝悌祠，全县称颂，公之力也。民八年（1919），公于十一月善终，全村慨叹。民国九年（1920），北五盛又馑，我晋东南半壁尤为死亡枕藉。本县新任知事刘来舍劝捐，备极诚恳。公之堂侄采藻遂伙捐大洋七千元之巨。虽极感困难，实亦以承其志慰其魂也。窃念放赈为第一功德。公享年三十九岁，而赈饥则已筹。"②

大阳泉除郗家外，其他的商人也热衷于公益。如"阳泉村冯叙，售艺山左，家颇赢余，慨然以建仙翁庙为己任，遍质同人，合志捐金，得银若干。于嘉庆二十三年（1818），创修庙制于村东，石洞坐其下，高阁隆于上，分为三楹，正殿前起山门，墙堵周密，每岁正月初九献戏拜享，盖亦妥灵祈福之意"。

大阳泉村中有很多外出经商的商人在经商所在地积极募化，村中庙宇的重修碑记中有 4 块募化碑，载有大量商号的所在地及商号的名称，其中有的商号是本村人在外地开设，还有的是经商之地的其他商人或商号。这种情况相当普遍，清朝以来，大阳泉村商人的足迹集中分布于河北、北京、天津、山东、辽宁等地，他们向当地的商号或商人募化银两，带回本村社用于修缮庙宇。

---

① 此碑现存于阳泉市郊区义井镇大阳泉村广育祠。
② 此碑发现于大阳泉村机修厂东厂房，现存于郗家祠堂。

如同治十年（1871）的《重修玄天阁观音阁碑》中载："出外经商者，各携缘引，或募化于邻村，或捐资于异域，而是乡邑勉愿施，望切观光者，亦不乏人，卜日鸠工，顿兴土木。"此次外地捐款商号共有 260家，共捐银 239 两，钱 307400 文，募化范围遍布于山西、河北、北京、天津、山东、辽宁、河南等地，其募化地多集中于当时的市镇。主持募化的既有个人，又有商号。其中个人有张兴邦、白休仁、温兴法、王森、王根、郗文登、蓝鼎元、张增、张士杰、张士元、张国泰、王熙载、冯锦堂、冯遥、郗成德、冯锦华、商恒泰、张启泰等 20 人，商号为魁盛号和明德堂。

除此碑外，还有光绪五年的（1879）《重修广育祠碑记》中载有外地商号 179 家，共捐银 211 两 5 钱，钱 169700 文，此次完全由 11 个个人主持募化。光绪年间的《重修五龙宫碑》中载有外地商号 136 家，共捐银 51 两，钱 160600 文，此次由 5 个个人和一家商号主持募化。光绪年间的《万善同归募施碑》中共载有外地商号 96 家，共捐银 193 两 5 钱，钱 199000 文，此次由 5 个个人和 4 家商号共同主持募化。

这些主持募化的个人和商号就应当是行商于当地的商人或商号，他们的募化行为，可以看作是他们在这些市镇中联系、组织同乡商人或商号的一种方式，至少在客观上起到了这样的作用。即便其中有些商号并不全是大阳泉村的商人，他们也应当是山西商人的组成部分。

与清代以来商人在里社社庙中的活跃同时出现的变化是，里社在乡村事务中权力的扩张，里社的公共财产增加，其中商人的贡献最大。如咸丰十一年（1861）的《广育祠施地碑记》中载：

> 西关元通号，上庄村潘玉成、王立言，南庄村张维垣，西峪掌恒裕吕，神峪村郗锦、郗和、郗瀛登、郗彦，本村刘煜、蓝瑜、商魁、石书祥，同兴善念，施神峪地一十八亩半，随带地内原粮三斗九升一合三勺二抄。爰刻石，以垂永远。谨将地方四至开列于后：水川凹地四亩，东至古道，西至天河，南至郗处，北至天河；瑶瑶会地四亩，东至张处，西至坟地，南至张处，北至土垄；炉沟地一亩，东至郗处，西至古道，南至郗处，北至河渠；麻谷囤地二亩，

东至张处，西至郗处，南至天河，北至张处；下塔地二亩，东至水渠，西至郗处，南至水渠，北至天河；长条堰地一亩半，东至石堵，西至水渠，南至郗处，北至郗处。"①

此次由于商号商人的施地使得广育祠的土地增加了 18 亩半，原粮三斗九升一合三勺二抄。

此外《五龙宫地土房院记》中载：

买到东面康姓地二亩，东至东墙、西至官中、南至大河、北至李处，原粮一升。西面郗姓地基半亩，杨树三株，东至庙基、西至兰处、南至天河、北至王处，原粮一升五合。北面姚姓房院一所，东至张处、西至古道、南至官处、北至古道。郗森芝施到，驼河岭六亩，计地十一堰，东至常处，西至天河、郗处，南至刘处、郗处山水，北至兰处、石处、买主山水，原粮七升二合、租米三斗。东平地六亩，计十一堰，东至郗处、南至垄根、西至张处、北至古道，原粮一斗八升、租米一石二斗。山地五亩，计六堰，东至古道、西至郗处、南至郗处、北至兰处，原粮一斗、租米七斗。石佛凹地三亩，东至郗处、西至郗处、南至水沟堵根、北至郗处，南北荒坡一切在内，原粮六升、租米四斗。王森施到西平地一堰三亩，东至王处、西至郗处、南至王处、北至郗处，原粮七升五合、租米六斗、共粮五斗一升二合，共租米三石二斗。上一切处地，均属保甲乡地经管，与广育祠无干。献钟一口，郗凝之出钱十七千五百文，郗森芝出钱十七千五百文，王森出钱十七千五百文，郗振藻出钱十七千五百文。"②

此次五龙宫买到田地二亩，地基半亩，房院一所，得到郗森芝施地 20 亩，王森施地 3 亩，所有土地均由保甲乡地管理，且郗凝芝、郗森芝、

---

① 此碑现存于阳泉市郊区义井镇大阳泉村广育祠。
② 此碑现存于阳泉市郊区义井镇大阳泉村五龙宫。

王森、郗振藻各出钱十七千五百文。

由此可见，此次五龙宫地土房院的增加，主要由商人捐资或捐地。从上述两则材料中我们还可知，在清代受到商品经济的发展，商业的普及的影响，里社更倾向于通过购置地产、收取租金来经营公共财产。

（二）大阳泉村商人与地方教育

大阳泉村的商业人口比例较高，当地很注重教育。对于商人自身而言，他们或者本身就考取了功名，后由于家庭原因弃文从商，或者尚未通过科举取得功名，但在经商致富后捐资获取功名，获得身份。如郗家商业的奠基者郗蠢本身就是国子生，其子郗若梅为魁盛号的创立者，"幼读书，用心过度，体羸善病，父命挽弓以强之。公遂专精于武事，弓马刀石无不出众。壬寅春，宗师案临，公以第二名应试，头场弓马已注双好矣。次日较刀石，公失足为大刀所压伤右臂，宗师大惊失色，观者咸为公惜。及进内场纳卷后，例试硬弓，公仍能挽十三石弓，颜色不变。宗师喜问曰：汝臂无恙乎？祖而视之，青肿特甚。宗师慰之曰：子勇士也，伤重若此，尚能挽强，不惜躯命，异日必能为国干城矣。首拔之，公锐意进取"。由于若梅是至孝之人"奈父老多病，不能到肆经理，尽委家事于公"[1]，他无奈弃科举从商，锐意进取，将魁盛号的业务不断发展壮大。他虽然未做官，但是却捐了"昭信校尉的正六品武职及乡饮大宾"的头衔。郗若梅之子郗象峰捐"昭武都尉，候铨都司，三品虚衔"。

郗象峰长子郗森之"以太学生授光禄寺署正加同知衔，后因光绪十八年（1892）、二十七年（1901），本省赈饥善后捐，复请奖四品衔赏戴花翎"[2]，可谓真正的儒商。郗家魁盛号第四代传人郗永寿在二十四岁时，诰授中宪大夫赏戴花翎，中华民国成立后，被委以中书科中书。这些现象表明，虽然大阳泉村的商业比较发达，但仍然崇尚科举，这种社会风气直接导致当地形成了一大批亦儒亦商的家族。其实，这种现象不仅出

---

① 见碑文《清例昭信校尉郡庠生乡饮大宾占魁郗公暨德配例赠安人商太安人葬墓志铭》，此碑现存于阳泉市郊区义井镇大阳泉村郗家祠堂。

② 见碑文《郗森芝墓志铭》，现于阳泉市郊区义井镇大阳泉村郗家祠堂。

现于大阳泉村，也出现于平定地区，在山西也是一个比较普遍的现象，广泛存在于明清时期的晋商队伍之中。

对社会而言，大阳泉村商人积极支持办学，为当地教育事业的发展做出了巨大贡献。如光绪版《平定州志》载："郗森之字重如，同知衔，大阳泉人，同治年间于本村建修义学，施地得租延师以教乡里子弟。"[1]大阳泉村义学堂立有石碑详细记述此事。

《大阳泉创修义学碑记》载：

> 昔范文正，吴人也。为参知政事时，曾隽〔捐〕义田义学，用赡族党，（上缺）踵于奕。迄今八九百载。栽培熏陶人才，蔚起益惠，泽之绵之久，（上缺）诰授昭武都尉候铨都司，乡饮大宾郗公景玉闻其风而慕之，窃私训（上缺）王道也。非教何能村野山林岂（下缺）少姓天超迈。可以造就者，患在豆釜，（上缺）遂使攀官墙而却步，望乡校而怆神者，所在多有，公目览于此，而心（下缺）风灯朝露一旦僵仆，凤志未传也。亟命长子森之，三子成之，长孙凤鸣修业之所广储馆，设以作延师之资，俱使施于公中，择直正人经营，（上缺）而是岁夏秒，公即□世，森之、成之记（继）承父志，鸠□□树费以锯千罔，（上缺）义学之意并房院也□学中规条勒于石，是为记。[2]

《义学堂施地残碑》载：

> 义学房院一所，正窑眼三眼，西房四间，大门东西铺房八间，东院正房二间，茅厕夏棚三（阙），本村枣堰地七亩，蔴巷地十堰十亩，沙沟地一堰一亩半，东河地二堰二亩，□□巷地三堰以上，带粮七斗七升三合八勺，东平地三堰七亩，带粮一斗二升；范家墕地（阙）地堰四亩又下堰一段四亩，带粮一斗一升；义井红桅湾地六

---

[1]　（清）赖昌期：《平定州志》卷八《人物志上·劝学》，光绪八年铅印本。
[2]　马根全：《阳泉市郊区志》，中华书局1999年版，第836页。

亩，带粮一斗一升二合；南垴地五亩，带粮一斗；北沟地四亩，二里坡地三堰（阙）；小阳泉磨虫石地一堰三亩，带粮二斗；小西庄村湾腰凸地六堰六亩；石圪叠六堰三亩；前头地六堰六亩，带粮二斗二升五合；西河村柳树坡地四堰三亩，王庙路西地大小六堰四亩带粮一斗一升。

以上共带粮一石七升零八勺，粮主系义羊都六甲义学堂（阙）请师须择有品行者，每年所得租米预为延师资费，临街铺房所得房钱、毛厕所卖粪钱作为学中分粮、煤炭、薪水、岁修之用，每年经理义学等，正月上旬择日到义学公举经理人一二位，须正直者（阙）每年租米支费、履年存项、学中器物请注账目，当日交代，有条（阙）修摊派，勿论本族异姓须先见经理义学人，告知先生，然（阙）明秋末交清不许迟延。学中所用桌椅器物等（阙）。①

《施约记》载：

立约人郗森之，今施本村义学房院一所，并外村、本村地共计九十四亩半，随带原红契八张（阙）共带实粮一石七斗五升零八勺，所得地课房租，俱作义学请先生费用，村中别事不准使用。并义学堂偍内有花帐一本，交付保甲乡地经理管约，日后变换，先生务要保甲同议。房屋倘有损坏以及房屋地土争差，与施主无干，两出情愿。欲后有凭，立约为证。义学房院东至郗处，西至官道，南至大街，北至古道。②

从《大阳泉创修义学碑记》《义学堂施地残碑》《施约记》三处记载的内容看来，记录的当为同一件事。《大阳泉创修义学碑记》与《义学堂实地残碑》应当是魁盛号郗家郗森芝献地办学之事同一块碑的碑阳与碑

___

① 义学碑已断为三块，现只有上半截两块，下半截不知去向，现残碑存于阳泉市郊区义井镇大阳泉村义学堂。
② 此碑存于阳泉市郊区义井镇大阳泉村义学堂。

阴，《施约记》应当是将郗森芝献地办学立的契约刻石以记之。大阳泉村的义学堂是平定地区较早由商人捐献建立的私塾，这一行为促进了当地的教育事业的发展，培养了无数学子，平定州历史上第五位解元杨大芳，光绪年间曾就读于此。

郗家不仅在本村创办义学，还在其他地区捐资助学。如《阳泉文史资料》载，1912 年平定第五高小创办时"张公（张士林）又拿出自己的五百吊钱，并劝大阳泉魁盛号郗家拿出一百吊钱交给五高，成立了津贴处。将基金六百吊全部存土赛鱼德和隆和庆隆号等商号，每学期取出利息补助贫困学生，不足时动用基金。这一义举，对第五高的发展起了积极作用"①。此外，民国九年（1920），郗家还捐助平定中学五千两银子，整修学校。

总之，大阳泉村商人通过积极参加地方社会活动，投身公益事业，改善了当地的公共事业，促进了教育的发展，加强了自己与地方社会的整合，为大阳泉所在的平定地区的经济文化均衡发展做出了巨大贡献。

（三）在保矿运动中的贡献

山西煤炭资源丰富，早已闻名于世，德国地理学家兼旅行家李希霍芬于清同治九年（1870）和十一年（1872）两度来到山西，在来华勘探期间，曾在上海发表了《中国旅行报告》。这个报告书的发表使得侵略者了解到山西矿产资源之丰富，山西的矿权遭到侵略者的觊觎，而清政府却拱手相送。英意联合开办了"福公司"，以获取山西煤矿开采权。

在福公司来到之前，平定人民已经开始自行开采煤铁资源。光绪年间平定州知州葛士达在《晋省矿务议》中详细地介绍了平定煤铁的分布、采矿人的身份及其资本构成、矿窑的争端、产品的销售等情况。

　　　　属境之山号称多石，然石上莫不戴土。或厚一二丈，或仅数尺，虽较他处为硗瘠，而其山之土之无不可耕可居，则一也。查州属产铁之处，在州东南乡约二十余村，毗连盂县之西北乡十余村。……

---

① 商性斋：《抗战前的平定第五高小》，《阳泉文史资料》第八辑，1991 年，第 84 页。

此区区之地，两属矿窑，计有一百三十余座。环山之足，峒口林立，零星采凿，向无大伙窑厂。窃思平、盂县瘠壤，其拥赀数十百万之家，亦尚恒有。……闲尝巡历各村，细考各矿窑开采情形，并不买山为业，亦不视为子孙恒产。类皆附近村农，稍知矿务者，数人合伙，凑出资本数百缗，更与地主商议，或令合股作活，或议按股抽分，伙同开采，农闲则开，农忙则闭，矿旺而取，源衰而止。并有井陉一带矿徒，纠合数十人，空手无赀，来与地主商明挖取。而有赀之家，在窑之左右，开设饭铺、杂货、烟酒，资其食用，即收其矿，作钱抵账，以牟重利。聚散亦属无常。各窑所出之矿，论价售诸铁炉，经炉炼作生熟条块，及一切器物，转售诸铁行，然后分售各路。东至直隶顺德、保定，以获鹿为总行，西至太汾各府，售本地者，仅十之一二。近年来山矿源渐乏，销路又为洋铁侵占，见利甚艰，且窄峒多，坟茔遍地，或甲窑与乙窑凿通，彼此争闹；或地主之族瓜分不均，以有碍风脉呈控，每年矿窑词讼，不下数十起，纠葛百端。至煤炭与铁本系一类，故有铁之处即有炭窑，产亦颇佳，其开采情形亦与铁窑相似。此平盂铁炭矿务之情形也。①

由此我们可以知道，平定州境内山地较多，且为石质，土壤层较薄，虽然可以耕种，但是产量很低，较为硗瘠。我们还可以看到，清代平定煤铁资源的详细情形。平定州的煤铁产地位于平定州东南部与盂县西北部一线的几十个村庄，这些地方分布着大大小小矿窑百余座，矿窑的规模并不大，但当地人们依赖煤铁资源仍可获利，有的甚至坐拥十百万家产。

开采矿窑的人并不将山买下成为主人，也不将其视为家庭私产，传其子孙。大多由周围的村民中稍懂矿务的人进行开采，"矿旺而取，源衰而止"。矿窑的生产分季节性生产与常年生产两类，季节性矿窑的规模一般较小，常年生产的矿窑规模比较大。矿窑的资本由数人共同出资组成，

---

① （清）葛士达：《平定州志补》卷一《艺文·晋省矿务议》，清光绪十八年刻本。

同时地主以土地入伙，按股抽分，与投资者合伙分利。在矿窑附近开设饭铺、杂货店、烟酒店的商人都能获得重利，可见当时平定煤铁开采的规模之大，矿窑数量、雇工人数之多。

矿石冶炼成产品，或以熟铁块或以铁器售与铁行，再由铁行分销至各地。由此我们可以看出，由矿石到铁制品最后到消费者手中的整个过程，即矿石→炉户→铁块或铁器→铁行→各地分销点→消费者。平定铁行的总行在获鹿，建有铁行会馆。"铁行会馆坐落在鹿泉城东部潭沟街东端，又称东会馆。始建于清代，是当时山西省经营铁行的商人集资所建。获鹿古有'一京二卫三通州，比不上获鹿旱码头'之语，为晋、陕冀三省通衢，商贾云集，市场繁华，尤以铁业为盛。山西铁行为祈求财运亨通，故而集资修建会馆。"①

同时我们也看到清代末期，最晚到光绪十八年（1892），平定的矿业生产遇到了困境。平定本地生产的煤铁大部分销往外地，如东至直隶顺德、保定，以获鹿为总行，西至太汾各府，售本地者，仅十之一二。到清代末期，由于长期的开采导致资源匮乏，生产技术水平的限制，产量下降，且销售市场又被洋铁等侵占，导致销路不畅，获利甚是艰难。再者，由于当时坟茔与风水思想的制约及利益分派不均等，造成矿窑词讼纠葛不断，不利于社会秩序的稳定。

1905年7月，在正太铁路正定至阳泉段即将竣工通车之际，福公司趁机来到阳泉，开始在正太铁路两侧勘测矿地，绘制地图，并占山插旗，严禁民间小煤窑开采。这激起了山西各界人士尤其是阳泉人民的反抗，声势浩大的保矿运动首先在阳泉拉开了战幕。平定士绅在州城成立了矿产工会，各都附设分会，制定章程抵制福公司开采阳泉煤炭。章程规定，凡煤铁矿，不论已开或未开之窑，都要查明产主姓名，登记入会，成为会中公产；各产主只能积极筹划，迅速开采，而不能私售外人。此外，平定绅民还在阳泉自设固本、保艾等公司。②

---

① 梁勇、张献中：《石家庄建筑精览》，中国对外翻译出版公司2001年版，第226—227页。

② 姚富祥：《山西争矿运动始末》，《阳泉文史资料》第1辑，1984年，第11—34页。

　　面对声势浩大的保矿运动，大阳泉村商人是否参与，在文献典籍中没有记载，但从人们的口碑传说和只言片语的散见资料中，可以了解到作为大阳泉村郗家的魁盛号在此时还是做出贡献的。

　　大阳泉村郗家素有平定首富之称，1905 年郗家的家主是年仅二十五岁的郗永寿。郗永寿十八岁执掌魁盛号，二十岁得到御授"郗悃府"牌匾，二十四岁诰授中宪答复赏戴花翎（四品衔）。中华民国成立后，又被委以中书科中书，无疑是平定州商界名流。郗家也拥有矿产，当为"矿产公会"与"保艾公司"的会员。据大阳泉村的老人回忆，郗家为了响应"矿产工会"的号召，保护本村矿权不被外国人侵占，购买了大阳泉村周围的矿山：计有村西狮子山一带，村南琼瑶山一带，村北北岭一带。郗家买断矿山之后，与福公司针锋相对，展开斗争。

　　保矿运动最终以赔偿英商275 万两白银为代价，赎回矿权，取得斗争的胜利，并于 1907 年成立了保晋公司。保晋公司为了开矿和交付赎款，于 1909 年在山西地区发行股票，股票分公股和商股两种，公股系各县亩捐经官厅发充股本者，商股系绅商各界向本省、外省募集之股。[1] 在《保晋档案》的《本、外省五百股以上股东姓名总册》中记录有，平定县郗采藻、郗永寿 360 股，共出银一千八百两。[2] 郗永寿和郗采藻分别是大阳泉村郗家魁盛号上号和下号的家主。郗家认 360 股，在平定县的股东中是比较大的股东，也显示出魁盛号是平定州比较重要的富商。魁盛号的认股，证明其以实际行动保护了山西的矿产资源，是爱国之举，在争矿运动时期贡献出了自己的力量。争矿运动胜利后，郗家配合保晋公司在自己的矿区内，南边开办了"天合公煤矿"，北边开办了"福盛煤矿"。虽然规模不大，但是仍然显示出了郗家的实力。1919 年郗家与本地绅商合作，奉献出了村南矿区和北场老窑，在大阳泉村南神峪河畔，创办了"平定富昌公司"，为平定县营的近代代化煤矿，开启了平定近代化的先河。

---

①　曹慧明：《保晋档案》，山西人民出版社 2008 年版，第 28 页。
②　曹慧明：《保晋档案》，山西人民出版社 2008 年版，第 199 页。

结　语

大阳泉村商人商业是平定商人商业的组成部分，其发展特点在平定地区具有普遍性，因此以大阳泉为切入点，可以窥见平定商人、商业的特点，现将其总结如下：

首先，平定地区由于靠近京陕、京蜀大官道，毗邻河北，为晋冀要冲，交通便利，是其经济发展的重要因素之一，对商业的发展起到保障和促进的作用。平定的煤铁等资源丰富，为其经济的发展奠定了坚实的物资基础。平定地区采煤炼铁制器的历史悠久，因此手工业生产加工型的商业起步较早，形成生产、加工、销售这一完整的商业链条。此外，由于平定商人的资金不足，故多选取劳动力需求量大、资金需求量小的劳动密集型产业，如河北、北京、天津、山东等地的印染业大多为平定商人经营，形成一定的社会影响力，具有"平定染帮"之称。

其次，平定地区的商业发展相对晋中晋南地区来说起步较晚，实力较弱。就其发展历程来说，明末清初平定商人商业逐步兴起，同光时期发展到鼎峰，晚清民国铁路的开通为大阳泉村带来新的机遇和挑战；就经营的行业来说，平定地区不同于晋中晋南地区的长途贩运贸易及票号等金融业，它高度依赖本地手工业产品的商品化，逐步积累资金后，完成从行商到坐贾的转化，再逐步扩展到其他行业，如百货业、典当业等等；就其行商的范围来说，平定商人要比晋中南商人狭窄的多，它主要集中于京、津、冀、鲁、蒙、吉、辽等北方地区，南方地区则少有涉及。

再次，平定商人在商业兴盛过程中，也积极参与地方的政治、经济、文化建设。他们在经商获得成功的同时，也怀有爱国之心，面对侵略者的野蛮侵略，纷纷组织起来，共同反抗，积极参与保矿斗争，最终取得了胜利；他们报效故里，为故里村社的建设积极募化捐资，庙宇的修缮、祭祀的开展、街道的修整、堤坝的修筑等等一些公益活动都有商人力量的加入，甚至逐渐成为其资金的主要来源。甚至在里甲的国家职能退化后，里社这一民间自治组织在商人的参与下，其职能权威不断得到扩展。平定商人还积极支持办学，为地方教育事业的发展做出了贡献。积极参与地方建设，参与社会公益活动，这些行为不仅平定商人具有，其实整个山西商人都是如此，这在晋商群体中具有普遍性。

附　录

大阳泉村碑文选录

1. 重修玄天阁观音阁碑（同治十年）

从九张兴邦募化钱六十六千

都司李连东施钱五千　九品李原东　同知李绥东　典籍李宿东　监生牛步庭　赤邑同合公各施钱二千　千总姚云卿施钱三千　德泉号一千五百　九成公一千五百　从九姚鸣玉一千二百　从九姚文玉一千二百儒学李三锡　九品李藩东　从九李和东　李文东　从九安永兴　军工刘元祚　从九王世兴　牛聚魁　杨广宗　世兴永　李家庄三合成　李家庄亿得生各施钱一千　天裕当施钱一千　义兴永施钱一千　义和隆　福庆隆　天顺隆　高升玉各施钱八百　从九杨械　李三辅　李三广　李全东　刘海珍　永泰当　者宾姚寿山各施钱五百　德长义　合兴成　恒兴永　育生堂　同义成　永发盛各施钱四百　李广农施钱三百　武怀　协成玉　天顺楼各施钱二百

从九白休仁募化银五十三两原称五十三两，付州称五十一两四钱五分，总合钱九十四千一百五十三

天津双口天兴店施银五两　潞府聚成店　荫城复来店　复成衡　各施银四两　永盛合　泽府仁和店　平泉州庆生源　合成永　义生元　三聚德　三合李　永隆德　同合号　亿兴合　聚盛德　广德隆　德源永德聚成　万和成　建昌县吉庆如　获邑大容号各施银二两　赤邑德峰泉施银一两

平泉永裕公施银一两

刘□募化二十八两三十六千

双口合（阙）银十两　天津秀（阙）施银三两　杨柳青源□□施银三两　昌邑恒发□　乐邑万增□　隆城魁盛永　稻地魁盛号　丰台公合店施各银二两　靖安生利成　姜庄永利号各施银一两　获邑涌诚和　泊头聚金号各施三千　获邑德泰成　荫营源顺德　林里三合永　山底兴泰李　泰合公　天德聚　河底大顺公　万和涌　崇义成　荫营兴泰德　任

家峪兴成玉各施钱二千　平潭垴义中魁　德全号　魏家峪正兴泰各施钱二千文　林里天成永　荫营永盛玉各施钱一千文

温兴法募化施钱二十四千二百文

正定府德和合施钱四千文　庆成号施钱二千文　广成号　德丰恒益寿堂　继德成　容成号　进合号　德泰号　庆合号　崇因号　正兴号　日兴成各施钱一千文　广丰隆施钱一千二百文　丰裕成　□丰成灵邑□戊长各施钱二千文

王森　王根募化银三十六两

京都永成碱店　增盛胶房　通州永泰碱店　恒和染局　鄞州益彰靛局　沙河和合森　夯城瑞祥靛局　德生号　端村万兴靛局　乐停顺发合　增福庆　稻地德顺靛局　高严营和合王各施银二两　大同瑞意碱店　乐停会聚隆　裕发合　永顺长　夯城信□长　京都五盛胶局　人和染局　通州复泰碱店各施银一两

魁盛号募化钱五十一千

获鹿福泉花店　四合花店　义合德　永泰公　德聚魁　德盛公　新泰成　富兴号　大容号　广兴永　恒裕吉　长盛永　魁和成　复兴魁宗和魁各施钱三千　魁盛成　吉庆驼店　大有驼店　各施钱二千

白友仁募化钱二十千

束鹿公泰烟店　永茂烟店　获鹿晋恒益　天和亿　天懋德各施钱二千　祥泰号　新泰成　同兴正　德泰林　长泰林　万顺成　德聚魁　英盛号　福盛店　大容号各施钱一千

郗文登募化银十两

益彰局　会聚隆　福增庆　顺发合　信慎诚　裕发合　洪盛楼　永合局　德源长　五盛局各施一两

蓝鼎元募化银七两九

苏槽泰兴店　义全生　德盛永　坝台振隆店　双口合兴店　遵化义聚金　平泉州德成店　景泰来　春生堂　建邑保合贞　广源泰　源升和　建邑　复成泉　全盛店　通顺李　吉庆如　各施钱一千

明德堂募化银十五两

永平府裕和号施银六两　永泰局　万顺成各施银二两　恒□益　复

盛号施银一两　协兴号　恒德堂各施钱一千　贞吉号　协益号　全顺号　信合店　义合号各施钱五百　春晟号　义兴号　顺义号　益顺号　兴隆号　宝兴号各施钱四百　本州税局施钱十千

本村诰授职武都尉乡饮大宾郗象峰施钱二十五千　登道施钱六十千　景一堂施钱二十五千　张兴邦　冯庆源各施钱六千　王敦源施钱五千　张增施钱四千　李桂桢施钱三千　韩瑾　全生吉　郗九福　冯致清　刘凤鸣　恒顺元　李存魁　冯玉周各施钱二千　石向命　石书云各施钱千五　刘熬　冯玉岫　王树元　石书祥　翟开有　郗林　五福成　冯翰　姚振德　常文衡　常聚书　刘继林　李熙绩　冯锦杨　张荣泰　蓝德禄　冯景万　冯□□　王载　蓝爱于各施钱一千　郗瑄　白愫　张孝翼　赵德富各施钱八百　郗长兴　杨作霖　蓝应魁　商义功各施钱六百　赵铎钱五百　尚魁元　冯通　赵连云　冯翀　冯翘　冯太长　郗保成　张宜　王汉谟　温轼　张四海　刘密　姚刚　郗玉珍　郗聚　冯忠元　郗守远　尚儒　郗魁　郗同登　郗银　郗荣　郗祥和　郗祥祯　郗和祥　郗祥周　张荣　葛桂　范士云　郗驵　冯法　郗文　郗世选　冯致喜　郗涌　郗洲　姚衡　白或　郗步堂　郗春魁　刘运泉　郗三泰　郗正选　张孝瞻　白世成　冯荣　石宾玉　王朴　康亨隆　张士元　张定邦　郗步武　李庚吉　刘玉荣　冯禄　姚直如　李万宾　冯益　郗联凤　郗锦各施钱四百　白□　张步清　张启泰各施钱八百　蓝应元　刘芝富　李家楣　郗恺元各施钱六百　恒庆涌施钱八百　刘钊　郗琏　冯遥　刘旺泉　郗三秀　刘友庆　各施钱四百

从九张增募化钱五十千

京都德泰店施钱五千　徐沟万盛高施钱四千二百　太原长发丰　永聚生　太谷西成涌　获邑隆泰诚　永成美　松盛隆　元亨油店　元吉成　乾元永　和睦井玉成店各施钱四千

平定张艺芝施钱八百

张士元、张士杰募化银作钱八十五千文

双口天兴店施银五两　开平新盛号　沙流河公盛号　台头营公合号　万成号　乐邑丰盛号　义成号　夯城永成吉各施银三两　稻地魁盛号　苏曹义全升　中后所永庆生各施银三两　建昌营信义号　亨盛涌

昌黎永成兴　乐邑吉庆堂　苏曹泰成店　获邑永保盛　和顺成各施银二两　玉田万兴号施银一两

张国泰募化银二十三两钱四十五千五百

密邑钦加运同衔赏戴蓝翎光禄司署正宁彤恩施钱四千　天聚号　永聚号　聚德号　聚成号　丰邑万恒永　北增兴　万恒店　万顺永　永源店各施钱二千　丰邑永泰成　瑞裕畅　三和成　永恒店　永升店　德成当　聚泰有　兴和义　晋源恒各施钱二千　高力营恒通号　宏义号　天合号各施钱一钱　丰邑公兴炉施钱一千　密邑广泰号　牛栏山天和店各施银三两　古北口宝顺成　张灯天成店　石匣元兴号　同升永　福元号　怀邑中合成　永裕隆　恒和益各施银二两　石匣义顺号施银一两

王熙载募化

承德府理问刘清源施银（阙）平泉州天裕号施银（阙）　景泰来　永裕公　三聚德　德聚成　义生元　德源永　合成永　道生永　亿兴合　吉大来　道生号　源深店　获邑同合号各施银一两

冯锦棠募化钱十八千

获邑花店公　驼店公各施钱四千　德聚魁施钱二千　永裕书　德源涌各施钱一千　上达店施钱一千　煤行公施钱四千　铁行公施钱一千

□□□募化钱二十千

获邑义合德　复兴魁各施钱三千　德合长　怀胜涌各施钱二千　高里店丁运升　源裕号　永兴号　成兴号　积兴顺　田禹甸　丁积善　祖贵先各施钱一千　世和号　天顺号　同盛德　田盈科各施钱五百

从九冯遥募化二十一千

苏曹泰兴店施钱四千　潞府天兴店　长邑双合盛　潞府聚成店　□邑仁和店　长邑恭彰□□各施钱二千　荫营至诚店　复成店施钱二千　长邑增盛隆　申泰全施钱一千　□□□施钱一千

姚□募化钱一十八千

获邑永庆成　德盛公　三义德　长盛永　宝泉店　长泰店　新泰店　湧合店　万顺成　敦和店　义盛店　隆泰成　德恒昌　德源店　冀州利恒增　深泽德合店　束鹿协聚永　郑口德裕诚各施钱一千

范锦募化钱四千三百五　冯翰募化三千五百　韩义募化银二十二两

五钱　韩瑾慕化钱四千文　交城康于恭施银一两　西路税局施钱一十千

白友仁慕化钱二十千（疑似重复）

束□公泰店　□茂店　获邑□□益　□□号　天和□　各施钱二千　天懋德　祥泰号　新泰成　同兴正　德泰林　长泰林　万顺成　德聚魁　英盛号　福盛店　大容号　各施钱一千

蓝鼎元施钱四千　辛南庄刘登义施钱二千　杨瑾施钱二千　蓝珊　冯锦堂　张士杰各施钱一千　刘质施钱四百

冯锦华慕化钱二十千六百

获邑长盛烛局　杨兴荣　五渡石正昌　大顺元　南窑庄石瑞林　王生贵　测石二合成　张村大成驼店　烟里源盛兴　庆和成　义井张九成　河下葛广恒　阳曲天申店各施钱一千　州城复盛长施钱八百　获邑恒兴成　五渡石玖林各施钱六百　安福　旧街赵科举　源盛公　获邑义成永　三顺成　隆泰康　杨福明　井邑赵怀玉　下安南三合驼店　河顿中兴店　北下州五福堂　移穰东和店　南河头万成店　顺兴店　沙滩合义店　张村三合成　宁远姚宽　天成村广兴成　南窑庄同合成各施钱四百

王森施钱十千　韩德峻施钱三十千

郗成德慕化钱二十千

定陶县李应时施钱二千　吴经纶施钱一千五　张陶甄　高增　寨长　游乾元　游□兴　张□　同兴靛行　刘书俊　李德懋　张□贤　万兴号　曹珍　商丘县徐殿元各施钱五百　蘽嘉县冯俊狱　长顺号　万顺成　增兴号　天合号　双合号　永顺号　西广源　增顺号　源兴涌　张振寰　许有龙各施钱一千

商恒泰慕化钱

永璧崇善堂施钱三千　获邑上达店　义盛馆　泰和庆　德成店　德和店　各施钱一千　五福楼　义合德　常泰元　各施钱八百　太和楼施钱四百

张启泰慕化钱二千

获鹿增益当施钱二千　永泰公　永义生　泰和庆　义和□　天和亨　聚和成　万顺成各施钱一千　赛鱼庆隆号施钱六百　辛兴永盛隆施

钱四百

2. 重修五龙官碑

魁盛永　郭文炳募

易州维新成　索镇益聚成　盐山晋义和　陕西同盛公　兴济崔松岩　时春　隆聚成各施银二两

蓝德贵募

山东德州泰顺合施银三两　大成中　德祥号　正心和　燕翼生　复兴公　商河广聚成　泰昌祥　新邑合兴同各施银二两　德州岐昌号　三盛成　德茂号　德平同裕成各施银一两　商河德顺号　福盛和　白家庙协盛号　陵邑健顺西店　凤凰店健顺号　阳盘同顺公　乐邑崇升成各施银一两

冯景礼募

获鹿县福泉花店　义合花店　义盛花店　涌合花店　敬泰花店　大成花店　天顺花店　四合花店　德聚魁　盂邑上章召兴隆泰各施银三千　获邑德源油店　锦泰花店　积益成　烟里元盛兴各施钱二千　西上庄恒裕庆施钱一千　下五渡杨庆和　保安赵广财　□□永合店　□□合义店　□□永成店　河下兴顺号烟里永隆成　复盛成　柳果天复成　井邑北张村义和店各施钱一千　上庄赵学礼　盂邑复兴隆　上五渡石正昌各施钱六百　天兴成施钱五百　安富施钱二百南窑庄同合永　盂邑德和合　井邑万来店　万盛店　中兴店各施钱四百

李桂桢募

藁城赵庄镇玉隆当　行唐复盛永　正定义和花店　天庆永　祥泰成　庆和祥　进义粮店　泉□德泰隆　城北孙村庆成义各施钱三千　栾城富和店　天成泰　行唐丰裕成　裕庆成　获鹿德成魁　福和兴　灵寿恒庆长　正定北孙村德合和　积庆恒　庆裕隆　继德长　正定曲阳桥永盛和各施钱二千　蓝德禄募

双口合兴店施银三两　胜芳同裕店　苏曹泰兴店　德盛永各施钱二两　中后所锦成兴　丰台庆裕堂　复盛铁　萧庄公兴店各施银一两　获邑铁行公施钱八千　复兴号　宗和号各施钱三千　德聚魁　义和祥　小范恒兴魁各施钱二千　聚合店施钱四千　盂邑山底　义和成　义和生

三泉邨允升吉各施钱一千

郗玉珍募

高邑永成号　公和当各施银一两　义和合施钱二千　德源涌　宁邑义和成　临邑义和德　获邑清泉涌　广泉永各施钱一千　高邑义兴号广聚成　义和成　冀州德盛泰　丰泰永　德裕恒　双兴陈　元邑德聚锭行　各施钱八百

张逢泰募

京都亨利皮铺　德泰皮店　集义雨衣铺各施银一两　京都永升益同盛公　同和诚　中新永　汇源帽局　大成齐各施银一两　山东周邨永顺店施钱三千　万育恒施钱二千五百　获鹿积益成　福增成　新泰成万裕盛　常泰林　万和庆　聚和成　长盛恒　泰合公　乾元亨　万全盛　永庆成　庆生涌　乾元永　各施钱二千　元亨油店　同义公各施钱一千　获鹿永泉成　德元永　京都德源泰　顺郡兴泰魁　三泉天义成各施钱一千　周邨万聚号　源盛义　蚨顺店各施钱五百

姚熙募

易州维新成　乐邑聚发合各施银二两　新城李九辉　大兴号各施银一两　鄭州双合局施钱三千同盛永　益兴和　三兴和　广裕庆　永兴成　菜□高希全　四聚恒　泊镇南栈房各施钱二千　三盛公　广裕亨七里店广裕永　义兴成　瑞兴成　德顺增　韩邨广裕永　西复成　福顺成　兴盛号　三合成各施钱一千

培和升冯正鹤　永庆隆段连英募

娘子关培和升施钱三千　拒城永庆隆施钱三千　泰集当施钱一千五百　增盛永　济生堂　万盛号　广来店　义兴合　玉和原各施钱一千合诚公施钱百　复和成施钱六百　义和狄施钱四百　久玉号施钱四百

3. 万善同归

复兴魁杨绍仁　宗和魁葛履观募

获鹿县复兴魁　宗和魁各施钱二十四千　花行公施钱二十千　当行公施钱十二钱　元吉盐店　魁和成　复和公各施钱十千　魁盛成施钱六千　刘运典施钱五千　玉和永　三义德　复晋长　德泰林　惠吉成　庆生湧　永泰公　义合德　大容号　永义生　湧诚和　广聚成　各施钱三

千　获鹿县亨泰恭　三成玉各施钱三千　春省锦州府复兴隆施钱十千
元氏南佐德顺当施钱三千　盂邑山底村义和成　益泰兴　永玉诚　隆和
公各施钱五千　复泰公施钱四千　盂邑牵牛镇恒益成　允顺心各施钱三
千　荫营邨宝玉成施钱五千　复元公　亨育堂　广隆成各施钱三千　东
沟村德源号　乾元镒各施钱五钱　庆兴正施钱四千　六合成　合义公
福森魁各施钱三千　柳沟天泰和　桃坡同泰公　三泉德泰堂　红沟荣盛
公各施钱三千　河底镇兴和成施钱六千　涌源成施钱五千　涌源成施钱
五千　义隆景施钱三千　获鹿县富兴号　德聚魁　德盛公　义聚成各施
钱四千　崇信铁店施钱二千　天泰公施钱二千　荫营源兴成施钱二千
获鹿县福增成　万裕盛　积益成　万和庆各施钱二千

　　王森募

　　新安端村吉祥靛局　滦州俙城镇瑞祥靛局　德聚成　京都打磨厂德
和永各施银十两　顺德府天泰成施银五两　京都瓜市永成元　店施银三
两　永泰兴　店施银三两

　　王根募

　　恒和森施银十九两　复泰店施银三两　京都永成元　店施银八两
鸿盛胶房施银八两　丰润清庄湖永兴靛局施银八两　三河县英茂交房俙
城镇信成兴各施银二两

　　复兴魁王占国　魁□成李昶募

　　双口合兴店施银八两　苏曹泰兴店施银八两　广泰恒施银六两　义
全升　盛京源盛庆　泰和吕　新民屯泰昌德　各施银五两　盛京锦升盛
施银四两　萧庄公兴店施银四两　仪州德兴合施银三两　锦府益发店
大新全　永盛庆　荣发福　山海关　六合店　豫丰店　中后所永隆兴
锦成兴各施银三两　坝台振隆店　杨柳青源兴厂　天顺德各施银二两
丰台庆裕堂　天合店　复盛铁各施银一两

　　张国泰募

　　石匣元兴号施银四两　元兴仁施银二两五钱　承德府永义公　牛栏
山广泰成店各施银三两　丰宁县北增兴施银二两　昌平州义福长施银三
两五钱　义泰麻铺施银一两五钱　牛栏山户部税局　天和楼　恒盛号
公利号　丰宁景兴店　聚剩泉　增兴厚　宝兴号各施银一两

张同泰募

牛栏山德盛店施银六两　密邑广泰铁铺施钱四两　西聚德施银三两　高力营天德麻铺

杨□□募

同义公　□庆□　承德府永聚德　饶阳隆泰镖　怀邑永丰成　半壁店税局　牛栏山德盛号各施银二两　昌平州义泰号　沙河镇德丰长各施银一两五钱　石匣石秀章　福万盛各施银一两　古北口聚源布店　义生永　聚发成　沙河镇仁益德　高力营义信号　宏信号　天合麻铺　广通号　义盛永　保府顺兴公　小陈恒成布店　牛栏山吉庆堂　怀邑玉和号各施银一两

4. 重修广育祠碑记

白大宾募化：

天津萨宝实洋行　福成德　大德玉　恒利金店各施银十两　老沙逊洋行　新泰兴洋行　永益成　源成厚　京都恒利银号各施银五两

蓝得贵募化：

凤台县大成中　新乡县合兴店　河内县泰顺店各施银五两　德州恒泰裕　复兴公　获邑宗和魁　复兴魁　魁和成各施银二两　德州德茂号　聚蚨号　白家庙协盛号各施银一两　□家镇宋宝升　范家桥余兴成　德平县广育号　故县公义成　健顺西　林子街顺兴号　同兴号　里合务永盛和　广信成　义成永　凤凰店健顺号　临邑远聚号　天惠源　平原县恒兴隆　文兴合各施银一两

张国泰募化：

苏曹泰兴店施银一两　承德府葛延龄　永聚隆　永义公　皇姑屯永庆公　双口合兴店　武清县中兴店　苏曹德胜永　义全升　大城县振隆店　胜芳同裕店　杨柳青源兴厂　天顺厂各施银二两　小范聚合栈　恒兴魁　平定元隆永各施钱三千　小范复盛店　冀州万合西　平定四合公　裕成魁　永泰盛　恒顺德　德全号　三合永各施钱二千　平定鸿顺兴　允千吉　王居智　德盛堂　义合隆　庆元成各施钱一千

蓝得禄募化：

获邑东万全　富兴陆　德聚魁　义合德　滨州兴吾号　青邑同正

诚　义兴号　蒲台裕兴号　新城永庆和　周村源祥益　成兴西　济南府裕盛恒　定兴中和号　衡水县德茂鸣　恩县隆盛号　武城兴成和　夏津公兴号　蠡县元成店　盂县益泰兴　茂和成　复泰公　隆和公　平定义合永　广隆成　四和公　三有成　福庆隆　各施钱二千　博野县恒源店　蠡县恒成店　各施钱二千　雒口义兴店施钱一千五百　东沟庆兴店施钱一千

张辛泰募化：

雒口义兴店　永兴店　蒲台同成玉　德州泉盛店　承德府永义公双口大德生　获邑永庆成　义和□　德盛□　上□店　□□公　永义生　□合公各施钱三千　小范□兴魁　德和源　永庆长　崇义成　天成益　平定庆宜公　元德恒　元森涌　德和魁　庆兴正　张祥寿　永隆长　源顺德　元兴成　和合号各施钱一千　郭库施钱六百

李桂祯募化：

正定府庆成义施钱一千　德和合　灵邑德茂长各施钱三千　正定府广成号　德义成　祥泰成　天庆永　庆和成　进义局　行唐丰裕成　裕庆成　获邑德和魁　日兴程　广丰隆　灵邑万源当　日盛号　积成店　恒裕公　栾邑富合成各施钱二千　正定德兴永　永合成　积兴成　庆源恒　继德长　正兴号　福裕永　行唐中和永各施钱一千

王熙载募化：

平定李皋东　赤峰县同合公　获邑同合号　双口合兴号　饶阳元成局　隆泰局　平泉州道生号　道生永　亿兴合　福泉长　吉大来　复义昌　永裕公　景泰来　德源永各施钱二两

赵德富募化：

获邑周佩璋施银十两　常庆公施银三两　永盛染房德和公　信泰号各施钱二两　李洛自　张洛普　既翁和各施银一两　聚泰昌复　盛成各施钱二千　永泰号　锦泰号　广恒德　获邑天德成　复泰德各施钱一千日泰然施钱一千二百

张士元募化：

获邑积善成　福祥成　永庆昌　德益成　福增成　积益成　德增庆富兴陆　芦台德顺栈　吕汗聚盛栈　栾邑富和成各施钱三千

姚岗募化：

河西务合兴号施银二两　万春合　通州永泰号　延寺恒庆号　京都天盛永　武清县西源全　栾邑聚发合　平定孟成　稻地成来局　董万龙山东同庆店　福兴店　双兴店各施银一两　山东广福店　裕兴店　全盛店　益兴店　武清县毓成号　冀州义兴合　稻地会聚隆各施银五钱

刘密募化：

京都德泰永　富有号　长兴公　义兴公　源裕号各施银二两　京都天裕和　富隆号　聚义生　广盛号各施银一两　京都祥发大　聚昌厚祥兴裕各施银一两

张孝翼募化：

栾邑富和成　天成泰　聚德成各施银三千　田维堂施钱五千　公盛店施钱二千

韩德峻募化：

盛京永和隆施银三两　易县维新盛　埧台振亨局　稻地西德发合□邑聚发合　鄚州双合成　俙城福发合　汀流河　双发合　鄚州双合局各施银二两　栾邑庆发合施银一两　俙城德发合　乐邑裕发合各施银一两　王廷文施钱二千　获邑李先章施钱千二百　石卜嘴东庄　西庄各施钱三千　西峪掌五邨三社施钱四千　李一元施钱十千

石匠杨永泰施钱二千　油匠李成魁　姚蓝田各施钱五千

五渡杨杰梅　杨进忠　杨进富各施钱四百

光绪五年岁次已卯孟冬穀旦　勒石

清代晋东商人研究
——以河底镇考察为中心

刘建哲

摘　要：清代，河底镇商人依靠本地丰富的煤、铁等自然资源，在本地经营铁货、当铺、日用品等行业，在外经营的河底镇商人活动区域以北京、获鹿、辽东地区为主，且在各地区的发展既有相似性又有各自的特点，已经形成有一定资本实力和规模的商人群体。本文通过对河底镇地区的碑刻材料进行整理分析，以河底镇商人为切入点，以探究晋东商人发展普遍性特征。

关键词：清代以来；晋东商人；河底镇商人；碑刻

一　文献综述及问题的提出

从 20 世纪初至今，学术界对晋商的研究主要围绕着晋商兴衰原因、经营管理、经营行业、晋商会馆、晋商文化、晋商家族等方面进行研究，其中对晋东商人的研究近年来也出现了一些研究成果。

王智庆、李存华著《晋东商业文化》[①]，作者用九章的篇幅讨论了左权、和顺、寿阳、昔阳、平定和盂县六地的商贸重镇、商业古道、豪商巨贾、商业望族、商帮、特产、名号以及晋东商业衰落等问题，填补了

---

① 王智庆、李存华：《晋东商业文化》，科学出版社 2009 年版。

晋商研究中晋东商人研究的空白；杨静芳著《阳泉晋商家族》① 一书中讨论了阳泉晋商家族的兴衰原因，对阳泉历史上有名的晋商家族进行了论述；穆雯瑛的《官沟张家兴衰记》② 一文对古平定州官沟村张家经商的兴起、发展和败落进行了论述；王智庆、李存华《晋东商业望族平定乱流村石家的兴衰荣落》③ 一文解析了晋东商业望族平定乱流村石氏家族的兴衰起落，从微观角度分析了在社会大背景下晋东商人家族的兴衰原因，以个体家族的兴衰为例对晋东商人的发展做了深刻论述；周巧林的《平定染商精神探究》④ 一文介绍了平定染坊商人具有的诚笃信义、坚忍勤奋、创新进取四、团队合作、克己节俭、慈善精神是平定染坊商人不断克服困难，不断发展的内在动力；陶宏伟在《明清时期平定商人的发展与转型》⑤ 一文中指出平定商人利用自身的地理、资源等优势，不断开拓与京津等地区的贸易，而且在时代变革中积极进行产品以及产业的转型；乔南的《清代山西盂县及寿阳县的商业发展》⑥ 一文通过对现藏于盂县藏山文子祠的碑刻资料的整理，对清代盂县的商业发展状况进行了探讨，并运用史料对寿阳县的商业发展状况进行了分析。

　　总体来看，对晋东商人的研究，仍然是一个薄弱环节。由于资料缺乏，从微观角度去研究晋东商人更加困难。值得欣慰的是，山西乡村保存了较多的古寺庙并留下了大量的碑刻材料，为我们研究山西区域商人提供了重要线索。本文拟通过对阳泉郊区河底镇村庄寺庙碑刻的整理、分析，以清代以来河底镇商人为例，对晋东商人做进一步的细化和多角度分析。

---

① 杨静芳：《阳泉晋商家族》，三晋出版社 2013 年版。

② 穆雯瑛：《官沟张家兴衰记》，《文史月刊》2004 年第 8 期。

③ 王智庆、李存华：《晋东商业望族平定乱流村石家的兴衰荣落》，《沧桑》2008 年第 3 期。

④ 周巧林：《平定染商精神探究》，《山西煤炭管理干部学院学报》2012 年第 2 期。

⑤ 陶宏伟：《明清时期平定商人的发展与转型》，《忻州师范学院学报》2009 年第 2 期。

⑥ 乔南：《清代山西盂县及寿阳县的商业发展》，《晋阳学刊》2013 年第 2 期。

二　晋东商人概况

（一）晋东商人兴起的背景

首先，自然地理是影响商人兴起的基础因素。

晋东地区位于山西中部东侧，太行山中段西侧，东与河北省平山县、井陉县交界，西与太原市、寿阳县相连，南与昔阳县相邻，北与五台县、定襄县接壤。地处黄土高原东缘，属山西东部山地。地貌以山地为主，主要山脉分两大系，东南部为太行山系，北、西部为五台山系。东部山高谷深呈"V"形，悬崖峭壁，地形险峻，被称为山西东部门户，冀晋咽喉。在山脉之间为山间盆地，主要是东部的盂城盆地、西部的西烟盆地、南部的平定盆地，盆地内主要为丘陵地貌。地势整体上西高东低，最高点海拔为 1803.6 米，最低点海拔仅为 350 米。

境内主要河流：北部河流主要为滹沱河和温河两大系，南部主要为绵河和甘陶河两大流域，属海河水系。河水受自然降水的控制较强，季节变化较大。

该地区气候属暖温带半湿润大陆性季风气候区。气候特点：冬夏长，春秋短，四季分明；日照比较充足，昼夜温差较大；春季少雨多风，干旱时有发生；夏季炎热多雨，降水量年际变化大；秋天云高气爽，降温快；冬季干冷，时有风沙天气。旱灾、洪涝、雹灾、风灾、霜冻等气象灾害频繁，其中以旱灾最为突出。农作物主要有玉米、谷子、小麦、莜麦等。

晋东地区矿产资源种类多而丰富，有煤、铁、铜、磷、铀、石棉、水晶、土、长石、云母、桂石、刚玉、硫铁、桂铁、磁铁、锆沙、大理石、花岗石、重金石、白云岩、冰洲石、氧化铁、耐火黏土、侄石、尼龙灰岩等 30 余种。其中，以煤铁资源最为出名。

煤炭主要分布在今盂县东南、阳泉郊区及平定西北。据民国五年（1916）版的《山西矿务志略》刊载的调查报告称："查盂县煤铁两矿矿苗发现于地面者，悉见于该县治城之东南一带，其与平定县西北各村有互相毗连．或距离最近者，如红土岩、山底、南沟、温池、牛村等处，皆产铁矿；牵牛镇、清城镇等处．皆产煤矿……煤炭一项，尤为平、盂两县之大宗特产。煤属无烟煤，黑明大块，性硬而纹密，纯炭成份颇高，热量亦富，惟灰分较高，略含磷硫，良可惜也。煤量共有 10 层，其最厚者计 1 丈 8 尺，多产于页岩之下，斜倾度平均计算约在 20 度以下。由平潭垴向北划一直线，直达盂县之清城镇（相距约 25 公里），此直线以西无地无煤，惟西南至坡头村之西，地形突高，中多砂石，似有大断层发现。可征平定以西之煤层，至此改变，与寿阳所产之半烟煤，为分界之点也。"①

铁矿资源也较丰富，分布于境内各个地区。其中，平定的铁矿石品质好，含铁量在 50% 左右，属于赤铁矿，易于冶炼还原。清光绪十五年（1889），平定知州葛士达曾写过一篇《晋省矿物议》，对平定的铁和窑厂分布这样写道："查州属产铁之地，在州东南乡，约 20 余村，毗连盂县之西北方 10 余村。两处本系一山，东西斜长 30 里至 50 里不等，南北广 10 余里至 30 余里不等。此区区之地，两属矿窑，计有 130 余座，环山之足，峒口林立，零星开凿，向无大伙窑厂。"②

其次，道路交通是地区商业兴起的重要条件。

首先，地形和地貌对交通的发展具有决定性的作用。山西地形虽然相对封闭，但是山西却保持了良好的内外交通条件。山河相间是山西地貌的基本特征，河流的走向对山西交通道路网的形成具有重要的影响。例如属于海河水系的桑乾河、捧花河、潭河、泌河、唐河等向东切穿太行山流入华北大平原，于是沿河谷地带形成了几条穿越太行山的峡谷通道。由山西穿越太行山脉通往华北平原的交通道路就多利用山间径口，自春秋战国以来，就形成了八条主要的自然通道，即著名的"太行八陉"③。

早在秦汉时期，古平定州就辟有驿道与河北地区相通，其南部的张庄一旧关一线成为由关中经汾河谷地东出太行，通往燕赵的捷径。隋唐

① 盂县史志编纂委员会：《盂县志》，方志出版社 1995 年版，第 129 页。
② 葛士达：《晋省矿物议》，载《平定州志补》，清光绪十八年刻本。
③ 即古时晋冀豫三省穿越太行山相互往来的 8 条咽喉通道，包括：军都陉、蒲阴陉、飞狐陉、井陉、滏口陉、白陉、太行陉和轵关陉。

以后，又开辟了从平潭经黑砂岭、柏井、固关出太行山赴冀以连京城的古道。为传送文书、运输物资，中央政府在晋东地区设置了许多驿铺，仅平定境内，就设置了"五驿一站四十三铺"，其中较著名的驿铺有陉山驿、甘桃驿、固铺驿、槐树铺、柏井驿、平潭驿、芹泉驿等。

元、明、清时期是中国古代道路建设发展的鼎盛时期，形成了中国古代道路的完整的体系。从都城到各地，驿站林立，车马络绎于途。

元代疆域幅员辽阔，建立了以北京为中心通往全国各地的四通八达的干线驿道。其中，中书省直辖的山东、山西和河北三地共有 29 条线路，各路建立的驿站总数达 198 处[①]，其中通达太原的路线需经过真定路、镇宁驿、陉山驿、故关驿、柏井站、平定州、平潭站、芹泉站、太安站、阳曲。[②] 可见，晋东是北京到太原的必经之路。

明清时期的道路以北京为中心，向四方辐射，达于各省省城。道路基本以驿路为主，随着国内商业和对外贸易的开展，许多驿道逐渐变为通商之路。当时的道路不仅通达全国各省会和蒙古、青海及西藏等地，而且遍及各府厅、州、县，构成了便利的全国道路网。晋东地区作为北京通往山西、西北以及四川的必经之地，位置十分重要。其中，太原经寿阳、平定至井陉的路线（由今新店入境，沿桃河向东，经赛鱼、平潭、乱流到娘子关出太行山至井陉）成为当时的重要驿路。在这条"通京大道"上，驿兵接踵而过，商人络绎不绝。据位于驿道上桥头村的《免号麦麸碑记》记载："桥头开道以来，车驱络绎，商贸通行，开设面行店道者不少，每年纳官麸六十九石六斗。"可见，当时这条商路的繁华。清光绪版《山西通志》载："槐树铺、石门口、泥澄口、西家庄、新兴滩诸厘卡，而苇泽关一卡为总汇。"固关与娘子关均设有税卡，说明出入两关的商旅人数之众、转运货物之多。正是交通的便利使得平定城、平潭、柏井驿、甘桃驿等地均成为繁华的商业集镇。

清末民初，正太铁路（今石太铁路）的兴建，有力地促进了晋东各

---

① 中国公路交通史编审委员会：《中国公路史》（第一册），人民交通出版社 1990 年版，第 61 页。

② 中国公路交通史编审委员会：《中国古代道路交通史》，人民交通出版社 1994 年版，第 377 页。

沿线地区商业的繁荣发展，致使阳泉成为石太铁路的中心枢纽，"附近所产煤铁以此为总汇，商业繁盛"，逐渐成为晋东地区的经济中枢和山西省的经济重心之一。①

最后，手工业发展对商业发展有重要作用。晋东地区手工业发展历史悠久，其中采煤业、冶铁业、印染业、陶瓷业比较发达。

采煤业：山西人民开采、利用煤炭较早。据《山海经》记载："贲门之山，其上多苍玉，其下多黄垩，多涅石（煤的古称）。"这说明，早在2000多年前，山西一带就发现和利用煤炭了。晋东地区对煤炭开采利用最早的记录是在宋代。宋政和元（1111），有人曾向宋徽宗说："河东路铁炭最盛，若官榷为器，以赡一路，旁及陕雍，利入甚广，且以销盗铸之弊。"这里提到的"铁炭"，就是煤炭。

从元代开始，晋东地区的煤炭开采有了明确的文字记载，据《元一统志》在叙述盂县物产时说："炭窑十三处，去县南招贤村，岁办官课；磁窑二十处，在县南八十里招贤村，岁办官课；柑有窑十处，在县南八十里招贤村，岁办官课。"文中的招贤村就是今阳泉市郊区的西南舁、牵牛镇等主要产煤地区。

明代，晋东地区的煤炭开采已初具规模，明洪武版《太原志》，盂县"有石炭窑三座。在盂县倾城村（清城）一座，去县东南二十里；温池村一座，去县东二十里；兰村（西兰村）一座，去县南五里"。明万历（1513—1619年）以前，平定老百姓已普遍把煤炭用于炊事方面。这一时期，煤炭作为商品除供本地外消费外，还用驴、骡或骆驼运至河北省井陉、正定、获鹿一带贩卖②。

清初，由于政策限制，全国的采煤业都受到极大影响。但由于民间对煤炭需求的增长及财政的空虚，清政府不得不放开限制。康熙二十一年（1682），清政府宣布开放某些矿禁，开始建立采煤执照制度，推行"招商承办"。乾隆五年（1740），签发采煤执照的权限由工部下放到地方

---

① 宋林岭：《〈晋商史料全览·阳泉卷〉序》，山西省政协编：《晋商史料全览·阳泉卷》，山西人民出版社 2007 年版，第 10 页。

② 阳泉地方志编纂委员会：《阳泉市志》，当代中国出版社 1998 年版，第 430 页。

管理。到咸丰年间，开采政策已很宽松，出现了"晋商民零星开采，悉数的局面"①。到了清末，山西的采煤工艺从原始镐刨人背的土法开采，迈步走向机械化开采，民间的小型煤窑也转向规模化、企业化生产，山西的煤炭市场从原来的民用煤为主转化为工业能源用煤为主，工业与民用并重。山西保晋矿务公司是山西近代史上的第一个实行工业化开采的煤矿企业。它的成立与发展，对平定地区经济的发展产生了重要影响。

冶铁业：我国冶铁业兴起，始于春秋时期。直到宋代，煤炭的大量开采，才以煤炭作燃料而冶炼。据有关资料记载，北齐时，盂县就设有冶铁所，管理铁业生产。到宋代，平定的手工业炼铁技术就有了一定的进步，那时，普遍用土制坩埚，无烟煤作燃料和石灰石溶剂炼铁，铁业更加兴盛，已能铸造约两吨重的铁器。明代，当地工匠常被官府征召打造兵器，说明炼钢的技术在当时也得到了应用。明清时，阳泉的煤炭生产促进了冶铁业的发展，而冶铁业的发展又对采煤业革新起了推动作用。这一时期，平定、盂县出现了大量的民营冶铁业工场，郊区官沟村张家成为客居外地专门推销铁货的商家，大阳泉村则耕田与烧铁兼顾。清咸丰年间，在河底镇就设炉鼓铸铁钱，可见冶铁工艺日见完美。据记载，同治九年（1870），平定可日产铁近150吨，每年生产约54000吨。生产一吨铁需要三吨煤，据此推算，平定仅用于冶铁的煤炭日产量就约为450吨。民国二年（1913）平定境内铁炉达1089座，年产铁货5万吨至7万吨。被商人引入流通领域的铁货有车串、车键、铁砧、大小筒锅、广锅、铁茶壶等，这些产品大量对外销售，进一步推动了当地商业的发展。

印染业：明代，平定地区便有人从事染业。清代随着河北、山东等地棉花的生产，带动了纺织业、印染业的发展。平定、盂县与河北、山东毗邻，并且平定地区生产靛蓝，明末平定各地已广开染坊。清代前期，平定染坊遍布于京、津、冀、鲁等地，主要印染绸缎、布、棉线、衣服等。印染业最初的染色比较单调，以深蓝、浅蓝、青色为主，后随着工匠的逐步探索，发明了新的配料，使染织品花色不断增加，还有花样繁多的蓝底白花的印花布。平定商人的染织品，以色鲜、品种多、不褪色

① 王智庆、李存华：《晋东商业文化》，科学出版社2009年版，第167页。

而著称，故十分畅销。到民国时期，在一些比较大的染坊逐渐有了染槽、干燥机、扯宽机、轧光机、电动机等染整设备。因平定、盂县人出外谋生者多为染房佣工或自开染房者，故"走染房"成为出外经商的代名词。

陶瓷业：平定砂货的历史源远流长，据考证最早可追溯到秦代。平定地区既有丰富的煤炭资源又有大量适合捏制砂器的优质黏土，为烧制砂器提供了便利的自然条件。平定砂货也成为平定地方特产。乾隆版《平定州志》载："砂产州北山中，砂白色俗名干子，村民陶为器皿，货之他方，京师呼为砂吊子即州产也。"文中的"州北"指今阳泉郊区杨家庄的小西庄、孙家沟以及平定县巨城镇的东小麻、西小麻一带。此外，平定县的常家沟、北庄、张庄，阳泉郊区的河底镇的山底、河底也是著名的"砂货之乡"。① 光绪版《平定州志》载："雍正元年（1723）钦奉谕旨，山西平定州等处，山多田少，粮食恒艰，小民向赖陶冶器具，输运直省易米以供朝夕。近闻直隶州县，因米贵禁粜，此方百姓何以仰给。"由此可见，最晚康熙年间，平定人民不仅大量生产砂器，而且源源不断地运往直隶地区进行商品贸易活动。

从以上来看，晋东商人的兴起与其特有的地域环境、自然环境、社会环境有着密切的关系，有其自身的优势和局限性。晋东地区独特的地理位置和环境为其商业的发展创造了基本条件。晋东地区人多地少，农业生产条件差，生计困难，生民为了开拓生存空间，便利用当地的煤炭、铁矿、黏土等丰富的自然资源，烧炼铁器、瓷器、砂货等手工产品，为商品的经销和流通奠定了物质基础。因而，晋东商人的形成和发展同资源优势的关系较之晋中等其他地区更为明显，更为密切。这一方面反映了晋东商人发展的独特之处，另一方面也体现了其发展中的局限性。

（二）清代晋东商人的整体发展概况

清代以来，随着全国商品经济的发展，商路与市场不断扩大，为商人的发展提供了基本条件。特别是远距离的长途贩运贸易，使全国各区域之间经济联系日益紧密，金融业、运输业等行业也随之兴盛，促进了

---

① 王智庆、李存华：《晋东商业文化》，科学出版社 2009 年版，第 146 页。

徽商、晋商等商人团体崛起。

晋东地区独特的区位优势和资源优势为其商业与商人的发展提供了便利条件和物质基础。据乾隆《平定州志》载："平定山多土瘠，民劳俗朴，国朝百余年来，休养生息，户口日繁，计地所出莫能给，力耕之外，多陶冶砂铁等器以自食，他若贾易于燕赵齐鲁间者十之五。"可见，当时平定地区从事商贸者之多。

晋东地区的商业贸易历史悠久，境内出土的五铢钱，表明西汉时期这里的商业已经趋向繁荣。明清时期，随着冶铁、采煤业、印染业等手工业的发展，促进了当地商业的兴盛。清代前期，今阳泉境内盂县城、平定城以及清城、荫营、河底、东沟等地逐渐形成了以铁制品交易为主的集镇。这些地区出产的铁锅、铁壶、铁制农具等在铁货行业中享有较高的声誉，行销于河北、东北、内蒙古等广大地区。① 因此，从事生产、贩运煤、铁货、陶瓷等当地手工业品的商人构成了早期晋东商人的主体。如平定大阳泉村郗家先祖就以冶铁起家，经几代人苦心经营，依靠当地丰富的煤铁资源，在本地和外埠扩大销售规模，商行开到石家庄、北京、天津以及东北大连、营口等地，以"魁号"领东，分号覆盖华北，到清咸丰年间达到鼎盛。② 官沟村张家，早期张氏商人就是用手推车贩运铁锅起家，之后在河北、山西、辽宁、吉林等地建立了"永"字号分店，最兴盛时资本达到约 30 万两白银，大小铺店 40 余处，从业人员三四百之多。③

此外，印染业也是晋东商人早期从事的主要行业。乾嘉时期，随着棉纺业的发展，从事印染业的商人发展到鼎盛阶段。从事印染业的商人主要印染绸缎、布、棉线、衣服等，经营形式是前铺后坊。早在明末清初，平定染坊遍布于京、津、冀、鲁等地。清际，平定乱流村石聚锦在

① 宋林岭：《〈晋商史料全览·阳泉卷〉序》，山西省政协编：《晋商史料全览·阳泉卷》，山西人民出版社 2007 年版，第 7 页。

② 张承铭、商锁贵、刘春明、姚裕：《平定第一富豪大阳泉村郗家》，山西省政协编：《晋商史料全览·阳泉卷》，山西人民出版社 2007 年版，第 40—41 页。

③ 张承铭：《首倡争矿的阳泉郊区官沟村张家》，山西省政协编：《晋商史料全览·阳泉卷》，山西人民出版社 2007 年版，第 5—6 页。

山东高唐与聊城都开设染坊，后发展到 30 多人规模。乾隆年间，西郊村旗杆院李氏家族李常有及其后裔，在青州府开染房达二百余年。另一位村民郝殿和，于嘉庆年间赴胜房做染坊、颜料生意，后兼营布店、绸缎庄、花店等，经几代人奋斗共开设了义德生、义德亨、义德隆等八座大商号，成了胜房商界的巨头。嘉庆年间，以印染商为主的平定商人还修建了位于北京的平定会馆。①

　　随着晋东商人资本积累的增多和经营规模扩大，晋东商人经营种类逐渐增加，涉及杂货、金融、毛纺织业、医药等多种行业，并出现了一批实力较强的行当和商号。如嘉庆二年（1797），盂县氆氇行商人在北京开设的义兴号、永兴号、大成号、大顺号、义成号、义和号等六家合资共建一会馆。会馆由民房改置，有房屋 10 数间，占地面积 1 亩 2 分，购置费与维修费共用白银 2300 余两，起名为"盂县氆氇行六字号公局"，也称为"盂县氆氇行会馆"或"盂县六字号会馆"。此会馆属商业会馆，专门为经营氆氇产品者服务。这六家商号商议，在出售的每匹氆氇中提取银 1 钱，经过九年后即筹措到会馆所需的 2300 余两白银。其中，义兴号出银 530 余两，永兴号出资 530 两，大成号出 430 余两，大顺号出 450 余两，义成号出 170 余两，义和号出 180 余两。② 可以看出，盂县商人在北京氆氇行中实力不同一般，也说明清中期盂县人在京城中经营氆氇制品的兴盛。商号中，乾隆年间，平定胡家庄村李氏先人到河北行唐县开设了的天兴店，后改名为乾成店，主要从事长途贩运和转售贸易。长途贩运的商品有棉布（获布、唐布、恩布、贺布、印花布）、苏绸、哈达、标梭、棉花、线货、烟叶、羽毛、瓷器、桐油、纸张、羊毛、点铜、茶叶（连茶、香片茶、武茶、珠兰茶、连六、套茶等）、粮食、药材、黑碱、白碱、皮货、水胶、木炭、姜黄、南酒、双毛烟、洋皮等。根据《乾成店·规模簿》统计，"乾成店"在行商过程中，自家开设及与其有业务往来的商号多达 336 家。其行商区域遍布山西、北京、天津、河北、内蒙古等各地。可见，"乾成店"贸易范围之广，规模

① 王智庆、李存华：《晋东商业文化》，科学出版社 2009 年版，第 133 页。
② 陶宏伟：《明清时期平定商人的发展与转型》，《忻州师范学院学报》2009 年第 2 期。

之大。

发展到清末，晋东地区形成两个纵横连贯的商业网络：一是以平定县城为中心，由柏井、测鱼（今属河北省井陉县）、松塔（今属寿阳县）、平潭、河底、岔口、娘子关等集镇形成的平定县东西南北中商业体系；二是以盂县城为中心，由清城、牛村、上社、西烟等集镇形成的东西南北中商业体系。① 这一时期，晋东商人也发展为有相当规模和实力的商人群体。光绪七年（1881）重修《盂县志》的有来自盂县的商人在京都和本县两个地区共183家商号的捐款，其中京都地区65家，盂县地区118家。从捐款金额来看，京都盂县商人经营的65家商号，共捐白银128两；盂县本邑118家商号共捐白银297两1钱。京都的盂县商人主要经营项目有荷包铺、染坊、参局、氆氇铺等行业，其中染坊捐款商号数量和金额最多，有15家共捐资25两。② 可见，印染业是盂县商人在京经营的主要行业。本邑商人主要经营的项目有花布铺、钱行、当铺、干菜铺、衣局和斗行等行业。其中，属于金融业的当铺和钱行共有7家，占总家数的64%，所捐款额占捐输总额的51%，位列参与捐输行业的第一。③ 这说明，当时盂县的金融业较其他行业更为发达，也反映了盂县商业活跃程度。

从晋东商人经营的商号规模来看。清末民初，在平定城向东西延伸的5里长街上，就有商号250余户，其中较大的商号有逢元号、荣聚兴、宝善昌、德裕厚、聚锦恒、三和馆、新盛魁等40余家。涉及煤、铁、粮、油、百货、医药、土产、烟酒、棉布、旅店、饮食、文具、洗染、酿造等20余个行业。盂县县城商人经营行业有30多种，包括百货、布匹、杂货、饼业、肉食、蔬菜、国药、旅店以及手工作坊式的油坊、酒坊、醋坊、豆腐坊、钱号、当铺20余家，商号共300余家。④

---

① 宋林岭：《〈晋商史料全览·阳泉卷〉序》，山西省政协编：《晋商史料全览·阳泉卷》，山西人民出版社2007年版，第7页。

② 乔南：《清代山西盂县及寿阳县的商业发展》，《晋阳学刊》2013年第2期。

③ 乔南：《清代山西盂县及寿阳县的商业发展》，《晋阳学刊》2013年第2期。

④ 宋林岭：《〈晋商史料全览·阳泉卷〉序》，山西省政协编：《晋商史料全览·阳泉卷》，山西人民出版社2007年版，第8页。

20 世纪初，正太铁路建成通车，设立了阳泉火车站。随着煤铁的外运，阳泉成为晋东地区煤铁的集散中心，吸引了大量商人来此经商。特别是民国五年（1916），山西商办保晋矿务公司总部从太原迁到阳泉，除在阳泉开设 4 个煤矿外，还在石家庄、保定、北京设立分公司经销煤炭，并于阳泉平潭垴村兴办了保晋铁厂。随着阳泉商业的兴盛，平定县城和河北石家庄等地的一些大商号，陆续到阳泉建店或设立分店。民国前期，阳泉各业商户达到百余户，并建立了商会等机构。民国三十六年（1947），阳泉设市后，逐渐成为晋东地区的经济、商业中心。

民国二十二年（1933）《山西统计年鉴》中记载，山西省各县商号中，以平定为最多，总计 1003 家，资本 40.28 万元，从业人员 4043 人，分别占全省的 4.5%、1.6% 和 2.9%。[①] 抗日战争爆发后，中国经济受到严重摧残，工商业凋敝，大量在外地晋东商人不得不返乡谋生，晋东地区商业也受到冲击，大量商号倒闭，晋东商人也随之衰落。

三　河底镇各村概况

河底镇位于太行山脉刘备山北麓，阳泉郊区北部，与盂县相邻。历史上河底镇就是平定北部地区的政治经济文化活动中心和商品集散之地。该镇交通便利，阳盂公路和 207 国道、苇滴公路横穿镇域，阳盂铁路穿越本镇南部。全镇 32 个行政村，镇政府所在地为河底村，辖区面积 36.4 平方千米，属于阳泉市郊区第二大镇。河底镇地貌以山地丘陵为主，人多地少，自古以来农业就十分落后。但该镇矿藏丰富，主要有无烟煤、铝矾土矿、硫铁矿、石灰石、白云石、高铝黏土、耐火黏土、石膏矿、铁矿等。其中，煤炭、铝矾土、硫铁矿储量大、品质优，是阳泉郊区矿藏的主要分布区。本地村民依靠丰富的自然资源，明清以来就形成了以采煤业、冶铁业、陶瓷业为主的手工业体系。该镇历史悠久，文化底蕴深厚，历史文化遗存较多，著名的市级重点文物保护单位有下章召村的禅

---

① 平定县志编纂委员会：《盂县志》，社会科学文献出版社 1992 年版，第 280 页。

智寺，区级文物保护单位有河底村的通保观、天主教堂、牵牛镇村的玉泉阁、苇泊村的天齐庙、山底村的玉皇庙、东村的龙王庙、燕龛村的甘泉寺。本人通过对河底镇各村庄的考察，发现河底村、东村、山底村是该镇典型的古村落，历史文化遗存保存较好，与商人、商号相关的碑刻材料丰富。通过现存的这些历史信息，结合整个社会背景，我们可以研究清代以来当地的商业和商人活动以及在地方社会中的影响等诸多内容，更加具体地反映出晋东商人的历史特点。

（一）河底村

河底村是阳泉郊区的一个大村，民国三十四年（1945），全村有491户，3417人。1990年人口普查时，全村总人口为5352人。[①] 姓氏主要有刘、王、葛、郭、段、李等。

据古碑记载，河底在北宋宝元庚辰年（1040）已有先民集居。古时曾有驿道穿过村中，在阳盂公路开通之前，一直是石家庄地区经盂县通往太原的必经之路。明代正德十六年（1521），本村以古河道定名为"河底"，隶属平定县。在明末清初，村民依靠本地煤铁资源，先后发展了冶铁、铸造、锻造、火药制造等行业，形成了河底工业、手工业的格局。[②]

雍正二年（1724），清政府设置河底镇，属平定州安平乡三贤都。乾隆元年（1736），村内修建普丰阁，形成一里长的商业街，共有商贾字号百十余家，是平定州北部地区的商业贸易中心。咸丰四年（1854），清廷户部宝泉局在此设分局，鼓铸铁钱，曰"咸丰通宝"。光绪十三年（1887）《重修通保观碑记》[③] 对河底村的描述如下：

> 州治六十里有河底镇，与盂接壤，实州北县东之大聚落也，堪舆家谓龙自牵牛山来，最南一支蜿蜒东注，至界牌梁下结村，镇南

---

① 要宜慎：《河底村志》，山西古籍出版社1996年版，第22页。
② 要宜慎：《河底村志》，山西古籍出版社1996年版，第2页。
③ 此碑现存于阳泉市郊区河底镇河底村通保观。

北皆土岗环抱，东则明灵王祠、攀云桥锁塞水口，西则通保观、普丰阁束聚气脉。诚有心者所经营，以寓扶偏起胜之意，非仅壮观瞻已也。沿村居民六、七百家，入沙口始见树木葱茏，烟火攒簇，世廛庐舍相交错，财货米粟多积聚。平定北乡殷富之区于是称最，每逢月之五、十日，则商民云集，百工交易，四方之民，虽远至数百里，咸奔走而归市焉。其附近者更无论矣。故生其间者，宿学名儒，科甲显宦，耆英硕望，巨贾富商，诚未易更仆数。迨咸丰四年，奉旨设立宝泉局，铸铁为钱，以便国用，号曰青龙镇。人咸以小都会称意者，山川灵秀之所，积蓄而发焉者乎。

河底村也是平定州北、阳泉北郊的文化教育中心，兴学之风盛行。清代经科举取得的进士、举人、解元和各类贡生 26 名。① 民国九年（1920），河底村联合中佐村兴办乡学。民国二十一年（1932），成立河底高级小学，周围四乡青少年都在河底求学。民国三十七年（1948），河底村划归为阳泉市。现属于阳泉郊区下辖的河底镇，为镇政府所在地。

目前，河底村的历史遗存中有河底古街、庙、观、堂、阁、碑刻、民居。河底古街是从明末到乾隆元年（1736）形成的，东起三观阁，西至普丰阁，全长一里的长街。沿街商店铺面鳞次栉比，东西阁外百十步，仍可见到商铺。

河底古民居的遗存主要有街道中心顺治年间武进士刘茂的府邸（现耿氏住宅）和古河道北岸处乾隆年间宜昌知府刘煜的府邸，都是清代典型的官宦建筑。

据《河底村志》记载，明、清两代河底建造的庙、观、阁等有 18 处之多，现存 11 处，如表 1。现概述如下：

明灵王庙俗称皮场庙，位于村东。嘉靖三十六年（1557），乡士柳禄纠众建庙正三楹。万历二十三年（1594），康熙三十二年（1694），康熙三十四年（1696）等进行多次重修。寺庙坐北朝南，庙后顶端建有玉皇

---

① 要宜慎：《河底村志》，山西古籍出版社 1996 年版，第 4 页。

庙和三皇殿。

文昌庙位于明灵王庙西侧。康熙初年，由信士刘澄与侄子秉彝共同捐资修建。道光五年（1825），道光二十一年（1841），光绪三年（1876）多次重修。

三官庙位于古街东，俗称东阁，分两次建成。康熙八年（1669），村众捐资增建西半阁，卷棚三间。东半阁始建于明嘉靖年间。康熙三十二年（1694），创建院内砖窑 2 眼，增建吕祖庙三楹。乾隆三十七年（1772）至光绪七年（1881），数次重修。

关帝庙俗称老爷庙，位于村东头，始建于康熙六年（1668）。乾隆四十年（1775）增修殿宇，山门外竖木旗杆一对。咸丰七年（1857）木旗杆换为铁旗杆，由户部晋宝分局捐资 50 两，监铸官眭卿云与三名大使各捐 10 两，鼓炉熔铸而成，共耗银 160 余两。

通保观俗称老爷庙，位于古街西头。原为老君堂，雍正七年（1729）创建通保观，并易三教祠。雍正十二年（1734）修建舞台。乾隆元年（1736）创建普丰阁，俗称西阁。道光十六年增建祠背后"仓吉寺"，俗称字纸洞。光绪十一年（1885），村众捐资重修，增建院西官窑 6 眼、南平房四间，共耗银 283 两。

奶奶庙位于村南岸，约建于明嘉靖年间。坐西向东，正殿三楹，原塑像为苍岩圣母，两侧耳殿各 1 间，南横窑三眼，北房三间，下有官窑两眼。

观音庙位于南坡，由嘉靖年间信士柳禄创制。因年久失修，该庙迁现址重修。每年农历二月二十九日庙会，香火不断。

天主教堂是光绪二十九年（1903），神父胡宝善修建而成。河底修堂记碑文载："自光绪二十年，圣教始传于河底镇，至今十有余年，信人日众，每逢瞻礼日期，天好诵诗。"①

此外，河底村共有五道庙 3 处，村街西 1 处，后底沟 2 处，始建年代不详。

---

① 此碑现存于阳泉市郊区河底镇河底村天主教堂。

表1　　　　　　　　　　河底村庙、堂、观情况一览

序号	庙宇名称	位置	修建时间	奉祀神灵	古时有无戏台	备注
1	明灵王庙	村东	嘉靖三十六年（1557）	明灵王、玉皇、三皇、马王、药王等	有	戏台现已被拆除
2	文昌庙	村东	康熙初年	文曲星	无	
3	三官庙	古街东	康熙八年（1669）	天官、地官、水官、吕祖	无	
4	关帝庙	村东	康熙六年（1668）	关公	有	
5	通保观	古街西	雍正七年（1729）	太上老君	有	戏台已改为他用
6	奶奶庙	村南	嘉靖年间	苍岩圣母	无	
7	观音庙	南坡	嘉靖年间	观音菩萨	有	
8	天主教堂	街西	光绪二十九年（1903）	耶稣	无	
9	五道庙（三座）	村街西、后底沟	不详	五道将军	无	

河底村现存碑刻中保存较好且碑文能辨别整理的石碑有34块，见表2。其中，按时间划分，明代1块，清代31块，民国2块；按所在庙宇划分，明灵王庙6块，三官庙7块，关帝庙5块，文庙3块，通保观9块，奶奶庙2块，观音庙1块，天主教堂1块。此外，还有不少残碑和一些碑文完全漫漶的碑刻。

表2　　　　　　　　河底村碑刻情况一览表

序号	题名	刊立时间	所在庙宇
1	奉献明灵王庙常住地记	万历三十四年（1606）	明灵王庙
2	重修皮彰庙记	康熙三十二年（1653）	明灵王庙
3	新建茶庵记	康熙四年（1665）	明灵王庙

序号	题名	刊立时间	所在庙宇
4	重修碑记	康熙三十四年（1695）	明灵王庙
5	新修石桌记	康熙四十二年（1703）	明灵王庙
6	买地碑记	康熙四十八年（1709）	三官庙
7	彩绘功案碑记	康熙五十七年（1718）	关帝庙
8	买地碑记	雍正四年（1726）	关帝庙
9	创修通保观记	雍正八年（1730）	通保观
10	新建三官阁东房门楼碑记	乾隆六年（1741）	三官庙
11	白衣菩萨庙记	乾隆七年（1742）	关帝庙
12	择井碑	乾隆九年（1744）	奶奶庙
13	新建东西山门补修道居记	乾隆二十六年（1761）	明灵王庙
14	重修东阁碑记	乾隆三十九年（1774）	三官庙
15	关帝庙旗杆碑志	乾隆五十二年（1787）	关帝庙
16	金妆普丰阁神像记	乾隆六十年（1795）	通保观
17	增置养赡碑记	嘉庆十七年（1812）	三官庙
18	立换地执照碑	嘉庆十七年（1812）	三官庙
19	补修东阁金桩圣像碑记	嘉庆二十年（1815）	三官庙
20	文庙重修碑记	道光五年（1825）	文庙
21	文昌祠重修碑记	道光二十一年（1841）	文庙
22	重修关圣帝君庙碑记	道光二十五年（1845）	关帝庙
23	宝泉分局碑记	咸丰九年（1859）	通保观
24	鼓铸铁旗杆碑记	咸丰七年（1857）	关帝庙
25	重修文庙碑记	光绪三年（1876）	文庙
26	重修花费碑记	光绪七年（1881）	通保观
27	重修三官大帝阁碑记	光绪七年（1881）	三官庙
28	修桂云楼等开支碑记	光绪十一年（1885）	通保观
29	河底关王庙立卖契约碑记	光绪十二年（1886）	观音庙
30	重修通保观碑记	光绪十三年（1887）	通保观
31	创修字纸灰洞碑文	光绪二十一年（1895）	通保观
32	河底镇修堂记	光绪二十九年（1903）	天主教堂
33	施米碑记	中华民国九年（1920）	通保观
34	施地文约碑	中华民国十七年（1928）	通保观

（二）东村

东村位于阳泉市郊区河底镇北部，距河底村 4 千米，阳泉市区 16 千米，盂县县城 20 千米。1958 年全村有 423 户，1789 人。1900 年人口普查时，全村总人口为 2625 人。[①] 姓氏主要有李、王、侯、曹、傅等。

据东村关帝庙碑文记载，元大德四年（1300）盂州淖泥村（现东村）松林背修造关帝庙，说明元代东村就已经形成了古村落。因当时位于获鹿通盂州（县）的驿道途中，崎岖不平、溺泥不稽而命名为淖泥村。崇祯十年（1638）属盂县南乡铜颖乡管辖。乾隆年间，属盂县招贤乡四都十九堡管辖。同治年间改名为东村。民国元年（1912）至民国二十六年（1937），属盂县二区管辖。民国三十六年（1947）阳泉设市，归阳泉五区管辖。新中国成立后，经数次行政区划调整，东村划归为阳泉郊区河底镇。

东村煤铁资源丰富，采煤、冶炼、锻造业发展较早。明朝中叶，东村村民就有以采煤为业者。随着采煤业的发展，冶炼铸造业兴起。明末清初，就有东炉、西炉、锰铁炉等。据盂县工业志记载，东村是盂县熟铁产地之一，多数生产的是日用铁器。到新中国成立初，全村共有打铁炉 28 盘，土炉几十座，能生产手榴弹、炮弹壳等。

东村的历史文化遗存主要是庙宇和碑刻。据新修《东村志》记载，东村原有庙宇共 9 处（见表 3），各庙宇情况具体如下。

关帝庙俗称"老爷庙"，始建于元代大德四年（1300），坐落于村中心，坐南朝北，建有正殿、观音殿、老君殿、文昌殿、钟楼、戏台等建筑。

龙王庙坐落于村东部，始建年代不详，天启六年（1627）、康熙五十一年（1712）、雍正五年（1727）、乾隆三十五年（1770）、清嘉庆十二年（1807）、咸丰六年（1856）、民国二十四年（1935）等多次重修、补修。主要建筑有：正殿、观音殿、碑房、戏台、僧室、龙泉洞。

寿圣寺原建筑在村中北部，成化十一年（1457）、嘉靖十六年

---

① 东村志编纂委员会：《东村志》，2007 年，第 30 页。

（1537）、崇祯七年（1634）、康熙六十年（1721）、乾隆十七年（1752）、
嘉庆九年（1804）、光绪元年（1875）等多次对寺院进行重修、补修。寺
中建有大佛殿、观音殿、地藏殿、关公殿、老君殿、药王殿、罗汉殿、
钟楼、鼓楼、碑房、戏台、塔院等。新中国成立后，殿堂改为村学校教
室，逐年拆建。现寿圣寺已不存在。

　　文昌庙原建于乾隆十七年（1752），坐落于东南坡。后移建于东南山
岭，后因地势太高，文风散而不聚。嘉庆四年（1799）议之改建，于道
光四年（1824）有村民好事之人捐资重修。

表3　　　　　　　　　　东村庙宇情况一览

序号	庙宇名称	位置	修建时间	奉祀神灵	有无戏台	备注
1	关帝庙	村中心	大德四年（1300）	关帝、观音、太上老君等	有	戏台已废弃
2	龙王庙	村东	天启五年（1626）	五龙圣母、龙王	有	戏台已拆除
3	寿圣寺	村北	天顺六年（1466）	释迦牟尼、观音、地藏、药王、关公	有	已拆除，现为东村小学
4	文昌庙	村东	乾隆十年（1752）	文昌帝君	无	
5	奎星楼	文昌庙后	道光四年（1824）	奎星	无	
6	五道庙（四座）	村东、村中、村南、村西	不详	五道将军	无	

　　奎星楼，坐落于文昌庙后，阁楼式建筑，与文昌庙一同建于道光四
年（1824），于1960年代查出。2003年由村民捐资复修。

　　东村原建有五道庙4处，建筑年代不详，分别为村东部1处，中部1
处，小南沟1处，西部1处。"文化大革命"时期全部拆毁。

　　东村现存碑刻中保存较好且碑文可辨别的石碑24块，如表4。其中，
按时间划分，明代4块，清代19块，民国1块；按所在庙宇划分，寿圣

寺11块，龙王庙7块，关帝庙4块，文昌庙2块。此外，还有大量残碑。

表4　　　　　　　　　东村碑刻情况一览表

序号	题名	刊立时间	所在庙宇
1	重修寿圣寺	成化十一年（1475）	寿圣寺
2	重修观音会献戏碑记	嘉靖十六年（1537）	寿圣寺
3	重修龙王庙记	天启六年（1626）	龙王庙
4	重修寿圣寺正殿题名碑记	崇祯七年（1634）	寿圣寺
5	龙王庙内阶级并庙前桥创序	康熙五十一年（1712）	龙王庙
6	重修东西殿并戏房碑记	康熙六十年（1721）	寿圣寺
7	五龙圣母祠建戏楼碑记	雍正五年（1727）	龙王庙
8	新建文昌庙重修寿圣寺碑记	乾隆十七年（1752）	寿圣寺
9	重修戏楼碑记	乾隆二十二年（1757）	寿圣寺
10	重修碑记	乾隆三十年（1765）	龙王庙
11	重修庙宇布施碑记	乾隆三十五年（1770）	龙王庙
12	重修五龙圣母子孙神祠殿姓名碑记	乾隆三十五年（1770）	龙王庙
13	（无题名碑）①	乾隆五十八年（1793）	寿圣寺
14	重修药王殿及正禅房碑记	嘉庆九年（1894）	寿圣寺
15	补修五龙圣母庙重新子孙圣母祠并石桥碑	嘉庆十二年（1807）	龙王庙
16	重修松林背古庙碑记	嘉庆十八年（1813）	关帝庙
17	重修药王庙献戏碑记	嘉庆二十四年（1819）	寿圣寺
18	重修梓童帝君庙奎星楼碑记	道光四年（1824）	文昌庙
19	文昌阁施地碑记	道光六年（1826））	文昌庙
20	重修松林背碑房钟鼓楼石洞前墙碑记	道光六年（1826）	关帝庙
21	重修乐楼台碑记	道光七年（1827）	寿圣寺
22	补修五龙圣母祠碑记	咸丰六年（1856）	寿圣寺
23	补修松林庙移建乐楼施地施银碑记	同治四年（1865）	关帝庙
24	重修各庙募缘碑记	中华民国二十四年（1935）	关帝庙

---

①　此碑为石碑的碑阴，碑阳因碑文模糊无法辨识。

（三）山底村

山底村地处河底镇北部，与盂县接壤，与东村相邻。山底村是河底镇的一个行政大村，面积 9.6 平方千米，耕地 1250 亩，全村居住人口 4000 余人。山底村交通便利，滴茡公路山底段沿村东与 207 国道相连，西与阳盂公路相接，阳五、京昆高速绕村而行。

据嘉靖十六年（1537）《重修龙王庙记》记载："盂县治之东南三十里许，名山底村，有龙王神祠，乃翠岭嵯峨，清流盘绕，古木数株，诚胜地也，堪为神所栖，不知自何时创建矣，神像殿宇俱为倾颓圮。"可见，至少在明代山底村已形成古村落。清代，山底村属盂县招贤乡四都十九堡管辖。民国元年（1912）至民国二十六年（1937），属盂县二区管辖。民国三十六年（1947）阳泉设市，归阳泉五区管辖。现归属于阳泉郊区河底镇。

山底村矿产资源较为丰富，尤其煤炭、矾石、硫磺占绝对优势。明清时采煤、冶铁、砂锅制作已十分发达，后来逐步发展成为铁业生产基地。盂县藏山寺的大铁钟铸于明朝嘉靖年间，经考证是山底村金火匠张宗美、张宗鲁等人铸造。同治六年（1867）《重修朝阳洞碑记》[①] 记载："洞外俯视村落，烟火攒簇，如展画图。"文中所记述的场景，应该是当时山底村炼铁的盛况。清末民初，山底村的煤铁炉发展到了一百多座，大约八户人家平均一座，所生产的烟锅等产品远销到河北、内蒙古、山东等地。[②]

山底村主要的历史文化遗存是以玉皇庙为首的庙宇群，该庙依山而建，自下而上，共分为五层。现将主要庙宇概括如下：

龙王庙始建年代不详，位于庙宇群一层。嘉靖十六年（1538）《重修龙王庙》碑记记载，当时即有三楹正殿和分别为"八部龙天庙""藏山文子祠"的左右配殿以及山门、钟鼓二楼、紫殿、戏台、"下处"官窑等建筑。在顺治、康熙、乾隆、嘉庆年间多次重修。

---

① 此碑现存于阳泉市郊区河底镇山底村村玉皇庙。
② 政协阳泉市郊区文史资料研究委员会：《阳泉文史资料》（第 4 辑），第 58 页。

朝阳洞位于庙宇群三层。道光年间重修碑记载："山底朝阳洞，在村西中嶂之腰，久称县治东南名胜，峭峰左环，悬流右抱，背山面水，俯视远近屋舍，豁然在目，春日游往，登眺其间，低徊流连，不忍去。"道光三年（1823）、咸丰九年（1860）、同治六年（1867）多次重修。期间，三圣殿、韦陀庙也随之而建，殿顶均为歇山顶。

三官庙位于建筑群四层，始建于顺治四年（1648），建有山门、钟鼓二楼，有太上老君庙、火神庙、左右禅房、乐楼。康熙、乾隆年间均有修葺。

玉皇庙位于建筑群顶层，始建年代不详。庙内建有正殿、配殿、拜殿、三门殿、左右厢房、钟鼓二楼，碑廊过厅，至尊宝殿等。正殿为玉皇殿，配殿左为苍岩圣母殿、灵官殿，右为送子观音殿、痘疹娘娘庙，次第还有马殿等神所。顺治、乾隆、嘉庆、道光年间都进行过多次重修。

山底村现存碑刻中保存较好且碑文可辨别的石碑18块，如表5。其中，按时间划分，明代1块，清代17块；按所在庙宇划分，玉皇庙13块，龙王庙4块，三官庙1块。其余石碑碑文辨识不清，整理困难。

表5　　　　　　　　　　山底村碑刻情况一览

序号	题名	刊立时间	所在庙宇
1	重修龙王庙记	嘉靖十六年（1537）	龙王庙
2	新建钟鼓楼记	顺治四年（（1647）	玉皇庙
3	重修龙王庙记	顺治九年（1652）	龙王庙
4	创建玉皇上帝庙碑记	康熙元年（1662）	玉皇庙
5	迁修龙天庙碑记	康熙十六年（1677）	龙王庙
6	重修碑记	康熙十六年（1677）	玉皇庙
7	金妆佛像碑记	康熙四十九年（1710）	玉皇庙
8	捐款功德主碑记	乾隆二十八年（1763）	玉皇庙
9	开光碑记	乾隆二十九年（1764）	玉皇庙
10	重修戏楼碑志布施姓名	乾隆三十六年（1771）	玉皇庙
11	重修三官庙碑记	乾隆四十六年（1781）	三官庙
12	重修龙王庙并新建赵文子神祠碑记	乾隆五十七年（1792）	玉皇庙

序号	题名	刊立时间	所在庙宇
13	重修观音大士龙大王牛王行驾碑记	嘉庆十五年（1810）	玉皇庙
14	断结差事碑记	嘉庆十九年（1814）	玉皇庙
15	重修朝阳洞神庙碑记	道光三年（1823）	玉皇庙
16	布施碑	道光三年（1823）	玉皇庙
17	重修朝阳洞碑记	同治六年（1867）	玉皇庙
18	补修乐楼禅房桥洞碑志	光绪十一年（1885）	龙王庙

四　清代以来的河底镇商人

（一）河底镇商业中心——河底村

河底村自明末就是平定州北部地区的商业贸易中心。明清时期，河底镇就有商贾字号 140 余家，从业人员 500 余人，经营行业 20 余种①。河底村商业的兴起，主要源于两个重要条件：一是，河底村处于晋东地区重要的商路要道；二是，依靠本地资源优势，河底村采煤、炼铁等手工业发达。

交通是决定一个地区经济发展水平的先决条件。明清时期，河底村位于河北平定、盂县到太原重要的驿道上，也是山西商人对外经商贸易的重要商路，大量的过往客商带动了河底村商业的发展。早在明末清初，就已经有不少客商在河底村从事商业活动了。据《河底村志》记载："明万历四年（1576），赛鱼客商荆大和、荆重明修建皮场庙茶庵三间。"康熙年间，已有大量泽潞商人在河底村经商。康熙三十四年（1695），明灵王庙《重修碑记》记载"潞安府商人施银伍钱"，康熙四十二年（1703）《新修石桌记》记录了"潞安府铁商修圆窗、石桌各施银壹百文"。康熙五十七年（1718），关帝庙《彩绘功案碑记》文中提到"于是潞安府客商刘君讳辅，同住持道士李太玹，恻然动念，各出己资，共费银一十五两有奇，督工庀材"。民国三十五年（1946）据河底公所统计，外地来河

---

① 要宜慎：《河底村志》，山西古籍出版社 1996 年版，第 80 页。

底经商者及其家属占河底村人口的 10.4%。①

河底镇人多地少，但是煤铁资源丰富，为当地手工业生产提供了必要的物质前提。明清时期，河底镇地区的冶炼、铸造、锻造业发达，是晋东地区的主要冶炼基地。咸丰四年（1854），清政府在河底镇设"宝泉分局"，铸造铁币。咸丰七年（1857），河底村关帝庙铸造的铁旗杆②，显示了河底村村民冶炼技术之高。河底镇主要生产的铁产品有茶壶、把把锅、铮子、钟、灯素、不灰炉、火炉、农具等。早在明末清初，河底镇地区的铁货产品因其做工精良、别具匠心而名达四方，因而吸引了大批省内外商贾来此贩运。随着山西商人活动的不断扩展，货物交流频繁，河底村发展成平定以北地区的商品集散中心。

雍正二年（1727）河底村改称河底镇。根据邓亦兵先生对清代前期的市镇所下的定义，包括两个要素：一是交通发达，商业繁盛，人口相对集中；二是有派驻市镇的机构和官员。两个条件齐备者属于大市镇，只具有第一个条件者属于中小市镇。可见当时河底村已发展成晋东地区的一个重要商业市镇。

乾隆元年（1736），河底村内普丰阁（西阁）的修建，形成了"河底商业一条街"。商业街两侧店铺鳞次栉比，行业俱全。铁货、粮食、油店、食盐、茶庄、绸缎、布匹、服装、百货、杂货、药店、钱业、银匠铺、麻行、砂货、赁货、当铺、书铺、皮铺、席铺、染坊、饭店、酒店、烧锅、靴铺、钉鞋、掌罗、擀毡、钉蹄、骡马店、骆驼店等，布满长街内外。③ 乾隆二十六年（1761）《新建东西山门补修道居记》中就出现了来自 15 家商号的捐款。特别是乾隆六十年（1795）重修老君庙记载，当时有 144 家商号捐款。④ 可见其商业之兴盛。

---

① 要宜慎：《河底村志》，山西古籍出版社 1996 年版，第 80 页。

② 铁旗杆由村民和户部晋宝分局等捐资鼓炉铸造而成。铁旗杆高 15 米，直径粗 0.3 米，上下二斗八旗，云龙蟠上，顶端圆铸宝顶，4 个风铃下垂。做工精细，大气，被评为卓笔之峰。可惜，1958 年大炼钢铁时被毁坏。

③ 阳泉郊区政协文史委：《河底商业一条街》，山西省政协编：《晋商史料全览·阳泉卷》，山西人民出版社 2007 年版，第 517 页。

④ 要宜慎：《河底村志》，山西古籍出版社 1996 年版，第 81 页。

　　咸丰三年（1853年），清政府为筹措日益支绌的财政支出和对外赔款，由户部宝泉局试以铁铸钱。次年，在河底镇设立宝泉分局河底钱局，开炉铸钱，名曰"咸丰通宝"。宝泉分局最初设炉20座，后增为29座，各类工匠多达千余人。后因铁钱难以流通，于咸丰九年（1859）停业撤局。

　　清末至民国二十七年（1938），河底村商业更趋繁盛。1987年，河底村委会为收集有关商业资料，特意走访了旧商号健在的东家、经理（攀柜）及小字号经营者20余人（次）。经核实，这一时期河底村有坐商105家、小商贩各摊点40余户，从业人员460余人。[①]当时较大的字号有：靖成五、德合胜、大顺公、元兴盛等10余家，从业人员均在10人至20人左右。延续多年的字号有大顺公、德合胜、元兴盛、兴泰隆、崇义成、福兴永、晋元永等20余家，均有100年至200余年的历史。

　　集市和庙会的兴旺也是影响河底镇商业发展的重要因素。明清时期，农村集市作为农村地区重要的交易市场，起到了调剂余缺，保证农村生产、生活的重要环节。清代，河底镇地区主要的集市是河底村集市，分为两个集市：西集市逢五（初五、十五、二十五）赶集，东集市逢（初十、二十、三十）赶集，两个集市的交易都以粮食和牲口为主。河底镇地区人多地少，属于缺粮区，因此每逢集日，外地粮贩，特别是附近盂县的粮贩都会运来粮食贩卖。除本地人以外，附近的荫营镇、李家庄，巨城一带的村民也会来此买粮。牲口作为主要的运输工具，交易也很兴旺，每集卖出的骡马多达200多头。[②]光绪十三年（1887）《重修通保观碑记》文中记载："每逢月之五、十日，则商民云集，百工交易，四方之民，虽远至数百里，咸奔走而归市焉。"可见，当时集市贸易的繁荣景象。

　　此外，集市的开市频率可以反映一地的商业发展水平，在集市数量一定的情况下，开市频率越高，商业发展水平就越高。清代，全国大多

　　① 要宜慎：《河底村志》，山西古籍出版社1996年版，第83页。
　　② 阳泉郊区政协文史委：《河底商业一条街》，山西省政协编：《晋商史料全览·阳泉卷》，山西人民出版社2007年版，第518页。

数省区的集市都以每旬开市两次、三次最为普遍。① 河底村集市为每旬三次，说明了该地贸易的兴盛。

庙会，又称"庙市"或"集场"，是一种比较特殊的集市贸易形式，其形成与发展和当地的宗教活动有关。庙会的出现必须具备两个条件，一是宗教繁荣，寺庙广建，而且宗教活动日益丰富多彩；二是商品货币经济的发展使商业活动频繁，城镇墟集增加。② 所以庙会有两个主要功能，即文化娱乐功能和商业贸易功能。明清时期，随着商品经济的进一步发展，为广大民众齐聚庙会开展商品贸易活动提供了丰富的物质条件。随着庙会发展的日益成熟，其商贸功能也日益凸显，成为庙会的主要表现形式，许多庙会甚至成为当地唯一的商业渠道。作为中国传统市场的重要组成部分，庙会贸易范围比集市大得多，大致可达方圆数百里，三五个县的范围，或更大些；其商人来自各地，商品品种、数量和交易量都远远超过集市。③

河底镇地区寺庙众多，庙会盛行。如河底村的观音庙庙会、皮场庙庙会、东村的龙王庙庙会都是当地很有名的庙会。作为集市另一表现形式的庙会，一年之内数量越多，其商业越兴盛。而且庙会期间要搭台唱戏，必然能吸引大规模的人口集聚，这必然成为商贩销售货物的绝佳商机，从而促进本地商业的兴盛。以河底村为例，河底村每年庙会有 12 场之多，如表6④。

表6　　　　　　　　　　河底村庙会一览

序号	庙会名称	时间	地点	会戏集资方式
1	祭瘟神	正月二十前	通保观	村众集资
2	太上老君祝祭会	二月十五	通保观	冶炼业、煤窑集资

① 许檀：《明清时期农村集市的发展》，《中国经济史研究》1997 年第 2 期。
② 赵世瑜：《狂欢与日常——明清以来的庙会与民间社会》，生活·读书·新知三联书店 2002 年版，第 188 页。
③ 许檀：《明清时期农村集市的发展》，《中国经济史研究》1997 年第 2 期。
④ 要宜慎：《河底村志》，山西古籍出版社 1996 年版，第 239—241 页。

序号	庙会名称	时间	地点	会戏集资方式
3	观音庙会	二月十九	观音庙	村众集资
4	三官庙、财神庙祝祭会	二月初二	三官庙	商贾集资
5	五道庙祝祭会	三月初五	奶奶庙	村众集资
6	奶奶庙祝祭会	三月十五	奶奶庙	村众集资
7	皮场庙会	三月二十三	皮场庙	村众集资
8	老爷庙祝祭会	五月十三	关帝庙	商贾集资
9	财神庙祝祭会	七月二十二	关帝庙	村众集资
10	太上老君祝祭会	九月初九	通宝观	冶炼业、煤窑集资
11	太上老君行业神祝祭会	腊月十八	通宝观	冶炼业、煤窑集资

从表6中可以得知，河底村的庙会中还出现了专门的祭祀行业神的庙会，二月初五、九月初九、腊月十八在通保观（老君庙）举行太上老君祝祭会，其中腊月十八是晋东地区统一祭祀煤铁行业神老君爷的日期，三次祝祭会都由本村冶炼煤窑集资献戏，也说明了本村冶炼业、采煤业的兴盛。此外，三官庙、财神庙祝祭会、老爷庙祝祭会，也由本地商贾集资献戏。关帝、财神都是晋商普遍的信仰神灵，具有一定的普遍性。

总之，集市、庙会与本地商业市场已结成了不可分割的联系，相互促进了河底镇商品市场功能的不断加强，这都证明了河底镇地区的商业发展程度比较高，为河底镇商人的发展创造了条件。

东村、山底村的商业虽然也有一定发展，但同河底村相比，并没有形成一定规模。如到清末民初，东村商户也只有20余家，从业人员有40余人。[①] 从河底村商业发展来看，清代以来，河底村一直是河底镇地区甚至平定州北部区域贸易中心。河底村商业的兴盛，促进了河底镇地区手工业的生产和河底镇商业的发展。

---

① 东村志编纂委员会：《东村志》，2007年，第82页。

（二）本地经营的河底镇商人

河底镇地区土地贫瘠，自然灾害多发，粮食产量较低，不能自给自足，但该地区处于盂县与平定的煤铁矿藏丰富区，自古采煤业、冶铁业发达。由于该地区人多田少，生计困难，先民为了开拓生存空间，便利用本地煤炭、铁矿、砂乾等丰富的自然资源，烧炼铁器、瓷器、砂货等手工业产品，这些产品成为河底镇商人早期交易的主要商品。乾隆版《平定州志》记载："铁产州北诸山中，居民冶铁为主，凡日用器具运货他方甚利便之。"河底镇商人早期利用本地手工业的发展，积累了原始商业资本，为其从事商业活动奠定了一定基础。

清代以来，随着河底镇商业的发展，本地区商人规模也不断扩大。从河底村、山底村、东村碑刻中关于本地商号的捐款来看，河底村记载本地区商号捐款数量最多的是在乾隆六十年（1795）重修老君庙碑文中，有本地 144 家商号的捐款，可见当时河底村商人数量已经达到一定规模。东村记录本地区商号捐款数量最多的是咸丰六年（1856）《补修五龙圣母祠碑记》中，有本地 17 家商号捐款；山底村光绪十一年（1885）《补修乐楼禅房桥洞碑志》中，有本地区 13 家商号的捐款。目前虽不能确定这些商号一定为本村商人所经营，但一定与河底镇地区的商业有着密切关系。到清末民初时，河底村商贾字号有 145 家，从业人员 460 人，[①] 东村也有商号 20 余家，从业人员 40 余人，这也符合本地区的商业情况。

从商人在本地经营的行业来看，明末清初，河底村商人经营的行业就有 20 余种，主要有煤、铁、粮、油、医药、印染等行业。[②] 清末至民国二十七年（1938）是河底村商业繁盛时期，商业经营的门类主要有[③]：

杂货行（12 家）：靖成玉　靖成泰　广盛茂　兴盛魁　德合盛（南）德合盛（北）德义长　德义永　天和源　同泰和　同义和　恒盛公

---

① 要宜慎：《河底村志》，山西古籍出版社 1996 年版，第 80 页。

② 要宜慎：《河底村志》，山西古籍出版社 1996 年版，第 81 页。

③ 要宜慎：《河底村志》，山西古籍出版社 1996 年版，第 83—85 页。

棉麻布、戏装、百货行（14家）：义盛祥　积和祥　广隆公　益元德　增福长　复兴隆　福兴永　增义胜　范布店　三义德　广兴裕　万和隆　崇义成　增广兴

粮油行（8家）：永义祥　惜三堂　金长盛　兴泰隆　泰合永　二喜堂　福元义　本立生

铁货行（15家）：永元成　永义厚　自成公　三合成　福隆成　大有恒　万义德　永益公　兴和成　永义成　益顺德　大顺公　永太德　同仁泰　德庆公

药店（11家）：永成祥　福隆店　天成店　骆驼店　元合店　晋和店　同兴店　天义泉　晋元永　万和馆　光才店

文具书店（2家）：义兴成　具盛书局

茶店（2家）：晋盛长　合义堂

当铺（1家）：永茂当

钱铺（1家）：两义生

手工业兼营皮铺加工行（4家）：魁盛成　元盛和　同合成　仁义长

酱醋烧酒加工行（2家）：春生水　宝元有

麻铺行（2家）：天胜麻铺　永聚成

银匠打制行（2家）：纯积楼　宝和楼

靴铺（1家）：张万茂

染房铺（2家）：怀盛永　隆盛

理发铺（3家）：福顺堂　李小秃　沙和尚

结合碑刻等相关信息，清代以来，河底镇商人在本地经营行业主要有以下几个方面。

1. 铁货行业

河底镇地区煤铁资源丰富，本地冶炼业兴盛，仅河底村历代民办的土炉就有38座。河底镇铁货的品种多，质量高，用途广，畅销省内外。因此，铁货在河底镇商业中占有重要的地位，对河底镇商业的发展也起着举足轻重的作用。清代以来，河底镇的铁铺众多，其中不少是大商号。乾隆六十年（1795），河底村重修老君庙碑文中已经出现了两家能辨别出带字号的铁铺——昌盛铁店和义合铁铺。在其他众多捐款商号

中，也应该有许多经营铁货的，只是由于从字号名称中看不出来，无法统计。《晋商史料全览·阳泉卷》中记载了河底村的永义样、自成公、万义德、同人泰、大有恒、永义成、永泰德、大顺公、义顺德、永胜魁、德庆公、万和永、降泰成、德合盛、永义厚、永元成、福隆成等十七家经营铁货的商号，这些大多是经营上百年的老字号。这些店铺在本地进货，大部分销往河北的获鹿、石家庄、保定、张家口及天津、北京等地。民国年间，东村做铁货生意的商号义生和，其铁货远销张家口、内蒙古地区，据估计义生和每月销售铁货有十万余斤，可见其铁货生意之大。

2. 金融业

本地商人经营的金融行业主要是当铺和钱庄。据《河底村志》记载，康熙二十年（1681），河底村就有当铺一家。乾隆五十九年（1794），有4家当铺。道光十六年（1836），著名的当铺有永茂、广泰、万和、锦顺。此外，在不同时期碑刻的商号捐款中，也有来自本地当铺的捐款，如表7。

表7　　　　　　　　　河底镇碑刻中本地当铺情况

序号	所在碑刻	时间	当铺数量（个）	当铺名称	所在村庄
1	新建东西山门补修道居记	乾隆二十六年（1761）	3	永兴当、晋隆当、福德当	河底村
2	关帝庙旗杆碑志	乾隆五十二年（1787）	1	通合当	河底村
3	重修老君庙碑记	乾隆六十年（1795）	4	天长当、永兴当、晋隆当、福德当	河底村
4	补修东阁金桩圣像碑记	嘉庆二十年（1815）	2	万和当、晋隆当	河底村
5	补修五龙圣母祠碑记	咸丰六年（1856）	1	增成当	东村

序号	所在碑刻	时间	当铺数量（个）	当铺名称	所在村庄
6	重修文庙碑记	光绪三年（1877）	1	合盛当	河底村
7	重修通保观碑记	光绪十三年（1887）	2	义元当、合成当	河底村

民国以后，典当业日趋衰落。民国十九年（1930）蒋、阎混战，阎军士兵将仅存的 1 家永茂当铺洗劫一空，河底典当业从此消失。当铺多以贫苦农民、小手工业者为对象，所当之物多为衣料、首饰、农具、木器、铜器等。所当的钱，最多只能抵得抵押物的一半，并要付给高额利息。利率，清末多为 2 分，民国时永茂当增至 2.5 分，有时高达 3 分。当期一般分为 24 个月、20 个月、18 个月、15 个月、12 个月 5 种。[①]

乾隆五十九年（1794），河底钱庄有义成局、福兴局、如义局 3 家。道光十六年（1836），有福兴局、如义局两家。民国初仅存两义生钱铺 1 家。[②] 钱庄组织形式有独资、合资、股份 3 种，经营掌柜、内事先生等除每月拿优厚薪金外，大多有"身股"。3 年帐满即可分红。学徒期内工钱微薄，期满即按年增加，顶身股可按股分红，身股有 2 股、4 股、6 股、8 股等之分。

3. 医药业

河底村的药铺源远流长，最兴旺时期，铺户约占河底商店总数的 1/10 以上。[③] 有些老字号，历代相传，已逾百年。如元兴盛药店，开业于清同治年间，传至民国三十年（1941）。清末至民国二十七年（1938），日军侵占河底前夕，河底村有药铺 11 家之多，有名气的药店有元兴盛、

---

① 要宜慎：《河底村志》，山西古籍出版社 1996 年版，第 93 页。

② 要宜慎：《河底村志》，山西古籍出版社 1996 年版，第 93 页。

③ 阳泉郊区政协文史委：《河底商业一条街》，山西省政协编：《晋商史料全览·阳泉卷》，山西人民出版社 2007 年版，第 521 页。

同德堂、裕德堂、德生成、广胜德、德胜隆、德胜长、福隆元等。这些药店因资金大小和从业人员多少的不同，经营规模有很大差异。大店资金雄厚，有六七个从业人员，小店资金微薄，从业人员也少。其中规模最大的是元兴盛，民国年间有东元兴盛和西元兴盛两家。河底药店的药材，大部分从河北省的安国、邯郸、石家庄和安徽亳县及天津等地贩来，也有少量从山西和北京进货。①

4. 食宿业

河底镇地区处于河北经盂县到太原的重要驿道上，也是重要的商路，处于路旁的河底村自古商业兴盛，大量过往的客商带动了本地的饭馆、房行的发展。明代，河底村就开设了骡马店和骆驼店。乾隆年间，重修老君庙碑中就有至公馆、玉和馆、合心馆、合义馆几家饭馆字号的记录。清末民初，正太铁路开通以后，河底村食宿业依然很兴盛，有永成祥、福隆店、天成店等十几家较大的商号。

5. 布铺与皮铺业

布铺在商行中也算是一大行业，最兴旺时，店铺业有十几家之多。乾隆时期，就有顺义布铺、福兴布铺，后来的聚锦成、冯振义、复兴隆、积和祥、增福长、三义德、范布店、福元义、高日升等，都是有名的字号。河底镇卖的布大多是从河北获鹿等地进货，以河北获鹿产的土布居多，然后在本地染房加工，印成花布。

皮铺的业务主要是收购生骡马皮、驴皮、羊皮，经过加工硝制，做成熟皮，用来缝制大车上用的挽具等。河底皮铺业发展于清后期，光绪年间重修文庙记载有同兴皮局、复兴皮局、德泰皮局等商号的捐款。后发展到有魁盛成、仁义长、元盛和、同合成、同玉和等七八家之多。皮铺规模都不大，多者三四人，少者一家一户，或父子班，或兄弟班，从业人员多是河北人。

此外，河底镇的估衣铺、火药铺、染坊等也是本地有特色的行业。其中，火药铺只有和顺长一家，是当地人要忠在清代康熙年间开办的，

---

① 阳泉郊区政协文史委：《河底商业一条街》，山西省政协编：《晋商史料全览·阳泉卷》，山西人民出版社2007年版，第522页。

历代相传，已有300多年的历史，所制黑色火药遐迩闻名。火药铺所生产的火药，除供给煤窑放炮和开山炸石之用外，还制作正月间燃放的起火、锅驼火等。估衣铺早在清代就已开设，以高平人巩姓开设的复兴永、复兴隆和中佐人苏姓开设的义元德几家为主。除卖成衣外，还出售绸缎衣料、洋布和戏装。

从河底镇商人在本地发展的情况来看，因清代以来河底村一直是河底镇地区的商业中心，这里便成为河底镇商人在本地经营的主要地点。乾隆时期，河底村的商人数量有一定规模，并已经开始经营当铺、钱庄等金融行业。从河底镇商人经营行业来看，虽经营范围在不断扩大，但主要行业仍与本地的手工业品密切相关。商号主要以满足本地的市场需求为主，没有形成较大规模的商号和商业望族。

（三）外地经营的河底镇商人

早在明末，河底村已经有不少流动商贩将河底镇的铁器、砂器等运往本省的寿阳、忻州、朔县，河北的平山、井陉、获鹿等地进行销售。到清末民初，河底村的行商已将河底特产铁茶壶、把把锅、焚性铁铮、火炉、小斤货等铁产品运往北京、天津、河北、内蒙古、河南、山东、新疆等地。① 目前，关于本镇商人在外行商情况记载的文史资料较少，但我们可以从村中遗存的碑刻资料中管窥一二。

最早在康熙时期，河底镇东村重修庙宇碑刻中就有去外省募化资金的记载。乾隆以后，修建和重修庙宇碑刻中，出现了来自外省大量商号捐款。虽然不能确定这些商号一定为河底镇商人所经营，但一定与本地区的商业和商人有着密切关系，至少可以确定这些捐款的商家，应当属于河底镇商人、晋东商人和山西商人。从村中修建庙宇募化的资金来源来看，主要由本村村民、外出经商者、本地区商人、邻村人四部分人组成。早期主要以本村人捐款为主，后随着行商数量规模的不断壮大，来自外地商人或商号的捐款已成为本地修建庙宇等公共设施时的一项重要资金来源。通过整理相关碑文，根据外省商号捐款的数量和金额，我们

① 要宜慎：《河底村志》，山西古籍出版社1996年版，第83页。

基本可以判断河底镇行商主要的活动区域，如表8。

从表中我们可以看出，来自外省的捐款商号数量和金额比较多的地区主要是北京、辽东和河北的获鹿地区。因此我们可以判断，这三个地区是河底镇商人外出经商的主要活动区域。在三个村庄中，东村来自外省商号捐款次数和数量最多，山底村其次，河底村最少。通过进一步分析碑刻上这些地区的商号，可以推测在外地河底镇商人的商人规模、资本、经营行业等方面的发展情况。

表8 　　　　　　　　　　　**河底镇外省商号捐款情况**

序号	捐款碑名	碑刻时间	所在村庄	捐款地区		商号数量（个）	捐款总额
1	重修三官庙碑记	乾隆四十六年（1781）	山底	关东		2	1两1钱
2	捐款碑	乾隆五十八年（1793）	东村	辽东		14	47两
3	重修药王殿及正禅房碑记	嘉庆九（1804）	东村	北京		51	42两5钱
4	重增药王庙献戏碑记	嘉庆二十四年（1819）	东村	北京		17	18两
				河北·获鹿县		46	31两2钱
5	布施碑	道光三年（1823）	山底村	北京		8	7两8钱
				河北·获鹿县		30	31两6钱
6	重修松林背碑房钟鼓楼石洞前墙碑记	道光六年（1826）	东村	辽东		3	26两
				河北·获鹿县		38	110两6钱
7	重修乐楼台碑记	道光七年（1827）	东村	北京		21	52两
8	重修文庙碑记	光绪三年（1877）	河底村	河北	获鹿县	23	80千文
					文安县	1	1两
					固安县	6	1两+6千文
					正定府	1	不详

1. 北京

北京作为金、元、明、清四朝首都，既是政治、军事、文化中心，也是北方地区的经济中心，特别是明清时期商贾辐辏，工商业繁荣，各行会馆甲天下。晋商自明代以来在北京就很活跃，到清代有了进一步的发展。北京的粮油行、布行颜料、染坊、粥行等都是山西人占绝对优势。北京前门外的草厂胡同、施家胡同、大栅栏、粮店街一带为晋商聚居经营之地，整个前门大街，80% 是山西人的商号。① 北京也是晋东商人主要的活动地区，盂县的氆氇行、平定印染业都在北京建有会馆。因此，北京也成为河底镇商人经商的主要地区。

康熙六十年（1721），东村《重修东西殿并戏房碑记》中明确记载："村众往来非无整理之愿，而是因本乡之人，在京贸易者甚众，故未得共聚一议，以成厥事焉。然而功不容已，则事不可缓，禅师庆祯于是欣然就道，募化都门，众嘉其力急勤，而志之诚，且得以慰其素日整理之愿也。"文中的"本乡"指的应该为东村或河底镇地区。至少说明早在康熙时期，河底镇地区就已有众多村民去北京经商。但碑文中只记录了在京5名捐款人的姓名，共捐银2两5钱。这5人可能为本地在京从事商贸活动的商人。

雍正五年（1727），在东村修建五龙圣母祠建戏楼，碑文中记载了修建五龙祠戏楼到京募化的原委：

> 又谓村人曰：庙前再建一戏楼，一则唱戏有一定之所，且合村之灵秀可钟于斯。而村众闻者，莫不拍掌叫绝，后众者心欲意顺，莫不愿施钱而施粟，单寒者摩拳擦掌莫不欲助力，而助工有曰：按地亩而施财，甚或盛事有曰：照户口而急公可就宏功。有曰：随家随而施金，不论多寡。有而向善人而输资，各运其情，安必共力人心，矢志建立。而禅师庆祯，犹恐工大费缺，至中念而用度不支，力限紧，到临期而彩画难成，发因本乡之人在京贸易者甚众。于是又遗徒兰庄诣京募化，众莫不慕其力之勤，而志之盛也。乃慨然捐

---

① 刘建生、刘鹏生：《晋商研究》，山西人民出版社2002年版，第107页。

资，不虚所往，归而合村所施，鸠工庀材。

从碑文可以看出，当时东村在修建五龙祠戏楼去北京募集资金的原因。一是，在本村募集资金来源有限，恐工大费缺；二是，"因本乡之人在京贸易者甚众"。此次在京捐款商人人数 12 人，捐银共计 9 两 5 钱。

乾隆二十二年（1757）《重修戏楼碑记》也有去京募化的记载："惟比丘僧法象，触目心伤，勤于募化，重为增修。适有京都工商贸易者，无不欣然而乐施也。且其财用不足，住持愿空己囊，以成其事。今录众善士姓名，永垂于石，以致不朽云。"碑文中只记录了去募化京都纠首（临时组织者）8 人。

从以上可以得知，至少在乾隆前期以前，东村修建庙宇过程中，北京成为本村主要募化区域，说明当时在外经商的河底镇商人尤其是东村商人活动地区以北京为主。从碑文中捐款人数和捐款金额来看，修建庙宇的资金来源还是以本村人为主。北京地区的河底镇商人，从捐款人数和捐款金额上，都占很小的比例。这说明此时河底镇商人在北京还处于起步发展阶段，没有形成一定规模。

从嘉庆时期开始，东村、山底村布施的碑刻上来自北京的捐款人姓名明显增多，并出现了大量商号名称。这些商号的经营者很可能就是与这些村庄有密切关系的河底镇商人、晋东商人。从目前整理的碑文来看，来自北京商号的捐款，主要集中在嘉道时期，如表 9。

表 9　　　　　　　　　嘉道时期北京商号捐款情况

序号	捐款碑名	碑刻时间	所在村庄	商号数量（个）	捐款总额	平均值
1	重修药王殿及正禅房碑记	嘉庆九年（1804）	东村	51	42 两 5 钱	8 钱
2	重增药王庙献戏碑记	嘉庆二十四年（1819）	东村	17	18 两	1 两 1 钱
3	布施碑	道光三年（1823）	山底村	8	7 两 8 钱	1 两

续表

序号	捐款碑名	碑刻时间	所在村庄	商号数量（个）	捐款总额	平均值
4	重修乐楼台碑记	道光七年（1827）	东村	21	52 两	2 两 5 钱

备注：表中平均值按保留小数点后一位计算。

从表格可以看出，嘉道时期来自北京的商号捐款数量和金额都比康乾时期明显增多。特别是《重修乐楼台碑记》中，商号平均捐资达 2 两 5 钱，说明这个时期河底镇商人在北京得到了快速发展。商人数量规模扩大，资本实力也明显增强。

从商人经营的主要行业来看，嘉庆九年（1804），东村重修药王殿及正禅房时，来自北京捐款的 51 家商号中，可以辨别行业的有 18 家，未知行业的商号 33 家，具体如下：

字号（33 家）：西铁店两益号、东直门四合号、保泰号、万益号、通顺号、合盛号、顺兴号、兴源号、万兴号、明兴号、兴顺号、齐化门福兴号、三合号、合兴号、复山号、兴顺局、三义号、兴源局、玉成号、增盛号、泰裕号、永盛号、顺坡门裕成号、永顺号、裕盛号、永生店、正兴号、兴隆号、前门和成号、天成号、公兴号、义诚厂、天顺号。

铁货店（3 家）：三合铁局、平则门西什库官铁局、陈铁铺。

车铺（15 家）：高车铺、赵车铺、吕车铺、王车铺、梁车铺、朱车铺、周车铺、王车铺、郝车铺、北张车铺、东张车铺、南张车铺、辛车铺、温车铺、任车铺。

以上可辨别的捐款商号中，车铺行业数量最多，为 15 家，铁货店只有 3 家。铁局的出现说明，河底镇商人在京经营铁货业已有一定规模。车铺销售的应该也以木轮车上用的铁件产品如车川、川键、改串、脚串、车钉等为主，这些也是河底镇主要的铁货产品，符合河底镇本地的手工业特征。这说明在京河底镇商人仍以从事铁货生意为主。此外，文中出现的西铁店、东直门、顺坡门、前门、平则门应该是河底镇商人在京经商的主要地点。

嘉庆二十四年（1819），东村《重增药王庙献戏碑记》中记录的 17 家北京商号，可辨别行业的有 7 家，如下：

> 字号（10家）：顺成玉　天合成　四合成　公合厂　万益长　永成号　永聚登　永合堂　永庆堂　久育堂
> 车铺（4家）：合盛车铺　德顺车铺　通顺车铺　天兴车铺。
> 当铺（3家）：庆隆当　锦顺当　永顺当

从本次捐款商号名称中，有来自 3 家当铺的捐款，说明河底镇商人已开始涉足金融业。另根据河底镇本地医药业商号名称，可推测在商号中 3 家带"堂"字的商号应该也从事医药行业。此外，车铺行业的商号的捐款明显减少，可能该行业发展不景气，不少商人已从事其他行业。

道光三年（1823），山底村《布施碑》中只记录了来自北京的 8 家捐款商号。其中，钱铺 1 家（南六和钱铺），帐局 5 家（元成和帐局、同盛帐局、九来帐局、六和东帐局、兴茂帐局），皮铺 1 家（增福皮铺），不能辨识行业商号 1 家（瑞兴号）。

钱铺和帐局都是清代重要的金融机构。清代钱铺又称钱庄、银号，最初主要以不同货币间的兑换业务为主，后发展成以存放款汇兑为主。帐局首先由山西商人创立，为解决长途贩运，商品流转周期长等问题，是专门从事存款和放款等货币借贷业务的金融组织。钱铺和钱庄都需要有大量的资金作为资本运转。可见，当时在京的部分河底镇商人资本实力已经很雄厚。

2. 获鹿地区

河北获鹿县与河底镇地区所在的盂县、平定相邻。获鹿位于山西经太行山前往河北的重要商路上，是晋商到京贸易的必经之地，是商路上一重要的商贸市镇。清代时期，获鹿是平定地区煤铁总行的所在地，平定的煤铁需先用驴车、骡车等经京蜀大官道运到获鹿总行，然后再向其他地区分销。光绪年间平定知州葛士达在《晋省矿物议》中提到"各窑所出之矿，论价售诸铁炉，经炉炼作生熟条块，及一切器物。转售诸铁行，然后分售各路，东至直隶、顺德、保定，以获鹿为总行。西至太汾各府，售于本地者，仅十之一二"。获鹿独特的地理位置自然成为河底镇商人在内的广大晋东商人的主要商业活动地区。

河底镇重修庙宇碑文中，最早记录来自获鹿县的捐款商号，是在嘉庆二十四年（1819）东村《重增药王庙献戏碑记》中的46家商号，其中可辨别行业的商号13家，不能辨别行业的商号33家，如下：

　　字号（33家）：福隆号　兴顺号　三义号　万裕号　□茂裕　信成义　玉隆号　□典号　玉成号　永顺店　松盛号　永兴公　溥渊号　恒泰号　复顺兴　义聚号　三合同　体泰号　际昌恒　永茂号　种盛号　三□茂　□□号　义合号　英盛号　永泰公　东成号　万吉号　三合号　市义号　长泰号　同升号　红土烟。

　　纸铺（5家）：义合纸铺　同泰纸铺　德泰纸铺　复盛纸铺　三星纸铺。

　　当铺（1家）：合成当。

　　鞋帽店（2家）：天锦鞋店　泰元帽铺。

　　布铺（2家）：复兴布铺　顺义布铺。

　　染房（3家）：广聚染房　全盛染房　永盛染房。

以上商号共捐银31两2钱，平均每家7钱。从商号名称看，河底镇商人经营的行业有纸铺、当铺、鞋帽店、布铺和染房，说明河底镇商人在获鹿的经营范围已经很广。其中，纸铺最多，捐资金额也最多，共捐银4两。

道光三年（1823），山底村《布施碑》中，有30家来自获鹿县捐款的商号，共捐银31两6钱，平均每家商号捐银1两。其中有10家商号可辨别其经营行业，花店1家（四合花店），布铺9家（风心布铺、三益布铺、德源布铺、福和布铺、福隆布铺、天义布铺、广盛布铺、兴顺布铺、长盛布铺）。同时期的道光六年（1826），东村《松林背碑房钟鼓楼石洞前墙碑记》中，有来自获鹿捐款的商号共 38 家，捐银共 110 两 6 钱。平均每家商号捐款 3 两。有 9 家商号可辨别其经营行业，分别是当铺 1 家（合吉当），钱铺 1 家（泰吉钱铺），染房 1 家（信义染房），铁炉 3 家（广成炉、义隆炉、合意炉），布铺 1 家（公盛布店），饭店 1 家（洪昌茶点），粮店 1 家（兴米店）。

从以上两块碑文的捐款商号和经营行业来看，一是，两村商人在获鹿的商号平均捐款金额都在增加，东村募捐的商号平均捐款达 3 两，并出现了钱铺行业。这都说明了在获鹿的河底镇商人资本实力在增强。二是，在经营行业中，山底村商人在获鹿经营布铺居多，东村商人经营的范围比较广。其中，铁炉行业的出现，说明这个时期在获鹿的东村商人已从单纯销售铁货，发展到自产自营，这样的销售模式既减少了运输成本，又可以根据市场情况决定生产规模。

光绪三年（1877），河底村《重修文庙碑记》中有 23 家来自获鹿县商号的捐款，共计捐款 80 千文。其中有当行公和驼行公 2 家，花店 4 家（大成花店、四合花店、福全花店、义合花店），驼店 1 家（四合驼店）。当行公、驼行公中的"公"应当与"共"同一意思，即整个行业团体对其捐款的总额，故实际参与捐款的商号总数要比现在所统计的数量更多。可见，河底镇商人在这两个行业的经营规模之大。但两个行业共捐款 18 千文，所有商号捐款也只有 80 千文。究其原因，可能有二：一是，鸦片战争以后，外国资本主义经济的侵略，中国商业受到影响，晋商也开始整体衰落；二是，此次募捐发生在光绪三年（1877），正值华北地区的特大灾荒"丁戊奇荒"时期，这次灾荒对华北地区的经济造成严重创伤。因此，获鹿商业也受到了严重影响，出现了资金困难。

3. 辽东地区

在辽东地区，明末山西商人在后金时就已经开始与女真人进行贸易。清朝早期，山西就有大批穷苦农民，迫于省内土地贫瘠，农产无法保证他们的衣食需求，才千里迢迢去关外开垦土地、经商谋生。奉天地区"自清初，招来直鲁豫晋之民，准其领地辟垦，中间虽有禁令，而踵来者仍属不绝"①。这证实了山西人前赴后继源源不断地出关的历史事实。乾隆时期，大量山西商人走出关口去东北贸易。最早记录晋东地区的商人在东北行商的是阳泉市义井镇大阳泉村的郗家，乾隆至道光年间，郗占魁在从井隆……直至东北的大连、海城、营口，有36座"魁"字号商行……经营山西平定的特产铁货。② 辽东地区煤铁资源丰富，为河底镇商人在辽东地区从事冶炼业和经营铁货行业提供了便利条件，也是大量河底镇商人去辽东经商的重要原因。

乾隆五十八年（1793），东村一无题名的捐款碑上就出现了来自辽东地区商人和商号的捐款。并且捐款金额较大，具体如下：

> 捐款人名（47个）：郭天富银三拾两　曹宝银壹拾两　张时钟银五两　武生刘大任银三两　王有通银三两　王文明银三两　郭门史氏男珲珮珍、珝施银一百两　魏全宝银三两　闫兹时银三两　宋文成银三两　闫增美银三两　张世祯银二两五钱　张世福银二两五钱　张天富银二两五钱　王仓银二两五钱　郑士金银二两　郑国康银二两　王佑银二两　王仙银二两　□大治银二两　魏宝金银二两　刘逵银二两　刘丕玘银二两　毛存成银二两　郭钦汾银二两　闫广银二两　魏墩银二两　吕泰银二两　荆尚财银二两　任恩银二两　永祥居银二两　梁九顺银一两　马修武银一两　曾志美银一两　邓文秀银一两　樊富银一两　邓士□银一两　王文升银一两　杜大兴银一两　广云居银一两　□宝银一两　黄正明银一两　孟明银一两　李学州银一两　王清功银一两　姬玘银一两　马德明银一两
>
> 捐款商号（14家）：三和号银七两　永兴号银五两　兴顺号银五两　集成店银五两　德兴号银三两　保泰号银三两　增兴号银二两　复顺号银二两　永盛炉银二两　旺盛炉银二两　兴顺炉银二两　永增当银二两　广和当银四两　兴发当银三两

---

① 东北文史丛书编辑委员会：《奉天通志》，1982年8月，第2524页。

② 张承铭等：《平定第一富豪大阳泉村郗家》，《晋商史料全览·阳泉卷》，山西人民出版社2006年版，第40—41页。

　　以上捐款名单中，47 人共捐银 223 两，14 家商号捐银 47 两，共合计捐款 270 两。其中，单户捐银钱数最多的为郭门史氏男珜珮、珍珆施银 100 两，最少也有 1 两。这些捐款人中应该不少就是在辽东经商的河底镇商人。商号中可辨别的行业：铁炉 3 家（永盛炉、旺盛炉、兴顺炉），当铺 3 家（永增当、广和当、兴发当）。从中可知，河底镇商人在辽东地区经营行业主要为铁货业和当铺。由于碑文中未标明募化辽东地区的地名，故我们无法得知这些捐款是来自辽东地区的一个商业城镇，还是许多商业城镇共同募化而来。但从一块未标明时间的残碑①我们可知一二，残碑可整理碑文如下：

　　　辽东纠首郭琳　　郭珍　　郭琛　　石睿　　李廷宝　　龙绍威　　侯进全李总秀　　大宾曹伯甸　　庠生傅叶梦　　曹志赢　　曹振翰　　曹宪铎　　曹步赢　　郑芝盛　　李文梅　　李总福　　李斌元　　樊存信　　王诰　　刘钦首周永命

　　　　盂县营游府　　五　　施银一封

　　　　署盂县正堂　　罗　　施银一封

　　　　盂县儒学正堂　　何　　施银二两

　　　　盂县儒学副堂　　刘　　施银二两

　　　　盂县城守司　　李　　施银一封

　　　　承德县正堂　　周　　施银二十两

　　　　刑部郎中　　姚　　施银二百两

　　　　礼部员外郎　　莫　　施银一封

　　　　刑部主事　　刘　　施银一封

　　　　辽阳州知州　　章　　施银三十两

　　　　辽阳城守尉　　明　　施银三十两

　　　　笔帖式宗室　　桂　　施银十两

　　　　辽阳州吏目　　吴　　施银二两

　　　　镶黄旗防御　　阿　　施银二两

---

①　此碑现位于东村龙王庙院内。

镶白旗骁骑校　德　施银二两

正旗骁骑校　德　施银二两

锦州府知府　福　施银五十两

锦州正堂　伊　施银四十两

署新台门事　务　施银二封

诰授奉政大夫　李　施银十两

海城县正堂　方　施银三十两

海城县右堂　陈　施银十

郭琛施银一百二十两　郝璞施银五十二两　海州当行施银五十两　王朝安施银五十二两　福隆广施银三十两　郭库施银二十五两柴澜宽施银二十五两　义隆炉施银二十两　广成号施银二十两　协利号施银二十两　云生号施银二十两　同和义施银二十两　郭珍施银二十两　监生郭琳施银二十两　郭纯义施银二十两　宝合炉施银十五两　义典隆施银十五两　广顺当施银十五两　福增炉施银十五两　任快斗施银十五两　王泰施银十五两　牛希儒施银十五两　王宏明施银十五两　王永苍施银十五两　郭海全施银十两　永顺长施银十两

碑文中有来自盂县、承德、北京、辽阳、锦州、海城等地官员的捐赠，也有海州①当行的捐款。从中可知，辽东地区的募化资金应该是从辽阳、锦州、海城等商业市镇中募化而来。这些地方捐款的官员、商人应该与河底镇商人或与河底镇的村庄有密切关系。而且，和乾隆年间的捐款一样，金额都比较大。从中可以推测，至少有很多河底镇商人在辽东地区经营的商号规模较大，资金雄厚，他们已成为当地的富商大户。

乾隆以后，记载辽东地区的商号碑文较少。道光三年（1826），东村《重修松林背碑房钟鼓楼石洞前墙碑记》记载着 8 个人名，3 家商号，共计捐银 157 两。其中，3 家商号捐银 26 两。此外，同治四年（1865），东村《补修松林庙移建乐楼施地施银碑记》中记载："同治四年夏，因余堂

---

① 　明代，海城称为海州。顺治十年（1653）改海州为海城，隶属于奉天府。

叔重步瀛、堂侄重一撰，向辽东募来布施百余两。补修关帝、圣母二祠。"说明直到同治时期，仍有不少河底镇商人在辽东地区经商。

从以上河底镇商人在北京、获鹿、辽东地区的发展情况来看，在外地经营的河底镇商人主要有以下几个特点：

首先，河底镇商人外出经商的时间较早，经商区域相对集中。至少在康熙年间，就已经有大量河底镇商人去外省经商，经商区域也集中在北京、获鹿、辽东地区。

其次，从这些地区河底镇商人的发展来看，康乾时期是河底镇商人的起步发展阶段。早期河底镇商人以经营本地的铁货等手工业品为主，后逐渐积累商业资本，开始扩大规模和经营范围。嘉道时期，河底镇商人发展到鼎盛时期。碑刻上来自北京、获鹿商人的商号数量和金额明显增多，说明在这些地区经商的河底镇商人数量在不断增加，资本实力增强。从经营行业看，经营范围在不断扩大，特别是从事钱庄、账局的行业，说明河底镇商人已形成一批有实力的富商大贾。

最后，从河底镇商人在北京、获鹿、辽东经营的行业来看，铁货业一直是河底镇商人的主要行业，这具有河底镇商人的普遍性。而河底镇商人受不同地区商业环境的影响，经营行业也有各自的特点。如嘉道时期，账局只有在北京的河底镇商人经营，获鹿地区的河底镇商人主要经营纸铺、布铺等行业。这说明不同地区的河底镇商人既有相似性，又有各自的发展特点。

五 河底镇商人与地方社会

（一）公共建设

地方公共建设，是指涉及人们日常生活的桥梁、道路、河堤、庙宇等公共建设。古时，这些公共建设与人们的生活息息相关，在乡村社会中占有重要地位。明代，乡村的公共建设一般是在政府主导下完成的。后由于政府财力不支等原因，这些设施常常处于荒废的状态。因此，在修建重大工程时，政府会把目光投向地方有财力的富绅，希望借助于他们的捐助使得工程得以进行。地方上的商人群体遂成为参与地方公共建设的一支重要力量。

在河底镇地区，商人参与的地方公共建设，主要以修建和维修庙宇为主。清代以来，河底镇三个村庄有商人和商号捐款的碑刻共 19 处，如表 10。

表 10　　　　　　　　　河底镇商人捐修、补修寺庙统计

序号	碑名	刊立时间	所在村庄
1	重修东西殿并戏房碑记	康熙六十年（1721）	东村
2	五龙圣母祠建戏楼碑记	雍正五年（1727）	东村
3	重修戏楼碑记	乾隆二十二年（1757）	东村
4	新建东西山门补修道居记	乾隆二十六年（1761）	河底村
5	重修三官庙碑记	乾隆四十六年（1781）	山底村
6	关帝庙旗杆碑志	乾隆五十二年（1787）	河底村
7	捐款碑	乾隆五十八年（1793）	东村
8	重修药王殿及正禅房碑记	嘉庆九年（1894）	东村
10	补修东阁金桩圣像碑记	嘉庆二十年（1815）	河底村
11	重修药王庙献戏碑记	嘉庆二十四年（1819）	东村
12	布施碑	道光三年（1823）	山底村
13	重修松林背碑房钟鼓楼石洞前墙碑记	道光六年（1826）	东村
14	重修乐楼台碑记	道光七年（1827）	东村
15	新修戏洞一座补修桥洞出口碑记	道光二十四年（1844）	山底村
16	补修五龙圣母祠碑记	咸丰六年（1856）	东村
17	重修文庙碑记	光绪三年（1877）	河底村
18	补修乐楼禅房桥洞碑志	光绪十一年（1885）	山底村
19	重修通保观碑记	光绪十三年（1887）	河底村

从时间上看，乾隆到道光年间，河底镇商人参与庙宇的维修次数最多，可以推测，这个时期，应该是河底镇商人发展的鼎盛时期。

河底镇商人积极参与庙宇的建设原因有：一是，庙宇是民间信仰的物质载体，民间精神世界的寄托。商人对寺庙不间断的施银赠粮、出钱维修，容易引起乡里之人对其感恩戴德，增强自己在乡村社会中的影响

力。商人在中国古代相当长的时期被视为社会底层群体。明清时期这种现象在相当大的程度上已经转变。商人通过对寺庙的投资，实际上是在提升自己在乡村社会中的地位。二是，乡里社会世代传递的鬼神观念，使大多数的民众将自己所拥有的财富、健康、名望归功于神明的庇护，商人也不例外。但商人对待供奉不同神灵庙宇的态度也会有所不同。光绪三年（1877），河底村《重修文庙碑记》记载：

> 事有必至，理有□□，非圣贤不能预知之也。镇东里许，旧有文昌庙，下覆□□以固基趾，东西益以数洞，非特壮观瞻，供祀事，亦以便殖学，明人伦，诚盛举也。当道光□酉夏雨甚，西洞倾圮，绅者共议补葺不果，厥后二十余年，每与人言，佥曰：此文人学士之所敬，非农工商贾之所祀。噫！诗书之道废，人惟见利而不闻义焉耳？洎乎同治甲戌，复议振新，一惟会中人输将恐后，即所费资财悉赖四方伙助，不一年坍塌者起之，阙漏者补之，规模宏厂，焕然一新，视昔之所为大有可观。虽曰人事，岂非神力乎？继自今尤愿同志者能则张而大之，否则补而修之，庶几士人劝孝友、商贾增福禄之道得矣。是为记。

从文中可以看出，河底镇商人对重修文庙积极性并不高。相比之下，商人还是比较热衷参与和商业有关的神灵寺庙。如表6中，河底村庙会中由商人出资会戏的主要有老君庙会、财神庙会、关帝庙会。这些庙宇的神灵都与商人行业信仰密切相关。财神是商人普遍的信仰神灵，关帝是山西商人的主要信仰神灵，太上老君则是晋东地区冶煤、铁业的行业神。

（二）地方社会救济

地方社会救济也就是参与地方的慈善活动。清中叶关学重要传人王心敬云："先王救荒有九政，而安富居其一也。盖一国之所赖者财，财之所从出者，在钱粮，而钱粮之可备缓急者，则富民居其大……州县正项钱粮皆已完过七八分有余，是非此一二勤俭有积累之民，何以致此乎。

是国家之所恃赖者，莫富民若也？且乡有富民，则一乡之人缓急有恃，借贷货卖尚有所出，若必尽此富民，而迫之逃亡，则上下交无所恃矣。"①可见，富民资财上的优势被认为是乡村社会在危急时期的重要依赖，而商人作为乡村社会中重要的财富群体，通常来说乡里发生饥荒灾害之时，他们就要在救济中扮演起重要角色。

当然，商人们是否愿意参与村中的救济行为，也与自己的德行水平有关。民国九年（1920），河底村《施米碑记》记载：

> 河底每年于冬腊八之期，照例与贫民有放米之举，放多放寡，概无一定之标准，或捐或粮，亦无一定之来源。兹有中佐村善士，名苏毓福者，在河底开设天和源生意一处，其人慷慨好施，乐善不倦，见每回所放之米，寥寥无几，凑办之时，甚为艰难，蓬头之米，势难普徧。苏某有鉴于此，与村中商酌，原将伊号质到光吉满地五亩，施在村中，或得租科或得租钱，作为冬腊两节放米之特款。至于其地质价大洋捌拾一圆，日后光某将地回赎之时，还照原价，或质或买，仍与苏某置为田地，永远为放米之经费，不得提作别用，一则不泯苏氏之善念，一则贫民亦可沾濡其恩泽，是为记。

文中讲述的就是一河底村商人参与本村贫困救济的事例。从中我们可知，商人乐于参与村中救济，除了与自身财力有关，自己德行上还要做到善于积善。毕竟能像文中那样慷慨资助的商人在乡村中还是少数，但无论商人是否乐善好施，其参与救济的行为在无形中已提高了自己在社会上的声誉。

河底镇商人积极参与地方公益，改变了村社村貌，方便了人们的日常生活，改善了本地村民的生活状况，同时也提高了自己的声誉和地位。

（三）参与地方管理事务

明朝初年，乡村社会的基本框架是里甲制度，富民阶层的粮长、里

---

① 李颙：《二曲集》，《续修四库全书》第1410册，上海古籍出版社2002年版，第279页。

长、里老等在民间发挥着社区领导的作用。但是，到了明代后期，随着中国商品经济的发展，乡村社会的很多方面发生了重大而深刻的变化。一是，里甲组织的政治经济等国家功能逐渐退化，而民间自治组织里社在宗教上文化上的功能得到了快速发展，承担了基层社会的基本功能。如：组织祭祀，修缮庙宇，兴修水利，维护公益等。二是，绅士、商人等阶层逐渐成为乡村社会的支配阶层，尤其是商人在当地乡村社会的权力结构中发挥着越来越重要的作用。这样的变化，在河底镇寺庙碑文中也有体现。

清代，河底镇各村中的庙宇是里社组织的中心，里社以组织祭祀、修缮庙宇作为强化其管理职能的重要手段。早期地方乡绅是里社组织的主要管理者，如果村中修建或维修庙宇，按照惯例由村里的有头面的乡绅出来组织，然后选出经理人来负责筹措资金组织建设。由于商人拥有较为广泛的人际关系网络，可以以自己的社会资源，为寺庙争取到更多的捐款。因此，到后来不少组织募化者多为商人。河底镇来自外省众多商号的捐款，不少就是通过当地河底镇商人的网络关系募化来的。此外，河底镇商人也积极参与本地庙宇的捐赠，特别是乾隆以后，庙宇的修建碑刻中出现了大量来自商人和商号的捐款，修建庙宇的资金来源逐渐变成以商人捐款为主。以东村为例，嘉道时期来自商号的捐款，已成为建设庙宇的主要资金来源，如下表 11。

表 11　　　　　　嘉道时期商人参与庙宇建设捐款情况

序号	庙宇工程名称	修建时间	捐款商号数（个）	捐款钱数	占捐款总额比例（％）
1	重修寿圣寺药王殿及正禅房	清嘉庆九年（1804）	53	42 两 5 钱	65
2	增建寿圣寺药王庙戏台	嘉庆二十四年（1819）	63	49 两 2 钱	66
3	重修关帝庙松林背碑房钟鼓楼石洞前墙	道光六年（1826）	47	155 两 6 钱	45

续表

序号	庙宇工程名称	修建时间	捐款商号数（个）	捐款钱数	占捐款总额比例（%）
4	重修寿圣寺乐楼台	道光七年（1827）	20	52 两	53

注：本表根据《重修药王殿及正禅房碑记》《重增药王庙献戏碑记》《重修松林背碑房钟鼓楼石洞前墙碑记》《重修乐楼台碑记》，四块碑刻整理而成。

卜正民对商人捐助寺庙的动机作了分析，其中商人希望由此跻身士绅阶层是主要的原因之一。① 河底镇商人也不例外，他们通过对寺庙的捐赠，提高了自己的社会地位，增强了在乡村社会中的影响力。为自己参与乡村事务的管理提供了机会。在河底村，乾隆五十二年（1787）《关帝庙旗杆碑志》的，经理人名单中就出现了 4 家商号（三泰聚、三泰号、通合当、通聚号）的名称。

嘉庆二十年（1815）《补修东阁金桩圣像碑记》中 20 个经理人名单中，商号有 14 家（三元号、万顺号、万和当、福德庆、万和隆、公顺号、晋祥号、四合号、晋隆当、万昌号、元盛号、合成号、天成号、庆义公）。说明在这次补修东阁金桩圣像工程中，商人成为组织活动的主体。可见，河底村商人已在里社管理中扮演着越来越重要的角色。

道光二十五年（1845），重修关圣帝庙时，碑文中经理人的名单如下：

寿官刘立法　史来仲　寿官郭大有　刘元印　万顺成　源兴永
万和隆　三元成　耆宾郭惟　寿官刘纯乙　寿官史来贵　监生刘节
万隆公　庆源成　万裕成　兴和成　寿官刘绪乙　程怀德　段来云
刘志乙　耿忠　李丰亨　刘启瑞樊英　监生史普斌　刘启珠　段凤彩　刘彤章　葛峻极　光锡智　荆尔纯　史凤鸣　光锡朋　刘映南

---

① ［加］卜正民：《为权力祈祷：佛教与晚明士绅社会的形成》，张华译，江苏人民出版社2008 年版，第 230—237 页。

从名单来看，经理人的身份有寿官、耆宾、监生等，这些人都是乡村社会中的精英群体，在乡村事务中起着举足轻重的作用。从乡绅与商人双方人数对比来看，显然前者与后者已基本持平（乡绅与商号各8个）。这说明，河底镇商人已经转化成村社的主要管理者，对乡村社会影响力已无异于乡绅。

总之，清代以来河底镇商人作为寺庙主要的助缘人，在寺庙建筑的维修和维护等方面都发挥着重要作用。他们以其资产以及广泛的社会关系，越来越多的干涉乡村公共事务管理，逐渐在乡村社会的权力结构中升到上层。河底镇商人在乡村社会权力地位的变化，也反映了清代乡村社会变迁的一大趋势，特别是近代以来，一批有实力的商人参与到国家基层的管理之中。

结　　语

作为晋东商人的一部分，河底镇商人具有其普遍性特征。晋东商人依靠地域优势、煤铁资源、刻苦进取的精神，形成了独特的行商轨迹。晋东地区交通便利、煤铁资源丰富，但人多地少，农业生产条件差，生计困难，生民为了开拓生存空间，便利用当地的煤炭、铁矿、黏土等丰富的自然资源，发展了本地的手工业，特别是煤、铁业的发展，为其商业的发展创造了基本条件。同时，晋东商人的形成和发展同资源优势的关系较之晋中等地区更为密切，这一方面反映了晋东商人发展的独特之处，另一方面也体现了其发展中的局限性。

从清代以来河底镇商人的发展来看，晋东商人的兴起和发展离不开本地商业的兴盛。在经营的行业上，晋东商人的发展建立在本地手工业商品化的基础上，逐步积累资金，再逐步扩展到其他行业。从整体看来，晋东商人的整体实力比晋中商人薄弱，但在一些行业如金融业，也具有一定的规模与实力。此外，河底镇商人在外行商区域主要是北京、获鹿、辽东等地区，范围相对较小。这也反映出了晋东商人发展的局限性。

晋东商人在地方社会中也扮演着重要角色，他们积极参与地方公益活动，为村中庙宇的建设积极募化捐资，参与社会救济，做出了自己应有的贡献。同时，晋东商人也积极参与村中公共事务管理，通过捐赠等方式提高了自己的社会地位。晋东商人在乡村权力和地位的变化，具有一定的普遍性，代表了乡村社会发展的一种趋势。

附　　录

（一）河底村碑文选录

1. 重修碑

碑额：重修碑

郡学生李士纬撰并

郡庠生刘大猷

人生斯世，阳必有治之者，而后不至于争乱。阴必有庇之者，而后不至于夭折，此一定之理也。河底迤东一里，旧有明灵王庙，正阴之庇之者也。何以庇之？少壮之疾，若祷而愈焉，婴儿之痘疹，祝之而廖焉。是以每岁至三月念三日，乃王之诞辰。阖郡之人与仇犹之众，争先而庆贺者，相续不绝。神工之灵异，未有若斯之盛者也。遍考记中，自嘉靖四十二年，庙主柳禄建正殿三楹，万历甲午村众又建南殿三楹。历明及清至顺治九年，刘君讳琏者，又重修焉。遂添东西两廊，钟鼓二楼，辉煌莫过矣。夫刘君琏者，乃今功德主生员刘君讳永铉者，之先尊人也，至今四十三年矣。为风雨所摧，木植损坏，又非所以妥神矣。刘君游于是，见庙貌之颓圮，因念先人之功德。遂有重修之意，慨然以功德自任，第独力难成，于是谋于郭君讳希亮、韩君讳国鼎、生员程君讳时龙。令为纠首，协力同心，共成盛事。然而庙之所费甚多，势不得不募缘于众。爰问诸乡人，而人之受其庇者，无不欣欣然，乐输己有。于是庀材鸠工，去其腐坏，易以新良，并两廊亦增修其所失，次又添厨房三间，引路四条，丹雘黝垩，焕然改观。瞻仰于其下者，愈起虔敬之心。见像作佛者众，而神之庇之者将愈无穷矣。其功始于三月，尽而成于七月初，爰求文于余，余亦曷能文哉！亦第叙其事之所由始与夫功之所由成者。仅为俚言，以垂永久。

奉直大夫知平定州事两署太汾府寿阳县印务加二级宗让判官王佐

吏目翟鹤翔潞安府商人施银伍钱

暴云路张士俊又粮壹斗

宋之玺　刘连　李学柏　宋可明　侯璧　赵仕富　程来凤　杨奇秀荆塘　宋琨　李芳声　侯玉魁　胡宜珍　宋加广　崔文璧　王检身　郭必振施银四钱

冯汉臣　宋士瑅　冯吉施银三钱

李仕美　王士龙　李先芳　郭建都　贾腾云　郭永泰　牛臣良　李舍玺

郭大宾　牛近月　燕龛村　史严　施柏树二

住持道人李太玹募

紫衣道人程常

旹大清康熙三十四年七月初十日

按：此碑立于清康熙三十四年（1695），立石于平定州三贤都河底镇明灵王庙，现存阳泉市郊区河底镇河底村明灵王庙。碑体保存基本完整，部分字迹模糊不清。

2. 新修石桌

碑额：新修石桌

潞安府铁商修圆窗、石桌各施银壹百

计开：李芳白　宋学诗　程来凤　又施木凳二条　宋加广　郭世官姜怀因　侯苗　郭善　李琪　李世芳　李士美　郭资　宋昆　郭大贵郭联捷　宋又立吉亨　宋起敬　王时孝郭环施三百

张信韩国鼎合施钱六

道人李太

铁笔萧

旹康熙四十二年八月吉日

按：此碑立于清康熙四十二年（1703）八月，立石于平定州三贤都河底镇皮彰庙。现存阳泉市郊区河底镇河底村皮彰庙。石桌基本完好，字迹基本清楚。

3. 关帝庙旗杆碑

碑额：关帝庙旗杆碑

新建关帝庙旗杆碑志，谨将所凑布施姓名开列于

经理人程凤鸣　刘凝璋　翁顺号　刘大中　刘秉

刘元阁施银八两　刘稳施银八两　三泰聚施银贰两　三泰号施银贰两　通合当施银一两五钱　祁正宾施银一两五钱　马景风施银一两五钱　马如林施银一两　郭举施银一两　周文祥施银一两五钱　王法施银一两　张文会施银一两　田喜财施银五钱

张福虎施银一两　刘□恺施银一两　王万吉施银一两　郭进庭施银五钱　刘元泰施银四钱　刘元熙施银五钱　郭临施银一两　通聚号施银二两　郭朝施银一两　刘进财施银一两　范龙施银五钱　郭玉仲施银一两　李法财施银二钱　王瑞施银二钱　康有栋施银二钱　魏之魁施银二钱　武生德施银三钱　王进富施银一钱六卜　夏廷法施银二

以上共募银四十一两三钱六

木工张清

石工萧诚李

住持郭阳

乾隆丁未年菊月谷旦

按：此碑立于清乾隆五十二年（1787），立石于平定州三贤都河底镇（今阳泉市郊区河底镇河底村）现存阳泉市郊区河底镇河底村关帝庙。碑体剥蚀，部分字迹不清。

4. 补修东阁金桩圣像碑

碑额：补修东阁金桩圣像碑

本郡儒学生员刘铭撰并

环镇尽民居也，东阁通衢向东。建因所而祀神灵，而隆荐享也。原夫斯阁之建，其制度与规模，所谓凝地脉而聚风气者，前之人早已备述矣，兹不必叙，谨叙其另。维念阁之经始何年，重修何年，经今日久，又当重修矣。阶石坏，丹青落，登临者恒以为叹，多欲补葺而未遑。幸今岁丰，有众信士因时举义，踊跃输金。爰命工命匠丹膳，不日而工程告竣。修举之下，第见金碧辉煌，檐阶整饬，故态□庀，豁然改观焉。斯举也，人心一，众志齐，奉如至洁也，以壮观瞻至肃也，承天休至盛

大而无疆也，此补修之本意也。至于阁高耸振拔，足以备游观，而余谨叙其本末者。且众信士之始愿，盖不及此。爰将捐资姓名，登诸贞石，永垂不朽云。是为序

乡地

王生云施银二钱　巍忠仁施银二钱　樊尚锦施银三钱　葛进忠施银二钱　刘歧仰施银二钱　程悦仁施银二钱　李丰亭施银二钱　段凌云施银二

经理人

耿金隆施银一钱　李杰施银一钱　刘铭施银二钱　光荣施银五钱
三元号施银一两二钱　万顺号施银一两二钱　王寯　王佐施银一两　万和当施银一两　福德庆施银一两　万和隆施银一两　公顺号施银一两
晋祥号施银一两　四合号施银一两　晋隆当施银一两　万昌号施银一两
元盛号施银一两　合成号施银一两　天成号施银一两

庆义公施银一两　刘忠乙　刘敬乙　刘恭乙　刘礼乙　施银一
募缘住持道人耿来庆　门徒王复兴孙徒王本
画工郝万金
泥工李秀林
木工魏连施银二
铁笔李世义施银五
史□侄来友施银一
嘉庆二十年九月廿八日

按：此碑立于清嘉庆二十年（1815年）九月二十八日，立石于平定州三贤都河底镇（今阳泉市郊区河底镇河底村）三官庙。现存阳泉市郊区河底镇河底村三官庙。碑体剥蚀，部分字迹不清，碑体部分缺损。

5. 重修文庙碑

碑额：重修文庙碑
特授修职郎内阁大挑二等即补儒学正堂己未科举
闫奋鹏熏沐题
郡庠生史兴礼谨撰并

事有必至，理有□□，非圣贤不能预知之也。镇东里许，旧有文昌庙，下覆□□以固基趾，东西益以数洞，非特壮观瞻，供祀事，亦以便殖学，明人伦，诚盛举也。当道光□酉夏雨甚，西洞倾圮，绅耆共议补葺不果，厥后二十余年，每与人言，佥曰：此文人学士之所敬，非农工商贾之所祀。噫！诗书之道废，人惟见利而不闻义焉耳？洎乎同治甲戌，复议振新，一惟会中人输将恐后，即所费资财悉赖四方伙助，不一年坍塌者起之，阙漏者补之，规模宏厂，焕然一新，视昔之所为大有可观。虽曰人事，岂非神力乎？继自今尤愿同志者能则张而大之，否则补而修之，庶几士人劝孝友、商贾增福禄之道得矣，是为记

经理人　从九刘珂鸣　介宾刘浚乙　介宾曹际□　国学史凤鸣　史凤治

监生葛鼎来　副贡史敬来　从九葛履观　史绍宗　□三刘俊
登仕郎葛履观直隶募化众字号开列于后
获鹿县
当行公施钱拾千文　驼行公施钱捌千文　获邑元吉盐号施钱肆千文宗和魁施钱肆千文　大成花店施钱三千文　四合花店施钱三千文　福全花店施钱三千文　义合花店施钱三千文　永和店施钱三千文　四合驼店施钱贰千文　合玉永施钱三千文　隆泰成施钱三千文　永益号施钱三千文　元亨泰施钱三千文　富兴号施钱三千文　新泰成施钱三千文　德盛公施钱三千文　恒豫吉施钱三千文　聚和义施钱三千文　德盛公施钱三千文　聚和成施钱三千文　德聚魁施钱三千文　三义德施钱三千文
史绍宗直隶募化姓字开列于后
文安县苏桥　万盛号施银壹两
固安县牛驼镇　泉□号施银壹
南柏村　王永安施银壹千伍百文　杨在山施银壹千文
门铁营　张树勋施银壹千文　广泉永施银贰千文　德和长施银贰千文　魁盛成商业贰千文　广丰隆施银壹千文　广泰丰施银壹千
正定县　合义□
平定州　培和□　大阳泉魁盛号　泰和店　公平西店　同义增　长岭　合生庆施银壹千

新兴镇　永福当施银贰千文

赛鱼　庆隆号施银贰千文　魏希增施银壹千文　布政司理问张大聘施银三千文

广和堂施银壹千六百

介休县北辛武　冀如淦施银贰千文　烟里布政司理问史九德施钱贰千文　烟里协成瑞记施银壹两

荫营　义合当施钱贰千文

本镇　合盛当施钱贰千

三都　史□德施钱壹千文

盂邑　三合德施钱壹千

平定　平潭　义中魁施银三千文　义合隆施银贰千文

东沟村庆兴正施银贰千文　庆和公施银贰千文　泰和成施银贰千

宁　艾　三有

魏家峪施钱贰千文　三兴泰施钱贰千

柳沟天泰和施钱贰千文

山泉元德诚施钱贰千

上烟村庆和公施钱贰千文

荫营

兴泰德施钱贰千文　宝玉成施钱贰千

白泉

增长隆施钱贰千文　大容号施钱三千文　义合德施钱三千文　魁和成施钱三千文　复兴魁施钱三千文　英盛号施钱三千文　□诚和施钱三千文　和顺成施钱三千文　上达店施钱三千文　泰合公施钱三千文　裕成德施钱贰千

盂邑山

兴泰李施钱三千文　隆和公施钱贰千文　万隆德施钱贰千文　大顺公施钱贰千文　福元义施钱贰千文　义顺德施钱贰千文　永庆长施钱贰千文　德和成施钱壹千贰百文　恒通顺施钱壹千贰百文　兴和成施钱壹千贰百文　魁和隆施钱伍百

中佐

　　耆宾苏宪章施钱三千文　苏德润施钱三千文　韩正纶施钱壹千文
靳德发施钱壹千文　胡正朝施钱陆百文　张玘山施钱陆百

　　贡生史敬棠　史绍宗　段凤斌施钱贰千文　李怀玉施钱贰千

　　刘儒生施钱贰千文　武生刘俊彦施钱贰千

　　六品耿连举施钱贰千文

　　登仕郎葛履观施钱壹千伍百

　　监生葛遇春施钱壹千贰百文

　　耆宾史绍禄施钱壹千贰百

　　国学生史凤为施钱壹千文　史凤洺施钱壹千文　史绍垣施钱壹千文
史维鳅施钱壹千文　史正宗　段凤鹏　介宾葛际芳　监生葛汝翼　监生
葛鼎来　刘恒乙　刘世海　刘钟万　刘汉　刘玉宾　樊大仁　光连

　　从九郭澄　□宝兰　启事郭步

　　辛庄任宣施钱壹千文

　　韩庄胡权施钱壹千

　　西南榆贡生高子彰施钱壹千文

　　石窨垴王挂升施钱肆百文

　　白泉杜永成施钱肆百文

　　寿邑朱云宝施钱四百

　　同兴皮局施银壹两　复兴皮局施银壹两　德泰皮局施银壹两　恒兴
染坊施银壹两　永丰德记施银壹

　　光绪三年岁在丁丑仲秋谷旦

　　按：此碑立于清光绪三年（1877）仲秋，立石于平定州三贤都河底
镇文庙，现存阳泉市郊区河底镇河底村文昌庙。碑体右上角断裂，左下
角丢失，碑体表面剥蚀严重，字迹模糊不清。

　　6. 重修三官大帝阁碑
　　碑额：重修三官大帝阁碑
　　例授文林郎候选知县癸酉科举人杨声振盂邑元吉村人沐手敬
　　盂邑儒学增广生员王荩臣牵牛镇人沐手敬
　　盖闻天下事，经营于始者尚易，图成于终者甚难。然亦有难而仍出

于易者，虽曰人力岂非神功哉！如河底镇旧有三官大帝阁者，南跨河流，西面峰峦，朝晖夕阴，气象万千，此固一村之胜境，而万姓之巨观也。然而人事之代谢无常，物情之盛衰难必，慨自嘉庆年间，补修以来，迄今已多历年所，栋折榱崩，墙倾瓦毁，几至不能蔽风雨，甚非所以妥神灵而肃瞻仰也。往来行人莫不心焉伤之，而况居其村者乎。乃于光绪庚辰岁，村中人议欲重修，又以经费太烦，不克具举。岂知人既有志，神必助之乎。已而募缘于外者有人，效力于内者有人，且操持于始终者更有人。于是为之木工，以储其栋梁，为之土工，以勤其垣墉，为之画工，以涂其丹雘。而鸟革翚飞昭其盛，丹楹刻桷壮其观。鸠工庀材，不数月而庙貌为之聿新焉。工既竣，以予馆于牵牛镇，属予作文以记之。嗟乎，予虽不文，然窃乐道天下之善事焉。夫天下无难举之事，其成之也在乎天，其兴之也在乎人，苟畏其难而止之，则易者反觉其难，不以为难而行之，则难者亦见其易。如是举也，以数十年待举之事而成功，不啻反手，非有急公慕义之人，与乐善好施之士，未必如斯之易也。此固足以见人心向善之机，抑亦神功之默佑所致耳。今而后美轮美奂，神灵既得所凭依，亿兆亦肃其瞻仰，且为之受其庇护矣。所谓作善降之祥者，其在斯乎，其在斯乎。爰勒贞珉，以垂不朽，至于何代创建，何代增修，前人已详言之矣，兹不复赘。虽然善作，尤思善成，后有同志嗣而葺之，庶庙貌为之常新焉。是则予之所厚望也夫！

盂邑红土堰业儒周翰藻熏沐篆
邑淖泥村业儒曹文昭丹书施主姓
五年乡地光锡荣史风岗段德新葛岫
六年乡地光锡荣刘溶刘赐万樊大
经理人
介宾刘峻乙溶供器五路崇义成　光连登　刘愢乙施磬一
元合店刘汉　监生葛遇春施香纸
从九品葛联奎　光连维　从九品葛履观施牌一
魏普周施供棹一
五色匠人
油画工姚兰田

泥工温世华

木工魏普周男兴法

瓦工刘鹏万施宝瓶缴尾

石工任宣施银一

铁笔张来施银一两　刘俊清施银一两叩

万和隆施山门将军石四

葛安治　葛安帮　葛安国施鼓子门敦一

住持道士光致炜　徒张理诵　徒孙任宗

大清光绪柒年岁次辛巳仲秋穀旦勒

　　按：此碑立于清光绪七年（1881）立石于平定州三贤都河底镇（今阳泉市郊区河底镇河底村）三官大帝阁。现存阳泉市郊区河底镇河底村三官庙。碑体保存完整。

　　7. 重修通保观碑

　　碑额：重修通宝观碑

　　例授昭武都尉林庙守卫司兼屯田百户盂县儒学增广生员王锡蕃撰文

牵牛镇

　　州治六十里有河底镇，与盂接壤，实州北县东之大聚落也。堪舆家谓龙自牵牛山来，最南一支蜿蜒东注，至界牌梁下结村，镇南北皆土岗环抱，东则明灵王祠、攀云桥、锁塞水口，西则通保观、普丰阁、束聚气脉。诚有心者所经营，以寓扶偏起胜之意，非仅壮观瞻已也。沿村居民六、七百家，入沙口始见树木葱茏，烟火攒簇，世塵庐舍相交错，财货米粟多积聚。平定北乡殷富之区于是称最，每逢月之五、十日，则商民云集，百工交易，四方之民，虽远至数百里，咸奔走而归市焉。其附近者更无论矣。故生其间者，宿学名儒，科甲显宦，耆英硕望，巨贾富商，诚未易更仆数。迨咸丰四年，奉旨设立宝泉局，铸铁为钱，以便国用。号曰青龙镇，人咸以小都会称意者，山川灵秀之所，积蓄而发焉者乎。至八、九年间，民以不便遂废，嗣后屡年歉收，至光绪四年，又值大棱，而镇中庙宇，亦皆残缺。比年来，士农工贾悉赖神灵呵护，百废俱举，庙貌渐皆重新。人咸以通保观未修为憾，考其碑碣，自雍正八年所建，逮乾隆五十八年重修，迄今已历百年之久，其间虽亦补葺，而围房塌倒，墙壁倾圮。悉以工程浩大，故不果。十有一年春，村中公议重修，乃随缘募化，人皆乐输，鸠工庀材，事俱和顺，遂金装圣像，增修神龛，雕刻栋宇，丹癯门楹，穴砖为洞五、六座，砌石为墙数十重，更新钟鼓乐楼，兼装真武、观音、河神圣像。工兴于乙酉之岁，落成于丙戌之秋，约费金二千六百有奇。暮年之内，焕然一新，于戏，非以神之力，曷克臻此！予于瞻拜之余，仰见正殿之光明，配殿之严翼，精舍之整洁，院宇之闳深，阙庭之巍焕，阁道之凌空，钟鼓乐楼之壮丽，洞宇垣墉之巩固。与二、三故老观览久之，慨然想见缔造之艰难，与继述之勤劳，有相承于勿替者。盖莫为之前，虽美弗彰，莫为之后，虽盛弗传。后之视今，亦犹今之视昔，所望后之人，及时修葺，以勿癈厥事为幸，云尔，是为记

寄居仇犹古郡东乡浑泥村静养居士业儒序仲行字叔裔曹文昭书丹篆额题

经理人　管账　崇义成　介宾刘峻乙　监生葛遇春

管账　福元义　义顺德　万顺魁　元合店　恒顺德　刘溶　刘汉光连登

光连维　义元当　天德恒　兴和成　合成当　史普惠　从九品葛履观

介宾樊来仁　段和泰　李谦　葛履

十一、二年乡地樊课刘三郡朱根来　刘玉

十三年乡地　段凤峻　荆养恕　要忠　　刘

瓦匠刘鹏万

泥工温世华

木工魏兴法　戴明魁

石工任宣

铁笔张来　刘俊清　刘秋文

油匠王锦　郄朝敦　乔慎

主持僧爱

大清光绪十三年岁在强围大渊献清和月律中仲吕贰拾捌日勒

按：此碑立于清光绪十三年（1887）四月，立石于平定州三贤都河底镇通保观，现存阳泉市郊区河底镇河底村通保观。碑体保存基本完整，字迹基本清楚。

8. 施米碑

碑额：施米碑记

河底每年于冬腊八之期，照例与贫民有放米之举，放多放寡，概无一定之标准，或捐或粮，亦无一定之来源。兹有中佐村善士名苏毓福者，在河底开设天和源生意一处，其人慷慨好施，乐善不倦，见每回所放之米寥寥无几，凑办之时，甚为艰难，蓬头之米，势难普徧。苏某有鉴于此，与村中商酌，原将伊号质到光吉满地五亩施在村中，或得租科或得租钱，作为冬腊两节放米之特款。至于其地质价大洋捌拾一圆，日后光某将地回赎之时，还照原价，或质或买，仍与苏某置为田地，永远为放米之经费，不得提作别用，一则不泯苏氏之善念，一则贫民亦可治濡其恩泽，是为记

经理人村长副史涵宗魏兴旺刘应

中华民国九年三月立

按：此碑立于中华民国九年（1920）三月，立石于平定县河底镇（今阳泉市郊区河底镇河底村）老君庙。现存今阳泉市郊区河底镇河底村通保观。碑体稍有剥蚀，部分字迹不清。

9. 重修东西殿并戏房碑

碑额：重修东西殿并戏房碑

寿圣寺之建，其来久矣，历久而殿宇之增，禅房之广，戏楼之设，皆由此乡向善者众，而住持斯地者，募化修理之勤也。禅师庆祯补废修颓，夙夜勤劳，是以所司香火之地，如南沟庙，章召寺，次第修理，具有碑记。至于本寺正殿、南殿，久已焕然更新，而东西两殿，积年深远，风雨损坏，犹未至于改观也。村众往来非无整理之愿，而是因本乡之人，在京贸易者甚众，故未得共聚一议，以成厥事焉。然而功不容已，则事不可缓，禅师庆祯于是欣然就道，募化都门，众嘉其力急勤，而志之诚，

且得以慰其素日整理之愿也。乃慨然捐资，不虚所往，归而鸠工庀材，丹壁彩像，又于戏楼之旁起屋三间，以为戏子停宿之地。布施之外，继以齿积。功成之后，神威赫然也，庙宇更新也。以至春祈秋报之际，优人亦得栖止之所，较前更为甚便焉。众善士助修功德，不可不彰也。因垂于石，而禅师募化之勤，亦得传之不朽云

　　旹　大清康熙岁次辛丑六月谷

　　儒学廪膳生员　孙廷铨谨

　　张廷祯书

　　京都纠首石勤五钱　郑维四钱　郗林五钱　郭文魁五钱　李君五钱

　　章召河北纠首　王成吉王文亮杨伏

　　本村纠工　王的金应贵李

　　住持募缘僧庆祯门徒阐庄　阐桂　师侄阐荣门徒弘昭法侄阐发徒孙弘兵

　　住持僧庆祯助银一十二两五

　　木匠孟有金施银三钱

　　瓦匠张乐　张奇禄各施银六钱

　　泥匠高金库施银六钱

　　铁匠龚义明施银七钱

　　油匠张晟　画匠聂廷相施银三钱

　　石匠王金　王

　　按：此碑立于清康熙六十年（1721）六月谷旦，立石于盂县招贤四都淖泥村（今阳泉市郊区河底镇东村）。现存河底镇东村小学。此碑基本保存完整。

10. 五龙圣母祠建戏楼碑

碑额：五龙圣母祠建戏楼碑

余邑淖泥村，旧有五龙圣母祠，掌风雨之摧，操旱涝之祸，□□显应神也。村人祷祈庆丰，常聚于此，众以每年四月间，献戏三日。独是庙貌之威，北枕宏岗，南临巨浸，诸峰环峙于左右，南山屏藩于目前，虽是壮此庙之观，而亦凝风气之地也。忽禅师庆祯累年补废修额，勤劳

不止。又谓村人曰：庙前再建一戏楼，一则唱戏有一定之所，且合村之灵秀可钟于斯。而村众闻者，莫不拍掌叫绝，后众者心欲意顺，莫不愿施钱而施粟，单寒者摩拳擦掌莫不欲助力，而助工有曰：按地亩而施财，甚或盛事有曰：照户口而急公可就宏功。有曰：随家随而施金，不论多寡。有而向善人而输资，各运其情，安必共力人心，矢志建立。而禅师庆祯，犹恐工大费缺，至中念而用度不支，力限紧，到临期而彩画难成，发因本乡之人在京贸易者甚众。于是又遗徒兰庄诣京募化，众莫不慕其力之勤，而志之盛也。乃慨然捐资，不虚所往，归而合村所施，鸠工庀材。老成者推为纠首，勤敏者拔为管工，不数月而厥工告竣矣。嗣是而翻风偃日，神人胥宁。而众善士助修功德，不可不刻，永垂于石。而禅师募化之勤，亦得传之不朽云

　　邑庠生张廷锡浴手谨撰并

　　京都纠首李文魁银一两　　杨鹤银一两　　李□银一两　　侯鹏银五钱李□银一两　　郭成银五钱　　李□银一两　　侯顺银五钱　　李□银一两　　郭文炳银五钱　　李朱银一两　　李世贞银五

　　本村纠首张建中银二两　　侯功银一两　　李本明银一两　　周友银六钱李本吉银一两　　石勤银五钱　　曹法银一两　　李世法银五钱　　郭平银一两郑昆银二

　　木匠　　□云华

　　瓦匠　　潘成福

　　泥匠　　赵□施银一钱

　　铁匠　　韩□施银二

　　画匠　　聂俊施银一钱

　　油匠　　张弘施银一钱

　　石匠　　王全　　□

　　住持募缘庆祯　　门徒兰庄　　法孙弘瑜　　重法孙□

　　大清雍正岁次丁未孟秋谷旦立

　　按：此碑立于清雍正五前（1727）七月谷旦，立石于盂县招贤四都淖泥村（今阳泉市郊区河底镇东村）五龙圣母祠。现存阳泉市郊区河底镇东村龙王庙。碑体剥蚀，左部字迹大部不清。

11. 重修戏楼碑

碑额：重修戏楼碑

居士高兴谨撰并

夫观音大士有求必应，随处化身，是以储君王子，百官黎庶，罔不被其恩泽也。兹有乐楼之建，历年多矣，若不重为补葺，恐久而泯其迹焉。惟比丘僧法象，触目心伤，勤于募化，重为增修。适有京都工商贸易者，无不欣然而乐施也。且其财用不足，住持愿空已囊以成其事。今录众善士姓名，　永垂于石，以致不朽云

募化京都纠首　李珠　候海　牛月　石生瑛　王吉　李忠　李义　刘

观音庵施钱七百文

柏林寺住持弘佩法光

禅智寺住持弘瑾

轩辕庙住持法明

本村关帝庙住持比丘弘玉

观音堂住持比丘法

募缘住持比丘法象　门徒悟通银壹拾肆两　仝立

木匠　张锐　李本清

泥匠　赵良弼

铁笔　赵良

大清乾隆二十二年岁次丁丑孟春谷

按：此碑立于清乾隆二十二年（1757）正月，立石于盂县招贤四都村淖泥村（今阳泉市郊区河底镇东村）。现存阳泉市郊区河底镇东村小学。碑体损坏。

12. 捐款

碑额：无题名

辽东纠

郭天富银三拾两　曹宝银壹拾两　三和号银七两　永兴号银五两

兴顺号银五

张时钟银五两　集成店银五两　广和当银四两　德兴号银三两　保泰号银三

兴发当银三两　武生刘大任银三两　王有通银三两　王文明银三两

郭门史氏男晦珮珍玿施银一百两

魏全宝银三两　闫兹时银三两　宋文成银三两　闫增美银三两

张世祯银二两五钱　张世福银二两五钱　张天富银二两五钱　王仓银二两五钱　郑士金银二两　郑国康银二两　王佑银二两　王仙银二两　永盛炉银二两

旺盛炉银二两

增兴号银二两　□大冶银二两　兴顺炉银二两　永祥居银二两　复顺号银二两　永增当银二两　魏宝金银二两　刘逵银二两　刘丕玘银二两　毛存成银二两　郭钦汾银二两　闫广银二两　魏墩银二两　吕泰银二两　荆尚财银二两

任恩银二两

梁九顺银一两　马修武银一两　曾志美银一两　邓文秀银一两　樊富银一两

邓士□银一两　王文升银一两　杜大兴银一两　广云居银一两　白□宝银一

黄正明银一两　孟明银一两　李学州银一两　王清功银一两　姬玘银一

马德明银一两

乾隆五十八年岁次癸丑十二月谷旦

按：此碑立于清乾隆五十八年（1793）十二月，立石于盂县招贤四都村淖泥村（今阳泉市郊区河底镇东村）。现存阳泉市郊区河底镇东村龙王庙。碑体正面损坏。

13. 重修药王殿及正禅房碑记

碑额：重修药王殿及正禅房碑

纠首

耆宾傅顺银五两　国学生曹律银五两　曹志澄银五

京都纠首

王仲银一两　李府银一两　石璧银一两　李文举银一两　李进银一两

李文仁银一两　宴银五钱　信士王兴银壹两　李廷宾化纸盆一

西铁店两益号银二两三钱　东直门四合号银一两　保泰号银一两五钱

万益号银二两八钱　通顺号银一两　高车铺银八钱　合盛号银五钱

顺兴号银五钱　兴源号银五钱　万兴号银五钱　赵车铺银五钱　吕车铺银

明兴号银五钱　王车铺银五钱　兴顺号银五钱　齐化门福兴号银二

三合号银一两　合兴号银一两　三合铁局银一两　复山号银五

兴顺局银五钱　梁车铺银五钱　三义号银五钱　朱车铺银五钱　兴源局银五钱　玉成号银三钱　平则门西什库官铁局银二两　陈铁铺银一两　周车铺银一两　增盛号银一两　泰裕号银一两　永盛号银一两　顺坡门裕成号银二两

永顺号银五钱　裕盛号银五钱　永生店银五钱　正兴号银五钱　兴隆号银五钱　前门和成号银一两　天成号银一两　公兴号银一两　义诚厂银一两

董成义银一两　王车铺银八钱　闫宗瑶银八钱　郝车铺银五钱

北张车铺银五钱　东张车铺银五钱　南张车铺银五钱　辛车铺银五钱

温车铺银五钱　天顺号银五钱　任车铺银五

本寺募缘僧人悟迎门徒真

河下村赵九亮

大清嘉庆九年三月二十九日　立

按：此碑立于清嘉庆九年（1804）三月二十九日，立石于招贤四都淖泥村（今阳泉市郊区河底镇东村）现存阳泉市郊区河底镇东村小学。碑体剥蚀，部分字迹不清。

14. 重增药王庙献戏碑

碑额：重增药王庙献戏碑

京

顺成玉记银二两五钱　　天合成记银二两　　四合成记银二

合盛车铺银二两　　德顺车铺银一两　　通顺车铺银一

公合厂施银一两　　万益长施银一两　　天兴车铺银五钱　　张元珠施银

一两　　张元珍施银一两　　永合堂施银一两　　永庆堂施银一两　　庆隆当施

银一两　　永聚登施银一两　　任登施银一两　　杨天健施银一两　　永成号施

银八钱　　李增上施银六钱　　霍廷府施银六钱　　杨家庄施银二两四钱

高顺儒　王彬　李文成　李天成　张福林各施银五

福庆昌　杨天昌　郭天昌　郭玉昌　郭廷位　锦顺当　久育堂　高

峻　照云　潘昌富　永顺当　杨海澄　高澄定　李攸各施银四

郭廷谦三钱　王恩三钱　李通宝三钱　　张鳌三

谢成元　杨招　李璠　谢天清　宋怀　李增锡　杨作旺　赵元英

杨岩　张大

高诃荣　周桓　李得法　李通玉　李通久　李通吉　周善堂　刘泰

运　郑支盛

刘继盛　郭廷耀各施银二

会头　傅顺银二两　庞绍斌银六钱　曹伯甸银一两　候献勋　候献

书银五

郭珍银一两　　周永宁银五两　　法定银七钱　　王诰银五钱

李廷宝银七

嘉庆二十四年岁次己卯五月

获鹿纠

福隆号　兴顺号　合成当　天锦鞋店　义合纸铺　三义号　同泰纸

铺　德泰纸铺

万裕号　泰元帽铺　□茂裕　信成义　玉隆号　□典号　各施银一

玉成号　永顺店　松盛号　永兴公　溥渊号　恒泰号　复顺兴　复

兴布

义聚号　三合同　体泰号　际昌恒　顺义布铺　永茂号　种盛号

三□茂

　　□□号　各施银六

　　义合号　英盛号　永泰公　东成号　万吉号　复盛纸铺　广聚染房
全盛染

　　永盛染房　三星纸铺　各施银五

　　三合号　市义号　长泰号　同升号　红土烟各施银四

　　周发　张正明　□□□各施银二

　　邑庠

　　会　王仲施银六两　耆宾　傅顺捐银六两　国学生曹律施银四两
石耀岚施银四

　　李全施银三两五钱　李建宝施银三两五钱　郭珍施银三两五钱　候
鹏施银三

　　曹志灏施银二两五钱　曹志连施银二两五钱　庠生曹宪铎施银二
两五

　　王普施银二两　周威施银二两　李文举施银二两　国学生曹志澄施
银二

　　按：任登等一百零四人于清嘉庆二十四年（1819）五月，立石于盂
县招贤四都四都淖泥村（今阳泉市郊区河底镇东村）。现存河底镇东村小
学。碑体损坏。

15. 重修松林背碑房钟鼓楼石洞前墙碑

　　碑额：重修松林背碑房钟鼓楼石洞前墙碑

　　辽东募缘纠首

　　郭琳施银三拾两　柴务枝施银三十两　赵元贵施银二十两　张公喜
施银二十两

　　柴焕枝施银十两　万泰柜施银拾两　福增炉施银拾两　郭琛施银
拾两

　　吉成店施银六两　郭纯义施银六两　柴锐枝施银五

　　获邑募缘纠首

　　兴顺昌施银二两　隆顺德施银二两　元吉店施银二两　合吉当施银

一两

广盛号施银一两　义合东施银一两　三益德施银一两　万全店施银
一两

新泰成施银一两　长泰林施银一两　信义染房施银一两　泰吉钱铺
施银一

广成号银五两　广成炉银五两　义隆炉银五两　兴和成银五两　合
意店银五两　合意炉银五两　天顺柜银五两　柴耀枝银五两　柴润德银
五两　福隆店银五两　张锡旺银五两　丰泰号银一两　裕成宁银一两
德元永银一两　万盛店银一两　公盛布店银一两　天庆店银一两　万丰
永银一两　同心成银八

洪昌茶点银六钱　顺义成银六钱　福隆广银六钱　恒通顺银六钱

郝斌银五两　王自宏银五两　施德缘银五两　永昶号银五两　世法
号银五两　李明银五两　永兴号银五两　协利号银五两　永全号银五两
义兴米店银五两　郭珍银五两　获邑永宁顺银四

本村纠首

传叶梦银五两　曹振翰银五两　曹伯甸银五两　李廷宝银二两　庞
绍威银二两

石叡银一两五钱　郑之盛银壹两五钱　庞绍忠银一两　曹志温银
一两

李揔福银一两　石谐律银一两　郭库银五两　义聚号银四两　邵润
银三两

李思银三两　兴盛号银三两　广信号银三两　玉合号银三两　广昌
号银三两

公义号银三两　福顺永银三两　曹宪铎银一两　李林以一两　王诰
银一

樊存义银一两　李文福银八钱　文梅银八钱　候献勋银八钱　周永
宁银八钱　刘清银八钱　李粤忠银五钱　李钟秀银五钱　李攸银五

住持比邱　法定　徒　悟莲　孙　真祥　真铨　曾孙　常

石匠王永忠

泥匠萧元

铁笔王

大清道光六年岁次戊戌桂月谷旦

按：此碑立于清道光六年（1826）八月谷旦，立石于盂县招贤四都淖泥村（今阳泉市郊区河底镇东村）。现存阳泉市郊区河底镇东村关帝庙。此碑保存完整。

16. 重修乐楼台碑

碑额：重修乐楼台碑

京都纠首

公义号施银五两　振兴号施银五两　万隆号施银五两

樊晏施银五两　石睿施银三两　李焕施银三两　石宗盂施银三两郭彦施银一两　世庆永施银九两　万益长施银四两　天成号施银三两裕升号施银三两　三和号施银三两　公合厂施银三两　通盛号施银三两广盛号施银三两　四合号施银二两　公顺号施银二两　增盛号施银二两兴隆号施银二两　云惠成施银二两　安裕厂施银二两　李攸施银二两樊存义施银二两　樊存智施银二两　石晴岚施银二两　庠生石谐律施银二两　源顺号施银壹两　双顺号施银一两　三义号施银壹两　和顺号施银壹两　三顺号施银一两　刘宝善施银一两　李文举施银一两　苏海施银一两　史广仓施银一两　杨荣施银一两　石洲施银一两　石敏施银一两　石宗彦施银一两　石蕴岚施银一两　李印施银一两　侯进盛施银一两　王嘉宾施银一两　李浩施银一两　李顺施银一两　郭盛施银一两郭成施银一两　郭荣施银一两　郭有金施银一两　李宾全施银一两　李文梅施银三钱　李總福施银一钱四分　李攸施银一钱二分

侯进财施银一钱二

木匠　王进府施银五钱

画匠　李德元施银二

铁笔　王喜施银二

住持僧真

大清道光七年岁次丁亥应钟谷旦

按：此碑立于清道光七年（1827）十月谷旦，立石于盂县招贤四都淖泥村（今阳泉市郊区河底镇东村）。现存阳泉市郊区河底镇东村小学。此碑保存基本完整。

17. 补修五龙圣母祠碑

碑额：补修五龙圣母祠碑

东大来施银三两　增成当施银贰两　李本富施银贰两　德和渊施银壹两　正兴永施银壹两五钱　福和号施银壹两　松茂号施银壹两　恒盛永施银壹两天泰成施银壹两　光益亨施银壹两　德泰永施银八钱　获邑庠生赵金台施银八

济济众堂施银六钱　大生堂施银六钱　乐平李世路施银六钱　天成德施银五钱

世和荣施银五钱　茂林德施银五钱　生来永施银五钱　大和公施银四

本兴成施银三钱　曹一揆施银八两　李明全施银六两八钱　傅光祖施银壹两七

石诣律施银壹两三钱　傅作楫施银壹两五钱　侯来仁施银壹两二钱实大曹宪铎施银壹两　庞宰施银壹两　寿官李法施银壹两　李口施银壹两　李旺施银壹两　庞立业施银壹两　耆宾曹步瀛施银壹两　李寅春施银壹两　李士国施银壹两　傅作弼施银壹两　杨天富施银壹两　郭纯德施银九钱　李士金施银八钱　曹思仲施银八钱　宋天有施银八钱　李万年施银八钱　候献年施银八钱　樊茂施银七钱　王福宝施银六钱　郭文金施银六钱　石丕岚施银六钱　侯康民施银六钱　侯育民施银六钱　侯来会施银六钱　李茂春施银六钱　侯来国施银六钱　侯来朝施银六钱侯来朝施银六钱　郭纯财施银六

杨景荣　郑福　王让　庞绍先　宋天升　曹思恭　李滋　高明　侯献书　谢海荣　庞立功　傅作美　李万仓　李芳　王诣　郭纯仁　李滨王元达　李士顺　刘斌　曹登赢　李万福　李江　侯雨民　武本春　傅作翰　樊存德　侯富民　李勇　李现春　李士富各施银六

李浚　郭纯义　李文进　周永泰　孟谊　李赢　周茂　李安　侯进德　周华　李福登　王谦　樊兴　王证　李开全　李达　周万　李士斌

李瑛　王有功　王诩　武明　李士林　王谦　王福荣　王正奎　阎富明　曹正先　李福明　侯甸邦　李士贤　李士杰　李通各施银四

吴焕　王玉书　士云岚　李繁成　庞祥　李枝棠　侯连明　李万春　路生莲　李枝富　侯众民　李士进　郭忠　李占　王德全　曹谆　武本富　李士德　侯秀民　李堡　曹绳铎　王德珍　孔照升　李稳　李应　李桂财　侯寿民　李总林　王正省　周莲　王德珠　曹思信　傅作栋　侯富民　李稳光　樊成　王财　周苓　侯旺民　李文成　侯照民　李银　曹佑文　庞生　李法春　李□　郑东望　曹□□　□□□　李垒　胡连兴　李如全　庞考　曹永兴　李枝梅　李士万　王法　李碧　李万盛　李德全　侯来甫　李士青　武有旺　李万荣　李文财　王有明　赵存礼　李升　庞正　侯进贵　李桂　李吉全　石宗茹　李成全　王承文　王会宝　李士运　侯士明　李桂银

王会珠各施银三

寿官庞奎施银三两　谢海市施银壹两五钱　寿官李珍施银壹两　王永金施银捌

石崇岚施银六钱　曹士瀛施银六钱　李士□施银六钱　曹景泰施银六

瓦匠李本富施银六钱

石匠高国玉施银四钱

□匠聂永茂施银四钱

铁匠李□永施银六钱

李天全施银三钱　李学忠施银三钱　侯来霄施银二钱　侯生民施银二钱

李堡施银二钱　李学礼施银二钱　李垒施银二

住持僧　常新　徒　澄

大清咸丰六年九月十五日勒

按：此碑立于清咸丰六年（1856）九月十五日，立石于盂县招贤是都淖泥村（今阳泉市郊区河底镇东村）五龙圣母祠。现存阳泉市郊区河底镇东村龙王庙。碑体剥蚀，个别字迹不清。

（二）山底村碑

1. 新建钟鼓楼

碑额：新建钟鼓楼

闻古明王之正天下也，有钟鼓曰伐，是为王师，无钟鼓曰侵，则为伯事，钟鼓所系巨矣哉，可缺一于此耶？矧三官之正天下也，所以洪宣上帝之声教者，一击而九王脱罪，一鸣而四海超厄，钟鼓所系尤巨矣哉，可缺一于此耶？盖治东南三十里许，有村曰山底村，西隅高峰处，新建三官庙，旧有龙王庙，殿宇森严，塑像辉煌，允宜栖神，允宜庇民也，独是钟鼓阙焉，尚属未备。原纠首张公讳擢者、张明府、杨恩者、张公讳美者、潘公讳海者，恻然商曰：左右寥落，成何庙貌，香烟岑寂，成何祭享。乃复捐资，纠众敦匠鸠工，左钟右鼓，不日而成，事竣之日，谒生为铭，用垂不朽，生不忘鄙俚，谨述以志

孟南庠生　李旃　谨撰　男幼童　李长茂　谨

纠首　功德主　杨恩　张明府　张美　潘海三千六

助缘张明贤　李一千　陈槐李氏　张变　张一全　施钱一千文　马邦平　杨志　张明周　张明彩　张九绍　杨守禄　施夏　付氏男高永顺潘德节　王兴施钱七百文季珠　李际昌　张明位　张一朋　施钱六百张一旺　张元宰　张一州　张一现　张法施钱五百文　张都　张明　赵文变　高永代　张寿　杨世虎　李教　张金　张一宝　张泰　杨世龙杨世彪　赵住　刘贵成　李才

洞内道士　张阳

住持道士　赵信禄　赵常太　禄门徒刘宗

大清顺治肆年岁次丁亥无射月下浣谷旦

按：此碑立于清顺治四年（1647）九月下旬谷旦，立石于盂县招贤四都山底村（今阳泉市郊区东村乡山底村）。现存阳泉市郊区东村乡山底村玉皇庙。碑体剥蚀，个别字迹不清。

2. 重修三官庙碑

碑额：重修三官庙碑

关东布施开列于

纠首　韩灯募化戏洞三座　王银五两　张明祥银三两　史永安银
二两

张豹银二两　孟朝兴银二两　张玉玺银二两　高茂元银一两

石法祯银一两　史玉明银一两　史怀雨银一两　杨成全银一两

王式建银一两　王印海银一两　田九朝银一两　任义银一两

唐海受银一两　赵福银一两　王瑛银一两　赵英银一两

刘起银一两　李元银一两八钱　韩侯亮银一两　义顺号银一两

万通号银一钱

太谷县侯冠银一钱

西庄刘文宝银三

奉天府裴玉玺银三钱

永平府张发顺银二

南于南沟高茂成银一钱　宋文成银一

纠首　杨芝美　杨喜荣银一两　杨斌银一两　杨丕银一两　郭世禄
银五

武家山纠首杨生绿银二

大清乾隆四十六年七月二十日

按：此碑立于清乾隆四十六年（1781）七月二十日，立石于盂县招
贤四都村（今阳泉市郊区河底镇山底村）三官庙。现存阳泉市郊区河底
镇山底村玉皇庙。此碑基本保存完整。

3. 布施

碑额：布施

署直隶分巡保正等处兼管河道加五级纪录十次　董施银壹

署直隶保定府事知易州直隶州正堂　金施银壹

直隶正定府分府正堂　志施银壹

获鹿县　永成合银三两　复兴魁　大容号各银三

鹿泉　瑞兴号银八钱　久成聘银八钱　四合花店银八钱　闫峰青银
八钱

荆绶银一两　合泰玉银八钱　刘邦彦银六钱　永盛合银五钱

赵天成银五钱　丁富银四钱　吉长林银四钱　永吉成银四钱

兴顺号银三钱　德意号银三钱　同合号银二两　复兴号银二两

万吉协银二两　兆兴号银二两　大生恒银二两　三合高银二两

风心布银二两　三益布铺银二两　锦泰号银二两　聚兴号银一两

双合聚银一两　德抑昌银一两　万丰泰银一两　德源布铺银一两

福和布铺银一两　福隆布铺银一两　天义布铺银一两

广盛布铺银一两　兴顺布铺银一两　长盛布铺银五

平定州纠首　李湘银一两　魏招银八

京都　南六和钱铺银一两　元成和帐局银一两　同盛帐局银一两

九来帐局银一两　六和东帐局银一两　兴茂帐局银一两　增福皮铺
银一两　瑞兴号银八

牛王庙赵天成银五

小河北纠首　杨天受银五两一钱　杨作旺银五两　杨天佑银三两

杨德□银一两　杨崇银一两　杨芝元银伍钱

杨天长银五钱　杨岳银五两　杨岩银三两　杨健银三两　杨兴照银
一两五钱　王仁礼银一

杨天由银一两　杨作雯银一两　杨天相银一两　杨天锡银一两　杨
昭银八钱　杨天德银八钱

杨学诗银五钱　杨诰银五钱杨天喜银五钱

杨天元银五钱　杨吉银四钱　杨兴隆银三

杨兴盛银三钱　杨兴旺银三钱　杨兴财银三钱　白福荣银三钱　杨
兴仓银三钱　杨彻银二钱

杨德富银三钱　杨大荣银三钱　杨兴元银三钱　杨天功银三钱　杨
森银二钱　杨训银三

王温银二钱　杨德华银二钱　任仲进银二钱　杨兴国银二钱　杨天
财银二钱　杨兴壮银二

南沟村赵喜定施兽一

大清道光三年岁次癸未六月吉

按：此碑立于清道光三年（1823）六月吉日，立石于盂县招贤四都三底村（今阳泉市郊区东村乡山底村）。现存阳泉市郊区东村乡山底村玉皇庙。碑面稍有剥蚀，字体基本清楚。

4. 新修戏洞一座补修桥洞出口碑

碑额：新修戏洞一座补修桥洞出口碑

众善士姓名开列于

万兴益银三两　永昌诚银三两　天兴公银贰两　益泰隆银贰两　隆泰恒银贰两　兴成德银贰两　恒顺□银贰两　永盛恒银壹两　万盛成银壹两　万顺隆银壹两　于德海银壹两　赵昌富银壹两五分　张守长　张守命银壹两　张吉厚施碑石　张恒春施碑石　张元明银捌钱　张连相银捌钱　张维忠银捌钱　张礼银捌

张成银壹两　胡永旺银壹两　鲍全银壹两　高士昌银壹两　张法武银壹两　杨藻银壹两　高俊杰银壹两　张思达银壹两　高炽银壹两二钱　张学唐银壹两五钱　高可贵银壹两五钱　高可富银壹两五钱　高可荣银壹两五

铁笔李远清银伍

住持王元河徒杨明暐　毕明旼　张明耀　徒孙张致营　魏致烋　兴致炜银三

大清道光二十四年葵月吉

按：此碑立于清道光二十四年（1844）七月吉日，立石于盂县招贤四都山底村（今阳泉市郊区河底镇山底村）。现存阳泉市郊区河底镇山底村龙王庙。此碑为捐款碑，碑剥蚀严重，字迹模糊不清。

5. 补修乐楼禅房桥洞碑

碑额：补修乐楼禅房桥洞碑

众善士姓名开列于后

复亨泰施银四两　义合成施银三两　隆和公施银贰两　复泰公施银贰两　永玉诚施银二两　益泰兴施银贰两　永兴公施银壹两贰钱

义成信施银壹两贰钱　恒兴窑施银壹两　顺成泰施银壹两

隆长泰施银伍钱　四合公施银伍钱　世兴炉施银伍钱

廪生周占甲施凤尾兽一

纠首　介宾张清和施银八两　议叙登仕郎李际春施银陆两　张锦奎施银四两

施永孝施银三两　韩进文施银三两　陈世英施银三两

张修施银二两四钱　张溥施银贰两二钱　高巨珍施银二两

施荣施银二两　陈士恺　陈士施银二两　张汉佑施银一两四钱

张立誉施银一两二钱　杨金春施银一两　张玉生施银一两

潘永命施银一两　施永寿施银一两　张旭施银一

共捐银一百七十一两二

出一宗　树钱三千六百文　出补修桥洞钱二十八千七百

出石灰砖瓦钱一十二千一百文　出木匠工钱一十五千八百一十五

出泥匠工钱二十千零七百七十文　出小工子工钱一十三千二百

出驴工钱五千八百三十文　出犒劳匠人钱二千九百三十二

出买碑石钱四千　出买钉子钱三千四百

出立碑并以前杂买钱三千八百二十文　出前次做碑钱六千八百九十五

出尖山庙布施钱二十文　出后火做碑钱三

除花费净存钱四十四千四百五十三

铁笔郭之财施银一

住持道士光致炜门徒张理

大清光绪十一年岁次施蒙作噩季春之月下浣谷旦

按：此碑立于清光绪十一年（1885）十一月吉日，立石于盂县招贤四都山底村（今阳泉市郊区东村乡山底村）龙王庙。现存阳泉市郊区东村乡山底村玉皇庙。

晋城地区——高平市

明清以来山西高平汤王头工匠研究

王 晶

摘 要：汤王头村是晋东南一座典型的古村落，是当地县域的工匠中心点。汤王头由于独特的风水成为高平县城的墓葬宝地，而坟茔的修建催生了工匠群体的诞生。从晚明开始，汤王头持续不断的庙宇修筑活动直接推动了工匠群体的发展。工匠群体的日益壮大，诞生了属于工匠群体的行会组织——圣德会，这一组织于道光年间创建，鲁班楼为行会成员提供了宗教祭祀和信仰的场所，进一步促进了这一群体的发展壮大。同治、光绪以后，随着商业的发展，汤王头凭借其独特的地理位置逐渐发展为商业码头。工匠群体面临流失与转型的问题，其地位日趋下降。而汤王头这一区域的功能随之发生转变。

关键词：汤王头村；工匠群体；鲁班信仰；商业码头

高平县（今高平市）作为明清山西东南部的重要城市，下辖村落中庙宇广布，具有明显的区域特征。而汤王头村作为高平县城西南角的一个传统村落，总面积仅为 1.01 平方千米，却保存有 10 座不同形制的庙宇。这些庙宇的修建不仅使工匠群体在该地逐渐发展壮大，且以庙宇修建为依托，将官吏、士绅、僧侣以及村落民众联系在一起，反映出村落整体的历史发展轨迹。并且由于其特殊的地理位置，该村落逐渐转变为"区域商业码头"，具有典型意义。鉴于以往学术史中，针对古村落的研究以大范围的聚落为重点，而针对具体的古村落研究较少，在这方面还有很大的研究空间。工匠研究也多从宏观角度出发，其学术成果多为官方工匠制度和组织的整体研究。20 世纪 80 年代以来，以社会经济史为视角的工匠研究更加关注民间工匠群体。但由于民间文献的缺乏和搜集整理的困难，大部分研究成果往往是利用官方文献对民间的工匠群体进行解读，所以利用民间文献进行的研究还比较薄弱，以村落为单元研究工匠群体更属于空白，这就为本文提供了进一步的研究空间。

有鉴于此，本文拟采用统计法对碑刻中记载的内容进行分析，利用图表等形式，对明清时期民间工匠群体的社会经济生活与经营进行数量分析，意在此基础上探寻明清时期民间工匠群体的共性与特殊性。

—

高平县今隶属于山西省晋城市，位于山西省东南部，地处泽州盆地北端，太行山西南边缘，面向千里中原，背靠古上党郡。境内周山簇拥，丹水纵贯南北，其北达幽燕，南通伊洛，西接河东，地势险要，堪称"秦晋唇齿，河朔咽喉"，自古为兵家必争之地。而汤王头村则是坐落于县城西南角，距县城南门仅数百米的一座小村落。因其位于金峰山脚下，故该村西高东低，东有七佛山，北有西山，三面环山，南部为平川，是历史上重要的关隘。民国十七年（1928）《汤王头村补修各庙碑记》记载："邑之城南，汤王头村者，高都壮塞，上党名区，泃三晋之要道，实两河之唇齿。"地理位置的重要性不言而喻。

另有无名碑文记载了汤王头村周边的山川水文环境，"泫邑南门外，西南里许有所谓汤王头者，即高平关也……不由是路焉。万历三十二年建设南阁。上塑……后。金峰在其左，翠屏居其右，四山拱向，一水流丹，诚一巨观"。横水河由村南自西向东流淌，村北有范公河自西向东从北城门前蜿蜒而过，两河均汇入丹河。

范公河上有一座范公桥，历史悠久，清同治四年（1865）《创修北坡重修南垺兼修土地祠看楼碑记》记载："北阁外有范公桥，连桥石路底。"民国十七年（1928）《汤王头村补修各庙碑记》记载："又北阁外，旧有范公桥，西山之水蜿蜒而来，由桥下出，而向北直流，似不足以，钟灵秀而凝淑气。"笔者在走访高平汤王头村时，村中的老人说，在北阁门前有一条山涧，水从村北的西山蜿蜒而下，流入涧内。而横跨涧上的石桥连接着阁门洞和通向城里的大道，因为是清顺治年间的知县范绳祖修建，所以称为范公桥。村民言之凿凿，可惜如今北阁门前只剩一条略陡的坡路，再也不见范公桥半点踪迹。

从上述可知，汤王头村依山傍水，其地理位置恰如从群山中走出来的第一道门户，是往来商旅行人歇脚休息的地方。故该村的驼店众多，为往来客商搬运行李货物，如今村中还有一条名为驼店屹洞的巷道，为其往昔的繁华留下了一道剪影。不同于高平城的历史悠久，汤王头村作为交通要道上的重要据点，在史书上出现的稍晚一些。据清同治《高平县志》记载："周制立鄙食以守路野，庐氏所为设也，后楚属关隘，设兵立塘曰守卡，今曰卡房，亦曰窝铺，所以诘奸，使节过则司其迎送。""长治县南凡八曰汤王头、唐庄口、北陈口、老君桥、小桥则、许河口、小岭上、南界牌岭。"① 可见窝铺最早是由关隘发展而来，多用于兵事，也兼有驿站的一部分职能。由此得知，窝铺所在位置必定十分重要，而汤王头恰是当时的窝铺所在地。

民国时期，汤王头村在交通上的重要性同样得到了人们的重视。民国十二年（1923），高平县在汤王头村设立第一区警署，分管路政、治安等。村中有一块民国十二年（1923）的修路碑，记载了当时的警佐赵咸组织发起修路工程。汤王头村周围的村社、该村的村民以及大量商号纷纷慷慨解囊，参与了这一盛事。

二

汤王头村历史悠久，布局合理，村内有不同时期的大量历史建筑遗存，以元、明、清寺庙和清代民居为主，是晋东南地区的一座典型的古

---

① （清）龙汝霖：同治《高平县志》卷二《建置》，《中国地方志集成·山西府县志辑》第 36 辑，凤凰出版社 2005 年版，第 364 页。

村落。

2012年，长平之战研究会对高平城西南汤王头村中发现的宋代古墓进行考察，古墓位于古城外北100米处贾德胜家院内。据贾德胜讲，1988年他在挖菜窖时意外挖出了古墓。据研究人员考察，此墓保存完好，建筑考究，并无常见的裂缝和渗漏等情况。墓室墙壁四周绘有彩色图案，风格富丽，精美绝伦，极富晚唐风韵。该村不仅挖掘出这一座宋代古墓，且村内有一块宋熙宁八年（1075）的墓志《秦府君墓志铭》：

> 大宋时熙宁岁次乙卯十月己丑朔长沙秦君墓志铭
>
> 新妇阿李迁葬翁婆，亡翁讳崇，字□□，婆阿王。崇，长子二人。长子先亡没，次子文质后。次子妻阿李与女子赵郎妇，于熙宁八年十月二十一日，迁葬翁婆了毕，永记。

汤王头村周围的山水走势，符合传统的风水学理论：高平县城西北的发鸠山是祖山，韩王山是高平县城的主山，位于县城北方；县城南侧的游仙山在风水文化中属于案山；位于县城南侧，较之游仙山更靠南的莒山是朝山。而丹河从县城西北而来，绕城而下，流向东南。这是一个典型的"负阴抱阳、背山面水"的风水格局。而汤王头村坐落于县城西南角，在金峰山和游仙山的相聚之处，形如负宸（屏风），有垄中峙，是极好的阴宅选址。以上发现足以证明早在宋代，该村的位置曾经是高平县城的墓葬所在地。

除上述证据之外，汤王头村甘露庵的南配殿中供奉着面燃大士。这是佛、道共有的神祇，"面燃大士"也叫"大士王""普度公"。最初源自《佛说救拔焰口饿鬼陀罗尼经》，在佛教中是菩萨之一，在道教是太乙救苦天尊化身"面燃大士羽林监斋普度真君"，平时居沃蕉山下，主宰阴间诸鬼。[①] 在民间是安抚恶鬼，解脱苦趣的神灵。民间供奉面燃大士的情况较少，联系该村挖掘出的宋代古墓和墓志铭，说明该村作为高平县的

---

① 徐卓：《广东陆丰祭孤见闻》，《大音》第十卷，文化艺术出版社2015年版，第141—142页。

墓葬所在地的情况一直存在。现今从古城南门通往汤王头村的街道上仍有许多贩卖烧纸、香烛等与丧葬相关的商铺。

故笔者认为，汤王头村作为高平县城南的一个小村庄，最早是由墓地发展而来。不管是墓葬的修建还是针对墓葬所建造的庙宇，都需要大量的能工巧匠，久而久之，许多工匠在汤王头村落地扎根，生存繁衍。

汤王头村在明清时期修建了大量的庙宇，具体情况可参见表1。这为扎根于此的工匠们带来了发展的黄金时期。

根据现有碑刻资料可以得知，该村现存寺庙中时代最为久远的是汤王庙。因为该村除两块宋代的残碑外，现存时间最早的碑刻是明天启三年（1623）的《汤王头补修》。碑文中提到"神像年深日久□□不堪，书夜莺惶修□庙宇"，可知汤王庙的创建时间早于明天启三年（1623）。而且民国十七年（1928）的《汤王头村补修各庙碑记》中有碑文记载："庙著成汤，神灵显赫于万世"，"其庙貌巍峨，殿宇广阔。以该村为最著，惟代远年湮，创修孰先均无可稽，相传村因庙称。是知汤王庙为首，后世历经补修，不一而足，考诸碑碣然，皆分年别段修此。"这段碑文的大意是，根据传说，汤王头这个村名是根据汤王庙而得来的。碑文中提到"是知汤王庙为首，后世历经补修，不一而足，考诸碑碣然，皆分年别段修此"，这与笔者认为汤王庙是该村历史最久的寺庙的推论相符。但是可惜的是，汤王庙虽然建立时间最早，存在的时间最久，但并没有其创建时间的准确记载。

表1　　　　　高平市汤王头村古村落庙宇情况一览

序号	庙宇（学名）	供奉神灵	兴建年代	庙宇在村中的位置和布局	备注
1	关帝庙	关帝	不详	村南，单殿建筑	残损严重
2	汤王庙	成汤	不详	村北，坐北朝南，一进院落	有戏台，现已不存
3	鲁班楼	鲁班	道光二十五年	村北，坐北朝南，二层小楼	

序号	庙宇（学名）	供奉神灵	兴建年代	庙宇在村中的位置和布局	备注
4	五瘟殿	不详	不详	位于村北，坐北朝南	
5	甘露庵	佛、地藏、面燃大士、关帝、毗卢	崇祯九年	位于村北，坐西朝东，二进院落	
6	观音庙	关圣帝君、白衣大士	乾隆八年	位于村北北阁上，南北向，一眼三间，双向	
7	祖师庙	真武祖师		位于村北，坐北朝南	
8	白衣大士堂	白衣大士	道光十八年	位于村中官道西侧，坐西朝东，单体建筑	
9	三大士庙	观音、普贤、文殊		位于村南南阁上，坐南朝北，单体建筑	现已拆毁重建
10	南阁			位于村南，南北向	现已拆毁重建

　　这些庙宇中除了汤王庙，甘露庵是创建时间最早且创建时间最为明确的寺庙。根据甘露庵正殿脊坊上的题记："大明崇祯九年岁次丙子三月壬辰十九日甲子吉旦，汤王头茶庵创建佛殿三间，潞粮府署县事董良琼"，可知甘露庵是由署高平县事董良琼于崇祯九年（1636）以汤王头村的茶庵为基础，创建而成。自崇祯九年（1636）开始创建，因战乱原因，延至清顺治时期才完工，有题记为证"本年七月二十五日动工立胎，以兵荒交集时势所逼，至顺治四年二月初六日开土金妆，于十月初一告竣"。汤王头村对庙宇的修缮一向重视，自晚明创建甘露庵以来，该村分别于道光五年（1825），道光八年（1828）、道光十八年（1838），咸丰七年（1857），光绪十九年（1893），民国十七年（1928）屡次重修，或增建庙宇，使甘露庵的规模不断扩大，是现存寺庙中规模最大的庙宇。且甘露庵的重修次数最多，为诸寺之最，这昭示着甘露庵在汤王头村的重要地位。

　　基于村民信仰或风水文化的考量，汤王头村在甘露庵和汤王庙的周围，又修建了北阁、五瘟殿的香亭以及鲁班楼等庙宇，这一时期庙宇建设情况见表2。在全部已知的17项庙宇修建工程中，明代有2次，集中在晚明时期。乾隆年间1次，嘉庆年间2次，道光年间5次，咸丰、同治、光绪都是2次，民国3次。可以看出，清后期的庙宇修缮占了相当大的比重。

表2　　　　　　　　高平市汤王头村庙宇工程情况一览

序号	修建时间	庙宇	发起人/组织者	修建内容
1	明天启三年	汤王庙	社首贾国相、袁孟光、贾云春	补修汤王庙
2	明崇祯九年	甘露庵	县事董良琼	创建甘露庵
3	乾隆八年	观音庙	维首	创建北阁，并塑关圣帝君和白衣大士像
4	嘉庆十七年	五瘟殿	维首	补修五瘟殿、创建香亭
5	嘉庆二十五年		维首	添补社物
6	道光五年	甘露庵	善士李淮、贾国增、韩永录	重修甘露庵西南耳楼
7	道光八年	甘露庵	维首	创修北殿五间、补修僧房三间
8	道光八年	春秋阁	社首、贾子通	重修春秋阁
9	道光十八年	白衣大士堂	维首	创修白衣大士堂三间
10	道光二十五年	鲁班楼	会首	创修鲁班楼三间
11	咸丰元年		会首、合社	添置社物
12	咸丰七年	甘露庵	合社	重修地藏殿面然大士殿
13	同治四年	甘露庵	社首	创修北坡、重修南坡、补修土地祠并创建土地祠看楼
14	同治九年	鲁班楼	维首	请会置地收租庆鲁班圣诞
15	光绪二年	关帝庙	会首	补修关圣帝君庙
16	光绪十九年	甘露庵	二班维首	补修甘露庵
17	民国十二年		警佐赵咸	修路

续表

序号	修建时间	庙宇	发起人/组织者	修建内容
18	民国十七年		村副、社首	补修各庙
19	民国十七年	观音庙	村副刘海峰	塑金装观音圣母像

从庙宇集群分布图可以看出，汤王庙坐落于村西北，北官道西侧，坐北朝南。汤王庙原为一进院落，正殿前有戏台，今已损毁不复存焉。现仅余正殿以及西侧的土地祠，东侧的鲁班楼。鲁班楼东南约一百米处有香亭一座，据清嘉庆十七年（1813）的无题名碑记记载："村北五瘟殿基址褊隘，每于风雨难以展拜。兹因五月演戏积钱，欲求宏阔，奈力微财薄，各皆踊跃输金。创建香亭一座，敢云壮观，邹以妥神。"五瘟殿为旧有寺庙，创建时间不详，此次立碑记事是为了纪念香亭的创建。

祖师庙位于村东北，北官道东侧，坐北朝南，为进深一院，占地面积约为 500 平方米。该建筑保存完好，主体建筑尚存，现存有正殿、两座东西配殿。除此之外，东西两侧各有一座耳楼和厢房。它的后墙就是汤王头村和村外的分界线，它和位于村西北的汤王庙隔北阁而立。北阁又称春秋阁，其上建有观音庙，供奉关圣帝君和白衣大士。北阁下面是经高平县城由北向南进入汤王头村的孔道。

甘露庵位于汤王头村西北，北官道路西，坐西朝东，为进深三院落，中轴线上有两进院落，南侧次轴线上还有一进小院落。甘露庵正门对着石碑牌坊。正门南侧是山门，山门门楣上有砖刻"甘露禅林"匾额。进入山门迎面是影壁，往南入禅房院，往北入第一院落，内有拜殿，南北看楼、舞楼及钟、鼓楼等，其中舞楼、钟楼、鼓楼均系二层建筑，同时舞楼下为正门通道。拜殿的南北两侧各有一门，通往二院，内有正殿，南北耳楼，南北配殿等，其中南北配殿均系五间。全院占地面积约为1500 平方米。① 甘露庵与汤王庙毗邻，其拜殿北墙正对汤王庙的正殿，这

----

① 山西省高平市南城街街道办事处汤王头村村委会编：《历史文化名村申报材料》，内部印刷，2012 年，第 52 页。

样在汤王庙的周围形成了一个庙宇集群。

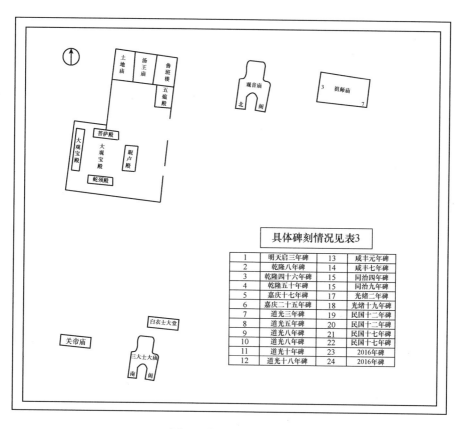

图1　庙宇集群分布图

表3中的碑刻情况：

1	明天启三年碑	13	咸丰元年碑
2	乾隆八年碑	14	咸丰七年碑
3	乾隆四十六年碑	15	同治四年碑
4	乾隆五十年碑	15	同治九年碑
5	嘉庆十七年碑	17	光绪二年碑
6	嘉庆二十五年碑	18	光绪十九年碑
7	道光三年碑	19	民国十二年碑
8	道光五年碑	20	民国十二年碑
9	道光八年碑	21	民国十七年碑
10	道光八年碑	22	民国十七年碑
11	道光十年碑	23	2016年碑
12	道光十八年碑	24	2016年碑

表3　高平市汤王头村留存碑刻情况一览

序号	时间	碑记额题以及摘要	形制	备注·庙宇
1	明天启三年	汤王头补修	壁碑	汤王庙正殿前西侧
2	乾隆八年	无题·创修关圣帝君殿碑记	笏首无趺	北阁白衣阁殿内西侧
3	乾隆四十四年	百里泥水工同议工价碑序	笏首方趺	祖师庙大殿前西侧
4	乾隆五十年	无题·诉讼碑	笏首无趺	甘露庵正殿前南侧
5	嘉庆十七年	无题·创修香亭补修五瘟殿壁记	壁碑	五瘟殿外墙上
6	嘉庆二十五年	汤王头起社碑记	壁碑	甘露庵北配殿前

续表

序号	时间	碑记额题以及摘要	形制	备注·庙宇
7	道光三年	汤王头泥水匠公议工价碑记	笏首倒伏	祖师庙大殿前东侧
8	道光五年	汤王头甘露庵重修西南耳楼碑记	笏首无趺	甘露庵南配殿前
9	道光八年	汤王头甘露庵创修北殿重修耳楼碑记	笏首方座	甘露庵后院北侧
10	道光八年	无题·重修春秋阁壁记	壁碑	路边
11	道光十年	无题·汤王头□□□重修西殿三间碑记	笏首无趺	甘露庵正殿前稍远
12	道光十八年	创修白衣大士堂碑记	未测	
13	咸丰元年	无题·社物碑	笏首无趺	甘露庵正殿前北侧
14	咸丰七年	汤王头村甘露庙重修地藏殿面然大士碑记	笏首无趺	甘露庵后院北侧
15	同治四年	创修北坡南垅兼修土地祠看楼碑记	壁碑	甘露庵山门前壁上
16	同治九年	无题·鲁班楼壁碑	壁碑	鲁班楼西侧楼上
17	光绪二年	汤王头村金妆□像补修殿重修戒墙门院碑记	壁碑	关帝庙门外墙上
18	光绪十九年	补修甘露庵碑记	笏首无趺	甘露庵前院正殿前北侧
19	民国十二年	无题·赵咸功德碑	方首倒伏	甘露庵院内北侧倒伏
20	民国十二年	无题·捐资碑	方首倒伏	甘露庵院内北侧倒伏
21	民国十七年	汤王头村补修各庙碑记	笏首方趺	汤王庙正殿前西侧
22	民国十七年	金妆观音圣母神像记	壁碑	北阁白衣阁东侧墙上
23	2016年	何处望高平满眼风光汤王头	笏首方趺	汤王庙正殿前东侧
24	2016年	合村父老在外游子四方善士募芳名	方首方趺	鲁班庙楼下西侧
25		无题·南阁残碑	壁碑	南阁外
合计	共计25通			

说明：（1）本表依据对汤王头村的实际调查汇总，按照时间顺序排列给出；（3）有些碑刻，由于庙宇不存，现在存放位置与历史不符，这里还原到原庙宇；（3）关于碑刻的规制和尺寸等，这里限于表格，省略，将在附录中给出；（4）匾额、题记、脊坊等这里限于表格，省略。

　　从表 2 可以看出，一共 17 次的庙宇工程中，有 12 次发生在这个区域，这个区域毫无疑问是汤王头村信仰的中心。正如民国十七年（1928）的《汤王头村补修各庙碑记》中记载的："相传村因庙称。是知汤王庙为首，后世历经补修，不一而足，考诸碑碣然，皆分年别段修此。"汤王庙具有主庙的地位，其作为汤王头村最早和最重要的庙宇，是该村庙宇格局最早和最基本的要素。此后汤王头村的庙宇兴建和扩张是以它为中心而展开的，该村修建的其他的庙宇紧紧围绕在汤王庙的周围，这块区域成为该村的信仰中心。

　　清嘉庆以后，尤其是道光时期，汤王头村的庙宇修缮活动最为频繁。但是早在乾隆时期，汤王头村就已经是高平县内下辖乡村中所有工匠的聚集地，这一点可以从乾隆四十六年（1781）的《百里泥水工同议工价碑序》中的碑题得知。碑文中提到的"百里"并不是距离，而是根据明清里甲制度衍生而来的词汇，是明清两朝的基层行政组织制度。这里的"百里"是指高平县下辖的乡村，实际上乾隆时期高平县内只有八十八里，此处为概数。这说明工匠们不仅有自己的势力范围，而且有了大致的规章制度，可以视之为行会组织成立之前的一个雏形。

　　道光时期汤王头村频繁的建筑活动，将平时散落在各处的工匠们集结起来。频繁的修缮工程为工匠们彼此交流往来提供了一个很好的机会，由此衍生出圣德会这一工匠的行会组织以及鲁班楼这一工匠们独属的祭祀庙宇。至此，汤王头村作为高平县工匠中心的地位无可置疑。

三

　　通过碑文记载和历史文献，我们可以得知，工匠是汤王头村较为特殊的一个阶层。虽然清朝废除了明朝的匠籍制度，农民和工匠的身份界限被打破，但是工匠是需要一定技术含量的工种，并不是人人都可以胜任的。立于乾隆四十六年（1781）的《百里泥水工同议工价碑序》明确记载："但历来公作有典，赔苦无常，属在工人，皆所不免，而艰难辛苦唯泥水工尤甚，不必从事农功，依然沾体涂足；何尝矢志商旅，犹是握算持筹，戴月披星，常竭蹶于一岁；水寒气寒，且闲旷于三冬，夫逐日经营，不闻有余之庆；偶尔休息，立见不足之虞。非支工以延性命，即举债以度光阴。燃眉之急方去，倾足之患又来。"这段话表明工匠作为职业化的工种，平时不从事农业劳动。但是与农民和商人比，他们的生活依然十分困顿，收入不高，且没有固定工作时间，没有健全的生活保障。一方面是工匠群体的日益壮大，一方面是他们艰辛的日常生活，圣德会这一全部由由工匠组织而成的组织应运而生。这种工匠组织也可称为行会。行会是古代手工业者与商人的社会组织，早期称为行，后期称为会馆或公所。行帮是古代手工业和运输业中劳动者的组织，一般称为帮或行，也有的称为会馆、公所，多是以乡土地缘关系为纽带组成的。①

　　古代工匠成立行帮组织，目的是维护自身利益。但是封建社会的雇工还是在狭小的、没有或少有内部分工的手工业中劳动，还没有也不可能形成统一的阶级。因而他们所要维护的不是工人阶层的整体利益，甚至也不是全行业雇工的利益，而是狭小的、多半是按乡土观念划分的小团体的利益。②

　　虽然"圣德会"这一名称出现较晚，仅在道光二十五年（1845）的鲁班楼脊坊上的题记中有所记载，"时大清道光二十五年圣德会创修鲁班楼三间于六月………自修之后，阖村兴旺，人等平安，永远为记耳……会首"。且没有明确的史料支撑其起止时间，发展线索，但是我们可以根据乾隆四十六年（1781）的《百里泥水工同议工价碑序》中的碑文来探寻早期的工匠组织形态。

　　据清乾隆四十六年（1781）的《百里泥水工同议工价碑序》中的碑文记载："仰答神明，公议条款祀典；协同百里，工价约定五分"，从中可以看出，该村已经成为高平县百里（意即为乡村，实际为八十八里）内的工匠集会的中心。众工匠所议定的"条款祀典"，在高平县辖区内是通用的，对县域内所有的工匠具有一定的约束力。虽然碑文中没有明确提出"圣德会"的字样，但是可以从碑文内容推测出，此时高平县内的

<hr>

① 曹焕旭：《中国古代的工匠》，商务印书馆国际有限公司1996年版，第133页。
② 曹焕旭：《中国古代的工匠》，商务印书馆国际有限公司1996年版，第150页。

工匠一定有了一个内部的组织。因为碑文中不仅有大家共同认定的规章制度，还有相应的处罚手段，这就需要专门的人来监督执行，以保障该行业的整体秩序。条理分明的规章制度，行之有效的处罚手段，都表明了该组织结构完善，组织缜密，流程清晰。即使此次立碑记事的行会不是圣德会，也是同圣德会职能相类似的行会组织。

道光三年（1823）的《汤王头泥水匠公议工价碑记》因漫漶严重，字迹不清，仅有一句清晰可见："吾邑泥水一行，唯此村最多"，说明大量泥水工集中于汤王头村。人数的优势也为汤王头村成为高平县的工匠集会的中心奠定了坚实的基础。而文中模糊不清的"吾邑泥水一行，唯此村最多，向来每做活，一工得顾主九十□□""不□□主曰□□□□此□□同行应每做一工以七十钱之□□定，此□□齐行罢市也"，即原来每个工匠的工价（工资）是九十钱，如今降为每人七十钱，所以举行罢市。这一方面表明这个工匠行会组织的力量进一步加强，对行会内部的掌控力量十分强大，能组织罢工这样大规模的活动；另一方面也表明，当行会内的工匠的利益遭到侵害时，该组织能强有力的予以反击，保护本行会成员的利益。

但是随着雇佣劳动的增多，不仅雇主与手工业者之间冲突日益增多，手工业者内部也出现了一些问题，雇工之间往往也存在恶性竞争，造成市场紊乱。清乾隆四十六年（1781）的《百里泥水工同议工价碑序》提到："仰答神明，公议条款祀典；协同百里，工价约定五分。在我等不为过求，即他人亦可相谅。所异者射利之徒，百生机巧；宵小之辈，多方委蛇。或暮楚朝秦，希图主顾；或彼恨此妒，自相戈矛。于是乎减价让工，遂开捷便之路；裂规坏矩，不惜指谪之加。推立以必罚之条，迫以必行之势。让工者纳银十两，减价者献戏三朝。勿临期而致怨，勿事后而生悔。凡我同人，各宜凛之，以为永远奉祀之计。"这段碑文信息量十分巨大，"仰答神明，公议条款祀典；协同百里，工价约定五分。在我等不为过求，即他人亦可相谅"。这表明当地的工匠联合起来制定了关于工匠做工的定价。这个价格在工匠看来十分合适，即满足了工匠们自身的要求，又不会让雇主觉得他们要价过高。碑文中的"百里"在上文中已经表明是指高平县下辖的乡村，这里表明关于定价的条文适用于这些乡村中所有的工匠，表明了规约的适用范围，从而形成了一个关于工匠的区域性市场。

上文提及随着工匠人数的增多，内部也衍生出一系列问题，尤其是雇工之间因为恶性竞争而导致矛盾突出。这一点碑文中也有记载，"所异者射利之徒百生机巧，宵小之辈多方委蛇。或暮楚朝秦，希图主顾；或彼恨此妒，自相戈矛。于是乎减价让工，遂开捷便之路"；这段话的意思是雇工之间通过减价让工开展恶性竞争，这一行为造成了工匠市场的混乱，对当地工匠的生存环境造成不利影响。这些不遵守行业规矩的工匠们，或者通过雇主所给出的价格来确定最终做工的主顾，或通过降低自己所得的价钱来同其他工匠争夺客源。"暮楚朝秦、希图主顾"破坏了工匠行业自身的信誉，"彼恨此妒，自相戈矛"则通过破坏市场价格的手段来恶性竞争，这会导致工匠的工酬下降到无法再下降的地步。这种行为遭到了行业内其他人的唾弃，故称其为"所异者射利之徒，百生机巧，宵小之辈，多方委蛇"。为了维护广大工匠的共同利益，保护其行业信誉，稳定市场秩序，于是有了这次立碑纪事。

一个组织能够长久运行，除了有相应的规章制度，对于违背条约的组织成员的处罚也是必不可少的。就像国家制定法律一样，如果没有相应的处罚手段，就无法保障法律的顺畅实施。如碑文中所说："裂规坏矩，不惜指谪之加，推立以必罚之条，迫以必行之势"，"让工者纳银十两，减价者献戏三朝"，对不遵守契约，随意变更雇主的工匠予以罚银十两的处罚；对擅自降价，同其他工匠争夺客源的工匠予以罚戏的惩治。其本质都是从金钱上处罚这些工匠，以此来约束工匠们的行为。工匠行会针对违反规章制度的不同情况施以不同的处罚手段，明确了对于胆敢违反规章制度的工匠的处罚措施，确保了本行会的整体利益，维护了该区域内工匠市场的秩序。

四

古代工匠除参与一般城乡人民共同的宗教祭祀活动外，同时又有自己行业的独立祭祀活动，至少到宋代这类活动已见于文献记载。明清以后，随着工匠的行帮组织的出现，行业神的崇拜就成为组织同行业人员共同行动的一面旗帜。同时，祭祀祖师，也成为行帮行规的主要内容之一。[①] 鲁班楼的创建就是高平县内的工匠们为了祭祀鲁班，求神庇佑的结果，为圣德会于清道光二十五年（1845）创建的一座二层小楼，有脊坊上的题记为证："时大清道光二十五年，圣德会创修鲁班楼三间于六月……自修之后，阖村兴旺，人等平安，永远为记耳……会首"，现为村委会所在地。前文中提到，圣德会是一个由工匠组织而成的行会，鲁班楼的建立是由圣德会组织发起的。

而汤王头村特殊的一点在于，当地的工匠在建立组织之后并没有立即为鲁班建祠，而是将汤王头村的祖师庙当作商讨事务、协调纠纷的聚会场所。因为乾隆四十六年（1781）的《百里泥水工同议工价碑序》和道光三年（1823）的《汤王头泥水匠公议工价碑记》这两块规约碑，都是立在真武祖师庙之中的。直到道光二十五年（1845），才在汤王头村建立了鲁班楼，至此，汤王头村以及高平县内的工匠们才有了他们自己的祭祀场所。

清同治九年（1870）的无题名碑上记载到："汤王头村，汤王庙左有鲁班楼。历年已久，每逢圣诞，泥水匠演戏，三朝费钱数十余串。五班首事等，因每年赛期费无所出，收钱甚难。公议请摇会一局，五年间积钱余壹百余千文，置地九亩有余，所得租籽以为演戏之资。虽不甚多，亦聊可备大半之费。若每年收租，惟该班首事是问。由是以往则赛期演戏，不至废坠，而神于是必将福于无疆矣。"该碑文详细介绍了在鲁班圣诞时演戏庆祝这一项历史悠久的传统活动。但苦于所需资金数额较大，收钱艰难，村社的"维首"通过摇会在五年间筹集到一百余千文。为了保证资金的持续性，维首决定用筹集的资金来购置九亩土地，用地租来支付每次演戏酬神的大半费用。通过对土地投资，收取租额的方式，保证了鲁班圣诞时演戏庆祝这项活动的长远性和稳定性，这样才能保证"赛期演戏，不至废坠"，以求得神灵长久的庇佑。

像圣德会这样出于共同利益而缔结的组织，需要完善的规章制度以

---

① 曹焕旭：《中国古代的工匠》，商务印书馆国际有限公司1996年版，第153页。

及价值认同才能更好地运行和维持下去，就像杨庆堃在《中国社会的宗教》一书中提到的，超家庭的结社基本上是诉求某些共同利益而自发组织起来的，和生育繁衍毫无关系。由于缺乏内在的天然纽带，超家庭的团体为了形成凝聚力，就需要特别强调共同利益、制定一系列约束成员的规章制度以及相关的价值观和仪式。① 所以，该组织不仅有条理分明的规约，更是制定了有关违反规约的惩罚措施。而每年在鲁班圣诞时演戏酬神，则是通过宗教手段来加强整个工匠团体的内部团结，以及提高个人对该组织的认同和忠诚。宗教信仰的介入，有助于减少成员之间因个体的、利益而产生的冲突，并通过强调团体的象征符号将成员的意识提升到集体层面。由于需要外在的力量来增进团结与稳定，各种社会和经济社团中普遍存在着宗教成分。②

根据瓦哈的结构性视角与田立克的功能性视角，宗教定义中的重要的物质象征，即寺庙建筑——鲁班楼已经具备。那么必不可少的一个环节则是祭祀仪式。同中国古代大部分地区一样，在汤王头村，佛教、道教及各种民间信仰相互融合渗透在一起，呈现出一种杂糅交织的状态。该村有两个较为盛大的民间信仰仪式，一是每年六月初六的走会，往鸦儿沟庆祝三峻神生日。这个民间信仰仪式流传至今，成为村里的一项民俗表演。咸丰元年（1851）无题名碑记有载："汤王头社每年六月六日成会，往鸦儿沟恭祝护国灵贶王尊神圣诞。"每年六月六的走会声势十分浩大，至今村中的碑刻上仍有许多村民添置社物的记载，如嘉庆二十五年（1820）的《汤王头起社碑记》记载："今公议照旧起社，各自随心捐钱。稍微添补社物，失落不全者，日后查出，照物赔补。止六月走会，合村拈班轮转，周而复始，众力作为，以逸停止"，碑文后面附有详细的社物，即走会所需的一系列工具行头，如伞、罗等。咸丰元年（1851）的无题名碑记记载的社物更为齐全，包括神盔、神袍以及旗伞鼓吹之类。另一个则是鲁班圣诞日的庙会，如今这一传统已经消失。同治九年

---

① ［美］杨庆堃著：《中国社会中的宗教：宗教的现代社会功能及其历史因素之研究》，范丽珠译，上海人民出版社 2007 年版，第 66 页。

② ［美］杨庆堃著：《中国社会中的宗教：宗教的现代社会功能及其历史因素之研究》，范丽珠译，上海人民出版社 2007 年版，第 67 页。

（1870）的无题名碑记中提到："汤王头村，汤王庙左有鲁班楼，历年已久，每逢圣诞，泥水匠演戏，三朝费钱数十余串。"不同于三嵕神庆祝圣诞需要到外村走会，据村中老人回忆，鲁班的圣诞日一般都是在本村举行庙会。届时除了会请人到村中来演戏，周围村镇的小商小贩也会到汤王头村来摆摊售卖，村中各种杂耍、商贩云集，热闹非常。一般在鲁班圣诞的前几天，就开始筹备庙会。到鲁班圣诞那一天，在鲁班楼前搭上彩棚，将鲁班神像的牌位请到彩棚中的案桌上，接受众人的烧香、祭拜，然后由村中德高望重的人在鲁班神像前宣读祭文，结束后开始唱戏。"乡村庙会，不是专指乡村市集或者说庙集，而是有着代表神灵的塑像、画像等圣画像、供桌、祭品等在内的庙宇或神棚等特有空间，有着组织和信众，有着许愿、还愿、敬拜、祈求、唱诵等用言语和行为表述，进行的与神灵沟通、交易、互惠的信仰实践，并以之为核心、源点，有着香火、鼓声、纸、烟火等象征符号，集多种娱乐以及市集于一体，一年一度定期举行的地方群体性庆典。"[1] 显然该村的鲁班圣诞日庙会属于乡村庙会的范畴。

前文中提到的乾隆四十六年（1781）的《百里泥水工同议工价碑序》提及对擅自减价的工匠处以罚戏的措施，至道光二十五年（1845）鲁班楼的创建，同治九年（1870）的无题名碑记记载"每逢圣诞，泥水匠演戏"。笔者认为，这个鲁班圣诞日的庙会可能最初是由罚戏慢慢发展而来的，早期鲁班圣诞日的庙会是由工匠行会组织发起的。

最初的罚戏是由类似圣德会的工匠组织监督执行的，到了同治九年（1870），圣诞日的庙会就是由五班首事组织发起的。同治九年（1870）的无题名碑记记载："五班首事等，因每年赛期费无所出，收钱甚难，公议请摇会一局。"虽然不知庙会最初开始时间，但到了同治年间，组织演戏的权力已经由工匠组织手中移交到村社手中。

所以鲁班楼的创建不仅意味着高平县内的工匠们有了独立的商议事务、协调纠纷的场所，也从侧面证明了该组织的日趋成熟和完善。鲁班

---

① 岳永逸：《灵验·磕头·传说——民众信仰的阴面与阳面》，生活·读书·新知三联书店 2010 年版，第 95 页。

楼不仅仅是一座供奉鲁班的庙宇，也是该县域内工匠中心的标志。工匠组织通过一系列仪式，将民众日常生产生活中的信仰观念、仪式行为等有效组织起来并予以充分表达，不断聚合民众并维系乡村社区的内部关系。[①] 并且它们的权力与职能也因神灵的权威得到强化与延伸，最终被信众认可接受。

五

明清时期商品经济繁荣，区域经济也随之迅猛发展，明朝颁布的开中制和大量人口的迁入为山西商人的崛起奠定了良好的基础。山西商人抓住开中纳粮的时机，乘势崛起，逐步形成了以乡土纽带为特征的帮会体制，其行商范围遍布全国各地，甚至远至蒙古、俄罗斯等地。由于汤王头村地处驿道要塞，来往的客商很多，这里店铺林立，遗留的明代建筑很多，展示着汤王头村昔日的繁华。明代沈思孝在《晋录》里描述"平阳、泽、潞，豪商大贾甲天下，非数十万不称富"[②]。汤王头村在明清两代都属于泽州府，当地商人属于泽潞商人，也是晋商重要的组成部分。

明末清初，战乱频仍，高平地区也被波及，整个汤王头村也一度走向衰败。据甘露庵墙壁题记载："大明崇祯十年七月二十五日动工立胎，以兵龙交集，时势所逼，延顺治四年二月初六日开工金粧，以小月初一日告竣。"从题记中可以得知，由于受到战乱的影响，修建庙宇的活动都不能正常进行。清朝入关以后，高平地区才逐渐平定。由于山西商人对清政府的正确投资，他们得到了丰厚的回报，清政府对山西商人大力扶持。良好的外部环境和山西商人自身的勤劳努力，使汤王头这块古老的土地重新焕发出生机。该村的贾氏、王氏等村中望族皆以经商发家。而商人对于兴建和修复庙宇的捐助最早始于道光五年（1825），《甘露庵重修西南耳楼碑记》中记载"乃李独慨然曰：余素商游京师，四方好义者

---

① 侯娟：《明清以来的民间信仰与乡村基层组织》，硕士学位论文，山西大学，2008 年，第 14 页。

② （明）沈思孝：《晋录》，中华书局 1985 年版，第 3 页。

云集，倘募化之未为不可"。可见这一时期汤王头村的商人已经拥有了一定的资金和商业资本，开始扩大经营范围，去外地经商。而碑阴中的捐款名单显示，除了来自北京的 19 个商号，仅有 5 名村民对此次活动进行了捐助，这一比例悬殊。碑文中李淮说"余素商游京师"，意思是李淮平时在北京经商。此次重修甘露庵的西南耳楼，李淮一力承担起募化的任务，向自己的经商所在地的商人和商号募化。这里值得注意的是，李淮虽也是商人，但是此次捐款活动是以个人名义进行捐助。

同光时期是汤王头村商业发展鼎盛时期，依据村中留存的碑刻资料可以清晰看出这一点。这主要体现在修缮庙宇上，大量的商号慷慨解囊，包括本村、本县以及外省商号。有的庙宇修缮活动中，几乎全部都是由商号捐款，如道光八年（1828）的无题名碑记中，共有 48 个商号全部来自河南。碑文中记载："众社首携请余胞兄，贾子通亲带缘簿一本。余兄在汴省于同事中伏祈，众善友解囊输金，共襄盛举，所化布施银两若干。"由此可知，贾子通也在河南经商，此次募捐所得来自河南的商号，可推测出贾子通在河南的生意做得十分顺利，在当地具有稳定而广泛的商业关系。

同治四年（1865）的《创修北坡重修南垵兼修土地祠看楼碑记》中共有 131 个商号，除本地和山西省境内有大量商号捐款外，其余外省商号遍布河南、河北、山东、安徽、广东、北京等地。光绪十九年（1893）的《补修甘露庵碑记》上，共有 140 个商号，外省商号开至河南、河北、山东、江苏、湖北、浙江、北京等地。民国十二年（1923）的无题名碑记记载："先生讳咸，莩号子亨。五台望族，佐治泫城。绩著路政，废者以兴。躬亲募化，监督兴工。不辞劳瘁，卒底于成。欢声彰道，惠我同行。勋德浩荡，民无能名。谨勒斯石，藉资颂功。"这次立碑纪事不是为了修缮庙宇，而是为了修路，故捐款的商号虽仍旧很多，但比较特殊的一点是，周边的各个村庄都积极投入此次捐款活动中。民国十七年（1928）的《汤王头村补修各庙碑记》中，商号捐款比同光时期数量较少，但仍在此次捐款活动中占主要地位，共有 92 家，且涉及江苏、浙江、湖北等地的商号。由此可见，同光以后，商号捐款成为汤王头村庙宇修缮资金的主要来源，该村的商业发展也进入鼎盛时期。乡土观念浓厚的商人们积极投身本村的社会活动中，具体体现为对庙宇兴修的大力支持。不仅促进了当地公益事业的发展，改善了当地的公共环境，而且加强了自身与当地的紧密联系，为该村的经济文化发展做出了卓越的贡献。详情参见表4。

从这张资金表中可以清晰看出，从道光五年（1825）起，商人开始参与到庙宇兴建的过程中来，同光年间达到顶峰。修建庙宇的资金主要来源于商人，大量商号出现在碑阴的捐款名单中，除了本地商号捐款，还有大量外地商号的捐款。如同治四年（1865）修缮土地祠时，外地商号捐款占据了优势地位。同治年间以后，基本上庙宇的修建都是由商人捐资完成的，捐款名单中的商号遍布全国各地，不再局限于本地。上文《甘露庵重修西南耳楼碑记》中提到的李淮，其身份具有双面性，他既是本村村民，又是商人，因为碑文中提到"乃李独慨然曰：余素商游京师，四方好义者云集，倘募化之未为不可"。在此次捐款中，虽然李淮是以个人名义进行的捐款，但身份依然是商人。这说明了该村商人在富裕之后，积极投身本村的公益活动中来，如架桥铺路、修缮庙宇等，李淮只是其中的一例。

表4　　　　　　　　汤王头村历次修建庙宇的资金来源

序号	修建时间	庙宇	资金来源	备注
1	明天启三年	汤王庙	村民	
2	明崇祯九年	甘露庵	官员、僧侣、村民	
3	清乾隆八年	观音庙	村民	
4	清嘉庆十七年	五瘟殿	村民	
5	清嘉庆二十五年	汤王头社	村民	为寺庙添置社物
6	清道光五年	甘露庵	村民、商号	
7	清道光八年	甘露庵	村民	
8	清道光八年	春秋阁	商号	全部为河南商号
9	清道光十八年	白衣大士堂	村民、摇会	
10	清咸丰元年	不详	村民、关圣会	为寺庙添置社物
11	清咸丰七年	甘露庵	村民	
12	清同治四年	土地祠	村民、商号、外村大社	

序号	修建时间	庙宇	资金来源	备注
13	清同治九年	鲁班楼	村民、摇会	
14	清光绪二年	关帝庙	村民、商号、千秋会	
15	清光绪十九年	甘露庵	村民、商号	
16	清民国十七年	各庙	村民、商号	全部寺庙补修
17	清民国十七年	观音庙	村副刘海峰	

　　汤王头村的望族贾氏家族对家乡的庙宇修缮活动做出了极大贡献，从碑刻资料和村民口述中可以得知，贾家对汤王头村的公共事务一直不遗余力的支持。据当地村民介绍，贾家在清朝以经营典当起家，贾家名下商号遍布河南、北京等地，是富甲一方的商人家族。这一点在道光八年（1828）的无题名碑记中可以看出，碑文记载："众社首携请余胞兄，贾子通亲带缘簿一本。余兄在汴省于同事中伏祈，众善友解囊输金，共襄盛举，所化布施银两若干。"文中提到的众善友主要是贾子通在河南的同事，商号共有 48 家，其中典当商 21 家，占总捐款商号的 43%，可见贾子通与河南典当商号的关系最为密切，这与村民提到的贾家以经营典当起家的说法不谋而合。同治四年（1865）的《创修北坡重修南埃兼修土地祠看楼碑记》提到："思欲创修石坡，重修石埃，无如民贫村小，资斧维艰。爰整缘簿数册，募金若干，鸠匠辇石，克日兴工"，缘簿共 11 本，其中贾姓族人所募化的缘簿有 4 本，除去源德典、林祥店、协盛驼店这 3 家店铺募化的缘簿，可以看出贾家族人在此次募化活动中占据绝对优势地位。光绪十九年（1893）的《补修甘露庵碑记》提到："固散捐簿数册，广为募化。所幸四方仁人君子倾囊相助，咸乐输不怪"，缘簿共 10 本，其中由贾姓族人募化来的缘簿共 6 本，占缘簿总数的 60%。从上文数据中可以看出贾家对汤王头村修缮庙宇活动的支持。除了贾家，汤王头村有很多在外地经商的商人，他们在经商所在地积极募化，如同治四年（1865）修建土地祠时，有大量商号进行了募捐。其中既有本村人开设的商号，也有本村人经商所在地商人或商号，这种情况相当普遍。汤王头村商人的足迹遍布河北、北京、河南、山西、山东等地，他

们向当地的商人或商号募化，所得资金带回本村修缮庙宇。

六

　　根据碑刻上遗留下来的商号捐助，可以分析出汤王头村商人经商区域的变迁。在道光五年（1825）的《汤王头甘露庵重修西南耳楼碑记》碑阴记载中，其捐款商号全部来自北京。而同治四年（1865）的《创修北坡重修南埏兼修土地祠看楼碑记》中外省商号的捐资成为当时修缮庙宇的重要资金来源，他们募化的地方很可能就是募化人在外经商的所在地。

　　碑刻中的外省商号涉及广东、北京、河南、浙江等地，对于这些外省商号是否为本村人开设，抑或是本村人到该地经商，还是与其有商业来往，我们不得而知。但是不管是本村人开设的商号还是与他们有商业往来的外省商号，都可以使我们了解汤王头村商人的商业网络，基本可以判断汤王头村商人行商的范围。故笔者选取同治四年（1865）、光绪十九年（1893）、民国十七年（1928）这三个具有代表性的时间段为例，详述汤王头村商人在此期间经商区域的变化。

　　以同治四年（1865）《创修北坡重修南埏兼修土地祠看楼碑记》为例，我们可以看出，此次修缮活动的资金有大量来自外省商号的捐助，详情参见表5。

表5　　　　同治四年（1865）《创修北坡重修南埏兼修土地祠
看楼碑记》各省商号捐款统计

序号	省份	捐款地区	商号数量	商号	捐资总额
1	河南	南阳府	1	正堂金	5 两
		通许县	2	正堂萧、协裕盐店	5 两 + 10000 文
		辉县	1	正堂瑞	5 两
		辉县·楚旺	2	宛玺玉、永盛粮店	10 两
		济源县	3	正堂孔、德左帮、平后帮	12 两
		睢州	1	正堂王	5 两

序号	省份	捐款地区	商号数量	商号	捐资总额
1	河南	汤阴县	1	正堂部	5 两
		新郑县	1	正堂承	5 两
		朱镇	1	广泰锁记	500 文
		陈州府	1	正堂袁	4 两
			27	协裕永缎店、盈泰缎店、贾三合、隆昌盛、东福隆缎店、永成公缎庄、谦慎利、复和恒、西福隆义、协和堂、长庆隆、祥和义、鸣盛腾、顾福昌、永源长缎庄、庆盛魁、顺昌合、宏聚号、益盛号、义元号、老九华楼、文庆昌、宏兴离、九华祥、玉泰号、苏麟祥、三顺号	4 两＋58000 文
2	山西	晋城市高平市	高平·旧城	1	丰聚号	1000 文
			高平·城关	1	城关众铺户	86000 文
			河西镇·义庄	7	积成号、长生荣、泰成号、天育公、万和堂、泰兴号、三义公	11000 文
			河西镇·河西	2	河西会馆、和义馆	4600 文
			米山镇·郭村	15	谦益典、德松典、泰兴钱、积成衣店、铺户会馆、顺来衣店、庆成典、义恒典、植成典、敬盛典、德仁典、文茂典、聂□昌行、泰盛亨□ 庆源丰	14500 文
			南城街道办事处·徐庄	1	三兴永	1000 文
			南城街道办事处·汤王头	15	和盛驼店、恒兴驼店、德顺驼店、泰和驼店、成顺驼店、锡盛驼店、合兴驼店、升泰驼店、全盛恒、同益公、万年堂、永和公、恒盛魁、永义顺、协盛驼店	26800 文

序号	省份	捐款地区		商号数量	商号	捐资总额
2	山西	晋城市高平市	寺庄镇·北赵庄	1	义昌典	1000 文
			寺庄镇·王报	3	恒泰典、恒聚成、士义风	6000 文
			寺庄镇·寺庄	4	三聚典、晏如楼、聚德堂、荣盛德	8000 文
			寺庄镇·西阳	1	英泰东	2000 文
			寺庄镇·贾村	2	元合义、东三盛	1000 文
			寺庄镇·德义	1	毕玉丰	500 文
			野川镇·东沟	2	三和祥、兴隆店	2000 文
			原村乡·董峰	1	南当行	10000 文
			原村乡·皇王头	2	泰来升、复成炉	2000 文
		晋城市沁水县	柿庄镇·小柿庄	1	利生号	2000 文
		晋城市泽州县	大阳镇·大阳	1	同生号	1000 文
			泽州县	2	英盛店、复新店	2000 文
		长治市长子县	慈林镇·张店	5	源德典、敬茂典、益丰典、裕成典、敬兴典	11000 文
			运城市	1	武崇义	2 两
			广平	2	同益恒、发德裕	2000 文
3	北京	京都		11	敬胜长、聚泰号、恒发义记、恒泰荣记、义泰锡记、隆兴义、同胜昌、德诚和、长春公、兴泰义、惠丰永	41 两 + 5000 文
4	安徽	凤台		2	尚友当行、悦来当行	16000 文
5	广东			3	蓝双源号、杨三和堂、永裕内记	1500 文

序号	省份	捐款地区	商号数量	商号	捐资总额
6	河北	武安	2	东双盛、长庆隆	1000 文
7	山东	曲堤	1	洪兴魁	1500 文

根据表5，可以进一步得出各省商号捐资金额占比，详情参看图2。

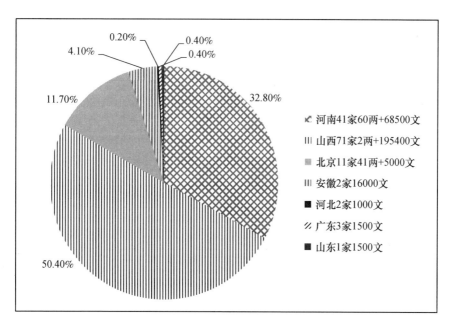

图2　同治四年（1865）各省商号捐资金额占比

根据上述图表可知，同治四年（1865）汤王头村重修土地祠时，山西本省的商号捐款数额和商号数量都是最多的，且多是汤王头村周围村镇的，这表明汤王头村与周围市镇商业往来频繁。而募化的外省区域集中在今天的河南中部和北部，河北省中部，靠近北京地区，以及安徽、广东、北京等地。就外省捐资商号来说，河南商号的捐资数额和商号数量是最多的，其捐资数额占到总捐资额的 32.8%，其次分别为北京 11.7%，安徽 4.1%，山东 0.4%，广东 0.4%，河北 0.2%。从以上数据中分析得出，除山西省外，河南与北京的商号数量和捐资额是最多的，与汤王头村的关系最为密切。

光绪十九年（1893）的《补修甘露庵碑记》中，外省商号的数量进一步增多，汤王头村商人的行商区域较之同治四年（1865）范围进一步扩大，详情参见表6。

表6   清光绪十九年（1893）《补修甘露庵碑记》各省商号捐款统计

序号	省份	捐款地区	商号数量	商号	捐资总额
1	河南	获邑	7	崇信店、旺兴谋、广泉涌、谦和布店、晋兴店、德和成、祥泰煤店	3两+6400文
		孟县	1	益泰兴	2000文
		长葛县	6	正堂王、豫德盐店、右堂王、门印公、新盛号、厘税局陆	4两+7000文
		唐庄村	4	三盛烟店、安永盛、程合兴、正泰酒馆	7000文
		白邱集	1	天佑油坊	1000文
		襄城县	4	和合成、德顺店、双兴永、义生和	3500文
		周口	2	聚茂店、三和合	2000文
		兰议县	2	恒德油店、三泰烟店	2000文
		三义寨	1	启兴号	1000文
		典兴集	18	万合永、泰兴合、合顺典、当行公、曹余庆堂、德兴典、庆兴典、余生典、永成厚、德顺远、和泰恒、永源昌、长兴隆、敬盛昌、德盛顺、和兴永、天德昌、信元和	26100文
		白潭	1	人和店	500文
		林县	2	宝盛德、永盛德	2000文
		道口	2	顺成凭、庆隆号	3000文
		内邑	2	通泰号、万盛号	1500文
		新乡县	1	祥聚东	1000文

序号	省份	捐款地区	商号数量	商号	捐资总额
1	河南	滑邑	4	万昌义、成兴新、如兴号、四茂合	2500 文
		四间房	1	万顺恒	500 文
		辉邑	1	元茂功	500 文
			28	日升昌、协裕永、永成厚、和泰昌、义泰昌、永兴泰、顺兴涌、德盛泉、永成公、大顺玉、德盛号、永合公、永盛歧、生生广、全兴振、协茂恒、裕隆昌、天兴布店、兴泰号、元亨贞、增顺元、恒兴昌、集义恒、万盛顺、大来恒、聚锦永、裕顺亨、隆盛永	4 两 + 32000 文
		藁城县	5	大有布店、广兴隆、四兴布店、玉隆公、德泰盐店	4000 文
		东庄集	1	东兴号	500 文
		藁邑	5	庆裕成、天德号、逢义成、福聚魁、德和永	5800 文
		碾头集	5	三盛号、兴泰义、德泰恒、晋泰恒、源德典	8000 文
		束岸集	1	公兴号	1000 文
2	河北	完县	1	资盛合	700 文
		深邑	1	通兴泰	2 两
		保定府	1	德裕合	1000 文
		大名府	1	泰益敬	500 文
3	山西	平定州	11	恒顺德、仁义公、永隆祥、四和永、万盛玉、同心玉、三友成、敦生永、宝玉成、萃金亭、复庆成	29500 文
		礼义镇	1	长兴号	1000 文

续表

序号	省份	捐款地区	商号数量	商号	捐资总额
4	江苏	南京	1	胡义隆	3 两
		镇江	1	马义记	2 两
		盛泽	2	永昌顺、信源庄	4 两
		姑苏	7	江恒隆、蒋恒隆、镒源、萃昌永、庆泰祯、长庆隆、永茂义	6 两 + 4505 文
			1	日升昌	4 两
5	山东		2	锦源鑪局、长源公局	7 两
6	湖北	束邑	3	万顺瑯、明盛俊、万顺店	3 两 + 500 文
7	北京		1	长裕局	3 两
8	浙江	湖州	1	鸿茂源	3 两

根据表6，可以进一步得到各省商号捐资金额占比，详情参见图3。

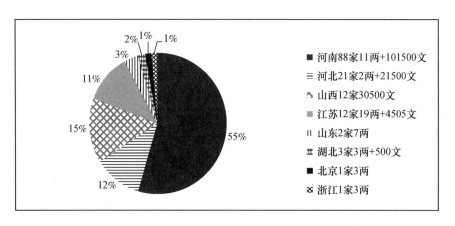

图3　光绪十九年（1893）各省商号捐资金额占比

从上述图表可知，光绪十九年（1893）汤王头村补修甘露庵时，募化的外省区域集中在今天的河南中部和北部，以北京地区为中心的河北省中部，以及江苏、浙江、江西、山东等地。就外省捐资商号数量和捐资金额来说，河南商号依然是最多的，其捐资金额占到捐资总额的55%。其次为山西本省的15%，河北的12%，江苏的11%，其余的山东、湖北、北京、浙江等地所占比重较小，此处不再赘述。

由上述分析可知，河南商号的数量和捐资额依然独占鳌头，相较同治四年（1865）有以下三点变化：一是河北省商号数量的增多。由当初的 2 家商号扩大至 21 家，其捐资数额所占比重也由原来的 0.2% 上升至 12%。这说明汤王头村商人进一步扩大了在河北省的经商范围，河北地区的汤王头村商人站稳脚跟，并有余力支持家乡的公益活动；二是山西本省的商号数量急剧锐减，由原来的 71 家减少至 12 家，其捐资额所占的比重亦由原来的 50.4% 降至 14.8%，笔者推测这一时期汤王头村商人在山西省经商的较少；最后一个显著变化是江苏省商号从无到有，且为数不少。其商号数量占到总商号数量的 8.6%，其捐资额占到捐资总额的 11%。这说明到光绪年间，江苏省是该村商人新开辟的商业市场，并发展良好。而山东、湖北、浙江商号数量过少，不具代表性，只能说明汤王头村人到该地经商或者与当地商号有商业往来。

民国十七年（1928）的《汤王头村补修各庙碑记》中捐资的外省商号大致沿袭光绪十九年（1893）的地区，只是在商号数量和捐资额上有所变化。其捐资商号依旧是来自河南、河北、山东、山西、江苏、湖北、浙江等地，只少了北京地区的商号，详情参见表7。

表7　民国十七年（1928）《汤王头村补修各庙碑记》各省商号捐款统计

序号	省份	捐款地区	商号数量	商号	捐资总额
1	河南	辉县	13	裕丰祥、达道堂、三多堂、德聚永、纯泰永、公兴永、祥盛隆、祥瑞玉、福兴隆、长盛馆、元兴公、同兴盐店、裕泉祥	18000 文
		怀庆	3	春和堂、恒聚牲、公聚通	7000 文
		道口	5	天源永、天兴裕、长茂德　裕兴永、成兴永	5000 文
		木栾店	1	义和号	2000 文
		新乡	2	乡泰成、同顺裕	2000 文
		武陟	2	松茂恒、盖长兴	2000 文

序号	省份	捐款地区	商号数量	商号	捐资总额
1	河南	彰德	3	大顺豫、广义恒、祥顺公	3000 文
		信阳	1	全顺兴	5000 文
			8	元盛德、泉盛长、公议合、庆兴隆、祥顺文、义聚祥、永丰祥、同心协	16000 文
2	江苏	苏州	16	悦来绸厂、义成祥、老祥泰、苏经厂、鸿源庄、张恒丰、天纶厂、锦泰昌、延龄厂、永裕庄、万顺绣庄、德华绣庄、豫泰丰、震昌泰、永昌盛　义泰号	20 元
		盛泽	1	程韵记	1 元
		镇江	2	丁景记、恒顺林	2 元
			19	永裕庄、甡记、张恒丰、泰康、张和记、徐启堂、老祥泰、蒋广昌、顺裕、石恒茂、永信义、庆丰、震昌泰、恒顺林　福泰洽、怡丰恒、万裕、裕盛昌、瑞泰昌	28 元
3	湖北	老河口	2	德茂同、新顺正	11000 文
		樊城	1	元盛涌	5000 文
4	山东	七方	3	泰兴裕、合顺德、玉兴隆	3000 文
		周村	1	复聚兴	1 元
			1	源记	1000 文
5	山西	高平	4	光裕祥、复兴恒、秦锦坊、一品斋	2500 文
6	浙江	湖州	1	鸿茂甡	3 元
		杭州	1	蒋广昌	3 元
		宁波	1	徐启堂	1 元
7	河北	兴安	1	复兴允号	5000 文

根据表 7，可以进一步得出各省商号捐资金额占比，详情参见图 4。

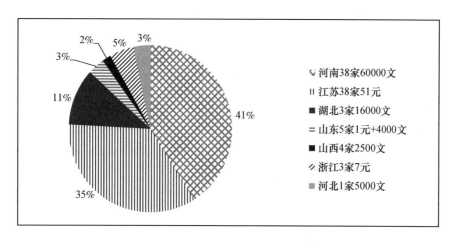

图 4　民国十七年（1928）各省商号捐资金额占比

　　根据图 4 可以看出，河南商号数量和江苏商号数量持平，但捐资额比江苏省略高，说明汤王头村商人在河南经商的依旧很多，河南是汤王头村商人外出经商的首选。而江苏作为该村商人新开辟的商业市场，保持稳健发展。该村商人在当地的商号数量缓步上升，应该是经营有方，发展良好，这一点体现在他们不输河南省的捐资额上。山西本省的商号数量较之光绪十九年（1893）时进一步减少，捐资额亦为各省最少，仅占捐资总额的 2%。湖北商号数量虽少，但是捐资额所占比重较大，故笔者认为湖北的商号经营情况较好，这与民国时期南方各省经济发展较好有极大关系。

　　大量外地商号和经商区域的不断扩展变迁，说明该村有很多人到外地经商，这也从侧面证明本村的商业也是很发达的，因为不可能该村村民都到外地经商而本村商业为零。除此之外，前文提到汤王头村地理位置十分重要，地处交通要道，往来客商众多，这也成为汤王头村店铺林立，商号众多的原因之一。汤王头村的街道往往以行业名称命名，这也是当地商业发达的一个重要证据。该村街巷以 2 条主干道和 8 条次级巷道组成。两条主干道分别是北官道和南官道，北官道是汤王头村的主干道路，呈南北走向，全长约 500 米，宽约 4 米左右，可供两辆马车并行。南官道是汤王头村南门外的主干道路，连接南门与横涧桥。村内的巷道主要分布在北官道两侧。北官道西侧依次分布着西圪垱巷、窑后巷、当铺圪垱和栈铺圪垱，东侧街巷有染坊巷、公证巷、税坊巷和驼店圪垱，这些街巷名字是当时商业发展繁荣的袅袅遗音。

商业的繁荣发展，最直接的后果是大量人口从事商业活动，或外出经商，或从事与商业相关的服务行业。汤王头村人生计来源发生了转变，该村作为保存的工匠中心逐渐被区域商业码头所取代。

结　　语

汤王头村位于今山西省高平市西南0.5千米处，紧挨市区。其历史悠久，古建筑遗留颇多，是晋城地区一座典型的古村落。工匠是汤王头村最为显著的特色，本文即以汤王头村为切入点，来分析当地工匠的特点。

首先，汤王头村由于位于泽潞地区乃至山西地区与中原地区往来的交通要道上，地理位置优越，是商贾必经之地。伴随着当地物流通达，商贾云集，该村由最初的窝铺，一个高平县城的关卡慢慢发展成了村落。而且靠近县城，这一得天独厚的优势也为高平县城内工匠们聚集往来提供了便利。当地的商业、庙宇的兴修都与工匠的兴衰息息相关，村中的庙宇集群今天仍在向人们展示着匠人们巧夺天工的技艺和他们的智慧。该村周围独特的山水走势以及它与县城相距较近的关系，使之成为高平县城的墓葬宝地。现今从古城南门通往汤王头村的街道上仍有许多贩卖烧纸、香烛等与丧葬相关的商铺，坟茔的修建为当地工匠的诞生奠定了基础。

其次，汤王头村作为一个乡村聚落，是以农业人群为主的空间单元。农民群体虽然是这个村落中的主体，但工匠群体也是重要的组成部分，他们作为汤王头村最大的特色，并不是独立于该村而存在的，工匠们在此生活繁衍，是这个社会中不可或缺的一部分。由于中国古代信仰驳杂，人们信仰的神灵多样，这就为该村建有众多庙宇埋下了伏笔。庙宇这种有一定规制的建筑，其建造与自然环境优越、社会群体繁荣等因素息息相关，但必然少不了能工巧匠的参与。该村从晚明时期就开始不断建造寺庙，频繁的修筑工程为工匠的迅猛发展提供了良好的温床。

再次，工匠群体的迅猛发展，为工匠组织奠定了群众基础。工匠行会的诞生，为保障工匠行业整体利益以及协调内部的矛盾冲突提供了有力支持，一个严谨有序的组织使高平县内的工匠市场更加严整有序。而鲁班楼的建立标志着该县域内的工匠有了独立的信仰场所，庆祝鲁班圣诞的信仰活动则加强了整个工匠团体的内部团结，提升了个人对行业的认同感，这也意味着这一区域内的工匠群体达到鼎盛时期。但盛极必衰，庙宇集群修建的完成，村中寺庙建筑达到饱和，该村的工程量急剧缩减，压缩了工匠们的生存空间；晚清时期商业迅猛发展，使汤王头村区域商业码头的地位愈加显著，工匠群体面临大量流失与转型，使得该村作为县域内工匠中心的地位日趋没落，最终完成向区域商业码头的转型。

附录　汤王头村现存碑文选录

无题名碑记

……宝祚帝……励力财……阴阳和……则系年丰登……将侯遐于用……虽违众请进退俯仰……有夏多罪□旻降□遂锡……福萨遐方，书请祀典万众……

时开宝九年丙子岁……

直□□泽州高……

秦君墓志铭

大宋时熙宁岁次乙卯十月己丑朔长沙秦君墓志铭

新妇阿李迁葬翁婆，亡翁讳崇，字□□，婆阿王。崇，长子二人。长子先亡没，次子文质后。次子妻阿李与女子赵郎妇，于熙宁八年十月二十一日，迁葬翁婆了毕，永记。

汤王头补修

神像年深日久□□不堪，书夜莺惶修□庙宇

众姓□开列其后

□政银五钱　郭文成□砥一千　郭文□砥五百　张崇□砥三百　秦进忠银三钱

郭宗库砸三百　李志强石灰全管　贾国□银五钱　贾国瑞银三钱李阳泉银二钱

贾国闰钱一百　贾云鹤钱一百　□国□钱一百　贾国□钱一百　贾志胜钱一百

贾玉清钱一百　李宗钱一百　贾□良钱一百　邵星成银一钱　吴自成银一钱

吴自□银一钱　贾□□银一钱　张□□□一百

共收银一两八钱

□钱一千四百

社首　贾国相银二钱　袁孟光银二钱　贾云春银一钱

补修神像三尊

袁孟祥钱五十　贾国□钱六十　贾化灰钱五十　秦自成钱五十　贾志兴钱五十

□□龙钱五十　牛耕田钱五十

修□官二□□　工价银四钱

石匠打碑花掉　工价银三钱

卖牛尾（毛）价　水价银一钱

泥瓦□钱　工钱共价银五钱

木匠□□　工价钱六百

买水使钱二百

吃米价银六钱　铜钱五百

天启三年三月初十吉日

甘露庵题记

大明崇祯九年岁次丙子三月壬辰十九日甲子上梁

署高平县事董良琼

知高平县事常炳

县丞周大盖

典史纪杲

署典史闫希奉

功德主庠士　唐廷魏　赵九练　赵完璧　赵门田氏　郭浩恩　郭浩德　郭浩春　郭浩立

郭浩治　李克顺　李志强

甘露舍友　照坤　戒尘　志玄

主持募□　净冲

门徒　善環　善瑞　善琏　善璋

泥水匠本村众士　石匠邵有节　木匠冯光连　丹青毕喜增　督工贾云凤

续诸甘露社长　圆明

助纸舳（筋）人　郑允要

本年七月二十五日动工立胎以兵荒交集时势所逼至顺治四年二月初六日开土金妆于十月初一告竣

其余功德施主勒石另记

裴泉东西二里施梁　信士开列于后

首樑　崔三起　崔永班　崔永秀　赵九荣　崔三高

首樑　杨时现　杨加兴　杨一安　杨自昌　杨时利　李国顺　杨自润

首樑　杨时旺　吴牛氏　杨仕樸　杨仕杰

首樑本村　李志强　李志高　李志成　贾云凤　贾玉凤　□□分□朝□　□时□

甘露庵正殿脊坊

大明崇祯九年岁次丙子三月壬辰十九日甲子吉旦汤王头茶庵创建佛殿三间潞粮府署县事董良琼

无题名碑记

古之高平关，今之汤王头是也。乃系通衢。村中居民久蓄建阁之志而未遂，今此建阁之事以告成。众皆协力，各出资财。终岁告成，焕然一新。前塑白衣大士，后面关圣帝君。浑金神像，殿宇巍峨。虽曰：不文不过，直言以志，创修勒石不朽。

姓名于左

王洪施银二十两、常生财施银二十两、张有仁施银□两、焦得保施银五两、李正厚施银五两、郭志发施银三两、□□宽施银三两、张嘉孝施银二两又石柱一对、贾贞元施银三两、贾贞然施银三两、常生□施银二两五钱、张嘉□施银二两五钱、张嘉仪施银二两五钱、郭栋施银二两五钱、□□施银二两、贾言施银二两、李□基施银二两

□成福施银二两、郭涛施银二两、贾明礼施银二两、贾明施银一两、□子云施银一两五钱、贾□施银一两五钱、张嘉□施银一两五钱、许有□施银一两五钱、□正施银一两三钱、王梅施银一两三钱、贾□施银一两三钱、庞熙宾施银两三钱、贾伦施银八钱、刘起□施银一两二钱、贾海施银四钱、分夹掌银八钱、□得民施银一两、□□施银一两

贾王□施银二两、贾□施银一两、张兴施银一两、□□施银八钱、贾□施银八钱、贾宣施银八钱、贾达施银八钱、贾□春施银八钱、张成美施银八钱、庞熙奉施银六钱、贾奉昌施银五钱、贾子章施银五钱、师□孝施银五钱、贾能枝施银五钱、吴云施银五钱、许有福施银五钱、郭禄施银五钱

焦得润施银五钱、□兴施银□钱三分、□□施银□钱、贾国泰施银五钱、贾文施银五钱、□世□施银五钱、张育施银五钱、吴林施银四钱、贾天伦施银四钱、贾惟施银四钱、贾顺施银四钱、许景和施银四钱、□□施银四钱、□忠施银三钱、贾甫施银三钱、贾恺施银三钱、杨奉山施银三钱

贾元施银三钱、贾汉生施银三钱、贾贞昌施银三钱、许有得施银三钱、贾茂兰施银三钱、焦得泽施银三钱、焦得渊施银三钱、郭玺施银三钱、贾敬施银三钱、贾能施银三钱、贾完必施银三钱、张福施银三钱、贾汉福施银二钱六分、庞宣法施银四钱八分、贾文□施银二钱八分、李试武施银二钱、王天祚施银二钱

范□、贾子文、贾万成、李臣、王标、李福兴、贾文弟、贾贞安、贾和、贾锡、贾文信、贾宝兰、李贵生、李鲁、贾放、吴□昌各施银二钱、贾□施银一钱七分、贾阎施银一钱四分

吴泰、郭四、贾金民、李聚财、范女财、贾子知、贾文明、贾兴周、

常门李氏、闫光先、赵廷甫、王连枝、王进忠、韩福祯、张守库、赵常孩、贾王、韩福祥、各施银一钱

以上杂项同共收过布施银壹百玖拾一两六钱贰分，收谷肆年，共收过谷陆拾捌石陆斗肆升。

维首：贾轩、贾汉春、范杰、潘士登、张有仁、贾言、张嘉孝、贾明、王弘、贾贞然、李成福、贾明礼、焦德林、王梅、□成美、贾奉昌。

大清乾隆捌年伍月初壹日。

百里泥水工同议工价碑序

窃闻聪明本于美宣，妙悟得之性灵。刻仆为御，施人工于坦途。削鸢令飞，夺天巧于空际。作木仙以指吴，无烦对垒；造云梯而攻宋，何待乘时。试问生民以来，有如是之巧者否？具得心应手之能，极穷神达化之域。不唯济世情殷，亦且开来念切，殚一己之心思，立千古之法则。既定之以方圆平直，复示之以规矩准绳。其所以为后世计者，至详且备。迨今久沐神恩，谁无引水思源之意；欲酬圣德，应有竭诚奉祀之文。但历来公作有典，赔苦无常，属在工人，皆所不免，而艰难辛苦唯泥水工尤甚，不必从事农功，依然沾体涂足；何尝矢志商旅，犹是握算持筹，戴月披星，常竭蹶于一岁；水寒气寒，且闲旷于三冬。夫逐日经营，不闻有余之庆；偶尔休息，立见不足之虞。非支工以延性命，即举债以度光阴，燃眉之急方去，倾足之患又来。其不至呼□晚酒，二月新丝，五月新谷者几希尔。仰答神明，公议条款祀典；协同百里，工价约定五分。在我等不为过求，即他人亦可相谅，所异者射利之徒，百生机巧，宵小之辈，多方委蛇。或暮楚朝秦，希图主顾；或彼恨此妒，自相戈矛。于是乎减价让工，遂开捷便之路；裂规坏矩，不惜指谪之加，推立以必罚之条，迫以必行之势。让工者纳银十两，减价者献戏三朝。勿临期而致怨，勿事后而生悔。凡我同人，各宜凛之，以为永远奉祀之计。

东谒韩　北王右　谨撰

西望法　南精一　丹书

大清乾隆四十六年岁次辛丑冬十月谷旦

百里泥水工张琢等勒石

无题名碑记

汤王头社首因毛太老爷断回白杨树中地肆亩合村人等仝勒碑

尝思隐恶扬善，固仁人忠厚之意。而彰善瘅恶，亦春秋诛义之心。若是乎，善则可劝，恶则宜惩，既不敢有一毫之可私，亦不可有纤悉之不当。不谓甘露庵之，在汤王头施地亩、施栋梁、施椽檩者，不一而足。而有李善士者，更施白杨树地基肆亩。本欲增此以供佛，而养僧，使僧人得以归。除庙宇焚香，膜拜而作善、作福也。不意有匪僧真修，托缝姓作中，将地盗卖于吴姓为业。而吴姓亦不察情实，竟敢盗买此业而为茔。窃思人以富称，自当安分守理。而行事必挟，于正交易，宜合乎公则。令人无指摘之口，官常无予夺之加，岂不甚善。而人以僧称，则谈经留月，补衲剪云，秉心更宜于正道，举动愈严，于法度果如是也。乃可云：以和为尚，而有上人者矣。而奈何荡检踰闲遇凶，而以为吉也，宜去而反就也。如真修与吴姓者一盗卖甘露庵之地基，一盗买甘露庵之地基，既不知前乎此者，马氏前车之可鉴，又不知交易纳财之尽属于私任情而往，且敢与我等争论是非，较量曲直，倘非墙之志，匪僧且敢谬言伊师祖之募化得来耳？幸蒙青天毛太老爷断回原产，剪去匪僧，则白杨树地基仍归庵中，是虽庵中之光，而吾等亦与有荣，施多多矣。爰志于石，以永垂不朽云尔。

共计甘露庵东西南北地叁拾伍亩捌分，庵中房基并地契地伍亩，汤庙后道北坟地陆亩，鬍子窝棱上棱下共地伍亩贰分，西朵顶地叁亩叁分，西朵坡头上地伍亩，井沟里地壹亩，高棱上地叁亩，土地圪当上地捌分，李家坟东截地陆亩，白杨树地肆亩。

大清乾隆伍拾年岁次乙巳如月毂旦

合社人等仝立

无题名碑记

村北五瘟殿基址褊隘，每于风雨难以展拜。兹因五月演戏积钱，欲求宏阔，奈力微财薄，各皆踊跃输金。创建香亭一座，敢云壮观，邹以妥神。暂抒对越之诚，行见金碧辉煌，丹楹彩壁，焕然异前。厥工告竣，众善姓名诸片石，用昭于后可也。

姓氏列左：

城中监生郭中元施银叁两。梨园村高中国施银贰两。

州同张得善施银叁两。

乡饮郭琛、郭珺、贾子通、刘位、王成寿、许佩成、贾怀等。（众布施姓氏略）

以上收银六两八钱，钱二十九千六百文，五月余钱四千三百四十文。

物料一切等费共使钱四十八千八百九十二文。

国子监太学生钟台郭中元撰

维首：贾万全、李学智、张渊、贾铁梁、刘位、张壮善、韩永禄、许顺、贾福保、范喜旺、贾万兴、许来。

嘉庆十七年七月十日。

玉工：路太秋镌。

汤王头起社碑记

古来村中行社分为六班。因社物损坏，人心不一，乏力难行。停止数年后，次添至七班。二年未得满，仍然停止，多年不行。今公议照旧起社，各自随心捐钱。稍微添补社物，失落不全者，日后查出，照物赔补。止六月走会，合村拈班轮转，周而复始，众力作为，以逸停止。现存社物以及捐钱开列以后：

收头班焦治，伞三柄（全），大罗二面，小罗二面，扛挂二件，扛裤二条，飞虎旗一对，伞套一个。捐钱肆千文。

收二班王朴，伞三柄，一二三檐半半。大罗一面，小罗二面，扛裤二条，伞套一个，扛皮五付，带铃七个，破细缎一包。捐钱玖千伍百文。

收四班张法公，伞二柄，二三檐半，大罗二面，马罗一面。捐钱陆千文。

收五班贾福保，伞三柄（全），大罗四面，伞套一个，扛挂二件，扛裤二条，黄旗一对，青旗一对，拨会旗四件，彩釉大小八块。捐钱陆千文。

收六班张得善，伞三柄（全），大罗一面，小罗二面，柳缨帽十顶，小令旗九件，红标四件，红绿彩釉三件，破釉块一包，色布大带十条。捐钱肆千文。

三、七班首事亡故，社物失落全无。

维首人：韩永禄、刘兴、贾顺、张得善、贾万全、王朴、张贵、焦治、贾源、张法公、贾禄、张继善、贾亮、贾永聚、贾广增、贾永顺、张振帮、贾子明、贾福保、贾补枝。

时嘉庆二十五年二月初四日立。

合社仝具

汤王头泥水匠公议工价碑记

自古道□□□而匠作得以手艺养生，凡在百工从未有无功受食者。吾邑泥水一行，唯此村最多，向来每做活，一工得顾主九十□□。□年已久，□有增□□口□面□□□□此行所□以动□□除过冬寒水冷及阴雨盘桓。每年不能满八个月之……。不□□主曰□□□□此□□同行应每做一工以七十钱之□□定，此□□齐行罢业也。亦□习是业……。□主家　先将此话禀告然后……。□钱三□□在祖师庙刻立石□□同议而定，□明见□是为记耳。

大清道光叁年贰月初四日百里泥水匠仝立。

汤王头甘露庵重修西南耳楼碑记

余自城中归，友人贾邀余至甘露庵小憩。乃告余曰：是庵之由来已久，西南旧有耳楼一所。日就倾圮，几几颓废无遗。增目睹之心辄恻然，而苦于无力，徒有虚愿焉耳。适与村人韩氏永录、李氏淮偶憩庵中。增举素愿以告，而二人亦有同心，惜力与增等也。乃李独慨然曰：余素商游京师，四方好义者云集，倘募化之未为不可。增与韩颇识修理之费，因核记之，不过有余金即可完工。李遂直应其事，因即备缘簿一通以拜托焉。越二年，李持银归，计其数所缺无多。增与韩即鸠工庀材，越而彻底重新顿觉改观焉。是役也，动土于道光三年，兴工于五年，七月间告竣。其料费则来自李氏，而工价则增与韩二人力也。但捐资数目不可泯，乞先生撰文书石，以志不朽。余乃援笔，而为之记。

例授文林郎候铨知县前任降州河津县儒学教谕加三级壬午科举人唐瀛士撰并书。

同义广记施银拾两，义顺隆记施银捌两，人和义记施洋钱七元。永顺赤记、三义字号各施银五两。仪源虞记、合聚安记、公昌福记、重盛占记、永泰隆记各施洋钱五元。永泰同记、福顺义记、王胜永记、玉成大记各施洋钱三元。永成义记施洋钱三元。恒发义记、万隆有记、恒丰字号、忠兴字号各施银二两。袁钦业施洋钱三元。刘宋氏施钱三千三百文。贾顺、刘兴各施钱三千文。李淮施钱拾千文。

一切砖瓦、木料、匠役工价、零用杂费共使大钱壹百零叁千伍百捌拾文。

督工维首：贾广增、韩永录、李淮仝勒石

住持：圆昭

玉工：路财泉

大清道光五年十月初六日穀旦

汤王头甘露庵创修北殿重修耳楼碑记

凡屋宇之破损，□□□□□坍塌者宜重修。民居且然，况庙宇为化神□所，敢听其漂摇，风雨□□□。庵为汤王头大社，庙宇巍峨，不一而□，□□□葺。各有石刻纪其岁年，兹于道光八年补修正北菩萨殿五间，重修□□□□僧房三间，本年九月初九日开工，十二月初十日告竣。所需洗像、开光以及诵经香资；椽、檩、砖、瓦、木、石匠作等费，共□□□十三千文。系向来余积及新施钱 详悉开后，其□需人工系合村轮□□拨。欢欣鼓舞各具□□□之，坍塌破损者□□□间焕然一新矣，众之力也。不可不志其岁月云。

金峰西山左张自昭书。

附纪（记）

本社居民共分六班，每班约二十余家。六班□年递更经理社事，周而复始，其所收祀神赛社钱文入班，各用当年，如有余积，上班不交下班，此向规也。是以本年动工之时，头班、二班、六班各有余钱，尽归

□用，数目后开。今大众公义更改旧规，每年□于十二月初一日转帐。如有余钱上班清算共总，交与下班收管，彼此不准一字含糊。倘有交代不清，所接班者，着住持□请六班首事到社公同议罚。此条公议永远遵行，动工费用钱文列后：

王永发施钱拾千文。李淮施钱□千文。杨建复施钱□千文。头班钱十一千文，二班归公钱十二千文。六班钱十五千文，刘兴、贾炳、贾永聚、李金、李淮，五人共施钱两串二百一十文。郭海山施钱壹千文。

督工维首：头班，贾亮、张振帮。二班，刘兴、李淮。三班，贾永顺、贾广增。四班，张继善、贾累。五班，贾广盛、贾宁。六班，贾炳、贾永聚等各施钱贰百文。

住持圆昭仝勒石

玉工李洪

时大清道光八年十二月初十日榖旦

无题名碑记

盖闻莫为之前难美弗彰，莫为之后难盛弗传。村昔建有春秋阁，迄今日久年深，风雨剥落，庙貌颓然，村人目观心伤。公议募化，修理以光祀典。众社首携请余胞兄贾子通亲带缘簿一本。余兄在汴省于同事中伏祈众善友解囊输金，共襄盛举，所化布施银两若干。本年合社妥议开工修理，余将余兄所捐布施银两同社首如数交庙济工，余合将诸善姓氏银数同勒石，于公所以垂不朽云尔。

众善姓氏列后：时和号捐银陆两。协庆典等捐银肆两。刘德和等捐银肆两。广裕号捐银叁两。

恒盛号、王殿元、齐宝典、绪丰典、湧全典、元盛典、广聚典、启泰典、恒昌典、元吉典、永发典、四合典、大成典、长庆典、福央典、隆央典、仁裕典、复生号、鲍福泰各捐银贰两。锦章号、裕隆号、全德典、恒足典、王隆典、中和典、世祥典、赵德元、万盛林记、万央号、和顺号、公益号、永茂号、张顺成、樊恒盛、元泰号、陈隆央、福央号、祥泰号、益泰号、广源号、协泰号、元顺号、王升号、泽盛号、公茂号各捐银壹两。

其银共合钱捌拾三千文

其匠作泥水人工

阖村轮流公拨

本年拾贰月初六日

贾策补来银数钱陆千四百文又施钱伍千

其钱敬神香资，椽、檩木料、砖瓦匠艺等费共使钱八拾九千四百文

阖社维首仝立

道光捌年拾贰月初十日榖旦

无题名碑记

尝闻有创始于前者，必有继述于后。况郊禖神灵赫赫，震凤生育，德泽弥洪，安能已于奉祀乎？但殿宇日久倾圮，瞻者独目□恻，寝食弗宁，爰集同人共议重修，以答神庥。众咸乐输踊跃捐资，鸠工庀材，仍依旧式，逾月告竣。但见丹楹彩壁，栋宇辉煌，焕然一新。诗云：如鸟斯革，如翚斯飞之谓也。里言乃序，谨将□善勒石书名，永垂不朽云。

后列

刘兴施砖钱三十□　贾有元、贾罍二家各施钱□□□百

庞贵林、王成祥二家各施钱□十文　刘□保施砖□□□文

张振邦、贾永和、贾永泉三家各施钱一千五百

贾□、丁策二家各施钱一千三百文

张云发、□建德、许□太、贾□、贾□、李佳、李金七家各施钱一千文

贾□、刘永茂、常兆祥、贾福林、郭海山、贾增金、六家各施钱一千文

贾和、李工、张永顺三家各施钱□□文

张从善、义兴馆、焦殆、焦汶、贾源、□濯、郭士瑞、王成兴、贾连锁、贾□元、贾广□、贾天德、郜茂闿、郭福康、郜茂云、贾跟元、贾福太、许永治、贾炳太、贾东顺、贾广□、史三畏、贾荣、刘永怀、贾贞元、贾琳、贾顺、贾保印、张发晏、吴金发、贾跟枝、郭保安、邵金顺、贾补枝三十四家各施钱三百文

王□□、张义和、贾□、王成□、贾万、贾广、庞□、张美□、贾□□、郭金、贾万兴、贾照、张庆顺、王成太、王成耀、贾安太、贾小迷、郭凤祥、郭集桐、许来、贾怀顺、贾怀亮、贾怀有、张继善、张裕、李海、韩贵、何自立、贾成保、贾喜成、□有福、田长毛、李金山、许金太、张剑、贾少保、张恭、贾广信、郭富、贾小□、贾通喜、贾启荣、贾启福、李丁庆、赵大贵、李□荣、贾时顺、贾□顺、贾有金、王小昌、庞三□、贾晓明、贾小庆、贾□□、张冬至、贾占□、贾如□、贾小七、王□□、吴□旺、贾□文、王林、焦洞六十三家各施钱三百文

共收佈施钱七拾三千九百文　外收罚吴姓钱一千五百文

一切砖瓦木料工价杂用□费共□□七十一千九百文

除收下缺钱□二串□百文

督工维首：贾炳、刘兴、贾亮、贾永和、张美发、贾永泉、王成祥、张永顺、贾宁、贾贞元、张继善、李金、常兆祥、刘永□、贾壘

主持：□□

道光拾年十月初七日毂旦

创修白衣大士堂碑记

盖闻祀神，原为保佑群黎。故曰：诚则灵。汤王头村每逢上元佳节，恭设百子桥供奉，村人均沾雨露。余等恐日久废驰，公请摇会一局，数年来积钱百余千文。今公同谪议，在村中选择吉地，创修白衣大士堂三间，供村人得以随时祈福，抑且。以壮观瞻，以垂永远是为序。

庞姓施小椿树一株，滴水一檐。

自道光拾六年至拾八年。

维首：刘永怀、贾保印、常兆魁、贾宽、吴双喜各经手本钱拾叁千文各积利钱肆千文。

以上五家本利共积钱八拾伍千文，内有维首李氏，其夫已故，乏嗣。李氏经本钱拾叁千文，利钱肆千文。收回钱叁千八百文，通六个利，共钱八拾八千八百文。一切使费例后：

地契存：神台内买地基壹块，使钱贰拾八千文，工料共使钱六拾千

零八百文，以上一应共使钱八拾八千八百文，使讫。

道光拾八年拾二月拾五日穀旦勒石

鲁班楼脊坊

时大清道光二十五年圣德会创修鲁班楼三间于六月………自修之后阖村兴旺人等平安永远为记耳……会首

无题名碑记

闻之莫为之前，虽美弗彰，莫为之后，虽盛弗传。汤王头社每年六月六日成会，往鸦儿沟恭祝护国灵贶王尊神圣诞，是社之有社物，由来旧矣，但岁久损坏，残缺不完，几至废不能举，众社首莫不睹之而拊心，见之而叹息，于是公同议论曰：精诚不通，神将吐之，善气不应，神将殛之。因于道光十九年二月十五日恭请关圣会一局，共会七十分，两月一摇，至会中所得之钱财，以为后日增置社物之需。幸年岁丰稔，民力普存，于道光三十年四月间会终，共得钱若干，斯固众社首之经营乃尔，抑亦神力之保护也。夫神之灵无不在精诚感而善气通，则若或遇之若或相之，初非有可骇可怪也，气化之在天，道德之在人，交融郁积至于不可掩，古帝王由此道也。夫子不语神，乃曰"祭神如神在"，又曰"鬼神之为德，其盛矣哉乎！体物而不可遗"，语耶？不语耶？则其意盖可见矣。夫子以此心此理者为神，斯人以若存若亡者为神，将信则废，人不信则弃，天宜乎？其不语耶。故吾以为斯会之举，虽众社首之经营，实神力为之保护焉。兹将社内自神盔、神袍以及旗伞鼓吹之类一切焕然一新，以入大社，将见成会以信。独辉煌五色，观者为之夺目，而成孔安用光祀事，而礼恩信，神其嗜之矣，因神功之默佑，窃以为爱其事之颠末，以垂不朽云尔。

廪膳生杨启图谨撰（印章两枚）

邑庠生杨朝阳敬书（印章两枚）

会首

张治　贾炳　贾永和　贾永泉　贾治　贾荣贵　刘永吉　贾库源
张坤　李六德　刘珝　贾福贵　贾晚毛

住持　心春

玉工　牛有起

仝勒石

咸丰元年岁次辛亥仲冬之吉

计开社物

赤金神圣帅盔壹顶、红缎绣花神甲壹身、色缎绣花神袍伍身、色缎绣花标枪肆堂

硃缎素拨会旗贰杆、红呢绣花招旗壹对、色缎绣花招旗叁对、紫微色缎大伞捌柄

黄绣花座纛旗壹杆、回避肃静大牌壹对、朝山进香大牌壹对、色绸清道大旗壹对

彩画飞虎大旗壹对、黑漆罩金金瓜壹对、黑漆罩金月斧壹对、黑漆金朝天蹬壹对

黑漆罩金银刀壹对、神圣面前竹板壹对、描金花杠陆抬、硃红鼓架壹抬

苏州铙钹肆副、大样鼓贰面、得胜鼓陆面、铜锣廿贰面

鸡毛黑档肆对、社物木箱贰个、色绸雨衣肆身、神前铁统肆杆

旗伞套拾陆个、绣花宫灯贰对、黑漆条几一张、红漆板凳肆条

大红彩绸七疋、绿油高桥捌副、裹钉风车壹把、集市桶斗一双

鸦儿沟顶护国灵贶王神前献匾壹面

以上一切社物一共费大钱玖百壹拾柒仟叁百文

外有洗像压面等费共费大钱贰百叁拾壹伍仟陆百文

木工油漆等费共费大钱壹拾捌仟伍百文

汤王头村甘露庵重修地藏殿面然大士碑记

邑城之南厢南里汤王头村，旧有甘露庵。庵旧有地藏王菩萨神殿五间，历有年所。自道光八年补葺，迄今三十年矣。屡经风雨剥蚀，栋折榱崩，众人目睹之莫不嗟叹！尝言曰：屋之破损者，当补葺；坍塌者，宜重修；何况庙宇神殿乎？谁忍听其颓废，不欲整饬；实吾村社首所深

伤也。且吾村久通官路，司员之往来，所过地界咽喉，县主之出入必经。若不重为修整，何以安神灵，而光宰治乎？于是咸丰七年，合社公议，六班心同意合。六月二十四日动土开工，八月初一日工程告竣。因将来历一叙，以为后世之有志者，□共睹焉。吾村不过百有余家，钱文难收，本年头班值年，众人情愿兼理，巡秋分毫不染，所收地亩钱文除大社花费之外，余钱肆拾千整。社内兴工使用，以妨砖瓦、石灰、木料、杂费一切等项，尚未足用，于是本村捐钱叁拾捌千叁佰文。奈村小户贫，捐钱无多，工程循旧浩大，难以成功。兹将村中在社在牌共十二牌，凡在牌之家按牌轮流拨工，每一家拨工七□，凡使牲口之家每一家拨车贰响，皆赔工贴食以勤盛事。一时之尽力者，罔辞劳瘁，庶几庙貌一新焕然改观，亦不愧众社首之一举也。当工程告竣，以为之志。其由来，永垂不朽云尔，是为序。

邑庠生杨朝宗海帆氏撰并书丹

大清咸丰七年岁次丁巳八月二十八日榖旦

创修北坡重修南垅兼修土地祠看楼碑记

高邑之西南有村焉，曰汤王头，离城三里许，地势最高。北阁外有范公桥，连桥石路底。南阁石路旁，有土坡百数十步。每逢夏秋之交，阴雨连绵，沮洳泥泞，马仆车颠，接踵于道，行者苦之。南阁外旧有石埃高数丈，上有关帝庙，日久垲颓，庙亦将损，村人尤之。思欲创修石坡，重修石埃，无如民贫村小，资斧维艰。爰整缘簿数册，募金若干，鸠匠辇石，克日兴工。村中有土地祠，由来旧矣。因社中积有余金，又将祠建为楼，上下六间，又建看楼，上下八间。社首等总理工程，与合村人同心协力，鸠工庀材。经始于壬戌，落成于乙丑，阅三年而工程告竣。由兹以往，庙貌有磐石之安，行人无避淖之苦，斯岂小补云乎哉？爰将乐善好施之士，泐诸贞珉，永垂不朽。是为记。

例授征仕郎候选直隶州州判辛酉科拔贡李宣撰文。

儒学生员杨懋敬书丹。

儒学生员常象先篆额。

贾永忠缘簿一本：

南阳府正堂金　通许县正堂萧　睢州正堂王　新郑县正堂承　汤阴县正堂部　辉县正堂瑞　（辉县）楚旺宛玺玉　永盛粮店各捐银伍两

济源县·正堂孔、德左帮、平后帮各捐银四两

通许·协裕盐店捐钱拾千文

汴省协裕永缎店捐钱五千文

（汴省）东河候补左堂赵捐钱肆千文　盈泰缎店　贾三合　隆昌盛各捐钱叁千文。东福隆缎店　永成公缎庄　谦慎利　复和恒　郭大兴　西福隆义　各捐钱贰千伍百文。协和堂　长庆隆　祥和义　鸣盛腾、顾福昌　永源长缎庄　各捐钱贰千文

贾双盛　庆盛魁　贾祥瑞　各捐钱壹千伍百文。顺昌合　宏聚号　益盛号　义元号　凤台张信之各捐钱一千文

（凤台）贾永信施缎裱缘簿九本，洋布包袱九个。

源德典缘簿一本：

（凤台）尚友当行捐钱拾贰千文。

（凤台）悦来当行捐钱肆千文。

长子关帝会　张店李培基　源德典各捐钱叁千文。

（张店）敬茂典　益丰典　裕成典　敬兴典各捐钱贰千文

郭村杜迁柱　各捐钱贰千文

（郭村）谦益典　德松典　泰兴钱店　积成衣店各捐钱一千文

董町·泰兴典　南关史湧泉　北赵庄义昌典各捐钱一千文

郭村铺户会馆　顺来衣店　庆成典　义恒典　植成典　敬盛典　德仁典　文茂典　轟□昌行　泰盛亨□各捐钱一千文

（郭村）庆源丰捐钱五百文

郭岐山缘簿一本：

陈州府正堂袁　京都敬胜长　河南老九华楼各捐银四两

京都聚泰号捐银三两

京都恒发义记　恒泰荣记　义泰锡记共捐银捌两

京都隆兴义　同胜昌　德诚和　长春公　兴泰义各捐银壹两

贾树基缘簿一本：

（京都）惠丰永捐钱五千文。

徘徊史涵经捐钱叁千文。

玉井唐恩溥　赵和璧各捐钱贰千文。

（玉井）邓孟秋　叶俊生各捐钱一千文

鲁山孙广福各捐钱一千文

玉井贾梅各捐钱一千文

广东袁世勋各捐钱一千文

浙江郑春华各捐钱一千文

汴省文庆昌各捐钱一千文

浙江郭文源　赵慎远堂各捐钱一千文

徐庄徐广雍　李补温　三兴永　贾树基各捐钱壹千文

宝丰杨济　鲁山叶之屏　郏县张宅东　朱镇广泰锁记　汴省宏兴离各捐钱五百文

广东吴仁根　杨斗垣　蓝双源号　杨三和堂　永裕内记各捐钱五百文

武安东双盛　长庆隆（各捐钱五百文）

汴省九华祥各捐钱五百文

贾占朴缘簿一本：

（汴省）生铁寨捐钱拾贰千文。王寅清　王坤九　范广智　玉泰号苏麟祥　三顺号各捐钱肆千文

谢学　刘体云　梁斌　张志远各捐钱贰千文

李永华　孙步汉各捐钱壹千文

常兆祥缘簿壹本：

王报·恒泰典　恒聚成各捐钱贰千文

小柿庄·利生号各捐钱贰千文

义庄·积成号　长生荣各捐钱贰千文

（义庄）·成盛典各捐钱壹千文

周纂·公聚典各捐钱壹千文

寺庄·三聚典　晏如楼　聚德堂　荣盛德各捐钱壹千文

西阳·英泰东各捐钱壹千文

王报·士义风各捐钱壹千文

义庄·泰成号　天育公　万和堂各捐钱壹千文

北王庄·宋世荣　前掌·王清和　半沟·王教孩　冯家庄·冯克家
贾村·刘殿元各捐钱壹千文。

（贾村·）元合义　东三盛各捐钱伍百文

西河掌·王金魁　王珂　北王庄·许湛　王报·郭建纳　冯家庄·
冯体忠　德义·毕玉丰　刘家庄·刘鹏　义庄·泰兴号　三义公各捐钱
伍百文

焦继先缘簿一本：

（义庄·）垂裕怡捐钱肆千文

（义庄·）人和长捐钱贰千文

（义庄·）春德永　元盛仁　东荣盛　富有新各捐钱壹千文

徘徊·瑞生公　常盛典各捐钱壹千文

大阳·同生号　西要庄·玉盛号　李士仁各捐钱壹千文

庞祺缘簿一本：

（西要庄·）春德明各捐钱贰千文

深州·户总科公　库房各捐钱贰千文

□堤·洪兴魁捐钱壹千伍百文

旧城·丰聚号　牛庄·萧敬修　双井·韩延辅　黄石·成庆霖　深
州·苏老清各捐钱壹千文

董峰·万寿宫　南当行各捐钱拾千文

（董峰·）张吉林捐钱肆千文

林祥店缘簿一本：

皇王头·泰来升；大四·升兴西；东沟·三和祥；泽州·英盛店

复新店　东沟·兴隆店　皇王头·复成炉各捐钱壹千文

　　李大兴缘簿一本：

　　南陈社捐钱五千文。北陈社　南许庄社各捐钱肆千文　回山社　悬壶南各捐钱叁千文　南北小仙社　北岭社　南岭社　煤窑庄各捐钱贰千文

　　张福顺　李大兴各捐钱壹千文。窑儿头社　朱大江　朱新枝　张讨吃　张尽孝　李根和各捐钱伍百文。张进宝　董恒聚　朱兴泰　董冬梅　李六冬　董萝幸　廉勤共捐钱壹千柒百文

　　运城·武崇义捐银贰两

　　城关众铺户捐钱捌拾陆千文。李嘉菜　吴清林　赵伦　郑尔安各捐钱伍千文。缑道渊捐钱肆千文。张锡　郭廷熙　赵谨　李沛霖　庞梦龄　郭天骏　闫培温　贺维新各捐钱叁文。秦凤捐石头贰拾丈。常允元捐石头叁千文。

　　本村巧圣会捐钱叁千伍百文。和盛驼店捐钱陆千文。恒兴驼店捐钱伍千文。德顺驼店捐钱贰千柒百文。泰和驼店捐钱贰千陆百文。成顺驼店　锡盛驼店　合兴驼店　升泰驼店各捐钱一千文。

　　协盛驼店缘簿一本：

　　（本村·）全盛恒　贾公壁各捐钱壹千文。同益公　陈德泰　唐广芝　万年堂　永和公　恒盛魁　永义顺　吕执中　王天栋　韩怀琇各捐钱五百文。协盛驼店捐钱叁千文。

　　巩村社　上玉井社各捐钱五千文。

　　广平·同益恒　李国珍　张调元　发德裕各捐钱壹千文。

　　河西会馆　许家沟村　徐庄村各捐钱肆千文。

　　宰李社　焦家河社　瓦窑头社　马村社　康营社　原村社　尚庄社　南新庄社各捐钱叁千文。

　　梨园社　秦城社　朴村社　乔村社　良户社　朴村西社　路家社

杨家韩庄　永议骡行　李泰发　李文荣　高福顺　牛广增　富润堂　王凤岐　李春林　李盛各捐钱贰千文。

常庄杜　皇王头·牛王社　郭家沟村社　陈庄社　毕家沟社　崔庄社　新庄·观音阁　后山沟社　牛村社　张风海各捐钱壹千五百文。

遊仙寺慧照，捐石头叁丈。

杨懋绩　古寨社　西力盛　东周纂社　牛村西社　崔家万社　张庄社　河西·三官庙　东宅社各捐钱壹千文。

（河西·）和义馆，捐钱陆百文。

超山·百福寺　河西·张广直　原长公　人和堂　张占元　常天命　高凌云　何德盛　唐缉　杨广盛　何德顺　何据德　唐本德　毕家庄　中掘山　东掘山　西掘山　掌李村各捐钱肆千五百文。

唐庄老社十九家共捐钱肆千五百文。

李向阳捐钱柒千五百文。

本村·义成会捐钱叁千贰百文。

唐庄·关帝社捐钱壹千文。

建修土地楼看楼兴工社维首：贾永忠　常兆祥　贾启贵　庞棋　张治　焦继先　王淇　贾占朴　贾治　贾永信　王庆亨　刘李保　常兆魁　贾福贵　贾树基　贾魁泰　王洛　贾金枝　贾永兴　贾启华　李清芳　贾来贵　贾荣贵　郭岐山　贾国臻　贾继泉各做工四十工。

贾春槐　张吉林　张岩各做工二十工。

起初请客三次，捐钱五百文。

修北坡南堾人工：贾启昌　王温　郭滋　王庆元　贾钊　张必科　史三畏　焦小狗　贾喜贵　郭增气　王福聚　杨春　贾金顺　刘来狗　贾发　郭顺　王沛　庞来保　张瑞林　贾应荣　韩来顺　贾随发　秦金枝　王十孩　贾启贤　贾明福　贾洛女　贾三喜　贾五喜　贾贞发　贾圪闯　贾锁金　贾广祥　贾晚毛　张铎　贾东顺　许永旺　郭随喜　贾主孩　刘添来　许中立　郭创则　徐顶枝　张小道　贺文选　贾昌　李京枝　刘永贵　刘永昌　刘珮　贾广聚　李百枝　刘丑保　刘春保　刘

永吉　李万钰　郭宝　贾和荣　贾全林　贾小孩　贾东如　贾同昌　贾跟泰　贾启旺　贾荣卯　贾红则　赵永福　贾小红　张添林　贾永义贾怀亮　贾水泉　贾金川　庞良　邰和则　贾通喜各三十工。

邰臭则　贾明禄　西饭店　贾小驴　王启荣　东饭店　许长毛　张黑保　贾堆金　贾样云各二十五工。

车工：贾圭孩（双）　贾魁泰（双）各五十工。

贾锁金（车）四十工。

贾启华　刘李保　贾来贵　贾昌　常兆魁各三十工。

贾全林　贾荣贵　贾永兴　庞祺各二十五工。

贾治　贾应华各二十工。

贾永信　张必科　刘永贵　刘珮　刘添来　贾同昌　赵永福　贾跟元各十工。

入缘簿银捌拾贰两　合钱壹百贰千伍百文。

入缘簿钱叁百壹拾六千贰百文。

入散布施钱叁百壹拾伍千文　三共钱七百叁拾叁千柒百文。

入大社屡年社钱伍拾壹千壹百文。

入大社屡年粮食钱陆拾玖千玖百文。

入日收布施钱伍拾叁千壹百文　三共钱壹百柒拾肆千壹百文。

以上总共钱玖百柒千捌百文。

买石头使钱肆百伍拾千伍百文。

开工请客　书柬纸张使钱柒拾玖千伍百文。

襟费使钱叁拾柒千伍百文　做碑使钱肆拾叁千文。

煤　水　茶　油　使钱贰拾柒千陆百文。

修土地楼　看楼　南塄等料使钱壹百肆拾伍千文。

洗像彩画使钱贰拾玖千文。

谢土　诵经　酬客　杂费使钱玖拾伍千柒百文。

总理：贾永忠。

管帐：常兆样　贾春槐　贾启贵。

拔工：张岩。

督工：张治　贾启华　贾永兴　贾来贵　常兆魁　贾荣贵　焦继光

贾树基　郭岐山　贾占朴　庞祺　贾治　王洛　刘李保　贾永信　贾福贵　贾魁泰　贾金枝　贾国臻　王淇　贾继泉　李清芳　王庆亨　张吉林仝勒石。

住持：明要　徒：心清。

玉工：李泰发。

大清同治四年中秋月上浣之吉。

无题名碑记

汤王头村汤王庙左有鲁班楼，历年已久，每逢圣诞，泥水匠演戏，三朝费钱数十余串。五班首事等，因每年赛期费无所出，收钱甚难。公议请摇会一局，五年间积钱余壹百余千文，置地九亩有余，所得租籽以为演戏之资。虽不甚多，亦聊可备大半之费。若每年收租，惟该班首事是问。由是以往则赛期演戏，不至废坠，而神于是必将福于无疆矣。

时大清同治九年三月十六日

五班维首仝勒石

汤王头村金装神像补修殿重修戒墙门院碑记

村南旧有关圣帝君神庙一处，历有年所，屡经风雨剥蚀，栋折榱崩。里人触目心伤，欲补葺之，工程浩大，一木难支矣。千秋会仝欲补葺，请会一局，不足动工，又与村中捐资以成盛事，当工程告竣永垂不朽云尔。

千秋会请会　余钱十一千二百二十五文。

源德典　贾玉标各捐钱二十文。

庞魁　许中立　贾岐来　贾启盛　郭敏达　张凤温各捐钱查千文。

双润馆　刘丑保　贾魁元　贾启旺　贾生□　贺永□　张聚泰　常让庞来□，各捐钱五百文。.

刘永昌　贾金旺　刘天□　张瑞林　贾昌　焦接□　贾随发　贾明顺　刘春保　史文明　贾应发　郭迷藏　郭增气　贾启贵　贾登瀛　常恭　许燮　刘李保　李辉庭　贾根泰各捐钱三百文。

共入会捐钱叁拾壹千七百二十五文。

总共使钱肆拾壹千九百八十一文，下缺钱会□□□□。

会首：庞棋　贾启盛　许中立　张聚泰　常让　张凤温　郭敏达
庞来保　贾□泰　贾□□，仝勒石。

光绪二年五月穀旦

补修甘露庵碑记

邑之西南隅去城里许，汤王头村有甘露庵焉，载在邑乘，由来旧矣。其间殿宇阔大，庙貌巍峨，问诸所建，皆无有能言其创始者。其补修则自咸丰年，考之旧碑，记载独详。岁月几何，乃风雨漂摇，鸟鼠串伏，栋折榱崩，檐坠瓦裂，此则每至祭期，目击其颓圮而心焉伤之也。况乎地居高岗，为行人之要路，门临大道，乃过客之通衢，若不及时补葺，何以安神灵而壮伟观乎？壬午岁，轮至二班巡秋，所收地亩钱，除社内一切花费外，尚余钱数串文，二班等不禁恻然动维新之志，持欲葺之，而储蓄无多，恒苦于不逮，由是聚六班而共谋之，曰：若无以工钜，村贫为虑也，人之欲善谁不如我，勺水可汇为沧海，拳石能积成泰山，因□散捐簿数册，广为募化，所幸四方仁人君子倾囊相助，盛乐输不悭，至于村中同心协力，上户拨匠工十五工，次户拨土工十五工，凡使牲口家拨车工五晌。乃鸠工萃材，自前而后，自内而外，危者持之，颠者扶之，一椽一瓦不使倾颓。当斯时也，既廼墍而廼塗，復爱丹而爱艧，斯足称美善之兼尽，无如资财不给，惟于舞楼彩书三楹，亦可见焕然一新之象，虽曰人力，安知非神佑哉？工始于光绪甲申岁孟秋，越辛卯岁仲秋乃告竣，二班为首焉，文于余以纪之。余本谫陋不文，因余农日舌耕，此村责不获乱，故言其始末，以告后世之有志者云耳。

邑庠生张黼董木撰文
邑庠生李炳生沐手书丹
邑庠生邓家瑞沐手篆额
总理：李清芳　贾国栋
管账：刘壬寅　郭迷藏
拨工：张广泰

督工：刘丑保　贾春发　贾玉标　贾贞发　许贵保

贾魁元　贾啟盛　郭敏达　许顺德

贾喜贵　庞西全　常过关　贾启照

仝勒石

大清光绪十九年仲秋月下浣之吉

玉工张新有镌

仅将捐资姓名花费开列于后

贾玉标缘簿壹本

汴省日昇昌　山东锦源鑢局　江苏日昇昌各捐银四两

南京胡义隆　湖州鸿茂源　京都长裕局　山东长源公局各捐银三两

方文元　镇江马义记　盛泽永昌顺　信源庄　姑苏江恒隆　蒋恒隆
深邑通兴泰各捐银二两

姑苏镒源捐银一两五钱　蒋元利　萃昌永各捐银一两　庆泰祯捐钱
二串文

长庆隆捐钱一串五百文　永茂义捐钱一串文　汴省协裕永捐钱二串
五百文

贾玉标捐钱捌串文

郭宝恕缘簿一本（余平银十一钱）

平定州恒顺德捐钱捌串文　获邑崇信店捐银三两　束邑万顺瑯捐银
二两

平定：仁义公　永隆祥　四和永　万盛玉，薰邑庆裕成各捐钱三
串文

平定：同心玉　三友成　敦生永　宝玉成，盂县益泰兴各捐钱二
串文

束邑明盛俊捐银一两

获邑：旺兴谋　广泉湧，谦和布店各捐钱一串二百文

获邑：晋兴店　德和成，薰邑天德号，平定州萃金亭，保定府德裕
合各捐钱一串文

获邑祥泰煤店，藁城县：大有布店　广兴隆　四兴布店　玉隆公德泰盐店，藁邑逢义成各捐钱八百文　完县资盛合捐钱七百文　藁邑福聚魁捐钱六百文

平定州復庆成　束邑万顺店各捐钱五百文

藁邑德和永捐钱四百文　郭宝恕捐钱五百文

贾福泉缘簿壹本

长葛县正堂王捐银四两豫德盐店捐钱三串文　朱□侯　王钦予各捐银一两

长葛县右堂王　门印公　新盛号　张筱阁　廖月樵　何滋日　王得安　王岫珊　陈籍亭　李位成　郑良卿　津门殷有仁　尧都李炳文　长葛县吕文德

查绥之　　臧佑宜　阮清元　冯日昇　孟林喜　任祖荫

长葛县・厘税局陆

贾福泉　各捐钱壹串文

唐庄村・贺文科　贾国栋　缘簿壹本

三盛烟店　安永盛　程合兴　各捐钱贰串文

李广彩　捐钱壹串伍百文

正泰酒馆　韩步瀛　杨笆　杨德

白邱集・天佑油坊

襄城县・和合成　德顺店　双兴永　刘荣泰

周口・聚茂店　三和合

胅县・万和号

束岸集・公兴号

兰议县・恒德油店　三泰烟店　三义寨　启兴号

典兴集・万合永　泰兴合　各捐钱壹串文

白潭・人和店　滩溪口・李双兴　襄城县・刘远兴　义生和　刘远和

典兴集·合顺典　姚德坤　各捐钱伍百文

贺文科　捐钱壹串文

余生典缘簿壹本

当行公捐钱伍串文　曹余庆堂捐钱叁串文　德兴典　庆兴典　各捐钱壹串文

余生典　捐钱拾伍串文

贾启发缘簿壹本

张紫亭　捐钱叁串文

刘少卿　李鉴波　无名氏各捐钱贰串文　无名氏捐钱壹串六百文

永成厚　德顺远　和泰恒　王万兴　永源昌　长兴隆　敬盛昌

德盛顺　朱合义　温峙中　各捐钱壹串文

和兴永　李大有　各捐钱捌百文

天德昌　信元和　各捐钱肆百文

贾启发　捐钱肆串文

贾泰缘簿壹本

汴省·永成厚　和泰昌　各捐钱贰串文

义泰昌　永兴泰　顺兴涌　德盛泉　李义顺　永成公　大顺玉　德盛号

永合公　永盛歧　生生广　全兴振　协茂恒　裕隆昌　张泰亭　各捐钱壹串文

天兴布店　捐钱伍百文　贾泰　捐钱壹串伍佰文

贾让缘簿壹本

兴泰号　赵鸣琴　各捐钱叁串文

元亨贞　增顺元　恒兴昌　集义恒　缑鹤平　万盛顺　大来恒　聚锦永

裕顺亨　隆盛永

林县·宝盛德　永盛德

礼义镇·长兴号　各捐钱壹串文

贺承恩缘簿壹本

道口·顺成凭　捐钱贰串伍百文　内邑·通泰号　新乡县·祥聚东

滑邑·万昌义　各捐钱壹串文

东庄集·东兴号　大名府·泰益敬　内邑·万盛号　四间房·万

顺恒

清邑·三益隆　天合堂

滑邑·成兴新　道口·庆隆号　辉邑·元茂功　滑邑·如兴号　四

茂合

碾头集·三盛号　各捐钱伍百文

郭盛达缘簿壹本

兴泰义　捐钱叁串文　李文翰　捐钱贰串文　德泰恒　吴丕烈　晋

泰恒　各捐钱壹串文

郭敏达　捐钱壹串文　源德典　捐钱贰串伍百文　王有捐钱伍百文

入银五十四两三钱，合钱八十七串五百二十文

入钱二百三十八串九百文

入二班巡秋余钱七串一百文

共得材料一切杂使钱三百五十八串五百二十文

除使净缺钱二十五串

二班屡年积补。

无题名碑记

中华民国十二年岁次癸亥孟秋上浣之吉

高平县警佐兼第一区行政长赵先生功德碑

颂曰

先生讳咸，葶号子亨。五台望族，佐治泫城。绩著路政，废者以兴。

躬亲募化，监督兴工。不辞劳瘁，卒底于成。欢声彰道，惠我同行。勋德浩荡，民无能名。谨勒斯石，藉资颂功。

南关三里阁社维首　仝立

谨将捐资姓名暨花费开列于后：

知事闫廷杰捐钱拾串文。警佐赵咸捐大洋五元，

宰李里共捐钱六十三千文。南陈中里共捐钱五十千文。朴村牛王社捐钱三十五千文。东宅里共捐钱三十四串五百文。商务会捐钱三十三千文。西厢里共捐钱三十千文。南陈南里共捐钱三十千文。上玉井村共捐钱二十五千文。下玉井村共捐钱二十五千文。城西北里共捐钱二十一千九百文。寺庄西里共捐钱二十一千三百文。陈庄里共捐钱二十一千文。回山里共捐钱二十千零一百文。临丹南里共捐钱二十串一百文，东厢里共捐钱二十串文。唐庄村共捐钱二十串文。唐安里共捐钱二十串文。冯村里共捐钱十九串文。河西西里共捐钱十九串文。王河里共捐钱十八串文。玉井里共捐钱十八串文。神山里共捐钱十五串文。马村里共捐钱十五串文。城西南里共捐钱十二串八百文。原村里共捐钱十二串文。通义里共捐钱十二串文。河西东里共捐钱二十串文。王报北里共捐钱拾串文。璩庄里共捐钱十三串文。龙渠北里共捐钱拾串文。南厢西里捐钱拾串文。南厢东里捐钱拾串文。南厢北里捐钱拾串文。

郭瑞五劝募：

苏州府鼎源泰捐大洋拾元　大有裕捐大洋捌元　裕泰顺　协丰昌　上九坎　牲记　李启泰　杨豫隆　锦源公　汴省瑞丰祥，各捐大洋伍元。

苏州府瑞成捐大洋肆元。永裕　蒋广昌　贝松泉　益元堂，各捐大洋叁元。震昌泰　志成信　恒顺林　瑞生和　老祥泰　黄德培，各捐大洋贰元。

贾庆梧劝募：

马村丰泰当　鹤益典　何国瑛，各捐大洋贰元。申鳞　大有粮栈东沟里裕丰昌　河西镇公记酒店　同兴德张永生　萃丰升　三甲天泰当赵志质　陈区宏顺典，各捐大洋壹元。晋城正谊当公捐钱拾伍串文。协泰当公　徐庄镇关帝会　陈洪信，各捐钱伍串文。

东沟镇同济当捐钱叁串文。卫鸿熙　寺庄萃丰升　天元典　鲁村关

帝会，各捐钱贰串文。

　　王晋冕　陈之铎　陈邦彦　王璋　寺庄王义和　陈之倬　许起祥　李作楫　广泰顺　焦本仁，各捐钱壹千文。

　　河西镇协泰生　广济堂　忠顺义全泰成，各捐钱伍百文，

　　庞镕劝募：

　　德兴典捐钱拾叁串文。

　　庆兴典　杜慎馀堂　长治杜友于堂，各捐钱卷串文。

　　长子裕兴当　益丰亨各捐钱贰串文。

　　苏店承兴当　北京成兴号　张店同心永　增顺元　中兴魁　义胜德　公和源　天生德　义丰永　义丰酒坊　天德成　恒泰义　庞镕，各捐钱壹串文。

　　李化南劝募：

　　翼城同信恒　岚县大成正，各捐钱大洋壹元。

　　崞县澋顺茂捐钱伍串文。榆次宝和堂捐钱叁串文。岚县源兴长捐钱贰串伍百文。

　　兴县富兴永　静乐兴盛久　公义驼店　许驴孩，各捐钱贰串文。

　　张家口三义魁　进山堂　张喜则，各捐钱壹串伍百文。

　　神木义生懋捐钱壹串贰百文。岚县源明堂捐钱壹串文。

　　王允恭劝募：

　　宝信长捐钱叁串文。

　　德益堂　福德公　永和生，各捐钱贰串文。通兴堂　福盛堂　鸿顺店，各捐钱壹串文。永顺堂　富德堂　富公堂，各捐钱伍百文。

　　刘聚海劝募又捐钱壹千文。长子双盛和捐大洋叁元。庞海全捐钱伍串文。复兴公捐大洋壹元。

　　山盛魁　顺兴长　福盛永，各捐钱壹千文。源兴酒店　义泰同各捐钱伍百文。和合驼店携捐钱拾壹仟文。

　　共入捐资钱捌百柒拾捌千伍百文。

　　共入捐资大洋壹百壹拾壹元合钱三百一十四千二百三十文。

　　共入车捐钱肆百零玖千伍百文．

　　总共入钱壹千伍百零贰串贰百叁拾文。

共出石头钱捌百伍拾伍串四吞叁拾文.

共出砖瓦　脊獸钱肆拾捌串四百貳拾文,

共出石灰钱叁拾叁千文.

共出车脚钱玖拾叁千四百貳拾文。

共出石匠工资钱叁百伍拾貳千六百文。

共出瓦匠　铁匠工资钱壹百零叁千八百五十文。

共出裱缘簿工料　包袱布钱叁拾貳千叁百捌拾文。

共出兴工暨扶碑石一切花费钱二百四拾九千九百三十八文。

总共出钱壹千柒百陆拾玖串零叁拾捌文。

除入抵出净空钱貳百陆拾陆千捌百零捌文。

本村巡秋会维首：李化南　贾启明　贾笑山　常不理　贾树棠　贾辛幸　贾治田　张铜箍　贾翰元　李喜英施石头壹百丈.

村人郭起章　郭随章施碑楼地基段壹。

汤王头村补修各庙碑记

邑之城南汤王头村者，高都壮塞，上党名区，洵三晋之要道，实两河之唇齿，人情朴实，风俗勤俭，古之五范村也。庙著成汤，神灵显赫于万世。庵称甘露，佛光照耀乎千秋，载在邑志，由来久矣。此外尤有真武祖师之庙，显圣帝君之祠，兼之村南北，东有观音三大士，以及文昌等阁，其庙貌巍峨，殿宇之广阔，以该村为最著，惟代远年湮，创修孰先，均无可稽。相传村因庙称，是知汤王庙为首，后世历经补修，不一而足。考诸碑碣，然皆分年别段，修此失彼，其能同时并举，完全异事而无疑者，尚未之见忆。自前清光绪年间补修以来，迄今数十寒暑，其栋折榱崩之象已不堪问矣，凡历其村者，无不目击而心伤。村副社首等同人愨有忧焉，奈村小工钜，惟力不逮，乃集众妥议，置备缘簿书数本，广为劝募，始得鸠工庀材，克将厥事，倾颓者举之，残缺者葺之，共计禅室殿宇八十余楹，需钱六百余缗，数月而工告竣。不施丹垩而焕然改观，不似前月之固陋也。又北阁外旧有范公桥，西山之水蜿蜒而来，由桥下出而向北直流，似不足以钟灵秀而凝淑气，于是轮派人工分拨车马，遂挖池于桥之北，边围植树，以为注水之渠，不惟饮牛洗马之便，且足引流灌地之需。斯工之成也。经营擘书，虽村副社首等总其大成，而多方劝募，则贾君士杰等。岂云小补，其省工节费，则□□民匠工均与有力焉，要皆非仁人君子乐善好施之功，曷克臻。此工程告竣，爰勒贞珉永垂后世，用之志不朽云耳，是为序。

邑庠生张富年撰□书丹

总理副村刘聚海

督工维首贾树棠　李化南　贾笑山　贾启明

贾庆梧　贾治田　郭松森　许鼎

贾辛莘　贾翰元　贾士杰

仝勒石

中华民国十七年岁次戊辰孟冬下浣之吉

住持僧地□　徒弘迷、弘月

玉工米松旺镌

谨将捐赀姓氏及一切花费开列于后：

郭荫庭劝捐

瑞泰昌　豫丰泰　丽华　协丰裕　恒泰源　老瑞生和　各捐洋五元

庆祥瑞捐洋四元

瑞纶　鼎泰　程韵记　义泰永　盛康泰　各捐洋叁元

江苏·永裕庄　甡记　张恒丰　泰康　张和记　徐启堂　老祥泰　各捐洋贰元

蒋广昌　郑传楣　顺裕　石恒茂　永信义　张恒昌　李启泰　刘永昌　庆丰　震昌泰　恒顺林　福泰洽　怡丰恒　万裕　裕盛昌　无名氏　各捐洋壹元

赵堃元劝募

苏州·悦来绸厂　沈日新　义成祥　（各捐洋叁元）

江苏·瑞泰昌　（各捐洋叁元）

湖州·鸿茂甡　（各捐洋叁元）

杭州·蒋广昌　各捐洋叁元

苏州·老祥泰　苏经厂　鸿源庄　张恒丰　天纶厂　锦泰昌　延龄厂　永裕庄　万顺绣庄　德华绣庄　（各捐洋壹元）

苏州·豫泰丰　震昌泰　永昌盛　义泰号　（各捐洋壹元）

镇江·丁景记　恒顺林　（各捐洋壹元）

宁波·徐启堂　（各捐洋壹元）

盛泽·程韵记　各捐洋壹元

贾新元劝募

申承志堂　捐洋五元

张鼎臣　陈子瞻　恒利永　长发木厂　牛同泉　刘惠今　同顺合　天裕成　东德顺　亿合公　王玉发　同顺和　兴发盛　（各捐洋壹元）

周村·复聚兴　焦士亨　熊介侬　王晋云　张谦序　熊侬芗　（各捐洋壹元）

山东·杨芝成　各捐洋壹元

王栗田　周立昌　靳福基　熊太太　张咏梅　各捐洋五角

李得永捐钱一千文

庞德禄劝募

辉县·裕丰祥　捐钱三千文

（辉县）·靳振清　达道堂　三多堂　德聚永　（各捐钱二千文）

木栾店·义和号　各捐钱二千文

彰德·大顺豫　广义恒　祥顺公　（各捐钱一千文）

山东·源记　各捐钱一千文

辉县·纯泰永　李联芳　任建邦　公兴永　祥盛隆　王际昇　杨壁　傅作舟　郭福　赵玉显　郭源泉　祥瑞玉　福兴隆　赵运筹　长盛馆　元兴公　靳振亚　刘耀喜　王汝霖　王瑞　岳毓琮　刘均　李秀林　赵止林　徐敬之　王希舜　范和　赵景和　致成祥　侯彦云　王成东　郭玉　同兴盐店　裕泉祥　郭志谦　（各捐钱一千文）

七方·玉兴隆　（各捐钱一千文）

新乡·乡泰成　同顺裕　张道直　（各捐钱一千文）

七方·泰兴裕　合顺德　（各捐钱一千文）

武陟·松茂恒　盖长兴　（各捐钱一千文）

道口·天源永　天兴裕　长茂德　裕兴永　成兴永　（各捐钱一千文）

高平·王余三　冯香甫　任凤鸣　王焕章　王定国　刘景文　常翼臣　贾凤翔　石凤池　牛子舟　陈保泰　侯金深　侯腊深　光裕祥　各捐钱一千文

（高平）·刘树芳　复兴恒　徐太太　靳福　秦锦坊　郭松吾　赵保英　施纯义　刘通兴　一品斋　陈锡贵　魏静兰　各捐钱五百文

庞元山劝募

老河口·德茂同　捐钱六千文

（老河口）·新顺正　（各捐钱五千文）

樊城·元盛涌　（各捐钱五千文）

信阳·全顺兴　（各捐钱五千文）

兴安·复兴允号　庞元山　各捐钱五千文

怀庆·王起恭　春和堂　各捐钱三千文

（怀庆）·恒聚牲　公聚通

河南·元盛德　泉盛长　公议合　庆兴隆　祥顺文　义聚祥　永丰祥　同心协　各捐钱贰千文

以上共捐大洋壹佰叁拾六元五角，折合大钱五百四拾六千文，又捐钱壹佰四拾叁千文，二共捐钱六百捌拾九千文

共入捐资钱陆百捌拾玖串文

出砖瓦木质毛发石灰一切材料钱五百肆拾柒串六百三十五文

出石木瓦匠工资贰百叁拾玖串四百文

出酬神谢土扶碑酬客花费钱伍拾串文

总共出钱捌百叁拾柒串叁拾五文

除入抵出净空钱壹佰肆拾捌串零叁拾伍文，由大社补助

金装观音圣母神像记

诗曰：神之格思，不可度思，其言诚，不诬矣。丁卯之春，城南村村副刘海峰先生偶得惊悸之疾，延医服药数月之久，恒不见效。某日之暇，先生与邻友间步村之北阁上，仰望圣母，衣冠污毁，触目惊心，遂不禁默祷之。曰：大慈大悲，救苦救难。圣母有灵，如能默佑使弟子痼疾易危为安，弟子必虔诚答报，以酬神恩。迨后先生之病果然徐徐全愈，及至今秋，不特精神恢复原状，且身体强健异常。先生乃请上等工师，金装神像，焕然一新，瞻仰之下，肃然生敬焉。工程既竣，嘱序于余以彰圣德。余本不文，奈余父子舌耕是村，谊弗容辞，故不揣固陋，本先生求神之诚念，志圣灵默佑之巨功。良工勒石，病愈愿酬，真可谓人有诚，神即有灵也，是为序。

赞词

观音圣母，救苦救难。海峰先生，为模为范。人遇疾病，来此观瞻。求神默佑，腾服灵丹。

前清优廪生李荟森撰文
省立师范学校毕业生李世荣书丹
弟子刘聚海率男：恩、惠、忠、恕、意、志。
孙：纪年、瑞年、邦年、绥年、延年全沐手敬勒
中华民国十七年岁次戊辰巧月中综之吉

无题名碑记

……悯三途，而法海无边。竹径幽泪临八难，而慈航普渡，既所求必应。□□……人启敬肃之城。法邑南门外，西南里许有所谓汤王头者，即高平关也。……不由是路焉。万历三十二年建设南阁。上塑……后。金峰在其左，翠屏居其右，四山拱向，一水流丹，诚一巨观。□□多历……不足观者，本县治平坊八甲。善士王弘现在汤王头居住，发愿□□善与……新。而殿阁倾颓，则屋漏瓦烁，襄慢殊甚，喜舍资囊，统为补葺，彩□□□鸠……勒石垂名，后之君子观兹感发而兴怀也云尔！……则朔一日吉旦。

……

信士王弘率男思民、安民。孙：随、率。侄：养民、惜民。孙：大全、五毛、照慧、二慧仝立

明清以来的寺庄及寺庄商人研究

——针对高平市寺庄村庙宇碑刻的考察

孟 伟

摘 要：古代东方社会是由数以万计的自然村庄构成，自然村庄是人类进入文明社会以来最有标志性的细胞之一。然而，古村落的发展各有其不同路径，至从宋元开始，以民间信仰为主要形式的寺庙对于自然村庄的轨迹影响巨大，无论是政治、经济还是文化方面，都必须予以高度的重视。明清时期的高平县寺庄村的寺庙给这一个处于太行山区的村落的影响，更多的是带有明显区域性的"商业中心"和"市场中心"，借助庙宇的发展而形成。进而，高平商人群体成为明清以来晋商群体中有重要地位的一个不可忽视的组成部分。以至于关注明清时期的晋商的辉煌，不能不深入培育商人的最基础层面——晋商故里的古村落文化中，而予以全方位考察的最佳切入点之一，便是对现存的庙宇碑刻的整理和研究。

关键词：明清以来；晋商；高平商人；寺庄村庙宇；碑刻

一 问题的提出

本文论题的提出，系建立在对高平市寺庄古村落历史文化实地的考察基础之上的具体分析①，带有围绕村庄的综合特征。本文属于系列性的文论之一，就方法论而言，称之为围绕晋商历史文化所展开的田野调查，也是恰当的。而就所给出的内容，言之为有关晋商历史文化的新发现和新视角，也不过分。然而，对于问题的展开和延伸，则可以区分为三个层面：

第一，以整个社会历史为大背景，长时段地宏观观察政治和经济、文化的三位一体在"民间社会"的具体实际，更多地关注晋商文化作为"东方民族"历史现象的历时性和共时性的有机结合，尝试追求书写社会史的新模式。

第二，文本的重心为明清以来泽潞地区的商业经济及其由此而带来的村落变迁，而将村庄布局、寺庙新建，乃至祭祀和娱乐、商贸庙会活动为主的村庄"生活方式"演变等等方面，作为聚焦层面，寄希望给出区域性商人活动的中时段画面。

第三，重点围绕寺庄村的现存历史文化遗存，多方面、多角度、多侧面、多视野地分析和解剖古村落、庙宇和碑刻等历史遗存的文化含量，将所讨论的问题，落实到具体的、可计量的、可考的细微之处。抑或，为历史文化的现代性提供依据——为当地民众和政府"打造历史文化名村"奠定基础。

简要地说，有关笔者所展开的一系列文论，截至目前，可借鉴的方法和内容，都很有限。然而，具有专门学科的相关参考和参照，也不乏鲜见，这里没有过多的必要——列举，也即，有关学术史的追溯，将融汇在具体的展开中，予以注明。

笔者曾经五次②就高平市寺庄村进行历史文化遗存的田野调查，结合对高平市 548 个村庄的考察（包括一些隶属的自然村在内），综合比较之后发现：寺庄村是一个具有晋商历史文化典型性的古村落，明清时期，

---

① 笔者接受高平市委托，组织、带领全国六所高校的硕士和博士研究生，以及相关专业的学者等三十多人，于 2013 年 5 月开始，全面展开了针对高平市历史文化遗存普查，重点为古村落、庙宇、碑刻、庙会、习俗等等，其中，对寺庄村的考察日期为 5 月 21 日，之后，笔者又有四次专门赴寺庄村考察。

② 其中，有三次实际是必须经过该村庄通往别的村庄，进而，对该村的情况也就进一步熟悉。

位于太行山中的该村庄商贸的发展轨迹，带有泽潞地区商人的鲜明特征——晚明清初时期晋商的阶段性特性。因此，有必要予以重点关注。

目前，有关寺庄村的文献资料几乎是空白①，欣喜的是寺庄村现存庙宇中保留了十几通明清时期的碑刻、匾额、题记等等，本文依此得以充分展开。

二　高平市寺庄村历史文化遗存概况

（一）寺庄村概况

寺庄村位于高平市西北方向，距离市中心 8 千米。丹河水纵贯南北，旧村庄位于河东畔，新中国成立后修建的太焦铁路穿越村境，旧村庄紧靠铁路西侧，呼啸而过的火车汽笛声，伴随着村民的日日夜夜，是近代以来的新气象。作为泽潞地区的一个自然村庄，现在看上去也很一般，实际上却系明清以来，特别是近代以来，社会变迁较为典型的古村落之一。现为高平市最大的乡镇之一——寺庄镇所在地②。

① 或许有人认为，目前高平市存有四种旧地方志（新地方志，本文不采纳），但有关寺庄村的内容几乎为零；或许，有人以为《高平金石志》《高平碑刻大全》等等可供参考，实际上，仅仅录有三通碑刻，也是错误极其严重。更为糟糕的是，没有碑阴，属于不完整的碑刻。《高平县地名志》中的内容，也需要在引用的时候注意，附会的情形，比比皆是，难以为据。

② 当地政府对寺庄镇有描述性介绍，姑且节选转录：2001 年，由原寺庄镇、釜山乡、赵庄乡三个乡镇撤并而成。全镇东西宽 9.6 千米，南北长 18.5 千米，东依永禄乡、西邻野川镇、沁水县，南壤北城办事处，北与长子县相连，总面积 136.5 平方千米，辖村委会 48 个，有自然村 93 个，全镇总农户 11882 户，总人口 49785 人，其中非农人口 6675 人，总耕地 46587 亩，人口密度为 5655 人/平方千米。全镇东、西、北三面环山，中部为河谷地带，地形平缓。海拔高度在 850 至 1216 米之间。主要山岭有：发鸠山、琉璃山、丹朱岭等。是战国时期的"长平之战"的主战场。全市最大河流——丹河源自本镇西北部，顺流而下，四季长流。地形地貌特征大致可分为山区、丘陵、平川区三种类型。气候特征：春季多偏南风，秋季多偏北风，冬季盛兴西北风，年平均气温 10.1℃，年平均降雨量 500—600 毫米，全年无霜期为 180 天。历史上，高平八大景观，有三处出自寺庄：一是长平村东北的"石室朝霞"；二是伞盖村北鸠山寺的"鸠山暮雨"；三是丹河上游的"丹水秋波"。民间歌谣："伯方庙，市望塔，秋子戏台，西阳阁，圣皇岭的好挑角。"时过境迁，现留存的有省级文物保护单位：仙翁庙；县级文物保护单位：市望塔、桅高楼、春秋阁、张仙翁庙、长平古碑、菩萨画像、古法氏阁等，新近发现的王报"古戏台"（金代），以年代最古冠之全国。等等。可参见最近十多年来编纂的《高平市志》《高平市地名志》《高平金石志》等。

（二）寺庄村历史文化及其遗存

寺庄村建村始于何时，目前难以稽考。依据《高平市地名志》的说法：故长平城南的寺庄村，原名"义庄"，系因长平之战末期，冯亭率残部突围，出长平城南门，经寺庄村东北的白骨岭往西南，企图与驻今永录乡三军村的赵括部会合，在今白骨岭南、永录尸骨坑处遭秦军重兵截杀，冯亭惨败，义不降秦，投古井自杀。后人为纪念冯亭，称此村为"义庄"，后演变为寺庄。这一说法并没有依据，多半是现代人的附会①。甚至我们怀疑，战国时期，现如今的村址上有无"村落"，都是问题。

但是，当代人的讹传却在无意中给出了"寺庄村"所处历史的地理位置——位于长平之战的中心地带。与古高平之"古泫氏县"的治所——王报，咫尺之遥，寺庄旧村与王报相距 2 华里左右（现在，寺庄新村与王报村已经相连）。寺庄村往北 2 千米，即是古"长平邑"，或者"长平驿"——现在的长平村②。

对寺庄村历史的介绍，理应以村委会的说法为依据，村委会给出的说明是："寺庄，古时称'义庄'。穿街而过的衙门古道，是北上燕赵、南达中原的必经之路。优越的地理位置，便捷的交通线路，从古至今为官宦洽谈、商贸交易的聚居地。明清时期，随着交通贸易的发达，一些商家定居在这里设立了会馆，为前来经商的四方宾客提供了栖居落脚之地，也为寺庄村开发搞活，繁荣昌盛注入了活力。寺庄村百姓豁达、宽容、仗义、诚信的品质，深得相邻和外来人员的佩服

---

① 参见《高平县地名志》，1988 年，第 86 页。
② 古泫氏县的建置从汉高祖十二年（前 195）至北魏永安元年（528），历时 723 年未有变化，北魏永安二年（529），才把原来的泫氏县分为泫氏和高平两县，两县之上还设长平郡统之。《魏书》卷一〇六："长平郡，永安中置，治泫氏城。领县二：高平、泫氏。（泫氏县）治有羊头山。"由此可知，"羊头山"实为当时泫氏县的主要地理坐标。据此推论，大约今之高平，即北魏永安后期的泫氏县，其故城在今长平村南的王报，距离羊头山并不太远。到北齐天保七年（556），裁撤泫氏县，并入高平。统称为高平县。《隋书》卷三十："高平……齐末……并泫氏入焉。"泫氏县历七百五十多年之沧桑后，成为历史的遗存，之后的新轨迹也自然包括在了高平县。

和赞扬，'义庄'村便因此而得名。土改后，'义庄村'改为'寺庄村'至今。"①——这一块立在村委会大院的巨幅展板，姑且不说其语言文字的问题，仅就其"村庄的来龙去脉"，连村委会都一无所知，实在是难以理解的！

就寺庄村的历史来说，目前能够较为可靠的历史文化和实物遗存，首推官道（街道）、庙宇及其碑刻。所谓的"官道"，也就是旧时从太原南下中原的主要大道，该大道实际上也是寺庄村的"旧街"。或者说，历史上官道与寺庄村的旧街是"同一"的，也即官道穿村而过。不过由于种种原因，该村的旧街，现在看上去并不那么古色古香，丝毫没有热闹繁华的历史沧桑之感，甚至令人疑惑：旧街的宽度也就是五六米的样子，最多也就能错开相向而行的两辆马车。该村现存庙宇有五座，分别为：三皇庙、关帝庙、清凉寺、桅杆楼、寺庄会馆，至于村庄结构布局和民居，由于时代变迁，早已失去了历史韵味。

理所当然，现存于庙宇中的碑刻，几乎成为寺庄村历史的唯一文字记载。因为目前可见的四种清代《高平县志》中，并没有相关明确的记载。然而，即便是现在仅存的庙宇碑刻，也没有得到应有的关注，更为严重的是面临着失缺的危险，遗失和损毁随时都可能发生——目前所存的庙宇均坍塌不堪，碑刻散落在废墟中②。

实地考察可知，寺庄村现有庙宇五处，均有碑刻存在，（据说，旧时另有五处庙宇、阁楼，现已不存，但有匾额遗存，故不做专门介绍）依据碑刻内容，分别情况概述如下：

1. 三皇庙

三皇庙，位于寺庄村中部村东，坐北朝南，中轴线布局，现存大殿、厢房、戏楼等等，习惯上，当地人称之为"大庙"，"不但春祈秋报在焉，而社仓谷石亦在焉"。也曾经一度作为"书院"，因此，也有人称之为

---

① 该巨幅的宣传展板，似有二层楼高，目前就立在路西村委会大院里，新工农兵戏台的南面，共有三块。

② 目前寺庄村的碑刻，基本处于非保护状态，与庙宇的荒废一道，随时都会失落。

"文庙"①。民国之后，作为当地的"高级学校"而享有声誉——周边几个村庄的学生都在此读书，直到现在依然是该村的小学后院。现存三通碑刻，依据碑刻以及大殿、戏楼之花檩题字可知，寺庄村三皇庙创修于明万历十九年，清乾隆、嘉庆、光绪朝等历有修葺。

2. 关帝庙（村南）

关帝庙位于寺庄村南，坐东朝西，占地三分，大殿三楹，就地势而修建，属于规制并不很大的庙宇。基本可以肯定，其最初创建具有"家庙"特点，乾隆朝之后伴随着人口的流动和迁徙，以及寺庄村的结构变化而成为"村社庙宇"。现存六通碑刻，记载了该庙的历史沧桑和变迁情况。创建年代当在明嘉万时期，清代康熙、嘉庆、咸丰、光绪至民国均有修缮，包括增建戏楼和楼堂等等。新中国成立后，曾经作为村委会的"粮食库房"，目前倒坍荒废，据村干部讲，正在筹划重修。这话不是"应付之语"，在村委会的公开的年度工作安排中，最后一项就是"重修清凉寺和南关帝庙"②。

3. 清凉寺

清凉寺的创建年代目前无考，但最早时间不会超越明代晚期，依照现有线索和比照高平市其他村落的情况，可以断定：就在清代的康乾时期创建，或者，其兴盛当在乾隆年之后。其地理位置较为突出，坐落在寺庄村东的高岗上——当地人称之为"清凉山"，清凉寺也因此而得名。当地的俗称也叫作"疙瘩坡"，因此，该庙的神灵也被称之为"疙瘩爷"。该寺在民国时期，由于战乱主体尽废，现庙宇是在遗址上重修，留有碑刻三通。据年长老人回忆，该寺庙祭祀主神为"关圣帝君"，尚有"城隍

---

① 在高平的村庄中，目前我们发现有 39 处被称之为"文庙"的庙宇，情况不尽相同，有与北宋时程颢作为晋城令时广设乡村书院相关的遗迹，也有金元明清时期专门作为"乡村学堂"和"乡村书院"的庙宇，甚至不排除晚清民国时期作为近代学校使用过的庙宇，凡此种种，村民们习惯上都称之为"文庙"。众所周知，按照明代的规制，有明以来的"文庙"仅仅建立在县一级以上的治所，而高平市则大量地出现在村庄中，委实是令人惊诧的！寺庄村所谓的"文庙"，我们认为更像后两种情况之一，与北宋时期的程颢所开设的 72 所"书院"似乎并没有太大的关系，至少，目前的证据不足。另有人说，程颢开设书院有 59 所（距离寺庄村不足 2 华里的伯方村的元代碑刻中说），这一问题，笔者另有专文考察，这里不赘。

② 该工作安排一览，也作为专门的宣传牌，立在村委会院内。

神、疙瘩神、奶奶"等等①，因此，按照惯例也应当称之为"关帝庙"。坐北朝南，中轴线布局，四进院落，山门巍峨，殿宇壮观，山门前有光绪八年建的戏台，每年三月十八有庙会，方圆几十里的人都虔诚而至，甚至还有陕西、河南、河北的客商和信士也慕名而来。

4. 会馆

寺庄村的会馆，当地人也称之为"北关帝庙"。坐落在寺庄旧村的东北隅，谋划于道光二十三年（1843），落成于咸丰四年（1854），坐东朝西，三进院落，中轴线布局，倒座山门戏台、厢房、配殿、献殿、正殿、偏院（后院），其主体格局与清凉寺相差无几。其突出的特点是：该会馆的创建和经营管理，均由当地商号联合完成——既包括本村镇的字号，更多的是外地来寺庄村开设铺面的商家。目前留有八通碑刻，翔实地记载了创始经过和捐资情况。目前，会馆的整体结构和布局依然，大殿、偏院尚在，唯山门及戏楼已经不存，现为寺庄镇粮站占有（据说，公私合营时期就成了粮站）。

5. 桅杆楼

寺庄村的桅杆楼，并非严格意义上的庙宇，更应当是观瞻性的、地标式的、景观式的建筑。其名称缘于"比喻"——犹如航船之桅杆而得名。一方面，具有"阁楼"的属性和功能，也与其他村庄的"阁门"相似——在阁楼上塑有神像，供奉"菩萨"；另一方面，有鉴于村庄结构与布局的情况，明显地带有"风水"及象征意义。因此将之归类于"庙宇文化"，也大致不差。虽然，目前村民不知其创始年代，但依照其建筑造型和施工材料等，可以断定不会在乾隆朝之前，抑或就在乾隆后期及嘉庆年间。

另外，寺庄村原来建有、现在不存的庙宇楼阁，尚有南堂、北堂、南阁、北阁等，兹将庙宇情况汇列表1，以便明晰：

———————————

① 城隍庙，或者"城隍神"出现在寺庄村，也是奇怪的问题，众所周知的是：城隍也只能在县一级以上的治所才能新建和祭祀。因此，我们不难理解的问题就是：寺庄村原来有类似城墙的"村墙"，站在圪垯坡上的疙瘩庙，可以清楚地看到整个寺庄村。再有，寺庄村的人们上疙瘩庙，必然要从"村墙"的东门进出，所以，清凉寺的"城隍神"，恐怕也是仿照"有城墙的县城"所塑造的——希望城隍神保佑一村人的平安罢了。

表1　　　　　　　　　高平市寺庄村古村落庙宇情况一览

序号	庙宇（学名）	供奉神灵	新建年代	庙宇在村中的位置和布局	备注
1	南关帝庙	关圣帝君	明中后期	村南偏东，坐东朝西，一进院落，康熙、嘉庆、咸丰、光绪、民国历有修葺	有戏台现存光绪八年兴建
2	三皇庙	三皇、孔子，以及牛马王、蚕姑、龙王等等	明晚期	村东，坐北朝南，二进院落，乾隆、嘉庆、光绪、2010年历有修葺，俗称文庙，或者"大庙"	有戏台现存乾隆四十七年兴建
3	清凉寺	关圣帝君、城隍、药王、蚕姑等	清乾隆年间	位于村东山岗上，坐北朝南，一进院落，庙中另有独立"疙瘩庙"，因此俗称"疙瘩庙"或"庙套庙"	有戏台，现已不存
4	北关帝庙	关圣帝君、财神、火神、药王等等	道光后期兴建	位于村北偏东，坐东朝西，三进院落，也称之为"会馆"	有戏台，现已不存
5	桅杆楼	菩萨	嘉道修建	位于村中，三层楼高，属于标志、景观建筑	
6	南阁	神灵不详①	同上	位于村南，坐北朝南有"义庄镇"匾额	整体建筑不存
7	北阁	祖师	同上	位于村北，坐南朝北	同上
8	南堂	奶奶	同上	位于村南，南阁门外，坐东朝西，一进院落，俗称"南奶奶庙"	同上
9	北堂	奶奶	同上	位于村北，北阁门外，坐东朝西，一进院落，俗称"北奶奶庙"	同上
10	狐仙庙	狐仙	同上	位于村北狐仙沟，一楹小庙	同上

　　说明：（1）本表依据实地考察编制；（2）后四项，以及庙宇中的神像等，大多不存，依据碑刻以及老人所见回忆；（3）所谓俗称是指"当地人"的习惯称谓。（4）其中，文庙、会馆、城隍、狐仙、疙瘩爷、桅杆楼等等，均属于该村的特色庙宇。

———————

　　①　一般而言，村庄南阁的神灵，多为白衣大士、南海观音等等，寺庄村周边的村庄，可作为参照，在调查中，清晰地发现"神像"和"庙宇"的局域性"相似"和"雷同"——相邻村落的"老爷"都差不多。

（三）庙宇遗存与古村落格局的关系

实际上，过去的古村落都有特别的布局，即便是依地势而筑居的村落，也有其独特的"讲究"——因为，中国的民间社会非常注重"风水"，村庄中的庙宇布局突出地反映了"风水"与信仰的对应关系。这一点，大体上从先秦时期就露出端倪，到了宋、元、明、清时期，基本完备，达到了顶峰。究其原委，可以笼统地言之为：因为中国传统社会有其极其强大的"民间信仰"的缘故。我们在高平548个村庄考察的时候，庙宇与村落格局之间的关系问题非常突出，堪称是泽潞地区一道最为特别的"历史文化风景线"。寺庄村自然也不例外，尽管古庙宇数量不多，村庄也不很大，然而，其特殊性——庙宇与村庄格局的关系，或者庙宇在村庄中的分布位置，或者村庄的变迁依据庙宇的布局而变化，等等情形，也是别有一番风味，颇值得加以总结。

依据现存碑刻资料，大体地说：寺庄村在明代，最多也不过几十户人家，布局也是依地势而建的——在丹河水的东岸。村南关帝庙是该村最早的庙宇，并且建在进出村庄的最南头，坐东朝西的布局，表明了关帝庙前就是原来的官道所在。或许，庙前原来的"大槐树"，就是村庄最早的标志之一。在康熙二十四年的碑上，充分反映了——全村不过六姓人家，而当时的毕家就是望族，以至于撰写碑文的人就将南关帝庙作为了"明代毕家的家庙"来对待。直到现在，毕姓的人还称南关帝庙是"毕家祠堂"①。甚至有一种可能，所谓的"义庄"，就与最早的"关帝庙"有关——关圣帝君的"义气"，成为该村村名的来源所在。在该村东面的另一个村庄——永禄村的南头，也发现一座大体上时间相差不远的关帝庙，与之相似②。

————————

① 这一说法，与该村六大姓的渊源有关，也与康熙年间的碑记"含混"不清有关，当然，也相对与杨家、孙家分别建有"祠堂"有关。实际上，进入清代之后，南关帝庙并不是完全意义上的"家庙"。

② 该村的关帝庙，坐北朝南，建在明代，庙的山门山墙上有一万历年间的重修碑，碑的形制和说法，不差上下，其规制与寺庄村的格局几乎一样，而两个村庄中间是一座山梁，一条大路将两个村庄连接起来，而目前，这两个村庄都是"乡镇政府"所在地。我们估计，山梁两头的关帝庙有差不多的创建情形。据永禄乡（村）的老人讲："过去，村南关帝庙的位置就是为行人磕头的，不是我们村的主庙。"

大体上说，也就在南关帝庙兴建之后不久，村里的人们或许就因为"家庙"——不便进行村庄、大社的祭祀活动的缘故，在南关帝庙北面500 米的地方，兴建了一座"三皇庙"，在村庄的东面，距于村庄的上位。该村的布局是"背靠清凉山"，所以"东面为上"，村里人称之为大庙，有关村庄里的主要祭祀活动等，都到了三皇庙内。三皇庙的兴建时间，依据碑刻和大殿的花樑题字可知，是明代的万历十九年。当时，这两座庙基本规定了该村的"南北方位"，或者说，当时的村庄南北距离也不过五百米。时间当在明代中后期。

也就在晚明清初，寺庄村围绕当时的村庄开始修筑"村墙"——用土垒积而成，高约 3 米，厚也有 3 米（据老人们说，村墙上能走马车）。方圆四周，留有两个"阁门"，一南一北，习惯上称之为"南阁"和"北阁"，当时，两阁上也供奉着老爷。阁门早已在民国时期损毁，包括类似"城墙"的"村墙"也一道荒废，现在仅仅依稀可辨一些遗迹——现在的太焦铁路旁，还有村东的"村墙"。在泽州地区，或者说，在高平市的村庄，多半都是在这一时期修建"阁门"和"村墙"的。目前所发现，建有"阁门"的村庄，占全部村庄总数的 70%，大概地说，与当时该地区的战乱有密切的关系——现存碑刻都如此说。当然，也有为了"观瞻"的景观意义。

大约也就在乾隆时期，在南阁和北阁的外围，分别修筑了两个"佛堂"，习惯上称之为"南堂"和"北堂"，供奉奶奶，多半以求子保平安为祭祀。

就在乾隆后期，抑或嘉庆时期，不知是什么缘故，村东 500 米左右的山岗——也叫作清凉寺，村里人称之为"疙瘩坡"上，修筑了规制并不很大的"寺庙"，既被称之为"清凉寺"，也被称之为"疙瘩庙"。据说：该庙的主神是"关圣帝君"，还有诸如城隍、牛马王、蚕姑等神明，不过，最享有盛名的还是"疙瘩爷"——一个专门医治"身上起疙瘩、疥疮等疾病的老爷"。与此同时，还兴起了"三月十八"的庙会，不久，该庙会就兴旺起来，开始引领着寺庄村的商业方向。

到了道光年间，寺庄村的商贸活动开始"起步"，逐渐地形成市场。地域化的发展同时，商人们开始独立，自发地参照山西商人在异地修筑会馆的做法，其用了十年的时间，修建了叫作"会馆"的建筑。选址在北阁之外，东北方位的空地，选址和动工的时间，均请了堪舆家，也即习惯上的"风水先生"，而这一建筑的规制，丝毫不比"大庙"差，商人们的做法表明了，外来经商的商人在村庄中的比重在增大，到了需要独立地表达愿望和追求的时候了。至少可以说：商人的祭祀活动和娱乐唱戏，以及议事等等，有了属于自己的"固定场所"。

寺庄村的市场形成之后，人口增加很快，而管理也日臻完善，在两个阁门里面，分别增加了南北两道"栅栏"，由专门的人开启和关闭，同时，负责"打更"和"巡视"。大概是由于南北500米的街面两旁都是"商铺"的缘故，防偷防盗的意味更为浓厚。

道光后期，寺庄村的商贸就开始享有盛誉，成为当时高平县最为突出的一个商贸集镇。几乎与此同时，一个原本几十户人家的自然村，开始升级为"义庄镇"。为此，村民们专门镌刻了两块牌匾，悬挂在"南阁和北阁"的阁门上，既是历史的记载，更是村庄人们的一种"荣耀"，该匾额现在还被保留着，刻勒的时间为道光二十一年。

总之，乾隆之后一直到民国年间，寺庄村的村庄格局基本上是由几座庙宇决定其"边界"的。而关圣帝君在该村的地位，实际上是占据主导地位的。抑或说，寺庄村有三座属性不同的关帝庙，其一是南关帝庙，带有家庙特征；其二是北关帝庙，尽管称之为"会馆"，但另一种称谓，就是地地道道、标标准准的关帝庙，属于商人群体的庙宇；其三是村庄共有的关帝庙——清凉寺，尽管还有众多的神灵，但，其主神是关圣帝君，也应当称之为关帝庙，属于全村民众的祭祀场所，或者说，更为开放的场所——举凡愿意来祭祀的人，都可以享有祭祀权利。

（四）现存碑刻中商号的记载

目前所知，寺庄村现存的庙宇，其创修年代基本在晚明前清时期，留存的相关碑刻共计十四通，其中，有晋商商号的碑刻分别为：1. 南关帝庙之嘉庆元年重修碑、咸丰四年重修碑、光绪八年创修舞楼碑、民国二十六年创修堂楼碑；2. 寺庄会馆咸丰四年创修碑；3. 清凉寺嘉庆八年补修庙宇并创树照壁碑记、道光二十二年清凉山栽松碑记。

（1）南关帝庙嘉庆元年的碑刻上，开始出现几十家属于本地的商号，地方性商业中心初露端倪；

（2）咸丰四年的重修碑上，突出地反映了与寺庄村有密切关系的商号在河北省之威县、肃宁、蠡县、博野、蔚县、怀安，以及大同府、阳高、代县等地的经营的情况；

（3）寺庄商人会馆创建碑记则较为清晰地给出了寺庄村呈现出来的商业盛况——当地的商号参照晋商在外经商的"会馆模式"，开始了在本籍所在地进行自治和自理；

（4）清凉寺光绪八年的碑刻则间接地记载和反映了商号参与当地村庄建设的实际活动。除了北关帝庙完全由商人自我建设管理外，甚至连南关帝庙的舞楼修建也几乎100%地凭借商人捐资而完成。商人和商业成为该村的主要表现和标志了。与此同时，还进一步持续性地说明：寺庄村与行商冀西北、冀中地区的商号有密切关系。

（5）至于晚清时期的光绪和民国时期的情况，碑刻则给出了泽潞地区，乃至高平地区时代性变迁的新情况。或者更为直接地说：寺庄村已经开始升级为"镇"，甚至形成了专业化的"粮食买卖集市"，更具有了地方性商贸活动的特征。

表面上看，所有以上情况并没有特别之处，实际上，就在如此简单的一些文字记载背后，隐藏着晋商历史阶段，乃至泽潞商人兴衰的普遍性轨迹。更能够较为充分地反映出明清以来泽潞地区的一个自然村落，伴随着泽潞商人及其商业活动的兴衰，而逐渐演变为地方特色的商业中心的历史真实。

针对以上，很有必要展开进一步的深入分析。

三　寺庄商业的发展阶段

（一）寺庄村商业的发轫阶段——蚕茧会

寺庄村的现存碑刻中出现商业活动和商号捐资的情况，与高平市的其他村庄一样，大体都在康熙和乾隆年间①，而乾隆朝是一个非常明显的普遍性的"时间节点"，至于个中原委，尚待研究。目前所知，寺庄村最早出现商业情形的碑刻，是南关帝庙康熙二十四年的《重修圣贤庙碑记》："蚕茧会　施银一两二钱五分，轿会　施银七钱五分、施谷□□□。"这清楚地表明：寺庄村也是晚明前清时期"潞绸"的生产基地之一②。蚕茧会意味着"潞绸生产"的链条性分工，至少在"种桑和养蚕"方面，寺庄村具备了相互联合、市场调节和自我管理的"组织机构"，并且独立地从事社会性活动——为兴建和修葺庙宇予以布施。

（二）借商发展阶段——恳商揭使

寺庄村南关帝庙嘉庆元年《重修关帝尊神庙碑》记载："乾隆四十七年有税书牛廷玉劝捐祭祀钱壹百拾伍千文，恳商揭使所得利息，以备每年祀神之费。"几乎与此同时，在嘉庆八年的《补修庙宇并创树照壁碑记》："自乾隆四十七年，吏员杨儒备酌邀请绅士、耆老孙旭、李培斌、郭世裕、孙珲、李龙光、杨起敬、郭世昌、杨福贵、常俊盛、杨自顺等公议，合镇捐钱赈济贫民，于夏月十六日散给。迨后岁丰，乞食者鲜，将所余之钱，递交商生息。至嘉庆四年，共积钱一百八十千有零。因补葺清凉山西南角屋庙前新修石棱，乃将此钱尽行使用。今届嘉庆八年，于十月十六日扣算，除散给外，又积钱七十七千七百五十文整。因大庙牛王殿、戏楼一切瓦坡损坏，重经整理。又庙外创树照壁一座，共费钱四十千零七百五十整。下余三十七千，仍交商生息。"两块碑刻表面上看，似乎记载相同的事项，实则不然，但其中不乏"共性"的内容，更有反映寺庄村商业活动的情况。

---

① 高平地区现存5000多通碑刻中，记载有晋商商号不少于50000多家，其中在道光年以前出现的不少于20000家，占全部商号总数的40%左右。然而，对这些商号稍加区分，生产型字号，诸如机户、铁炉、窑炉等则呈现区域性分布，时间也不限于康熙年间，但是，除此之外的其他营销型、服务性商号，则多半出现在乾隆年之后的碑刻中。可以肯定，与时代性的商人地位和商业兴盛有密切关系。

② 高平市的"潞绸"生产呈现区域性分布，羊头山以南、高平城以北的区域，现存大量的碑刻，反映该区域曾经是蚕桑种植和养殖的区域。距离该村西南1千米的伯方村，仙翁庙旁就有始建于万历年间的"机神庙"。

　　两块碑刻的核心内容都是"恳商揭使"，所谓的"恳商揭使"，也就是"交商生息"，类似于当时康熙和乾隆朝为了补贴旗人生活困难而采取的"发商生息"的举措。很显然，寺庄村筹措公用资金的做法也带有"上行下效"的意味，言之为"时代特征"也是恰当的。虽然时间都在乾隆四十七年，而筹措资金的目的和组织方式却不同，前者是"当地的税书牛廷玉为备每年祀神之费而劝捐"，后者则是"吏员杨儒为了赈济贫民而发起的募捐"。

　　需要强调的是，当时寺庄村有商号"揭使"银两。这充分说明：一方面，作为一个民间社会的自然村庄，筹集公用资金、并且使用和管理有限资金的方式方法是与当时社会时尚密切相关，也与当时晋商故里的商业、金融基础密切相关。另一方面，这反映出了晋商资本的来源和构成，已经将金融借贷作为其手段和方式。

　　问题可能仅仅在于"揭使资金"的"利息"高低，这一点，该碑的记述实际上已经给出大概，从嘉庆八年的碑刻中，非常简单地就可知：当时的揭使年利率（商号的借贷利息）为一分上下，较之典当的二分至三分的利息要低地多。

（三）商人参与村庄建设阶段——商号捐资修庙

　　在南关帝庙的嘉庆元年《重修关帝尊神庙碑》中，至少有十几家商号出现在修葺庙宇的活动中，有两种情形：其一是布施捐资，其二是商号参与到村庄建设的主要过程中，担负相关职责。现将相关字号摘录。

　　第一类的字号分别为：

积成典　银陆两

宝兴号　银肆两

顺和号　银肆两

吉顺典　银肆两

永泰号　银肆两

升恒店　银叁两

裕成号　银叁两

齐生堂　银贰两

天顺号　银壹两伍钱

聚中和　银壹两五钱

新合号　银壹两

第二类的字号有：

恒春号银拾贰两，当时承担的职责是"罚报"。

以上由商号布施银两合计四十六两，而本次重修所募集银两总数为二百一十五两，另有二十二千文，可大致折合二十二两（按每千文一两折算）。由此可见，商人捐款占到总数的16%左右。稍显遗憾的是，目前我们尚不清楚这十二家商号都分别从事什么行当。或者说，这一阶段的商号主要的类别。

（四）商人独立、自立阶段——商人会馆的兴建

商人的独立和自立是指，作为社会群体和阶层的地位，相对于传统的"士农工商"有所变化。具体地说，在城市中商人开始作为领导潮流的主要力量，在农村商人们开始与士绅享有基本同等的权威和权力。其标志之一，就是商人们独立地拥有属于自己的祭祀、集会、议事的场所——会馆。寺庄村的商人会馆，谋始于道光二十三年（1843），历时十年，咸丰四年始克工竣。当地人称之为"关帝庙"，也称之为"商人会馆"。但其功能类似于明清时期晋商在全国各地修建的600多座会馆①，尽管在晋商的故里，但商人会馆的特征却格外分明，由商号联合发起并合力完成。

《咸丰四年·会馆月捐碑记》记载了翔实的情况，引文如下②：

---

① 目前所知，明清时期晋商遍布大江南北，在全国建有600多座"山西会馆"，包括"山陕会馆"，必须指出，山西戏曲研究所编纂的《山西会馆》（山西教育出版社2008年版）给出的情况存在在极其严重的错误。其中的50%内容，无论是数量、还是实际的地理情况，都存在极大的错误。

② 此碑立于大清咸丰四年四月（1854），现存山西省高平市寺庄村会馆（北关帝庙），壁碑，镶嵌在后院过厅墙壁，镌刻于八块石碑上，每块碑长130cm，宽50cm，前四块记载创修会馆之事，后四块为捐资名碑。寺庄村会馆现为寺庄镇粮站所在地，位于旧村北头。

　　尝思帝德浑穆，泯声臭于无彦，殿宇辉煌，思灵奕于如在，此其精诚之理。同有钦承弗替者，兹绵血食于万古，乃武乃文，隆俎豆于千秋，不僭不忒。命尔玉工垂名，宛同夫竹帛。凡我善士杨徽，早勒诸贞珉，裕芳于继往，励善举于将来。垂诸久远，以志不朽。

万裕典　捐钱陆百叁拾伍千文

天育长·庆公　捐钱肆百陆拾肆千文

恒成号　捐钱肆百壹拾伍千文

泰兴号　捐钱肆百零贰千文

四怡号　捐钱叁百伍拾壹千文

三聚典　捐钱叁百零陆千文

新义号　捐钱贰百陆拾捌千文

长兴荣　捐钱贰百伍拾壹千文

泰成号　捐钱贰百叁拾壹千文

德兴典　捐钱贰百壹拾壹千文

三泰德　捐钱壹百玖拾捌千文

顺和号　捐钱壹百捌拾壹千文

聚兴号　捐钱壹百陆拾叁千文

玉和公　捐钱壹百伍拾伍千文

三合西　捐钱壹百伍拾千文

协和盛　捐钱壹百叁拾伍千文

天盛公　捐钱壹百贰拾捌千文

隆昌号　捐钱壹百壹拾捌千文

恒盛成　捐钱壹百壹拾柒千文

六必庆　捐钱壹百壹拾伍千文

三和号　捐钱壹百壹拾贰千文

兴盛德　捐钱玖拾柒千文

万和堂　捐钱玖拾壹千文

天增祥　捐钱玖拾壹千文

魁兴号　捐钱玖拾千文

亨立晋　捐钱玖拾千文

宝兴号　捐钱捌拾柒千文

元合号　捐钱捌拾伍千文

义兴永　捐钱柒拾捌千文

晋恒永　捐钱柒拾捌千文

聚德堂　捐钱陆拾捌千文

资兴号　捐钱陆拾陆千文

乐义号　捐钱伍拾伍千文

荣泰号　捐钱伍拾肆千文

恒盛公　捐钱肆拾陆千文

元义号　捐钱肆拾陆千文

人和裕　捐钱贰拾捌千文

蓄盛号　捐钱贰拾捌千文

亨和号　捐钱贰拾柒千文

同义号　捐钱贰拾肆千文

永兴顺　捐钱贰拾壹千文

万松合　捐钱壹拾贰千文

三盛典　捐钱玖千文

元德恒　捐钱捌千文

庆和永　捐钱伍千文

和生泰　捐钱壹百肆拾壹千文

隆聚号　捐钱陆拾肆千文

泰顺永　捐钱叁拾贰千文

　　——共捐钱六千六百二十七千文

　　——共收利钱二千二百九十三千文

　　——收转斗余钱一千零三十千文

　　——火神会余钱四百五十千文

　　——以上四宗共收钱一万零四百千文

　　——买地基九亩八分三厘使钱八百六十千文

　　——买木料使钱二千六百千文

　　——买砖瓦脊兽使钱一千一百六十五千文

　　——买麻绳笆席石灰头发使钱三百二十五千文

　　——屡年杂货使钱六百八十五千文

　　——买石料使钱一千零八十五千文

　　——买铁器使钱三百四十五千文

　　——木工使钱六百七十五千文

　　——石工使钱八百一十千文

　　——瓦工使钱四百六十千文

　　——泥水工使钱五百六十五千文

　　——土工使钱二百一十千文

　　——开光谢土杂费使钱六百一十五千文

　　——以上十三宗共使钱一万零四百千文

　　总理督工

　　三聚典　长生号　四怡号　新义号　万裕典　积成号　泰兴号
协和盛

　　执事维首

　　王和公　泰成号　天育公　三泰德　三合典　三和号　隆昌号
天盛公　恒盛成　兴盛德　义兴永　魁兴号　万和堂　亨立晋　荣
德堂

　　木工　李绿水

　　石工　李运发

　　泥水工　贾荣贵　常兆魁

　　玉工　李运发

　　　　仝勒石

　　　　大清咸丰四年岁次于逢摄提格皋月上沅之吉

　　当时，总共有48家商号，用十年的时间聚集了一万零四百千文。按
照当时的比价（1200文左右为一两）折合白银8000多两。不难看出艰难
的过程和孜孜不倦的追求。基本可以肯定，这些商号就在当时的寺庄村

经营。

　　他们集资的方式，借鉴的是晋商在河南、山东等地的一般化方式——坐贾抽厘①，也即，每月按照经营额抽取 0.1—0.2% 的"会馆经费"——碑刻中的"月捐"。依据碑刻内容，基本可以排除"向行商抽厘"的做法，道理很简单，在碑刻上没有出现较小数额的其他商家的捐款情况，而是清一色的"月捐"。

　　另外，他们还将暂时不使用的资金"发商生息"收取利钱，与此同时，也反映出了寺庄村市场的大宗的业务是"粮食"，因此，尚有"转斗余钱"一项。抑或说，当时的寺庄粮食买卖中，存在着"度量衡"不统一的情形。但，这一不统一的"差额"，作为"公用资金"，不为某一商家所据有。

　　有必要强调指出：作为"商人会馆"修建在山西商人的故里，目前却也仅仅发现有六七座，该会馆是其中之一②。换一句话说，该会馆的历史文化意义，一方面是该会馆及寺庄镇的商业模式；另一方面，也足以体现寺庄镇阶段性的商业活跃情景。

　　建筑格局就势依地，刻意选址、特别择日，并且较为明显地参照了各通都大邑的"山西会馆"的式样，或者说，与各地山陕会馆的建筑结构一脉相承。"正殿九楹，上列关帝，次列火帝、大王、财神，虽各有专司，而利于民生，关乎风化，载在祀典，则一也。其余南北配房，腰亭一带，舞楼数间，美轮美奂，崇垣墉，焕然一新，居然村落之伟观者钦。"

　　倘若仅就"关帝庙"而言，它也与全国各地的情况大同小异，没有特别突出之处。但，修建有较大的戏楼。

　　这里顺便将商人们所积聚的"每月厘金"的去向作一简单的分析，一方面可以清晰地看到该"关帝庙"的规制，另一方面，也能够稍加清楚，当时庙宇建筑的一般性费用和结构。给出如下开销表格，以便直观：

---

　　① 这一模式是晋商在外地兴建会馆的基本模式，可参见聊城、周口、洛阳、社旗等碑刻。

　　② 在山西境内，除了省城太原有县级的会馆之外，在各地的城镇、乡村，目前仅有六七座称之为"商人会馆"的建筑被发现，分别为陵川的附城、礼义，高平的寺庄、河西、石末，等等，这一情况，以往的学者不曾注意，的的确确，它们不同于我们习惯上所说的"晋商会馆"。相关情况可参见笔者专论《山西境内的商人会馆考》。

表2　　　　　　　　寺庄村商人会馆兴建开支结构比例一览　　　　　单位：千文

序号	开支事项	金额	比例%	备注
1	买地基九亩八分三厘	860	8%	每亩地价86千文左右
2	买木料	2600	25%	
3	买砖瓦脊兽	1165	11%	
4	买麻绳笆席石灰头发	325	3%	
5	屡年杂货	685	7%	大体是十年，年平均70千文
6	买石料	1085	11%	
7	买铁器	345	3%	
8	木工使钱	675	7%	
9	石工使钱	810	8%	
10	瓦工使钱	460	4%	
11	泥水工使钱	560	5%	
12	木工使钱	210	2%	
13	开光谢土等费用	615	6%	
合计		10400	100%	

　　说明：①本表依据高平市寺庄村的商人会馆（北关帝庙）咸丰四年碑刻整理编制；②本表的比例，仅供参考，不同的庙宇情况，不尽相同；③相关的费用结构参见下图。

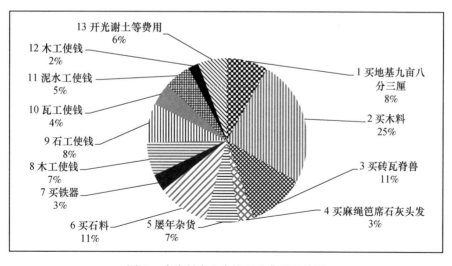

图1　寺庄村商人会馆兴建费用结构图

　　按照实际情形推断，该会馆修建之后，100多年里未尝进行较大的修葺，因此，也表明了寺庄镇商业的变动和实际——商人的组织毕竟是动态的。加之，从光绪后期以及民国时期，该镇的集市——三月十八庙会和粮食集市集中在南关帝庙的情况判断（南关帝庙碑刻有载），包括高平在内的泽州地区商业活动，曾经因为自然灾害出现过一段萧条时期。抑或往来寺庄镇的商人有凋零的阶段，又抑或寺庄镇的商业格局发生过变化。因此，也会影响会馆的发展和保护。

就现有资料，尚不清楚该会馆的"管理运营模式和情况"。这方面对于会馆来说很重要，有待进一步考证和研究。

总之，作为修建在晋商故里的商人会馆，或者说，作为晋商故里——泽州高平的乡镇的"会馆"，抑或，就高平在明清时期的商业、经济历史来说，其意义重大。特别是，就寺庄镇寺庄村的三所庙宇来说，有一个非常清晰的结构：南关帝庙最初带有明显的家族特点；北关帝庙系商人为主体的"会馆＋庙宇"；而清凉山的关帝庙，则具有小区域、大众化的佛教特征——清凉寺庙会，并不纯粹是宗教的信仰，相反，商业的发展，相应区域的商品供需成为主要的推动力。

（五）商业占据主体的阶段——寺庄村市场的形成

大体上说，就在道光后期，抑或咸丰年之后，清凉山的清凉寺开始热闹起来。其"有求必应"的传说蔓延开来，方圆几十里、几百里的信男信女接踵而至。目前尚不清楚到底是什么"事件"促使其"香火兴盛"的——（围绕清凉寺的民间信仰），然而，以"三月十八"为标志①，为期三天的庙会却蔚为壮观，成为寺庄村的新景象，俨然就是高平北部的"区域性市场"。兴盛的庙会大约持续了半个多世纪，一直到抗战期间②。

---

① 其实，在高平市的村庄里，还有类似的庙宇，诸如，神农镇团池东村的"疙瘩庙"，也是三月十八的庙会，庙会三天，也被当地人称之为"庙套庙"，也是"疙瘩爷"，稍有不同的是：团东村的是木庙，而寺庄村的是铁庙，团东村的疙瘩爷就是"药王"，而寺庄村的疙瘩爷，则不曾如此直接地称之为"药王"。相关情况，参见团东村考察报告。

② 据有关资料记载："在日寇盘踞高平期间，要粮索物，习以为常，仅在1943年和1944年，寺庄镇就给日军负担谷子41500斤，小麦36000斤，猪羊肉2150斤，油320斤，食盐360斤，柴草151000斤，钢铁29100斤，摊派人役17602人次，畜役1500头次，还有其它衣服、鞋子、羊毛、牛驴皮、烟酒等不计其数。"参见《高平地名志》，1988年，第87页。

有关清凉寺的盛景，在寺庄村南关帝庙的碑刻中有描述："□□□□□（关帝庙为义庄镇）中三百户民众所信仰，五十众商人所崇祀者也，而妥神灵，□□（威名）早已远播遐迩。近来，本镇大小商业均蒙庇佑，大见发展，交通文化亦大，□□□□□，粟粮之巢条皆以其地为集市，每逢集期，人滩马挤遍塞庙□，凡有祈祷无不入庙献祝焉，而神威之盟彰已非一日，无如安□□，庙会之期，常感办公缺室。"①

另有清凉寺碑记载："清凉山清凉寺乃高平名寺，一进四院，建筑雄伟，雕梁画栋，泥塑壁画，惟妙惟肖，戏台楼阁，依山构筑，布局合理。一二院是关公城隍，三四院分别为书房、杂院，还有很出名的'圪塔爷'，有庙套庙的'铁庙'，结构奇特，沿途古木参天，寺院红墙绿瓦映于其中。极目远眺，丹河如镜，村似流舟，桅楼如杆。每年农历三月十八有规模盛大的传统庙会。四川、河南、湖南、陕西和本省各地商客、信客远道而来。当年盛景不复久矣。"②

现存的光绪八年《创修舞楼暨耳楼碑记》中，共有208家商号。非常有趣的是，这一次修建舞楼（戏台），几乎是清一色的商号布施捐款，河北地区的商号共有98家，占到50%，本镇的约占40%的样子，其余为江西、河南、山东的商号布施。抑或说，光绪年间，除三月十八的庙会外，通常情况下，寺庄村的商号总数，大大小小大体在百家左右。

在《高平县地名志》中也有相关记述："早在明清时期，寺庄镇就已经成为高平县北部地区粮食、蔬菜、水果、煤铁、桑皮纸、丝绸等商品的集散地、每逢农历一、四、七日（后改为双日）为集，当地群众及沁水、长治、屯留等县的群众，肩挑车拉货物到这里赶集，更有塞外商人赶着骆驼，驮着食盐、皮毛、药材等前来贸易。据统计，清末民国初年间，镇上的商号、店铺有300余家。"③

地方学者给出的描述，未必尽信，有待史料的证实。比如，300多家

---

① 寺庄村南关帝庙民国二十六年《□堂楼碑记》，现存寺庄村南关帝庙院内，碑残。该碑刻立的时间为民国二十六年，实际上记载的事项却是从宣统元年开始的。

② 寺庄村清凉寺《维护古松碑记》，新立壁碑，现存寺庄村清凉寺山门外的古松照壁，也即，古松树旁。

③ 《高平县地名志》，1988年，第87页。

商号出现在寺庄村的可能性不大。因为我们已经知道，直到民国年间，该村的基本户数（常住户）也不过 300 家[①]，改革开放时期的常住户也不过 400 多家，直到现在的常住人口，也仅仅 2800 人。但即便如此，寺庄村作为一个区域性的贸易市场，在晚清民国初形成，较之其他的村庄要典型的多，则是基本事实。最为直接的证据是民国碑记中说："三百户民众所信仰，五十众商人所崇祀者也，而妥神灵。"

（六）寺庄村市场的延伸与关联

一方面，寺庄村的市场既为本村镇的供需而兴盛，还与周边的区域发生往来和流动关系。《高平县志》《高平县地名志》等地方性文献中记载了相关情况："据老辈说，寺庄村的本地住户只有'孙、李、杨、郭、张'六大姓。后来迁居此地的人很多，遍及山南海北，四面八方，逃荒到这里来落户者有之，经商到这里落户者有之，亲戚带亲戚到这里落户者也有之。清末，镇上就有很多商号。除'三铺'（即蒸馍铺、饭铺、店铺）为本镇人经营外，其余京货铺、杂货铺、盐店、当铺、铁货铺、竹货铺等均为外地人经营。"

2005 年岁末，郭保义（70 岁左右）、孙永庆（76 岁）、杨国华（83 岁）、李青瑞（70 岁左右）等老人回忆：民国年间，寺庄镇的生意字号有沟村郭家开的发盛久杂货铺、外地王姓人家开的义盛荣杂货铺、永禄东庄人开的庆丰义布行、高梁张家开的当铺、高梁李家开的染坊、晋城王台铺任家开的义兴烟房、河南任姓开的庆和堂药店、店上申顺成开的顺成饭店、王何陈家开的"祥"字号杂货店等，本村郭家开的复盛基杂货铺和银楼、本村杨家开的骆驼（又叫骡马店）和蒸馍饭铺等。东家不清楚的有德昌布店、复德和烟房、协和号杂货店、庆安永杂货铺，还有铁货铺、钱铺、竹货铺。此外，还有王何陈家开的几处生意[②]。

笔者在高平的村庄考察时，在寺庄村北高良、贾村、柏枝庄、杨家

---

① 参见民国二十六年《口堂楼碑记》。

② 许永忠：《商业重镇高平县寺庄镇》，山西省政协编：《晋商史料全览·晋城卷》，山西人民出版社 2006 年版，第 375 页。

庄等等，都曾接触到年纪较长的老人，他们告诉笔者说："小时候，几乎一个月要有五六次到寺庄村购买油盐酱醋等日用品，方圆几十里的日用，都必须到寺庄村的集上去办理。"①

在寺庄村的调查中，更多的人对于该村的"官道"两旁的老商铺津津乐道。所谓的官道，即明清时期贯穿南北的主街道，也应当是唯一的一条街道。实际上，直到现在，依然不足五米的街道两旁尚有零星的老房子，抑或，稍加装饰的门面背后，抑或，穿过门洞的里面，的的确确有许多古色古香的旧宅子，石雕、木雕和砖雕别有一番风味。不难想见：晚晴民国初的村庄庙貌多半是"前店后院"格局。

村里的老人们依然记得，每逢"三月十八的庙会"期间，临近周边的长治、长子、屯留、沁水、翼城、陵川、浮山等县的商人蜂拥而至，尚有河南、陕西、河北、山东、北口（内蒙古）等地的客商也如期而来。他们还特别强调："在过去，每逢会期，村北和村南搭有许多'棚子'，其中，开赌场的非常多。"这些情况，目前被记载在《高平县志》中。总之，晚晴民国初的寺庄村不仅仅是小地域的商品集散中心，实际上还成为方圆百里享有盛名的商品集贸市场。

四　寺庄村商人经商本地及华北各地的商号

另一方面，还可以从修葺南关帝庙的碑刻中看到又一番情景：道光后期至咸丰年间，曾经有一百多家在河北等地行商的商号布施和捐款。现将碑刻转录如下：

额题：重修关帝庙碑记

六一居士云：盛衰之理，虽曰天命，岂非人事哉！今观义庄镇关圣帝君庙之工程，益信其不爽也。镇之东南旧有关帝庙，历年久远，风雨侵蚀，人皆观望罔□轻举。此无他，□□（非常）之功必待非常之人也。癸丑岁，维首杨理等首倡义举，自勉捐输，而四方

---

① 依据高平村落历史文化调查录音整理，随后将有相关整理资料，可留意参考。

好善之士咸乐助之。然犹虑其不继也，又请圣贤会一局。首事者之虑始而图终，亦已劳矣，于是鸠工庀□□逾年而功告厥成焉。今日者，庙宇辉煌，轮奂一新，衰者以盛，废而以兴。

兹将捐资名开列于下：

□攀柱自外省上来

下保土寺·①逢源店　捐钱二千文

馆陶·万庆恒　捐钱一千文

大庄·公益当　捐钱一千文

张官寨·益盛店　捐钱一千文

大同府·元聚号　捐钱一千文

高阳·万盛宫　万隆景　义盛昌　万有公　恒茂德　以上各捐钱一千文

贺钊·盛聚恒　广盛衡　聚盛衡　以上各捐钱一千文

张登·广聚店　信昌号　义兴合　以上各捐钱一千文

西山营·复亨敬　复诚德　福德瑞　顺义昌　源义恒　福升长　信成德　福德恒　以上各捐钱五百文

张官寨·聚兴号　恒兴和　万聚号　福厚德　源德昌　源盛恒　以上各捐钱五百文

威县·协成公　捐钱五百文

潞邑·牛布云　捐钱五百文

代王城·元义兴　捐钱五百文

柴沟堡·德顺玉　德盛昌　以上各捐钱五百文

蔚州·德木裕　德隆裕　隆丰永　以上各捐钱五百文

蔚州·郭铭学　捐钱十千文

杨清华　张德辰　自外省上来

官亭·森裕恒　捐钱三千文

---

①　原碑此地名在商号后，移至此。以下凡加·均仿此例。

洪善堡·元成店　捐钱二千文

洪善堡·昌顺德　小陈·同茂缎店　各捐钱一千文

华桥·万隆号　义兴昌　兴成永　各捐钱一千文

肃宁·□义成　捐钱一千文

宋廉知　郭增　自外省上来

肃宁·杨小迷　恒泰当　恒隆号　德丰泰　诚格当　永义当

重盛号　以上各捐钱二千文

曲邑·胜恭发　捐钱二千文

楚旺·阜泰号　捐钱二千文

楚旺·义□□　□兴号　利永和　顺成号　□□号　义和号

九盛号　三益裕　以上各捐钱一千文

磁州·恒庄号　捐钱一千文

顺昌衣行　毕清和　自外省□□（上来）

李岗·公议会馆　（捐）钱二千文

大庄·永隆号　聚合成　捐钱一千文

百尺·同义店　同义公　天兴号　库房　镒兴号　三益号　积

金号　恒盛号　□□成　□□缎店　嘉泰号　以上各捐钱一千文

小陈·万和号　捐钱一千文

博野·庆升号　捐钱一千文

洪善堡·锦盛当　捐钱一千文

大庄·发盛号　捐钱五百文

蠡县·同顺号　同泰隆　捐钱五百文

小陈·万聚兴　体仁堂　捐钱五百文

洪善堡·恒通店　天兴楼　涌泉号　庆丰号　祥庆瑞　恒普魁

捐钱五百文

大庄·永庆号　捐钱五百文

税书□□庄、罚报百家坡·田士德　砖三千个

税书赵百魁、罚报王朝林　各捐钱一千五百文

李　淮　捐钱一千文

三聚典　捐钱三千文

隆昌号　复成盐店　协和盛　天育公　以上各捐钱二千文

三聚成　义发荣　王和公　以上各捐钱一千五百文

泰顺永　升恒店　兴泰号　聚德堂　三泰德　新义号　恒盛成
积成号　天盛公　美景园　以上各捐钱一千文

义恒馆　捐钱七百文

新义馆　诚盛馆　和益斋　顺义馆　泰兴染坊　合盛醋坊　德
润隆　以上各捐钱五百文

协昌楼　捐钱四百文

毕　□　毕凤群　以上各捐钱三千文

毕清鸣　毕海水　毕招□　以上各捐钱二千文

毕福源　毕安乐　许德盛　以上各捐钱一千五百文

毕天禄　毕继松　张林孩　常松孩　杨　理　苏　洁　李好过
以上各捐钱一千文

毕红孩　捐钱一千二百文

苏　英　捐钱八百文

郭　墉　毕琢　毕辛酉　毕湛　以上各捐钱七百文

——外省及本镇公捐布施钱一百八十七千文

——石头、砖瓦、土工、彩画、颂经、勒石一应共花费钱三百
一十九千文

——除布施外净缺钱一百三十二千文，此钱圣贤会补讫

廪膳生员王守贞撰文

乡饮耆宾毕几书丹

经理维首：

杨　理　毕　琢　张安泰　毕　何　郭七康

毕凤群　常　口　毕清魁　孙口口　毕清鸣　　　　　仝勒石

大清咸丰四年岁次卯寅秋吉旦

石工　牛三孩　郭福林

瓦匠　王丑孩

木匠　李好过

油匠　张林山

针对现存碑刻，稍加分析整理可知：

第一，当时，本村，或者本镇，布施捐资中，明确表明为商号的有三聚典、隆昌号、复成盐店、协和盛、天育公、三聚成、义发荣、王和公、泰顺永、升恒店、兴泰号、聚德堂、三泰德、新义号、恒盛成、积成号、天盛公、美景园、义恒馆、新义馆、诚盛馆、和益斋、顺义馆、泰兴染坊、合盛醋坊、德润隆、协昌楼共计二十八家，以油盐酱醋之类的"三铺"为多。与本村老人对民国时期的回忆迥然不同，或者直接地说，在寺庄村，咸丰年间的字号能持续到民国年间很少——能够维持半个多世纪，一直使用一个"字号"，并且不更换东家的商号，目前还未曾发现①。

第二，外省商号的捐资情况。最迟在咸丰年初，寺庄村的南关帝庙重修时布捐的名碑上，有更多地来自外省和外县的商家。至于这些商号到底是不是寺庄镇本地的商人外出经营，还是与寺庄镇的人们有什么关系，目前很难搞清楚。但是，我们也应当予以必要的、更多的关注——他们经商的区域情况。至少说，这些给寺庄村捐资的商号，基本属于明清时期"行商天下"的高平商人，或者泽潞商人、山西商人。特别应当注意的是：他们的行商区域——每个县的商人，甚至，每个村庄（镇）的商人，在明清时期都有"特别的区域"——或者在某一府州城市，或者在某一县城及其乡镇，而这些恰恰就是遍布全中国的600多处山西会馆（山陕会馆）的特色之处。稍加整理，便会清楚，倘若标注在地图上，则

---

① 不仅如此，在高平市的调查中，目前尚未发现一家商号具有"百年老字号"的情况。或许，这也能算作高平市明清时期商人在比较视野下的一个特征——经营行业也因此而凸显出来。换一句话说：高平市明清时期大家族型的商业字号，很难与晋中、平阳进行比较。或许，尚与目前的资料不足有关，有待进一步研究。有关这一情况，可参见笔者对晋中、平阳商人的考察。

"行商商路与行商区域"的关系则更会一览无遗①。

寺庄村（镇）的商人突出的特征是：行商在黄河以北地区的河北省，抑或宣大一带的口外东部地区（冀西北）。这与高平市其他村庄的情况并不相同②。

河北县级城镇（包括府州）有：保定、清苑、肃宁、曲周、磁州、博野、蠡县、高阳、馆陶、威县、张家口、万全、蔚州、怀安。

山西县级城镇（包括府州）有：大同、代州、潞州。

而在乡镇开设铺店的情况，也隶属于以上府州县：

张登、洪善堡、李岗，旧隶属于保定清苑县；

张官寨、贺钊，隶属于威县；

柴沟堡，隶属于张家口怀安县；

下保土寺、西山营，隶属于张家口万全县；

官亭，隶属邢台市巨鹿县；

大庄镇、大百尺、小陈，隶属于保定蠡县；

华桥，隶属于保定高阳县；

楚旺，隶属于河南安阳内黄县。

倘若仅仅凭借一通碑刻就对寺庄村与省外的"行商活动"做出相关判断，很显然资料并不充分。然而，非常重要的是：尚有光绪八年《修建舞楼碑记》中，也给出了继咸丰四年之后大约三十年的情况。不吝烦琐，将有关河北地区的商号情况摘录如下③。

---

① 针对如此情况，最科学的做法是"计量统计"——大量的碑刻字号，或者同一时期，或者同一祖籍，或者同一经商区域，或者同一经营项目等等，笔者几年来围绕"晋商的地理分布"做了大量的考证整理，理所当然，本文的情况，也是其中的"一点"。参见笔者相关文论。

② 对高平548个村庄进行了全面考察之后，有关明清时期的高平商人的活动区域——行商区域，主要有四个方向，其一，最多是出太行山南，活跃在河南、山东、安徽、江苏、安徽等地区，其二是经黎城东出太行山，活跃在河北、山东一带；其三是西北方向，多半在山西省境内；其四是西越太岳山，过黄河到陕西。后两种情况不很多。

③ 该碑刻立于大清光绪八年（1882），现存于高平市寺庄村南关帝庙院内，关帝庙现已荒废多年，碑刻是从废墟中挖出，圆首方座，碑高180厘米，宽40厘米，厚20厘米，底座高40厘米，宽25厘米，长60厘米。共刻记200多家布施捐款商家字号。

郭基捐来布施

获邑·玉成隆　湧成和　兴隆店　聚兴号　聚和成　正兴号
玉丰号　各捐钱一千文

正定·同班恒　乾顺号　恒顺义　杨玉成　积盛号　各捐钱一
千文

张天成捐来布施

正定·天和店　捐钱一千文

河邑·三同店　泰顺文　各捐钱一千文

杨德裕捐来布施

龙王庙·重德钱店　双合号　魁和成　复成裕　各捐钱一千文

辛集·崇本号　捐钱一千文

藁城·通源号　捐钱一千文

深泽·通兴缎店　捐钱一千文

藁城·乾益亨　裕顺恒　天合福　恒茂号　庞尔钧　各捐钱一
千文

肃宁·公议会　捐银四两

河间·元祥成　捐银四两

深泽·全盛兴　捐银四两

东昌·诚玉明　捐银四两

李岗·公和西店　悦来店　各捐银一两

晋州·忠义会　永顺恭　泰顺号　孙占元　英泰东　各捐钱二
千文

尹村·公议会　义和店　各捐钱二千文

蠡县·家升号　捐钱八百文

深泽·义德永　恒庆魁　合兴公　逢元酒店　各捐钱八百文

深泽·康恒盛　广兴烟店　杨振清　张五姐　各捐钱二千五
百文

深泽·春和店　捐钱二千文

牛村·义泰德　广聚亨　赵满金　裕泰顺　隆泰店　万顺铺
和生泰　正兴本　同兴烟店　同义药店　益元酒店　各捐钱二千文

赵焕辰捐来布施

牛村·西泰和　玉美号　程凤鸣　付五女　乾元号　各捐钱二千文

长城·广益同　捐钱二千文

保定府·三义银号　捐银十两

保定府·福泰局　兴隆条店　万顺店　恒义号　元盛合　愈长号　兴泰昌　东新盛　吉隆典　元盛烟店　西美合　马宗兴　魁盛德　各捐钱五百文

华桥·顺泰成　捐钱五百文

大名府·恒福泰　德泰隆　广生合　集义生　各捐钱三千文

龙王庙·庆兴局　谦吉店　和成店　锦和裕　新盛号　大和号　广聚和　德瑞隆　鼎昌菜店　东义合　西恭兴　各捐钱三千文

该碑刻共记 208 家布施捐款的商号（其中有 9 位姓名，也与募化有关），河北地区的商号为 93 家，所占比例为 50% 左右，也即，在光绪八年的捐款布施名录中，近乎一半的布施是与河北冀中地区相关的。

石碑是民国二十六年刻立，属于补碑，实际的筹划是在宣统元年开始。该碑上也有至少几十家与河北地区相关的商号，因为该碑系残碑，无法做出统计，仅仅能够零星地给出如下：

（上残）

藁城县·五瑞堂　庆盛号　德安当　各捐钱二千文

无极县·永晋昌　捐钱二千文

无极县·广兴隆　捐钱二千文

深泽县·裕友店　□□□　李福展　以上各捐钱二千文

辛集县·□盛永　□聚成　□丰泰　□兴德　□瑞成　以上各捐钱二千文

……

兹将以上情况列表 3 如下：

表3　　　　　寺庄村南关帝庙碑刻中出现的外地商号一览

地区府县乡镇（村）	商号名录	庙宇修建捐款时间	备注
肃宁	□义成　杨小迷　恒泰当　恒隆号 德丰泰　诚格当　永义当　重盛号	咸丰四年	
威县	协成公	同上	
威县·张官寨	益盛店　聚兴号　恒兴和　万聚号 福厚德　源德昌　源盛恒	同上	
威县·贺钊	盛聚恒　广盛衡　聚盛衡	同上	
馆陶	万庆恒	同上	
磁州	恒庄号	同上	
博野	庆升号	同上	
蠡县	同顺号　同泰隆	同上	
蠡县·大百尺	同义店　同义公　天兴号　库　房 镒兴号　三益号　积金号　恒盛号 □□成　□□缎店　嘉泰号	同上	
蠡县·李岗	公议会馆	同上	疑有山西会馆，待落实
蠡县·小陈乡	万聚兴　体仁堂　永庆号 万和号顺昌衣行　同茂缎店	同上	
清苑·大庄镇	公益当　永隆号　聚合成 发盛号	同上	
清苑·洪善堡	元成店　昌顺德　锦盛当 恒通店　天兴楼　涌泉号 庆丰号　祥庆瑞　恒普魁	同上	
清苑·张登	广聚店　信昌号　义兴合	同上	
高阳·华桥	万隆号　义兴昌　兴成永	同上	
高阳	万盛宫　万隆景　义盛昌　万有公 恒茂德	同上	
巨鹿·官亭	森裕恒	同上	
邯郸·曲周	胜恭发	同上	
蔚州	德本裕　德隆裕　隆丰永 郭铭学	同上	
怀安·柴沟堡	德顺玉　德盛昌	同上	

续表

地区府县乡镇（村）	商号名录	庙宇修建捐款时间	备注
张家口·万全· 下保土寺	逢源店	同上	
张家口·万全· 西山营	复亨敬　复诚德　福德瑞　顺义昌 源义恒　福升长　信成德　福德恒	同上	
大同（府）	元聚号	同上	
代州	元义兴	同上	
内黄·楚旺	阜泰号　义□□　□兴号　利永和 顺成号　□□号　义和号　九盛号 三益裕		现属河南
合计	96 家		

说明：①本表依据寺庄村现存碑刻整理；②本表仅仅是指远离高平地区的商号，类似长治、晋城等地的商号不列，以及商号的捐款情况一概省略；③内黄、馆陶曾经隶属于河北；④表中的"·"是指领属乡镇、村庄；⑤合计数指目前所知的碑刻情况的综合统计，仅供参考。

表4　　　寺庄村南关帝庙碑刻中出现的外地商号一览

地区府县乡镇（村）	商号名录	庙宇修建捐款时间	备注
获邑	玉成隆　湧成和　兴隆店　聚兴号 聚和成　正兴号　玉丰号	光绪八年	
正定	同班恒　乾顺号　恒顺义　杨玉成 积盛号　天和店	同上	
辛集	崇本号	同上	
藁城	通源号　乾益亨　裕顺恒　天合福 恒茂号　庞尔钧	同上	
肃宁	公议会馆	同上	疑有山西会馆
深泽	全盛兴　春和店　通兴缎店　义德 永　恒庆魁　合兴公　逢元酒店 康恒盛　广兴烟店　杨振清　张 五姐	同上	
河间	元祥成　三同店　泰顺文	同上	
晋州	忠义会　永顺恭　泰顺号　孙占元 英泰东	同上	疑有山西会 馆，待落实

地区府县乡镇（村）	商号名录	庙宇修建捐款时间	备注
蠡县	家升号	同上	
蠡县·李岗	公和西店　悦来店	同上	
保定府	福泰局　万顺店　恒义号　元盛合　愈长号　兴泰昌　东新盛　吉隆典　元盛烟店　西美合　马宗兴　魁盛德　三义银号　兴隆条店	同上	
大名府	恒福泰　德泰隆　广生合　集义生	同上	
大名府·龙王庙镇	庆兴局　谦吉店　和成店　锦和裕　新盛号　大和号　广聚和　德瑞隆　鼎昌莱店　东义合　西恭兴　复成裕　重德钱店　双合号　魁和成	同上	
保定府·牛村	西泰和　玉美号　程凤鸣　付五女　乾元号　义泰德　广聚亨　赵满金　裕泰顺　隆泰店　万顺铺　和生泰　正兴本　同兴烟店　同义药店　益元酒店	同上	
高阳·华桥	顺泰成	同上	
东昌	诚玉明	同上	
长城	广益同	同上	
隆尧·尹村	公议会　义和店	同上	疑有山西会馆
合计	97家		

说明：①本表依据寺庄村现存碑刻整理；②本表仅仅是指远离高平地区的商号，类似长治、晋城等地的商号不列，以及商号的捐款情况一概省略；③其中，长城，不知归属州县。东昌，疑是河北邯郸的一个古村落；④表中的"·"是指领属乡镇、村庄；⑤合计数指目前所知的碑刻情况的综合统计，仅供参考；⑥其中，"疑有山西会馆"，有待实地考察，予以落实。

　　由此，我们有足够的理由做出推论：有清一代的河北中部地区，活跃着为数不少的与高平寺庄村有关联的商家。但是，非常遗憾的是：我们尚且不清楚这些商家的具体情况，抑或，与寺庄村到底有怎样的关系。或者是移民关系，或者就是纯粹的行商关系。乃至，从事什么行当，等等相关问题，尚待进一步比对、考证、深化。

第三，值得补充的是：在整个河北地区，目前可考的明清时期的山西会馆不少于 80 多处①，直接地与寺庄村本文考察内容相关的有：

获鹿县的东会馆和西会馆；

保定府的山西会馆；

蠡县大百尺的山西会馆

辛集的山西会馆；

肃宁的山西会馆；

深泽的山西会馆；

晋州的山西会馆；

磁州的山西会馆；

大城的山西会馆；

大名县山西会馆；

任丘县的山西会馆，等等，不一而足。

这些地方留存的碑刻以及相关资料，可以与现存山西的碑刻资料相互印证，不失为当前深化晋商研究的方法。或者直接地说：搞清楚明清时期的商业史，不可或缺的方式方法之一——将遍布全国的山西会馆与晋商祖籍所在地的文献资料进行关联，诸如，庙宇碑刻与会馆碑刻的比对。相关问题，这里不再展开赘述。

五　关于寺庄村经济社会的几个问题

随着明中叶以来寺庄商品经济的发展、市场的发展，寺庄社会亦发展了诸多的变化。从现存碑刻资料中，我们发现了以下几个方面的历史

---

①　这一说法，现已落实，笔者十几年来，为了考证山西会馆，几乎跑遍了全国，全国有 600 多处山西会馆，目前河北省曾经出现过的山西会馆 80 多处，这些会馆的特征是：（1）几乎都叫作"山西会馆"，或者"关帝庙"，在河北基本不存在称之为"山陕会馆"的情况；（2）一大多半在原来的乡镇，兴建时间多半在清朝康乾年间；（3）分布不均衡，冀南、冀中、冀东较多；（4）目前现存的会馆则很少，多半毁于民国年间；（5）河北的山西会馆的修建群体多半与太行山西麓的阳泉、潞州、泽州的商人有关，兴建活动几乎与晋中商人无涉；（6）该区域的山西会馆的规制都不很大，呈现出一般"庙宇"的情况（关帝庙）。相关情况，可参见笔者有关山西会馆的文论和专著。

现象。

（一）关于清代寺庄村的"税书"

在寺庄村考察的时候，从碑刻中发现：在清代的一二百年里，也即寺庄村的商业发展轨迹中，曾经设有"税书"和"罚报"。它们应当是两个从事商业管理的"职务"，归入商业的延伸问题中稍加讨论，大体上不谬。碑刻中的记载有：

1. 嘉庆元年·重修关帝尊神庙碑（壁碑）

"乾隆四十七年有税书牛廷玉劝捐祭祀钱壹百拾伍千文，恳商揭使所得利息，以备每年祀神之费。"

2. 在捐款布施名录中：

"税书牛廷玉、罚报杨　荣　银拾贰两"

"税书李　库、罚银李天荣　银拾两"

"税书李安仁、罚报赵改成　银壹千文"

"税书李安仁、罚报恒春号　银拾贰两"

"税书李安仁、罚报赵改成　钱壹千文"

3. 咸丰四年·重修关帝庙碑记·碑阴

"税书□□庄、罚报百家坡·田士德　砖三千个"

"税书赵百魁、罚报王朝林　各捐钱一千五百文"

4. 光绪八年·创修舞楼暨耳楼碑·碑阴

"税书何希明捐来布施

本镇·宝德元　德祥永　晋源店　三义店　各捐钱五百文

荫城·培成钱店　通兴钱店　各捐钱一千文"

从嘉庆元年的碑刻开始，一直到民国年间，寺庄村一直设有"税书"。由碑刻的内容可知，所谓的"税书"，其实是在商业活动中承担"商税"收缴记录的一个职位，有点像近现代的"会计"，或者"统计"的职能，当然不全尽然。最开始通常是固定人选，愈到后期，轮流担任成为通常做法。或者说，每一班小社担任值班的时候，必须安排的一个"记账员"，抑或，在从事"村庄公益活动的时候，参与到组织领导的行列中"。

所谓的"罚报"，几乎与"税书"并行存在，主要是"监督和维持市场秩序"，对整个市场进行巡视，对弄虚作假、缺斤短两、欺行霸市等等不遵守市场"约定"的小商小贩、商业从业人员，乃至对商号予以处罚。很类似于现如今的"工商管理监管"，或者"城管人员"，带有明显的执法特征。

应当说，税书和罚报，并非是"政府工作人员"，它仅对村中的大社负责，履行大社赋予的权限。因为目前尚没有更多的资料证实，寺庄村的商业活动已经纳入"县府的地方性财政序列"。与此同时，在其他相关的村庄，却不曾发现类似情况——一个村庄拥有属于自己村庄的"税务和工商管理人员"。因此，大体上能够说是"寺庄村的商业发展轨迹的一个特色"。

不无遗憾的是，有关"税书和罚报"的详细资料实在太少，还不能支撑我们进行更进一步的探讨，相关情况存疑于此。

（二）寺庄村的"社"和"会"的问题

寺庄村在有清一代的发展中还有一个需要指出的问题，那就是：有关村庄中的民间性组织。从相关碑刻中，大致可以发现如下"社会组织"：

1. 康熙二十四年·重修圣贤庙碑

三圣会　施银三钱五分半

蚕茧会　施银一两二钱五分

轿　会　施银七钱五分、施谷□□□

2. 嘉庆元年·重修关帝尊神庙碑

额题：重修关帝尊神庙碑

五班社首：郭光玉　毕卿堂　阎有成　李润然　毕卿强　共银拾两

3. 咸丰四年·重修关帝庙碑记

癸丑岁，维首杨理等首倡义举，自勉捐输，而四方好善之士咸乐助之。然犹虑其不继也，又请圣贤会一局。首事者之虑始而图终，亦已劳矣，于是鸠工庀□□逾年而功告厥成焉。今日者，庙宇辉煌，轮奂一新，衰者以盛，废而以兴。

——外省及本镇公捐布施钱一百八十七千文

——石头、砖瓦、土工、彩画、颂经、勒石一应共花费钱三百一十九千文

——除布施外净缺钱一百三十二千文，此钱圣贤会补讫

4. 光绪八年·创修舞楼暨耳楼碑

社首崔福盛等议，欲创建舞楼，但恐经费浩大，独力难支，乃预请圣贤会一局。十数年间，得余赀叁佰余千文，又邀请本镇善士恭书缘薄数枚，募化远方，共捐钱贰佰余千文，始庀材鸠工，度口口筑登登，但事口捐，绸缪罔懈，阅历半载，方致轮奂之观。兹当功成告竣，凡输财君子，效力善人，理宜勒石书名，以流芳不朽云尔。

——入布施钱贰佰陆拾千文

——入圣贤会余钱贰佰伍拾千文

——入卖穀余利钱伍拾柒千文

——入历年房租钱柒拾肆千文

——统共入钱陆佰肆拾一千文

本镇·会馆　积玉恒　各捐银一两

本镇·西白衣会　捐钱二千文

箭头·大社　捐钱二千文①

5. 民国二十六年·□堂楼碑记

每逢集期，人滩马挤遍塞庙口，凡有祈祷无不入庙献祝焉，而神威之盟彰已非一日，无如安□□，庙会之期，常感办公缺室，加之殿宇、禅房世远年湮，风雨飘摇以塌坏，墙坠倾颓，既不足以壮观瞻，又何以妥神庥也。故于宣统元年集议□□募化，恳请圣贤会三局，集腋成裘。

6. 光绪二年·补修三皇庙碑记

——入合社钱捌佰肆拾仟文整

——入三圣会钱壹百贰拾仟文整

不难发现：有关寺庄村的"社会组织"有：三圣会、蚕茧会、轿会、

---

① 箭头村，在寺庄村的南面，大约2千米的地方，据说，唐宋时期，因为在该村到处都能发现"长平之战"的"箭头"等遗存而得名"箭头"，隶属于现在的寺庄镇。

圣贤会、五班会、商人会馆、西白衣会，其他类似的地区捐资的组织有：忠义会、会议会、大社等等，所有这些，基本是民间性的，时间上，至迟从康熙朝就已经存在，抑或，要更早的多，属于宋元明时期的遗存。正是这些"社、会、行"的民间组织，作为村庄治理和公益活动的主体，承担着农村自我的良性运行。或许，寺庄村的民间性组织还有更多，仅仅在于目前有限的资料，我们只能笼统地说：明清时期的农村组织，其自我管理的情形，已经很有条理了，绝非是"无组织的一盘散沙"①。有关寺庄村"社与会"的情况，尚待进一步丰富，这里不赘。

为了简明，兹将有关的"社与会"的情况，列表如下：

表5　　　　　　　　　　寺庄村"社与会"情况一览

序号	会社名称	相关年代	出现庙宇和碑刻	备注
1	三圣会	晚明前清	南关帝庙、康熙二十四年 清凉寺、道光二十年碑	
2	蚕茧会	同上	南关帝庙、康熙二十四年	
3	轿会	同上	南关帝庙、康熙二十四年	
4	圣贤会	乾嘉时期	南关帝庙、嘉庆元年 南关帝庙、咸丰四年碑	
5	五班社	乾嘉时期	南关帝庙、嘉庆元年碑	
6	大社	同上	大庙、清凉寺，碑同上	
7	商务会	道光、咸丰	北关帝庙（会馆）咸丰四年碑	
8	西白衣会	光绪	南关帝庙、光绪八年碑	
	……			

说明：本表仅仅依据高平市寺庄村现存碑刻编制。具体的创建年代，以及其性质、活动等等，有待进一步研究。

（三）寺庄村的戏台与庙会

通常，有一些学者泛泛而谈，诸如"有村必有庙""有庙必有戏台"，

_____

① 实际上，我们在高平的调查中，已经发现极其大量的农村"民间性组织"，成千上万——举凡农村的公益性事项，多半都有"社会"的出现和组织。几乎每一块碑刻上都能清晰地看到，寺庄村的情况仅仅是有限的"个案"。相关情况，可参见《高平市碑刻资料大全》等。

诸如，"戏台的修建就是为了祭祀神灵的"，等等。其实，类似这样的文论，多半是"闭门造车"的转引之作。事实上，泽潞地区古村落中的庙宇和戏台，以及庙会之间的关系，类型要丰富、复杂得多，言之为"五花八门"，并不为过。寺庄村的庙宇、戏台和庙会的情形，就不是简单的"一言以蔽之"的问题。在高平，抑或泽潞地区，这一方面可以专门考察的事项很多很多，寺庄村仅仅是一个"个案"。

目前，寺庄村现存有四座庙宇，抑或，过去也仅仅不过四座，所谓的"南堂和北堂"，充其量也只是单纯的"小三楹"殿宇。小小一进院落，殿内供奉"奶奶"而已，并不能称之为冠冕堂皇。因此，寺庄村的庙宇规制稍微像样的也就四座——三皇庙、清凉寺、南关帝庙、北关帝庙（会馆）。

需要注意的是：这四座庙都建有戏台，现存两座，分别为南关帝庙和三皇庙的戏台，其他两座戏台现已不存。从碑刻可知，四座庙的戏台的创修时间，与其他村庄，乃至戏曲在泽潞地区的兴盛时间相较，则相对要迟后的多：

——三皇庙的戏台修建于乾隆四十七年；

——清凉寺的戏台修建于嘉道年间；

——北关帝庙（会馆）的戏台修建于道光后期；

——南关帝庙的戏台修建于光绪八年。

因此，仅仅从庙宇创修的时间来看，基本可以看出：寺庄村的商业兴盛和大发展阶段，就在乾隆后期以后。这与上党梆子、豫剧、蒲剧等"梆子腔"戏剧剧种的鼎盛和流布、传播等等，至少在时间上是"吻合"的。问题在于：商人群体的辉煌和梆子剧的勃兴，两者之间到底谁"决定谁"？孰先孰后？抑或，两者就是"互动关系"，相互促进的。

而四座庙宇的戏台增修（会馆戏台是同庙宇一次完成的，即便如此，也用了十四年的时间）。其资金的来源，除三皇庙情况不详之外，其他三座戏台，主要凭借的是商号捐款布施，有本镇的商号，也有本县的一些商号，还有行商河北的商号。

非常有趣的还有，四座戏台的实际"唱戏"的功能和效用，也不尽相同，各具特色。

据老人们口口相传的回忆说①：大庙（三皇庙）一般不唱戏，恐怕修建戏台之后，也仅仅在最初的时候"春祈秋报"的时候，偶尔唱一唱；清凉寺的戏台则基本属于"个人唱戏"——有些信士求病痊愈、求平安出行、求生子、求长寿等等，大体实现，也即"应验"之后的"还愿"。而所请的戏班子，也不过类似"八音会"②的小班，大不了也只是"履行诺言、走过场而已"。因为，即便唱戏，除了三月十八的庙会期间，平时到清凉山上去专门看戏的人也不是很多；相反，北关帝庙，也即会馆的戏台情况，较之以上要"排场"的多。更为主要的是，"每年的九月二十"是大集之日，为期三天，集市就在村北进行，会馆的布置也相当壮观，要唱三天。而且戏班子也是当地较为有名的，没有名角的戏班子是不能来唱戏的。南关帝庙的戏台，在民国时期曾经唱过戏，听说是在"五月十三"关圣帝君的生日那一天，也没有听说过有名角来唱戏。

总之，庙宇、戏台与庙会的关系，就寺庄村来说，是一个值得关注和延伸的问题。因为，这一问题实际上隐含着对寺庄村历史轨迹和文化定位的问题：寺庄村作为一个自然村，何以在清代后期升级为一个"镇"，又何以成为一个方圆百里的"商贸中心"。相关问题不能不持续关注，有待进一步深化。

六　简单结论

综上所述，我们不难看到明清乃至民国时期，泽潞地区的社会、经济、生活变革的共性，可以给出以下几点简单结论：

第一，寺庄村作为一个太行山中的平平常常的自然村落，在明代就有种桑养蚕的产业，因此，展开"潞绸"系列链条的生产加工也在情理

---

① 笔者在寺庄村调查的时候，就庙会和唱戏等问题，最少与三十位老人详谈，得到的情况，少的可怜，甚至说，90%的老人都不清楚寺庄村的历史情况。类似的情形，在其他的村庄，也是非常普遍的，应当说，这是一个在地关注的"现实"问题。

② 八音会，是泽潞地区的一种"地方性戏曲"表演的组织"俗称"，从事该活动的人，基本是明代"乐户"，地位非常低下，主要为农村红白喜事等等专门服务。这一方面的相关研究，目前已有不少。

之中。然而，成立专门的"蚕茧社"作为"互助和合作"的组织，说明生产加工型的商业活动起步较早。或许，这一点恰好就是其未来能够海纳百川、接纳商人来此贸易，成为区域性和阶段性的"商贸中心"的渊源所在，也使得后来的寺庄商人，包括寺庄村的村民，受益匪浅。

第二，寺庄村商业的真正兴盛时间，当在乾隆后期，嘉道年间已经成为气候，开始显露出端倪，商人会馆的创建，则是其"商人独立"和"区域性市场形成"的标志。

第三，在商业兴盛的进程中，一系列的乡村社会活动，诸如，庙宇的修葺，祭祀的展开，集市秩序的维护，市场的条件的改善、村庄的升级和建设，等等，都借商业的力量而步入兴盛时期。所有这些，都与其"民间社会的自我组织完善"有密切的关系。

第四，在乾嘉时期，寺庄村的商人开始走出去，突出的行商区域集中在冀中平原，将他们经商的理念和模式——有组织地联合，以建设商人会馆为展开商贸活动的中心，以及展开经营的"模式化工具"。因而获得了成功。与此同时，他们报效故里，为故里的乡村建设布施捐资。应当说，清代中后期晋商能够独步天下——晋中商业异军突起而完成了东方民族由传统商业到传统金融的革命和飞跃，实际上就是从明清时期的泽潞商人开启的。寺庄村属于最为典型的代表。当然，本文也存在稍需进一步的深化问题：尚有必要确切地搞清楚，道光之后曾经为寺庄村庙宇布施的商号和商人，到底与寺庄村具有怎样的"密切关系"等等。

总之，辉煌几百年的晋商群体中，晚明前清时期泽潞商人的率先作用，以及他们的经营模式——兴建商人会馆作为商贸中心的做法，在晋商历史的发展过程中功不可没。而他们给社会变革所带来的效用，其实是多方面的。与此同时，他们自身也生活在实实在在的现实中，需要祭祀——庙宇，需要娱乐——戏台，需要所有人都需要的基本保障——养家糊口、安全、荣誉和功名，乃至故里和亲情等等。因此，明清时期的晋商，并不是完全唯利是图、低人一等、不食人间烟火的，他们是民族政治、经济和文化整体中的一个层面、一个社会实在的"缩影"。

一个必须顺便提出并延伸的问题是：倘若在明清时期，没有像寺庄村的商人，几十万、上百万前赴后继地遍布大江南北，展开经济商贸活动，那么，所谓的明清社会的"经济和生活"，到底是怎样的呢？会是怎样的一幅图景呢？可以肯定地说，缺了晋商的明清历史，绝对不是完整的明清社会史，明清时期的晋商，肯定不是单纯的"地方性商帮"。实际上，明清时期的晋商具有"东方民族"的代表性和典型性。举凡学界同仁，很有必要重新思考明清经济的整体历史、重新认识和定位晋商及其商业模式。

明清以来的康营及康营商人研究

——针对高平市康营村庙宇碑刻的考察

孟　伟

摘　要：明清时期位于太行山中的高平市康营村是一个具有晋商历史文化典型性的古村落，但是目前有关康营村的文献资料几乎是空白。在对高平市康营古村落历史文化进行实地考察时发现，康营村现存庙宇中仍保留了六十多通明清以来的碑刻、匾额，以及遗址、构件、题记，成为康营村庙宇及其群落的重要遗存。康营村内的庙宇与古村落格局之间的关系紧密，并呈现出格外分明的"二庙合一"和"庙宇群落"情形。康营村的现存庙宇碑刻中有商号捐款布施情况记载，依据碑刻，可以将关注重点集中在经济、商业、商贸活动和商业字号方面，对古村落、庙宇、商号进行多视角分析。通过对高平市康营村庙宇碑刻的考察，可以清晰地发现晚明清初时期晋商的阶段性特征，可以从总体上把握明清以来康营村的商业状况及高平商人的发展轨迹。

关键词：晋商；高平；康营村；庙宇碑刻

一　问题的提出

本文论题的提出，系建立在对高平市康营古村落历史文化的实地考察基础之上，带有综合特征，本文属于系列性的论文之一。就方法论而言，称之为围绕晋商历史文化所展开的田野调查，也是恰当的。而就所给出的内容，言之为有关晋商历史文化的新发现，也不过分。然而，对于问题的展开和延伸，则可以区分为三个层面：

第一，以整个社会历史为大背景，长时段地宏观观察政治和经济、文化在"民间社会"的具体实际，更多地关注晋商文化作为"东方民族"历史现象的历时性和共时性的有机结合，尝试追求政治、经济和文化的三位一体、有机交融的社会史书写新模式；

第二，文本的重心为明清以来泽潞地区的商业经济及其由此而带来的古村落变迁，而将村庄布局、寺庙新建，乃至祭祀和娱乐、商贸庙会活动为主的村庄生活"仪式"演变等等方面作为聚焦层面，寄希望给出明清以来晋商活动的中时段画面。

第三，重点围绕康营村的现存历史文化遗存，多方面、多角度、多侧面、多视野地分析和解剖古村落、庙宇和碑刻等历史遗存的文化含量。同时，将所讨论的问题，落实到具体的、可计量的、可考的细微之处。通俗地表述为：依据现存庙宇碑刻探究明清以来的晋商（商人）活动，或许是最为恰当的。

抑或，为历史文化的现代性提供依据——为当地民众和政府"打造历史文化名村"奠定基础。抑或，也顺便为政治学、社会学等学科领域的当今农村信仰问题提供基础性数据。

简要地说，笔者所展开的一系列论文，截至目前，可借鉴的方法和内容，都很有限。然而，具有专门学科的相关参考和参照，也不乏鲜见，这里没有过多的必要一一列举，也即，有关学术史的追溯将融汇在具体问题的展开中予以注明。

笔者曾经五次，专程就高平市康营村进行历史文化田野调查，结合对高平市548个村庄的考察，综合比较之后发现：康营村是一个具有晋商历史文化典型性的古村落，该村庄商贸的发展轨迹带有泽潞地区商人的鲜明特征——晚明清初时期晋商的阶段性特性。因此，有必要予以重点关注。

目前，有关康营村的文献资料几乎是空白①，欣喜的是康营村现存庙宇中保留了六十多通明清以来的碑刻、匾额，以及遗址、构件、题记等等，本文依此得以充分展开。

二 高平市康营村历史文化遗存概况

（一）康营村历史文化遗存情况——以村庄庙宇为重点

虽然康营村很早就已经形成村落，至少说在春秋战国时期就是一个独立的自然村庄，但目前遗存的实体性建筑主要是明清以来的为多，基本上没有唐宋以前的建筑，更难觅春秋战国时期的轮廓。就类型而言，主要有：一是古村墙遗址及其构件、古井、古柏；二是庙宇及其群落；三是古民居；四是古街道（包括阁门）。其中，古庙宇既有独立性，也有关联性，进而形成独特别致的庙宇群落。本文重点对古庙宇及其群落和相关遗存——庙宇碑刻，予以重视，并以此为主要依据。

目前所知，康营村的现存古庙宇共有二十多座（处），依照当地人的称呼、称谓，抑或按照碑刻记载，其名称如下：成汤庙、岱宗庙、祖师庙、东关帝庙、东阁、五谷财神庙、文昌庙（中阁）、玉皇庙、龙王庙（村中）、观音堂（中）、奶奶庙（东）、西关帝庙、观音堂（西）、白衣大士庙、西阁、大王庙、三官庙、观音堂（南）、雷云祠（北山）、龙王宫（东河庙）、观音庙（南山）、土地庙（村西）、将军庙（村东南）。

就古庙宇的情形，有诸多视角和描述元素，不同的学科其关注的重心是不尽相同的，或者注重建筑风格特征，或者关注神明塑像，或者追溯历史源流，或者强调其信仰功能作用，等等，不一而足。结合本文，

① 或许，有人认为，目前高平市存有四种旧地方志（新地方志，诸多内容本文不予采纳），但有关康营村的内容，几乎为零；或许，有人以为《高平金石志》《高平碑刻大全》等等可供参考，实际上，即便是"大全"也仅仅录有八通碑刻（该村现存碑刻，至少有六十通，尚不包括题记等），不及现存的15%，即便如此也是错误极其严重，更为糟糕的是，基本没有碑阴，属于不完整的碑刻。《高平县地名志》中的内容，也需要在引用的时候注意，当代人附会的情形，比比皆是，难以为据。

我们更希望对以往前贤所忽视的"庙宇碑刻的碑阴"部分，特别是兴建庙宇的"组织结构"和"社会群体"，以及与"士农工商"之"商"的部分，予以必要的解析——透过碑刻看到庙宇的另外一面——庙宇所处古村落中的广泛的社会性、时代性。当然，其基础的方面也是必不可少的，诸如庙宇的地理方位、殿宇规制、创建年代、神灵塑像等等静态的方方面面。因此，为了进一步的深入展开，稍作简要的铺垫性描述，与此同时，顺便给出康营村现存碑刻的大体情形。

为了简明、直观，现将康营村庙宇情况编制成表，如下。

表1　　　　　　高平市康营村古村落庙宇情况一览

序号	庙宇（学名）	供奉神灵	新建年代	庙宇位置 规制布局	备注
1	成汤宫	汤王、配祀有关帝、牛马王、蚕姑等	碑记为唐建，宋、元、明、清、当代均有修葺	位于村中央，坐北朝南、一进院落，中轴线、倒座戏台，正殿五楹，耳殿各二、配殿九楹，有千年古柏，现建筑多为明清风格	当地人俗称"大庙"，或"主庙"
2	岱宗庙	天齐大帝（东岳大帝）	明代移修	位于成汤庙前，坐北朝南、中轴线、有倒座戏楼、东西厢房、二层看楼	与成汤庙中轴线合二为一
3	祖师庙	祖师	晚明万历创建、康熙重修	位于成汤庙东，二进院、中轴线，大殿、献殿、厢房现存	曾经作为村小学
4	东关帝庙	关圣帝君	晚明、清康熙重修	位于村东，坐西朝东、中轴线，山门、大殿尚存	现为民居
5	东阁	神明不详	创修不详同治重修	村东、坐西朝东、二层	
6	五谷财神庙	财神	创建不详嘉庆有修	位于村东，紧靠关帝庙北，阁楼，二层，面南	中阁
7	文昌庙	文昌帝君	同上	位于村东，紧靠关帝庙北，阁楼，二层，面北	中阁

续表

序号	庙宇（学名）	供奉神灵	新建年代	庙宇位置 规制布局	备注
8	玉皇庙	玉皇大帝	同治创修	位于村东北，坐北朝南，与龙王庙合为二层建筑	村中东北
9	龙王庙	龙王	同治创修	同上，玉皇上、龙王下	村中东北
10	东观音堂	观音菩萨	晚明前清	二层阁楼，南街东街交叉口，与龙王庙、玉皇庙相对，组成"庙宇群落"	村中
11	奶奶庙	送子奶奶	同上	同上	村中
12	西关帝庙	关圣帝君	同上	一进院、三楹殿，路北，坐北朝南，对面有戏台	村内西
13	西观音堂	观音菩萨	同上	路南，与关帝庙东南45°，形成"庙宇群落"	村内西
14	白衣大士庙	白衣菩萨	同上	路南，与关帝庙西南45°，形成"庙宇群落"	村内西
15	西阁	神明不详	同上	目前不存，有遗址、构件	村西
16	四大王庙	大王	乾嘉时期	目前不存，原在西阁东北位置，有遗址、构件可见	村西头
17	三官庙	天地水	晚明前清	目前不存，在西阁之上	村西头
18	南观音堂	南海观音	同上	一楹殿、一进院，坐南朝北，现新修	村中 （南）
19	雷云祠	佛祖	民国	北山上，一进院、三楹殿	村外北山
20	龙王宫	龙王	光绪后期	一进院、坐北朝南，有戏台、会仙台等	村外东河岸上
21	观音庙	圣母、瘟神、眼光	道光咸丰	坐南朝北、一进院、并排三庙（殿）	村外南山
22	土地庙	土地	最迟明代	一楹、有神碑、明代香炉	村北偏西
23	将军庙	不详	年代不详	目前不存，有遗址、构件	村东偏南

　　说明：①本表依据实地考察编制；②其中，西阁、大王庙、三官庙、将军庙，目前仅存遗址和物件，以及庙宇中的部分碑刻等，整体建筑不存，依据碑刻以及老人所见，可回忆描述；③所谓俗称是指"当地人"的习惯称谓。④其中，成汤庙与岱宗庙二庙合一、龙王庙与玉皇庙二庙合一、庙宇群落、成汤庙千年古槐，等等，均属于该村的特色庙宇。

亦是为了直观，现将康营村庙宇中留存旧碑和新修碑刻，以及各相关记事碑刻，按照所立碑刻的时间顺序，汇总成简表如下：

表2　　　　　　　　　康营村留存碑刻情况一览（包括新碑）

序号	时间	碑记额题以及摘要	形制	备注·庙宇
1	明正德十四年	记载修建东岳庙情况	六面经幢	成汤庙院内
2	明万历三年	题铭·舍香炉一枕记	香炉	土地庙神位前
3	明崇祯八年	创建东岳天齐仁圣庙碑	笏首平底	东岳庙院内
4	清康熙九年	无题·施地碑	壁碑	成汤庙院内
5	晚明前清·不详	无题·施香案碑记	壁碑	西关帝庙殿内
6	清康熙二十九年	创建关圣庙碑	笏首方座	东关帝庙院内
7	清康熙二十九年	创修白衣大士阁碑记	壁碑（二）	白衣大士庙山墙
8	清康熙五十一年	重修马鸣王庙碑记	笏首方座	成汤庙院内
9	康熙五十四年	重修祖师庙碑记	笏首方座	祖师庙院内
10	清雍正五年	重修成汤庙碑记	笏首方座	成汤庙院内
11	清雍正十一年	重修龙王庙碑记	笏首方座	成汤庙院内
12	清乾隆三十九年	接修大士三官庙碑	壁碑	祖师庙院内
13	清嘉庆五年	上谕解碑	笏首方座	成汤庙院内
14	清嘉庆六年	重修石佛堂序	壁碑	成汤庙院内
15	清嘉庆十七年	重修文昌帝君、五谷神、财神碑记	笏首方座	文昌阁上
16	清道光十七年	重修及捐资名碑	笏首方座	东关帝庙院内
17	清道光二十一年	重凿南池功德碑	笏首方座	岱宗庙院内
18	清道光二十一年	古柏解	壁碑	成汤庙院内
19	清咸丰元年	砌池畔石埃碑记	笏首方座	岱宗庙院内
20	清咸丰四年	两施庙基小碣	壁碑	南山观音庙内
21	清同治元年	状彩舞楼关房碑	壁碑	东阁戏台山墙
22	清同治元年	置关房楼板碑	同上	同上
23	清同治二年	创修眼光殿序	笏首平座	南山观音庙内
24	清同治三年	创修五瘟殿碑记	壁碑	同上
25	清同治五年	重修舞楼碑	笏首方座	东关帝庙院内
26	清同治五年	捐资题名碑	同上	同上
27	清同治六年	将军会扶碑序	笏首方座	岱宗庙院内

序号	时间	碑记额题以及摘要	形制	备注·庙宇
28	清同治八年	创修龙王庙碑记	笏首方座	龙王庙院内
29	清光绪元年	彩画三义殿碑	壁碑	成汤庙院内
30	清光绪五年	无题记事·南阁修葺碑	壁碑	祖师庙院内
31	清光绪八年	改修壁墙碑记	壁碑	南山观音庙内
32	清光绪二十一年	创修龙王庙碑	笏首方座	东山五龙宫内
33	民国八年	高禖会成立碑记	壁碑	成汤庙院内
34	民国十二年	补修成汤庙碑记	笏首方座	成汤庙院内
35	民国十四年	东关圣帝君庙补修碑记	笏首方座	东关帝庙院内
36	民国十七年	为茅厕碑	壁碑	同上
37	民国十七年	创修佛祖堂碑记	笏首方座	北山雷云祠内
38	民国十九年	补修观音三圣庙碑记	壁碑	南山观音庙内
39	民国二十四年	五龙宫增修舞楼碑记	笏首方座	东山五龙宫内
40	1985 年	维修成汤庙碑记	笏首方座	成汤庙院内
41	1985 年	捐款碑记	同上	同上
42	1987 年	创建机井碑记	同上	同上
43	1994 年	重修五龙宫碑记	笏首方座	东山五龙宫内
44	1994 年	复修五龙宫东殿碑记	同上	同上
45	2003 年	新修关帝庙碑记	新碑	东关帝庙院内
46	2003 年	补修白衣大士碑记	新碑	白衣大士庙前
47	2003 年	复修神阁碑记	新碑	文昌阁山墙
48	2005 年	重移建龙王庙碑记	新碑	龙王庙院内
49	2005 年	玉皇龙王庙开光墙恒	同上	同上
50	2005 年	玉皇庙塑像墙恒	同上	玉皇庙院内
51	2005 年	神像重塑像碑	同上	财神阁山墙
52	2005 年	复塑五龙宫神像碑记	新碑	东山五龙宫内
53	2005 年	五龙宫开光捐资碑记	新碑	东五龙宫内山
54	2006 年	关帝庙开光碑记	新碑	西关帝庙院内
55	2006 年	重塑观音堂神像碑记	新碑	西观音堂殿前
56	2007 年	维修观音堂碑记	同上	东观音堂殿前
57	2009 年	佛祖庙重塑神像碑记	新碑	北山雷云祠内
58	2010 年	万年古柏碑	新碑	成汤庙院内

续表

序号	时间	碑记额题以及摘要	形制	备注·庙宇
59	2010 年	重建观音堂碑记	新碑	观音堂殿前（中）
60	2011 年	康营成汤庙重修碑记	同上	同上
61	时间不详	残碑·无法识读	笏首	祖师庙院内
62	刻立不详	禁约碑	笏首平座	南山观音庙门前
63	清咸丰九年	重修舞楼、看楼上梁记	花檩题记	岱宗庙戏台
64	刻立时间不详	本方土地尊神之位	笏首平座	土地庙前
65	清道光二十一年	圣母庙上梁阖村大吉	花檩题字	南山观音庙
66	清同治年间	"古光狼城"	匾额	东阁阁门上
67	时间不详	"青云路"	同上	财神阁门北
68	时间不详	"凝瑞气"	同上	南观音堂阁门上
69	甲戌夏日·不详	"朝阳门"	门匾	岱宗庙门匾
合计	共计 69 通			

说明：①本表依据对康营村的实际调查汇总，按照时间顺序排列给出；②有些碑刻，由于庙宇不存，现在存放位置与历史不符，这里还原到原庙宇；③有些公约碑等，按照现存位置汇总；④对于最近二十年来的新碑，尽管不属于历史学范畴，但是，也一并给出，有助于了解康营村民间信仰的现实情况；⑤关于碑刻的规制和尺寸等，这里限于表格，省略，将在调查总结中给出；⑥最后部分为难以识读、时间不详等碑刻，以及匾额、题字等等。

（二）庙宇特色与古村落格局的关系

实际上，过去的古村落都有特别的布局，即便是依地势而筑居的村落，也有其独特的"讲究"。因为，一方面，建筑特点和风格具有民俗性；另一方面，村庄中的庙宇布局突出地反映了"风水"与民间信仰的对应关系。中国的民间社会非常注重"风水"，大体上从先秦时期就露出端倪，历经汉唐伴随着佛教传播开始兴盛，到了宋、元时期，三教合一形成基本体系，迨至明、清时期，则臻于完备，抑或达到了顶峰。究其原委，可以笼统地言之为：因为中国民间社会有极其强大的"民间信仰"的缘故。我们在高平548个村庄考察的时候，庙宇与村落格局之间的关系问题非常突出。堪称是泽潞地区最为特别的"历史文化风景线"。康营村自然也不例外，甚至表现出别具一格的特征：村庄不大，庙宇数量却不少，呈现出的"二庙合一"和"庙宇群落"的情形，格外分明。而其普遍性——庙宇与村庄格局的关系，或者，庙宇在村庄中的位置分布，或者，村庄的变迁依据庙宇的布局而变化，等等，也是别有一番风味的，颇值得加以总结。

在这里，很有必要强调：在以往的学者前贤看来，庙宇问题，多半是信仰和宗教等范畴的重心。过多地描述庙宇和古村落的问题，似乎与"晋商研究"没有多大关系，抑或，这一板块，根本不是"商人史、商业史"等的研究领域。这样认识，也在情理之中——时代的局限、学科的局限等等。殊不知，以往前贤忽视了一个最为根本性的问题：商人也是人，首先是"人"，而后才是"商"——商人所经营的"商品"，仅仅是，充其量也只是生活方式的"工具"之一，谋生的手段之一，商人更应当是组成社会的民众群体，也有其生活的环境和背景等等。换一句话说，明清以来辉煌的晋商每一个体所成长生活的空间，就是古村落，而庙宇则是所有"晋商"都曾经光顾的地方，他们都是从庙宇林立的古村落中走向大江南北的。抑或说，正是因为古庙宇和古村落的地方性和特殊性，才有了明清晋商的辉煌——晋商会馆遍天下的"商业和金融的运营模式"。直接地说：明清时期晋商的运营模式——会馆市场化，实际上就是"古庙宇的历时性和共时性的变迁"。所以，不厌其烦地强调康营村庙宇与古村落的关系，恰好也就是本文的"新颖的方法论"，以及"内涵的追求"之所在。

就庙宇的分类而言，不同的视角可以给出不同的情形，但是，最直观和简单的做法，恐怕还是按照庙宇的位置更为方便，藉此，有三大特征和特色凸显：其一是独立于村庄外围山岗和山坡上的庙宇；其二是处于村庄里的群落性庙宇及其"庙宇广场"；其三是处于街巷门阁上带有家庙特征的"小庙"。分别简述如下。

1. 村庄外围的庙宇

康营村所处的地理位置，广义上说，是"万山丛中的太行山中"；狭义而言，康营村四面环山，尽管村外的山，山体山貌并不很大，绝对高度也并不很高，然而，就生活在村庄中人们出行交通便利和外界交流来说，则也能够称之为山。因此，康营村的庙宇天然地与"四面的山"相关联。

（1）西山庙

按照现存碑记，现在康营村中央的"岱岳庙"——俗称"东岳庙"，创始年代很早，至迟也在唐代，原本是建在村西的山上。东岳庙出现在康营一带，隐含着该区域在相当长的时期里属于动乱较为严重、灾害频仍的区域的意思。也即，从唐代后期的节度使开始，一直到赵匡胤问鼎，及至朱元璋驱逐大元北上，长达500年的时间里，泽潞地区较之其他地区要不稳定得多。到了明代后期，忽然一场山火，将东岳庙烧为灰烬。越几十年，村中信士有复建东岳庙之愿，于是，大明崇祯年间就将东岳庙移建在村中央，也即成汤庙之前的空地上，与成汤庙"合二为一"，形成了外貌上为一体的"大庙"。而现在的西山上，则在邻村的马村地界有著名的"卧佛庙"，遥望着康营村。

（2）南山庙

至迟在道光年间，这里就有观音三圣庙存在，稍后，咸丰、同治年间增建瘟神庙、眼光奶奶庙，三庙一字排开，形成了较为完整的"庙宇"。陆续增建新庙，一方面是为了庙宇的"规制"，另一方面也说明康营村自古就是"多灾多难"的村庄，是自然环境并不十分理想的居住"子区域"——人们总希望依靠神灵保佑。

（3）北山庙

据碑刻记载，在康营村北山新建庙宇的动机很早就有，抑或，很早之前就有"佛龛"。然而，"无奈工程浩大，力所不能"。因此，一直到了民国十七年，才真正修建了"雷音祠"，供奉"佛祖"。

（4）东山庙

所谓东山庙，并不在山上，而是在东山脚下的河岸边，距离该村二里许，创建于光绪后期，原因也很特别。或者说，创建的动机很偶然，也是恰当的。光绪年间，康营村屡遭干旱，多处求雨不得，忽有人在从东山顺流而下的东河中，看到一"奇石"露出，于是祷告，便有瓢泼大雨。进而，人们开始信仰，出于对神灵的回报，村民与相邻村庄的信士们便创建了"五龙宫"，供奉龙王，甚至还专门增建了会仙台、戏楼等。俨然成为康营村众多庙宇中的"后起之秀"，享受祭祀。

2. 二庙合一

所谓的"二庙合一",并不是习惯上认为:一个主庙神,同时建有多个配殿,供奉更多的神明,而是指:原本两个专祠庙宇,在建筑格局上相互叠加,组合形成了一个"整体庙宇"。其特征在于:第一,两个庙宇的修建时间,并不同时;第二,两个庙宇的神灵系统各自独立,或者,关系并不很大,至少"主神"之间是"各司专职"的;第三,地势有利于"庙宇布局和建筑整合",等等。这些特点,在康营村表现的尤为突出,甚至影响到周边相邻的村庄。他们也采用相同的做法,规划布局庙宇。例如,康营村的"成汤庙 + 东岳庙"的模式,直接影响的村庄有朴村、庞村等。这些村庄是与康营村"官道"相关联的村庄,距离并不很远,几乎就是相邻村庄。这些村的庙宇格局也是"二庙合一"情形。

康营村的"二庙合一"情况有:

——村中央:岱宗庙 + 成汤庙,属于前后布局;

——村东北:玉皇庙 + 龙王庙,属于上下布局,二层结构;

——村东北:送子奶奶 + 南海观音,属于上下布局,二层结构;

——村东:文昌庙 + 五谷财神庙,属于一殿两朝向格局。

总之,康营村庙宇布局的"二庙合一"的情况,在高平市的区域内,时间上较早,形式上也不拘一格,具有独特性。

3. 庙宇群落

所谓的庙宇群落,实际上就是有两个以上的庙宇,位置靠近聚集在一起所形成的一个格局。这一情况在高平市的古村落中较为普遍,或者,纯属地势的缘故,或者带有"风水"特点,或者,仅仅是建筑格局的"壮观"之考虑。当然,也不排除方便人们祭祀活动之需要。通常情况下,庙宇群落中有一个相对的"主庙",而后配有两个以上的"小庙"。与此同时,更为主要的是围绕一个戏台——戏台与主庙遥相呼应,进而,形成村庄中的"公共空间"和"聚集场所"。

实际上,庙宇群落的出现,多半在较大的村落。更为关键的因素是:村庄中曾经存在明显的"家族居住"和"社和会"的相对集中,以及兴建庙宇的资金筹集和兴建之后的"产权和管理权"问题,理所当然,也是一个村庄不同的家族和组织之间,相互攀比、显示力量的表现方式。

明清时期的这一特点，直接地从民国时期，以及新中国成立后的生产小队的划分中，看得更为清楚。

康营村东西狭长，除了村外围的庙宇之外，明显地划分为三个部分：

第一部分是村东庙宇群落，围绕东关帝庙及其戏台有东阁、文昌庙、五谷财神庙、玉皇庙、龙王庙、送子奶奶庙、观音堂（中）。新中国成立后划分为一、二、三生产小队；

第二部分是村中央庙宇群落，成汤庙、岱岳庙、祖师庙、土地庙，以及岱宗庙偏院的"尼姑庵"，以及成汤庙和岱宗庙的戏台一座，新中国成立后划分为四、五生产小队。而当时的生产大队部、学校、医疗站等，就设在这些庙宇中；

第三部分是村西庙宇群落，围绕西关帝庙及其戏台分别有西阁、大王庙、三官庙、白衣大士庙、西观音堂。新中国成立后划分为七、八、九生产小队；

总之，从庙宇群落的情况，可以明显地看到，明清时期家族和"社""会"等组织结构的历史痕迹，以及村民们在村庄中的主要生活空间和生活方式。抑或说，这一影响是巨大的，直到最近几年里，康营村复修庙宇的"捐资姓名"中，依然在姓名上方显赫地标注"〇队"的情况，犹如过去碑刻中的"〇社"。

4. 村庄阁门庙宇

村庄阁门＋庙宇，几乎就是高平市古村落庙宇建筑的一个标志，一方面带有壮观景致的考虑，更重要的是当地在战乱时期"自我卫护"的突出表现。康营村的东阁和西阁，也不例外。

5. 里巷阁门庙宇

由于村庄中的家族因素之影响，以及街巷的特点，在一些明显发迹过的村户居住的小巷，通常情况下建有"里巷阁门＋小庙"。这些小庙，多半是观音堂、高禖祠等等，祈望家族兴旺，子孙延绵。康营村的南观音堂、西白衣大士庙，即这一类型的反映。

6. 村庄中的"公共空间"

所谓村庄中的"公共空间"，通常情况下，几乎是与村庄的"庙宇群落"等同的概念，仅仅在于认识问题的角度有别而已。抑或，仅仅是较为流行的"学术语言"而已。当然，侧重点之不同也是显而易见的。公共空间更强调政治的、文化娱乐的生活方式方面，而"庙宇群落"则在建筑、信仰、宗教的层面更为直接和朴素。

抑或，"公共空间"是借助"庙宇群落"而建立和实现的，两者之间互为表里。进而，公共空间中也包含了较为丰富的"村庄中的公共事务"和"组织方式"，以及秩序、制度、互助、习俗、节日庆典仪式等等较为形式多样的村社活动。庙宇群落属于静态的建筑物，而公共空间则动态的成分更多。

总之，明清以来古村落的"公共空间"，实际上蕴含着传统中国农村政治、经济和文化三大方面的内涵。

（三）小结

康营村有如此内涵丰富的庙宇建筑，无论是民间信仰方面，还是建筑文化遗存方面，乃至古村落村民的生活方式方面，都堪称高平市古村落的典范。千百年来，一代又一代的康营人就生活其中。然而，我们所要强调的却是：就是在这一个看上去很平平常常的古村落中，在不同的历史时期，到底培育和孕育了哪些商业的因素——一步一步地、努力地、艰难地完成着传统农业向近代社会的迈进。抑或，明清以来的晋商群体与康营村又有怎样的关系和联系呢？商业的活跃又对古村落的发展和建设有哪些推动作用呢？或者说，明清以来，到底有哪些商业字号和商人，参与到康营村的庙宇建设中，而其原因、过程、效应又是怎样的呢？

无论结论如何，一句话说，举凡与康营有关的明清以来的商人，都必然地以以上的古村落和古庙宇的背景为基础性生活平台。

三　现存碑刻中有关商号的记载

目前所知，康营村现存碑刻有六十多通，然而，以有清一代为主，以及最近三十年来的庙宇修葺和记事情况。但是，其中有如下几通碑刻却明确无误地告诉我们：康营村的商贸活动及其与晋商"遍天下"的一个细微的侧面——碑刻中，不仅有该村的商号，还有在相关地区募化的商号捐款记载。当然,在该村庄开设的商号则并不显著,几乎是零星。

相关碑刻:康熙二十九年·创修关夫子庙碑记;

嘉庆十七年·重修文昌帝君、五谷神、财神碑记;

道光十七年·重修(关帝庙)碑记;

大清道光二十一年·重凿南池功德碑;

同治五年·(关帝庙)重修舞楼碑记暨捐资题名碑;

同治八年·创修龙王庙碑记;

清光绪八年·改修(南山庙观音庙)壁墙碑记;

大清光绪十一年·补修(南山观音庙)眼光殿碑记;

民国十二年·补修成汤庙碑记·捐资名碑;

民国十四年·东关圣帝君庙补修碑记;

民国十七年·佛祖庙创修碑记;

民国二十四年·五龙宫增修舞楼碑记,等等。

概括地说,康营村属于太行山的万山丛中的一个自然村庄,历史悠久,庙宇林立。但是,从现存的碑刻中,所能给出的与整体晋商相关的历史记载看的信息并很多。按照时间来看,基本在清代。不过,有鉴于它的特殊性,也从一个侧面反映了细微的、特殊性问题。抑或,围绕该村商业活动的时间阶段,也得到了凸显。

第一,可以清楚地看到:泽潞地区庙宇碑刻中,普遍性地、明确地出现商号的捐资情况,基本是从乾嘉时期开始的,康营村也不例外。尽管康熙年间已经清晰地反映出了康营作为商业交通的一个重要"地理节点",但是,其记载情况也还是遵从"商人不入志"的原则,即便捐款布施,也是以一般村民的身份出现在碑刻中。

第二,可以将以上碑刻划分为四个阶段,清朝问鼎中原开始到乾隆朝,作为一个阶段;嘉庆到咸丰朝作为第二阶段;同治之后,一直到清亡作为第三阶段。理所当然,民国期间既可以作为晚清的延续,也可以看做新时期的开启。

第三,不无遗憾的是:有关康营村与商贸关系最为重要的证据,"四大王庙",基本没有任何遗存,因此也只能比照而论。然而,单凭这一点,就有足够的理由说:曾几何时,康营村是西去东来的平阳商人群体的必经之路，甚至说，康营村曾经在一段时间内，十分兴盛和繁忙。

第四，与此同时，我们也有足够的理由说，尽管康营村曾经是商人往来的通道，但是却由于种种原因，或者是村风民俗的方面，或者是地理空间的原因。或者自然气候、土地物产等原因，或者，不排除军事和战乱的原因。总之，康营村并未因此而"受益匪浅"——顺其自然，历史地成为商业重镇，抑或，区域性的、局域性的市场中心。甚至说，曾经有过的商业辉煌，也成了昨日黄花，而时过境迁。个中原委的确需要仔细考究。

四 进一步分析：古村落·庙宇·商号

针对康营村历史文化遗存的实际，依据以上碑刻，我们将关注重点集中在经济、商业、商贸活动和商业字号方面，并予以进一步的分析，不乏多视角、多角度、多侧面、多领域的考察和解析，乃至比照、旁证、延伸性的逻辑推论等等①。

（一）商业古道上的古村落

自古以来，康营村就以占据交通要道而闻名，春秋战国时期的"长平之战"之"光狼城"，从军事要地的角度予以了说明。一般来说，在古代的中国，"军事要道"和"商业商路"，基本是"同一"的。特别在北方地区，所谓的"市镇"，多半就是"军事与商业"的结合体。

尽管康营村处于太行和太岳山脉的万山丛中，然而，举凡由西面的沁水、翼城、曲沃、襄汾、平阳之晋商，乃至陕西渭河谷地的陕西商

---

① 这里，所谓的逻辑延伸性推论主要是指：遵从经济学基本原理的逻辑延伸，而不是政治、文化等方面的演绎，比如，作为商业的商路，商人们行进时，不可能不考虑安全性、便利性等等，也即，商人的活动始终是"获得利润，以及追求利润的最大化"为最高原则。抑或，当时条件下的交通运输工具，基本决定着商品运输量，同时，也很大程度上影响，甚至决定成本和利润率；抑或，哪些商人群体，哪些商品是必然地、不可绕行地经过该商路等等。也就是说，即便是古代的商人，也必然存在着"当代经济学"的一些基本要素，因此，纵然过去的前贤和学术传统并不很关注这些问题，也不等于这些问题不是明清时期晋商群体的基本问题，特别是处于太行山西侧的平阳、泽潞商人所面临的首要问题。

人，东出太行进入河北，过黄河而抵山东、河南，南下江淮到达苏杭、福建，则少不了由康营村经过。因此，康营村也与该商路上的村庄一样，在村口由往来商人们自我组织集资，兴建供奉"金龙四大王"的庙宇。也即，习惯上被称之为"大王庙"的庙宇，以保佑商人们过黄河、淮河，以及运河时候的平安。所谓的"四大王"，其实就是民间认为的"河神"。

更为主要的是，在金元时期就已经开始显露出来、到了明清时期遍布全中国的"大阳钢针"①，恰好就在康营村的正南二十里路程的方向上——北上潞州、太原，出山西，到华北、京师、草原等地，则必然地要经过康营。

也就是说，明清时期，康营村至少在一个局域性的地理空间占据着重要的交通地位——处于南来北往的商业活动的"小十字路口"。可以肯定，在不同的历史时期，这一先天的地理位置必然给康营村带来了不同程度的相关影响。

（二）晚明前清时期的康营

虽然，金元时期泽潞商人就已经显露出来，到晚明前清时期达到鼎盛。然而，由于种种原因——或者是学术传统，或者是商人地位，总之，目前对泽潞商人的具体情况却知之甚少——几乎没有文献具体地记载商人及其商号的具体情况。

然而，到了康熙后期和乾隆朝，情况发生了极大的变化，以商号捐款布施庙宇的兴建情况，开始出现在庙宇的碑刻中。这种情况的出现，到底意味着什么？可以肯定是中国商业史上的一个重大问题，直到现在，尚不曾见有关探讨。到底是因为国家政治，而促使商人的地位开始上升呢？还是世俗化的进程而开始彰显商人的力量呢？似乎能够作为某种标志而予以确立呢？目前很难界说。然而，有一点则值得注意：晋商在全

---

① 大阳镇，明清时期的泽州名镇，以盛产"针"而闻名，习惯上被称为"中国针都"——当时，大阳的针行销全国，改革开放之后"温州纽扣"的特点，与之很相似。大阳镇，位于泽州（晋城市）西北，也即，康营村正南十公里处。举凡南北往来的客商，都必须途径康营。

国各地兴建会馆的情况，几乎与这一时期的泽潞、平阳地区的庙宇兴建是同步的。

具体到康营村，我们在康熙二十九年《创修关夫子庙碑记》中依稀发现：浙江杭州、江苏苏州、京师、阳城、泽州、潞州、大阳、良户、唐安、沁水等地的捐款布施情形，有近百人。尽管尚以"个人"的姓名参与布施，然而基本可以断定，他们就是往来康营的商人，或者是康营村在外地经商的人们。其中，还有几十人是以"黄旗和红旗"的名义布施的。或者说，康营村创修关帝庙的时候，主要由三部分人组成，其一是康营村经商的人们，或者往来康营的商人；其二是当时在康营驻扎的"八旗军士"；其三是当时康营村的村民。

尽管以姓名记载，然而，这三者的布施情况非常鲜明，当地村民的布施更多的是"米、麦、豆"以及"脊兽""管饭""出工"等等。结合几乎相同时期的成汤庙的碑刻，也可以从姓氏上明确地分辨出来，很大一部分人，并不是康营村的村民——也即，成汤庙的姓氏与关帝庙的姓氏，并不吻合。

再结合稍后时期的碑刻，我们可以肯定地讲：当时，康营村与经销丝绸、钢针的商人们有较为密切的关系。抑或，该村庄当时有一大批人在从事潞绸和钢针的商业营销活动。

（三）嘉道年间的商业特征

到了嘉道时期，我们非常坚信，该村庄在商业方面非同一般。非常遗憾的是最为关键的"大王庙"的碑记目前不存，难以窥见全貌。即便如此，也可以从关帝庙和财神阁的兴建修葺工程中复原历史真相：现存有两块较为清楚的碑记，反映了康营村的商业实际。不厌其烦，原文转录如下。

资料一：嘉庆十七年·重修文昌帝君、五谷神、财神碑记

窃思神光普照，往往历久而愈灵，善缘无尽，尤赖继事之有人。遐瞻远瞩，良非虚也。于稽此比古，有文昌帝君、五谷财神阁，未知创始自何代，而倾圮多年，不将久而就湮乎。幸有张氏之子兄弟四人，与助缘者数人，皆村中善士也。心存事之志，力任募修之缘，竟获成功焉。

爱求其故，一则张氏雁行募缘有力，再则襄事数人助缘尽心，遂不日之
间瓦口脩盖，钉头鳞鳞，金楼玉阁，辉煌耀日，俨然建一胜古之神宇也。
倘所谓历久愈灵，善缘无尽者非欤？但功虽在一时，而缘宜垂万世也。
而勒石志名，永垂不朽云。

　　本邑本村庠生毕文源　撰并书

　　朝鲜国·

　　金重麓　施银拾两

　　林尚沃　施银拾两

　　李景集　施银拾两

　　金贤哲　施银拾两

　　白云揖　施银伍两

　　金汝俭　施银伍两

　　张子烈　施银叁两

　　苏州行·

　　鄂天盛　施银拾伍两

　　陈永记　施银伍两

　　陈正泰　施银拾两

　　胡昆记　施银拾两

　　潘公泰　施银拾两

　　南京行·

　　天吉宜记　施银伍两

　　天吉维记　施银伍两

　　天吉传记　施银伍两

　　天吉廷记　施银伍两

　　德魁荣记　施银肆两

　　京都·

　　和合梁局　施银贰拾两

　　正泰陈局　施银陆两

　　太和梁局　施银陆两

　　中和杜局　施银伍两

东来参局　施银伍两

大有染坊　施银肆两

信元染坊　施银肆两

义信染坊　施银肆两

恒发针铺　施银肆两

泰兴殿记　施银陆两

广源刀局　施银贰两

天和裕记　施银贰两

义兴涤局　施银壹两

增盛养记　施银贰两

万和珠局　施银壹两

永兴带局　施银壹两

吉隆刀局　施银壹两

吉泰号　施银伍两

晋兴斋　施银伍两

晋隆斋　施银伍两

集锦斋　施银贰两伍钱

佩锦斋　施银贰两

万兴号　施银肆两

南永亮　施银壹两

永德局　施银壹两

公盛局　施银壹两

牛四合　施银壹两伍钱

鸿义局　施银壹两

永盛号　施银壹两

仁和局　施银壹两

广顺号　施银壹两

义顺号　施银壹两

同义号　施银壹两

吉隆号　施银贰两

弘泰号　施银贰两

潞安府·

大耐堂　施银叁两

赵芝馨　施银壹两

马永福　施银壹两

张宏口　施银壹两

张辅廷　施银贰两

张天禧　施银壹两

平阳·亢崇任　施银陆两

马村·王起玉　施银壹两

马村·秦　栋　施银壹两

西沟·侯进支　施银壹两

唐村·李德顺　施银贰两

陈村·赵天兴　施银壹两

本村·焦满川　施银壹两

本村·张守忠　施银壹两

募缘首事

张永安　施银肆两

张永聚　施银肆两

张永科　施银肆两

张永昌　施银肆两

助缘首事

庠生·毕文源　施银叁两

庠生·张瑞生　施银叁两

张本生　施银肆两

张　炤　施银肆两

王　海　施银壹两

张祥林　施银壹两

张天佑　施银叁两

张天祺　施银叁两

　　张太和　施银肆两

大清嘉庆拾柒年捌月吉日首事人仝立

　　按：此碑立于大清嘉庆十七年（1812），现存于高平市康营村十字街财神阁二楼上，园首方座，身首一体，高180厘米，宽68厘米，厚20厘米，保护较为完好。

　　资料二：道光十七年·重修关夫子庙碑记
　　碑阴·计开各方布施记
　　朝鲜国
　　李汝德　施银二十两
　　朴桂林　施银十五两
　　李汝益　施银十两
　　郑弼成　申大福　李后德　各施银五两
　　京　都
　　吉泰号　施银三十两
　　东来局　施银十四两
　　盐大使文麟员外郎米光黼　和合义　正泰局　增盛养　溶兴行　各施银五两
　　三义号　同义广　各施银三两
　　三泰局　聚泰局　萃华庆　泉记号　同兴号　闻记号　惠生复　恒发号　永泰和　万隆有　隆和义　聚盛合　合义局　协盛号　全盛号　集锦斋　丰锦章　金龙斋　各施银二两
　　万兴局　潘口兴　合兴局　马　文　裕隆局　各施银一两
　　颍州府
　　隆兴祥　施钱五千文
　　张觐墀　李通裕　公裕店　洪远店　同昌店　恒吉店　义和隆　天顺店　玉成店　裕顺店　裕盈店　协泰店　瑞隆号　各施钱两千文
　　郝近午　曹廷对　裕丰行　洪兴店　通兴号　王源聚　万利店　同泰号　敬盛店　瑞隆西记　宋炳章店　各施钱一千文

长　治

马福元　施钱一千文

苏州府

敦成西栈　施钱四千文

端隆号　义盛号　师福盛号　恒昌号　王兴号　各施钱两千文

悦顺号　通利号　各施钱一千文

周　口

合盛通号　施钱三千文

交泰东　永泰世　李德义　天育正记　吴宝元　元隆泰记　夏文英
潘廷枢　各施钱二千文

宋奠邦　宋亿兴　潘廷楷　松盛号　吕德成　三义祥　各施钱一
千文

公成栈　施钱二千文

叶　邑

广泰号　永茂号　各施银一千五百文

裕聚号　振兴号　公和号　京泰翔　亿兴号　冠永兴　陈元发　胡
若愚　各施钱一千文

庄梦圣　孟有顺　恒兴行　孟长清　公兴号　各施钱五百文

本　村

张永安　施钱十五千文

张治本　施钱十千文

张治国　施钱十千文

张鹤年　施钱五千文

张　淮　施钱五千文

张治家　张　江　各施钱三千文

张凰岐　施钱二千文

永丰号　王占鳌　王景义　王　恕　张立基　张　坤　张　烈　张
文旌　张　澍　崔　荣　张良贵　张和贵　张月桂　杨凤鸣　张祥麟
毕文兴　毕龙章　毕有周　郭裕林　张安通　张维坊　张　泉　焦太昌

杨　健　张　铎　张　恭　牛子茂　牛维良　张安春　张言林　张治厚　张　珮　张广太　张九思　张东方　郭　安　丁喜龙　邵廷珍　王　健　各施钱一千文

牛财荣　杨辛酉　张　忠　张天□　张东明　牛玉桂　郭　丕　郭海水　各施钱五百文

以上共收银一百八十一两、钱二百一十三千五百文

共使钱四百六十五千文

岁次丁酉戊申月谷旦

玉工　成永二　张发茂　勒石

按：此碑刻立于道光十七年（1837），现存于高平市马村镇康营村东关帝庙山门下，园首方座，首身一体，碑高 165 厘米，宽 62 厘米，厚 20 厘米，座长 75 厘米，宽 35 厘米，高 28 厘米。保护一般。

为了简明，兹将以上情况列表如下

表 2　　　　　康营村道光以前碑刻中出现的外地商号一览

地区府县乡镇	商号名录	庙宇修建捐款时间	备注
朝鲜国	金重麓、林尚沃、李景集、金贤哲、白云揖、金汝俭、张子烈	嘉庆十七财神阁	
	李汝德、朴桂林、李汝益、郑弼成、申大福、李后德	道光十七年关帝庙	
苏州	鄢天盛、陈永记、陈正泰、胡昆记、潘公泰	嘉庆十七财神阁	
	敦成西栈、瑞隆号、义盛号、师福盛号、恒昌号、王兴号、悦顺号、通利号	道光十七年关帝庙	
南京	天吉宜记、天吉维记、天吉传记、天吉廷记、德魁荣记	嘉庆十七财神阁	
	——	道光十七年	关帝庙

地区府县乡镇	商号名录	庙宇修建捐款时间	备注
京师	和合梁局、正泰陈局、太和梁局、中和杜局、东来参局、大有染坊、信元染坊、义信染坊、恒发针铺、泰兴殿记、广源刀局、天和裕记、义兴涤局、增盛养记　万和珠局、永兴带局、吉隆刀局、吉泰号、晋兴斋、晋隆斋、集锦斋、佩锦斋、万兴号、南永亮、永德局、公盛局、牛四合、鸿义局、永盛号、仁和局、广顺号、义顺号、同义号、吉隆号、弘泰号	嘉庆十七财神阁	
	吉泰号、东来局、和合义、正泰局、增盛养、溶兴行、三义号、同义广、三泰局、聚泰局、萃华庆、泉记号、同兴号、闰记号、惠生复、恒发号、永泰和、万隆有、隆和义、聚盛合、合义局、协盛号、全盛号、集锦斋、丰锦章、金龙斋、万兴局、潘□兴、合兴局、马　文、裕隆局	道光十七年关帝庙	
颍州府	——	嘉庆十七年	
	隆兴祥、张觐墀、李通裕、公裕店、洪远店、同昌店、恒吉店、义和隆、天顺店、玉成店、裕顺店、裕盈店、协盛店、瑞隆号、郝近午、曹廷对、裕丰行、洪兴店、通兴号、王源聚、万利店、同泰号、敬盛店、瑞隆西记、宋炳章店	道光十七年关帝庙	
周　口	——	嘉庆十七年	财神阁
	合盛通号、交泰东、永泰世、李德义、天育正记、吴宝元、元隆泰记、夏文英、潘廷枢、宋奠邦、宋亿兴、潘廷楷、松盛号、吕德成、三义祥、公成栈	道光十七年关帝庙	

续表

地区府县乡镇	商号名录	庙宇修建 捐款时间	备注
叶邑	——	嘉庆十七年	财神阁
	广泰号、永茂号、裕聚号、振兴号、和号、京泰翔、亿兴号、冠兴永、陈元发、若愚、庄梦圣、孟有顺、恒兴行、孟长清、公兴号	道光十七年关帝庙	
潞州	大耐堂、赵芝馨、马永福、张宏口、张辅廷、张天禧	嘉庆十七年财神阁	
	马福元	道光十七年	关帝庙
合计	家		

说明：①本表依据康营村现存嘉庆十七年《重修文昌帝君、五谷神、财神碑记》、道光十七年《重修关夫子庙碑记》碑刻整理，并且将两块碑刻情况合并，带有了明确的"比较"意义和倾向；②本表仅仅是指远离高平地区的商号，类似周边村庄的商号（个人）不列，以及该情形的商号捐款情况一概省略；③本表中，有些个人姓名，难以判断是否也是字号，一并列出，供参考；④表中的"·"是指城市与地区（包括乡镇、村庄），在原来的碑刻中为小号字体，标注在字号上方；⑤合计数指目前所知的碑刻情况的综合统计，仅供参考。

我们通过目前可考的、遍布全国各地的 600 多处（所）山西会馆的现存碑记中，非常清楚地知道：乾嘉时期，一直到道光朝，是泽潞商人最为辉煌的历史阶段——黄河流域和淮河流域的会馆，涉及河北、河南、山东、东北、安徽北部、湖北北部、江苏中北部、京师等地的主要市镇，基本都与该地区的商人有关系。

进而，我们也就不难针对以上碑记情况，展开进一步的分析，大体可以从如下方面深化和延伸：

第一，至少存在一种可能情形，在乾隆、嘉庆、道光三朝的一百多年里，康营村的商贸活动与当时的泽潞、平阳商人的兴盛保持同步。甚至，康营村也是商业活动非常突出的一个村庄，外出经商者不少，至少用某种方式，与众多的商号保持着密切关系。否则，他们的募化不会如此简单和顺利。

第二，事实上，从碑刻的情况来看，布施捐款的商号所从事的行业，也基本在潞绸（丝绸、丝涤、佩饰品）、染织（丝绸染色原料、加工）、铁冶（钢针、带刀、剪刀）、药材（主要是潞参、东北人参、药局）、酿造（药酒、补品）、饮食服务（楼堂）等方面。也与康营村，及其周边区域的商业生产的历史传统相吻合。然而，需要注意：大多表现出来的是"行商"特点，而不是"亦工亦商"的模式。这一点很重要，直接涉及他们衰落的时间节点和原因。

第三，由碑记可知，他们活动的区域也具有明显的历史传承和顺延性，主要在晚明时期的城市中，诸如京师、南京、苏州、潞州府、平阳府，以及河南的周口、叶县、颍州地区，抑或，还有一些与康营在交通方面相关的附近村庄。

需要特别强调的是：康营村的丝绸和人参经营活动，直接地与朝鲜国发生关系，而且是在几十年（至少三十年）的时间里一直存续①。这一情况，在晋商的整体历史上是非常突出的，然而非常遗憾，则是第一次发现，因而缺乏必要的认识和梳理。或者说，正是这一情况，进一步促进后来的晋中商人将山西票号开出国门，到达朝鲜②。也就是说，明清时期与朝鲜国的关系，乃至丝绸和人参与东北的关系问题，是晋商辉煌的一个重要板块，非常有必要进一步深化。甚至按照一贯的"对外贸易"规制，不排除康营村经营潞绸的商号，长期以来就与"朝鲜国"皇家的需求有直接关系的可能性。

第四，结合前清时期的情况，我们发现：从康熙时期开始，康营村与八旗，以及东北的关系非常密切，进而，还延伸出专业化的丝绸、刀局、参局、佩饰等商号，甚至在京师和朝鲜有众多的相关字号等等。这

---

① 现在可知，在历史博物馆，存有山西商人在乾隆三十四年、四十二年的两次"走私玉石案"的刑部档案其中记载，涉及新疆、东北、京师、苏州等区域，也涉及人参、汇票、丝绸等问题，然而，有关在苏州、京师、东北的参局等具体情况不详。是否与高平商人有关，有待进一步核实。

② 目前，有关山西票号与东北，以及朝鲜国的关系，较早的记载有咸丰时期的账册留存，其中有安东分号的情况，在东北活动的基本系祁县和太谷的票号。到了晚清，合盛元曾经将票号开设到朝鲜平壤、釜山，以及日本的东京、京都、大阪等地。

是否与该地曾经的"驻军"有关联，是一个非常有必要深化的专题。

第五，将《嘉庆十七年财神阁碑记》与《道光十七年关帝庙碑记》稍作比较，不难发现，与康营村直接相关的商号，也在发生变化。而变化本身，既有行业和产业的情况，也有字号的消失和诞生，当然，一些商号的延续性也清晰地得到反映。系列性碑刻对于最为具体的晋商兴衰的学术意义，得到了充分的体现。一是朝鲜国的情况中，尽管是姓名，但几乎没有一位是相同的，或许仅仅与"李"姓有关联性；二是苏州的情况，则是面目全非的；三是南京，家族连锁的情况格外明显，而到了道光时期，则基本不存在；四是唯有京师，至少有50%的字号，明显地看到其延续性：依然维持丝绸、佩饰、参局、刀针等行业行当；五是安徽颍州、河南地区的周口、叶县，在道光年间，则显示出重点性的集中特征。

表3　　　　康营村嘉庆十七年修缮财神阁资金来源及比例一览　　单位：两

区域城市	主体情况	捐款数量	比例	备注
朝鲜国	七人合计	35	12%	
苏州行	五家商号	50	18%	
南京行	五家商号	24	8%	
京都行	三十五家商号	112	39%	
潞安府	六家商号姓名	9	3%	
平阳府	一家（一人）	6	2%	
邻村	七人	7	3%	
本村首事	十三人	43	15%	其中，有四人为首事
合计	六十九家姓名	286	100%	

说明：①本表依照康营村财神阁现存碑刻编制；②邻村以及本村首事一栏，人员身份情况不详，按照实际情况推断，也应该是商人，或者，仅仅是商号伙计；③本次修葺首事为弟兄四人，他们实际是商人。

总之，透过这些变迁和变化，我们看到的是：高平地区的潞绸商品严重萎缩和衰退，甚至开始消失，最终退出了历史舞台。然而，原来从事丝绸行业的商人和字号，则还在努力维持，而营销的"商品"则基本以"颍州以及叶县"地区的丝绸、丝麻为主，供应北京市场。抑或，苏州、南京等地的商号已经不再从事该行当的业务。清中叶中国丝绸业的整体性变化，尽在其中。有关安徽颍州、河南叶县地区的高平商人的情况，恰好在该地区的山西会馆的碑记中，以及地方史的记载中被保留下来。

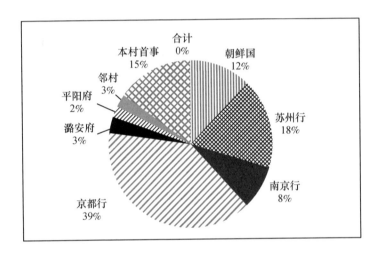

图1　康营村财神阁捐款数量情况图示

第六，有关周口地区的情况，有必要稍加突出强调：合盛通号、交泰东、永泰世、李德义、天育正记、吴宝元、元隆泰记、夏文英、潘廷枢、宋奠邦、宋亿兴、潘廷楷、松盛号、吕德成、三义祥、公成栈，这些商业字号就在周口《道光十八年重修关帝庙岁积厘金记》的三百六十八家字号中出现，并且，从捐款的情况看，基本处于中上等位置。摘要如下：天育正银九十三两一钱一分、三义祥（香）八十六两八钱七分、永泰世银八十六两八钱七分①。如此示范的意图，目的在于：通过对照异

---

① 《周口镇道光十八年重修关帝庙岁积厘金记》，该碑刻立于道光十八年（1838）岁次戊戌冬月谷旦，现存河南省周口市关帝庙院内，大殿西侧，碑亭，笏首须弥座，碑高210厘米，宽70厘米，厚22厘米。保护完好。

地碑刻，可以较为准确地解读碑刻中出现的"商号"情况，诸如它们的籍贯、大本营、行业、规模等等。

第七，就两次相差二十多年的庙宇修建情况来看，不妨按照捐款布施的数量稍加观察：商号与庙宇兴建的另外一层关系——商人们在村庄庙宇修葺过程中的予以"资金辅助"方面的作用，抑或比例关系。

由以下图表可以清晰直观地看到：在嘉道时期的康营村，修缮庙宇的发起人是本村的村民，他们同时也是商人。他们凭借自己的优势，四处募化，而使得商人的资金占据到整个工程的70%以上，甚至80%以上。作为一种村庄庙宇的修缮模式和方式方法，在康营村的后来也曾经使用（参见下文）。至少说明一点：乾嘉以后，商人在村庄的庙宇修建过程中，具有了举足轻重的作用。或许，也是村庄庙宇较多、较能保存的一个方面的原因。

表4　　　　康营村道光十七年修缮东关帝庙资金来源及比例一览

单位：两、千文

区域城市	主体情况	捐款数量	比例	备注
朝鲜国	七人合计	60	17%	施银
苏州行	八家商号	14.5	4%	施钱十六千文
京都行	三十一家商号人	121	34%	施银
颍州府	二十五家商号人	38.2	11%	施钱四十二千文
周口镇	十六家商号人	24.5	7%	施钱二十七千文
叶邑	十五家商号人	12.3	3%	施钱十三千五百文
长治	一人	1	0	施钱一千文
本村	五十五人商号一	87.3	24%	施钱九十六千文
合计	一百五十八家人	181＋176.8	100%	二百一十三千五百文

说明：①本表依照康营村道光十七年关帝庙重修碑记编制；②本村一栏，人员身份情况不详，按照实际情况推断，基本属于村民，仅有一家商号；③本次修葺是村民发起，派人募化；④参考当时的"银钱比价"，本表的银钱折算1100文为一两。

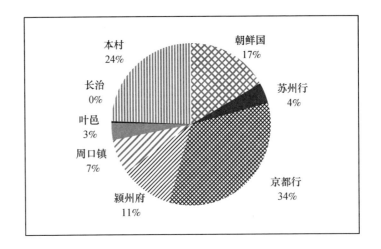

图2　康营村道光十七年关帝庙修缮情况图示

　　总之，嘉道年间康营村碑刻中所反映出的内容，相当丰富，可以从不同的视角予以考量和认识。特别在时间的延续性上，具有可追溯的商业史意义，对于丰富晋商历史来说，特别是行业史和区域分布来说，格外突出。

（四）晚清时期的情况

　　所谓晚清，广义上是指咸丰朝之后。对应到康营村的情况，因为咸丰年间不曾有相关庙宇的兴建和修缮，而在同治和光绪年间，则分别有东关帝庙、龙王庙、南山庙等的兴建和修缮，而几乎每一次的工程都与"四方募化"有关。分别为：一是同治五年《关帝庙重修舞楼碑记暨捐资题名碑》；二是同治八年《创修龙王庙碑记》；三是大清光绪八年《改修（南山庙观音庙）壁墙碑记》；四是大清光绪十一年《补修（南山观音庙）眼光殿碑记》。因此，出现在碑刻中的商号情况也较多，为了简单直观，编制如下表5。

表5　　　　　　　　　　康营村晚清时期碑刻中出现的商号情况一览

地区府县乡镇（村）	商号名录	庙宇修建捐款时间	备注
京都	德和义记、源缮缎店、恒泰荣记、恒发义记、义泰锡记、豫丰恒记、三义字号、敬胜长记、同胜昌记、公和义记、协泰针铺、金鱼针铺、万德皮店　广顺皮店、广成皮店、玉隆皮店、通聚兴记、天盛德记、天顺德记、天惠参局、瑞兴元记、万隆亿记、同顺公记、通顺永记、隆兴义记、增盛隆记、久记号、泰亨号、恒记号、润记号、同兴号、同兴玉、广泉厚、聚珍魁、公昌福、复生义、中和豫、永聚生、三和林	同治五年	东关帝庙创修舞楼
	老九花楼、晋隆斋、同胜昌、聚锦恒、恒泰荣、万陆号、广元局、万盛昶、宝银局、合兴局、元祥局、聚泰钱店、合泰号、巧盛斋、兴泰义、隆盛永、永茂长、德成乾、永顺合、同合局、合义斋、聚隆萧、鸿盛局、怀兴针铺、同裕号、春兴局	同治八年	龙王庙
	敬胜长、兴泰义、聚瑞永、兴来泰、永兴恒、永泰号、□信成、□□德（另有三商号字迹漫漶缺）、永祥号、西太和、隆盛义、福盛兴、隆和号、双义合、仙香阁、聚顺永、长盛兴、兴太山、长大成、德隆号、三义公、德和成、□海隆、义盛和、兴顺号、同盛公	光绪十一年	南山庙
广东	李义顺、晋阳堂	同治五年	东关帝庙
平遥	百川通①	同治五年	东关帝庙
本地	北岭·永茂礼、沟村·许士宏、南陈·广生堂、北陈·张福全、城里·余天源	同治五年	东关帝庙创修舞楼

① 百川通，系平遥票号，何以会给康营村布施，情况非常清楚，因为康营村的商人在广州，抑或，当时是"晋阳堂"的轮班董事，晋阳堂，实际上是晚清广州城的"山西会馆"，而百川通在广州的分号是龙头老大，百川通从一开始就占据广东，也是十几家山西票号最后一家撤离广东的票号，撤离时间大体在民国八九年间。

地区府县乡镇（村）	商号名录	庙宇修建捐款时间	备注
本地	东当行、环山堂、南当行、福庆典、源长典、元泰恒、瑞隆余、益丰典、通兴典、兴盛典、阜丰典、丰顺典、阜源典、环生典、环盛典、环兴典、环太典	光绪八年	南山庙
	义庆复	同上	同上
本村	福源铭、生生复，另有六十七人布捐	同治五年	东关帝庙
	四十八人布捐	同治八年	龙王庙
	十五人布施	光绪八年	南山庙
合计			

说明：①本表依据康营村现存碑刻整理；②本表仅仅是指同治、光绪时期出现在康营村庙宇兴建和修缮碑刻中的商号；③备注一栏是指不同庙宇；④表中的"·"是指领属乡镇、村庄；⑤合计数指目前所知的碑刻情况的综合统计，仅供参考。

由上表可知，康营村本地的商号并不很多，事实上，也仅仅出现两三家。或许是一般的杂货铺而已。进而也就说明：康营村的商人多半是在外地活动，主要在县城和京师。抑或说，在京师从商的康营村依然保留着传统。

与此同时，特别需要注意到：晚清时期与嘉道时期的情况发生了较大的变化，原来的苏州、南京、安徽颍州、河南周口、叶县等地的商号，基本不存在。

另外，广州的"晋阳堂"，实际上是晚清时期山西商人在广州城的"山西会馆"，也采用轮班经理制。只不过，该财产不完全是"共有"，而是几家商号共同出资的。当时，百川通在广州非常有势力，几十年作为广州的票号老大，它在广东还开设有汕头、潮汕、香港等分号。由这一点说明：晚清时期在广州有来自康营村的商人活动。

（五）民国时期的情况

民国时期的康营村，在新建庙宇方面照例是乐此不疲的，除了正常的修缮之外，依然在创修和增修庙宇，有四次"四方募捐"的碑刻留存。分别是：（1）民国十二年《补修成汤庙碑记·捐资名碑》；（2）民国十四年《东关圣帝君庙补修碑记》；（3）民国十七年《佛祖庙创修碑记》；（4）民国二十四年《五龙宫增修舞楼碑记》，等等。也为了直观，也利于比较，综合简化为下表6：

表6　　　　　康营村民国时期碑刻中出现的商号情况一览

地区府县乡镇（村）	商号名录	庙宇修建捐款时间	备注
天津	源丰永、义德顺、燕鉴棠、周云舫	成汤庙	
湖北	和顺号、吉大行、大兴行、王天福	成汤庙	
汉口	彭熙亭、大同公司	成汤庙	
老河口	公茂祥、大新绛、泰顺公、尚正国、协成公、协顺公、李作栋、余庆成、大新源、天大成、春盛店、顺兴号、合盛公、李炳堃	成汤庙	
老河口	大新源、祥泰正、德庆魁、福长和、寿昌合、余庆成、荣兴仁、聚发长、陈变廷、潘冠臣、彭幼轩、芦少全、芦幼安、余文晼、徐耀先、丁鹤林、山西会馆①、何爵阶、大新镒、太顺公、郭笑先、张厚、协顺公、顺和荣、泰恒、唐连亨、王俊阶	东关帝庙	
皮鼓滩	大新绛	同上	
竹山	杨复典　全兴盛　阮万兴	同上	
羊尾山	万兴同	同上	
黄州	范成胜	同上	
旧口	德兴玉	同上	
陕西	韩子功、福兴通、梁云起	成汤庙	
河南汴省	季庆昌、兆丰号、王荣昌、杨忠三、郅培三、汴省·杨光显	成汤庙	
河南汴省	宋少卿、鸿生长、豫成银号、刘博霄、协豫公、宋培州、北立兴	东关帝庙	

---

① 老河口的"山西会馆"，当时（民国时期）是高平人作为轮值经理人，抑或就是康营人，在老河口的镇志中，有地方学者予以了整理、回顾。参见《老河口文史资料·商业篇》。

地区府县乡镇（村）	商号名录	庙宇修建捐款时间	备注
	王毓国、益源通、中兴恒、元发恒、梁成兴、天兴隆、元泰隆、德隆昌、福成永、广顺永、双和恒、恒记栈、临记号、和成义、许香波	河东庙	
洛阳	牛志廉、牛志顺	东关帝庙	
清化	合盛裕、福聚恒、巨兴店、申天贵、衡祥盛、朱明山、慕子昂、天兴和、亿兴号、日升昌	成汤庙	
	天兴店、福聚恒、同元店、成兴合、王有泽	东关帝庙	
	荣盛长、张润红、元兴店　杨天发	北山庙	
新乡	天泰长、同顺裕、聚顺恒、道生长、天顺长、天兴恒、瑞丰祥、玉清和、元亨号、李子美、福升合、福升长、王金环、天升魁、元美公	成汤庙	
	天泰长、福升长	东关帝庙	
	新盛长、福升长	北山庙	
周口	峻泰昌、福源号、泰顺店、增盛永、敬源祥、义泰祥、义泰行、祥泰德、康顺兴	成汤庙	
获嘉	二合公、仁和永、汪振州	成汤庙	
	二合公	东关帝庙	
怀德	商务会、郭远良	成汤庙	
正阳	公兴玉、祥盛久	成汤庙	
修武	德义永、钟子敬、泰丰成	成汤庙	
木栾店	义聚成、南俊泰、廷义成、信元和	成汤庙	武陵县
陈州	德茂祥	成汤庙	
滑县	永恒公、李喜则、和天锁	北山庙	
阳庙	福义恒	成汤庙	焦作
温县	郑生义	成汤庙	
鹿邑	福盛祥	成汤庙	
睢县	仁大粮栈、冯昌五	东关帝庙	
江西	成盛行	成汤庙	
亳州	同春和、泰兴号、德和永、协昌和、长泰祥	成汤庙	
本省	聚昌行	成汤庙	

地区府县 乡镇（村）	商号名录	庙宇修建 捐款时间	备注
万泉	解竹轩	东关帝庙	
稷山	王于正	同上	
陵川	程鹏子、王维成、常据德	同上	
晋城	万顺玉、茂盛永、仁义祥、杨隆余、天元昶、义顺祥、公义恒、永亿泰、祥顺号、天泰昌、锡顺余	成汤庙	
	茂盛永、万顺玉、任工书、福泰瑞、李凤瑞、武永庆	东关帝庙	
	天元昶、仁义祥、万顺玉、裕茂公、张志国、锡顺余、张鸿盛、茂盛永、协永太、祥太公	北山庙	
大阳	复顺峡、祯发厚、王义斗行、协盛兴、顺兴隆、义顺同、四泰昌、信义顺、复升恒、万聚永、□凤山、魁兴茂、赵泽春、傅受礼、赵廷俊、李占云、薛万年、常顺、庞凤仪、万顺裕、泰顺兴	东关帝庙	
	魁星茂、李锁则、杨茂林、王鸿盛、三顺饭店、陈茂祥、双盛饭店	北山庙	
阳城	晋丰永、湧兴远、郭长园	北山庙	
本县	福泰恒、义泰永、源泰隆、裕泰公、日升昌、吉泰昌、瑞泰和	成汤庙	
	益和恒、李炳堃、义泰永	东关帝庙	
	侯连祯、积盛楼、裕太公、益和恒		
邻村	陈庄·张启坤、野川·杨鸿远、北川·邵堆金、马村·德顺鸿、朴村·秦家麟、上玉井·张学富、北陈·朱明玉、李村·栗麟阁、南许·德隆昌、天兴隆	成汤庙	
	李坝·复隆公司、广顺公司、同顺长、李镜波、北陈·立善堂、柏村·丰盛泰，另有二十六人布施	东关帝庙	
	陈庄·万成合、万成新、炉清·新盛山、马村·斗捐局，另有十一人布施	北山庙	

续表

地区府县 乡镇（村）	商号名录	庙宇修建 捐款时间	备注
本村	九十七人布施	东关帝庙 北山庙	
	一百八十七人布施		
	乡公所、元兴盛、仁义成、积德楼、积玉馆、另有一百三十五人布施	东河庙	
合计			

说明：①本表依据康营村现存碑刻整理；②本表仅仅是指同治、光绪时期出现在康营村庙宇兴建和修缮碑刻中的商号；③庙宇修建一栏是指不同庙宇，其他简略；④表中的"·"是指领属乡镇、村庄；⑤合计数指目前所知的碑刻情况的综合统计，仅供参考。

由上表可以清晰地看到，民国时期，到抗日战争爆发前的二十多年里，康营村的商业状况发生了较大的变化。最主要的特征是在湖北的活动较为突出，老河口一带是集中点。然而，非常遗憾，目前尚不清楚它们的主要行当。在河南也较为集中在新乡、开封、周口、清化等地。另外与周边相邻县、镇、村庄的关系也紧密了，也即，与晋城、高平、大阳等地的关系开始凸显出来。

然而，比较嘉道时期和晚清时期的情况可知，与北京的关系也几乎消失。虽然不能武断地揣测，但个中原委，其中少不了传统行当的衰退和萎缩是主要的原因。进而，康营村的整体情况，开始回到了"一般化的村庄"的境地——失去了昔日的特色。

与此同时，我们还可以将本阶段四次修缮的资金来源的构成比例予以量化，即可发现，这一时期的"四方募化"，除了维修关帝庙的情况稍微好一些，其他的募化仅仅是一般性的募化——我们可以称之为"友情募化"，而缺乏更多的"本邑商号"，进而可以说：纵然在民国时期的康营村，依然有商业字号和商人在外运营和活动，然而，较之以往的兴旺，要逊色地多。有关这一情况的统计和比例状况，这里简略。

（六）小结

依照康营村现存的与商号有关的碑刻，顺着时间逐一考察，我们非常清晰地发现：康营村的庙宇兴建和修缮，从康熙年间依稀地表现出，在外晋商的本邑商人的参与；到了嘉道时期则突出地反映了他们给予村庄庙宇兴建和修缮的极大帮助。而这些商人与晚明前清时期的高平地区，或者说泽潞地区的商人有渊源，主要从事潞绸、药材（人参）、铁器、佩饰等。而些商号和商家主要在当时的繁华城市中，诸如京师、苏州、南京，乃至朝鲜国，甚至不排除与"八旗皇族"有某些关联性。到了晚晴时期，传统行当明显处在衰退和消失的进程中；进入民国之后，康营村的商人基本没有了明确的行当，或者说，没有了明显的特色。纵然也在"四方募化"，然而，也更多地局限在了"友情募化"的范畴。与此同时，该村作为商业要道的特色性也伴随着交通和社会变革而淡出了历史的视线，沦落成为一个"非常普通"的村庄。

五　简单结论

综上所述不难看到，明清乃至民国时期，泽潞地区的社会生活变革的共性和个性，也即，普遍性和特殊性。稍加总结，给出简单结论如下：

第一，康营村作为一个历史悠久的古村落，自古以来，就在军事交通方面具有重要地位，作为著名的"长平之战"的唯一载入史册的遗迹，而有其重大的历史文化价值。除此之外，最迟从宋金开始，也作为古商道显露出独有的特征——晚明前清时期作为平阳商人东出太行、南下江淮的必经之路。该村的关帝庙和大王庙的兴建，就与往来商人有关系。进而，对该村的历史发展轨迹影响较大。

第二，康营村所处的地理位置——四面环山，也决定了该村天然地在"水资源"方面严重短缺。因此，该村的寺庙基本与村民的日常生活密切相关，以祈求平安、风调雨顺、消难减灾、庇护健康为主要愿望。有独立的汤王庙一处、龙王庙两处，供奉龙王的配殿不下三处，是一个典型的山区古村落。在寺庙的兴建方面表现出了更多的热望。曾经修建庙宇不下二十多处（所）。

第三，有清一代，康营村外出经商的人不少，一直到道光朝，该村的商人与传统的泽潞商人有极大的相似性和一致性，多以潞绸、药材、铁器为营销商品，活动区域也以"天下四聚"及其商业重镇为中心，苏州、京师、南京、广东、汉口、开封，乃至朝鲜国，这些商人对村中的庙宇兴建有突出的贡献，一些庙宇的兴建和维修，有赖他们的支持和帮助。然而，到了晚清、民国年间，随着传统行当的衰退和消失，最后一代商人们的迁徙也随之完成，进而对于村庄庙宇的修缮，则有所减弱。无论如何，康营村的十几所较有规模的寺庙，至少有一半，都曾经有商人和商号的捐款。总之，商人与村庄寺庙的关系相对要密切的多。这不失为探讨商业活动与村庄寺庙问题的一个"个案"，而具备典型性。

第四，目前，该村尚遗留几座较为壮观的"商人大院"以及旧的街道和阁门，可供寻觅。非常遗憾的是，这些家族很早就因为康营村曾经出现过一些迄今为止难以"解析"的断代时期——出现过混乱时期以及人口迁徙，甚至修建水库时的整体性移民，因此，有关不同历史时期该村商业和商人的相关情况，现在的村民们并不知晓，也不曾有文献记载留存。进一步的深化，尚需有新资料的发现。

总之，本文仅仅从康营村寺庙出发，依照寺庙留存碑记，给出了康营村商业的初步线索。作为一个学术个案，还有更多的方面可以探讨。

明清泽州茧用与市镇牙佣管理研究

——以高平郭庄村为中心

杨 波

摘 要：现存高平郭庄村关王庙顺治十二年的诉讼碑刻，记载了因为晋东南泽潞地区蚕茧业牙行茧用收入，而引起的里甲与村社之间的诉讼案例。此诉讼与泽潞地区的潞绸生产有密切关系，反映了泽潞地区手工业的特色。除了经济史方面的意义，本案例能够让我们更好地理解泽潞地区村社由信仰组织向集社会、经济和文化功能于一体的组织的转变过程，这是社会史方面的意义。除此之外，本案例对于我们了解泽州村社收入来源与支出、具体的管理机构和制度、"告执照状"的法律文书等方面也都具有一定的参考价值。

关键词：郭庄关王庙；茧用入社；诉讼碑刻；潞绸

潞绸是晋东南泽潞地区重要的手工业产品，在晚明前清盛极一时。关于潞绸与泽潞地区地方社会的关系，以往研究很少，也缺乏相关的史料记载。现存于泽潞地区村庄庙宇中的大量碑刻上，均有与潞绸有关的蚕茧丝织业的记载，这些记载对于我们了解明清时期潞绸的生产、交易、销售以及市场情况具有重要意义。本案例是关于蚕茧业中牙行牙佣收入的一个诉讼案例，具有非常重要的法制史、社会史和经济史的史料价值。

一　村庄与庙宇概况

郭庄位于高平市区东北方向 15 千米处、建宁镇的西南部，建宁和北诗、陈区三个乡镇交界之处，建宁到高平的必经之路旁边，地理位置显要。建宁镇位于高平东北，与陵川重要商业市镇礼义镇毗邻，因此，郭庄也位于高平通往陵川礼义镇的重要通道上。郭庄属于建宁小盆地边缘的丘陵地形。礼义镇与高平建宁一起形成一个小盆地，郭庄就位于这个小盆地的西南边缘处。郭庄西面隔鱼仙山（或称遇仙山）与陈区的大山村相望，由此就进入大东仓河河谷地区，郭庄也可以视作建宁小盆地和大东仓河河谷两个小区域之间交界的地方。郭庄南面紧邻北诗镇的化壁长畛，再南就是一片山区，是高平东部北诗镇山区地带。北面是建宁镇中心建南建北两村所在地，东面经由苏庄直达陵川礼义镇。郭庄旧村呈长方形，东西长 400 余米，南北长近 300 米。郭庄在清代属于高平县府下里①，今属建宁镇，现有人口 400 余户，1800 多人②，规模较大。总的来说，郭庄是一个规模较大、交通便利且地理位置非常重要的盆地边缘村庄。

郭庄关王庙是现在所知高平地区创建时间最早的，也是作为村庄中心的关帝庙的典型。郭庄关王庙位于村中心，是村中大庙。郭庄古庙宇很多，关王庙是历史最悠久的。高平地区村庄中的古庙的位置一般有两种情况，一种情况是位于村外具有特殊地理条件的地方，例如小岗、河谷、水池旁等；另一种情况是位于村庄的地理中心。前一种情况的古庙更早一些，大概都是金元时期的，高平伯方仙翁庙就是这种典型。后一种情况稍晚一些，大多是元明时期始建的，郭庄关王庙就是后一种情况的典型。郭庄关王庙始建于洪武七年（1374），万历九年、万历四十六年均有重修或增修。洪武创修规模不详，万历九年重修时即有"两庑"的

---

① （清）傅德宜等纂修：《乾隆高平县志》卷四《里甲》，《中国地方志集成·山西府县志辑》，第 57 页。

② 数据来自田野调查中询问村民。

说法，则至少在此时，关王庙就已经有一个院落的规模了。万历四十六年重修的大圣仙姑庙应该是关帝庙的侧殿或配殿。自万历重修到清代前期，郭庄关王庙一直在不断地进行补修和增修。顺治十二年补修，顺治十四年又增修了东北角，到乾隆四十七年又增修东北角。到乾隆晚期，郭庄关王庙的格局应该基本成型了，后来就没有太大的变动。清代中期以后，郭庄至少先后进行了两次全村的大规模庙宇兴建工程，一次是道光二十三年，一次是民国十一年。这些全村规模的修庙碑刻均立于郭庄关王庙之中，这从另一个角度表明关王庙的村庄中心地位。郭庄庙宇众多，计有：西佛堂、西北佛堂、土地庙、白衣阁、三教堂、真泽宫、祖师庙、松泉寺、大王庙、龙王庙、文昌庙、七佛殿等。

二　碑文整理

郭庄关王庙顺治十二年诉讼碑位于西侧殿前，笏首壁碑，尺寸为高113厘米，宽44厘米。2013年9月17日杨波、颜伟和张源潮等人进行田野调查，2013年9月24日颜伟对庙中碑刻和题记等做了详细的抄录，2016年10月30日杨波和张鹏进行了补充调查，并对颜伟抄录碑文做了仔细现场校核。发现顺治碑刻保存一般，部分字迹漫漶不清，识别困难。碑刻有题名和篆额，共计18行，每行约40字，四周缠枝纹环绕，无碑阴。碑文分为前后两个部分，前一个部分叙述事情的来龙去脉，后一部分是"告执照状"文书的"抄誊勒石"。现根据实地调查，校录碑文内容如下：

碑额：茧用入社碑记

题名：□［议］处补葺关圣庙记

□［关］帝诞生汉季，迄今越千有四百余年，其英灵豪气，百代如生，万世钦服。晋郡泫东四十里许①，有郭庄村者，有帝庙一区，创不可识。究帝之生□□履，重修岁月、姓字，前石俱□［载］

———

① 原文如此，实际上直线距离三十里略多一些。

□，无容赘言。但其间庙貌颓圮，器皿损折，乡民物力一时难凑。兹村素有平衡蚕茧一行，原为增饬神事之资。无何迁延日久，被里老什排恂称入社，各分而为自私之利，其□莫息□［间］。有乡耆郭景隆等，目击心伤，非今是古，欲为长久之计，于是恭请村众聚庙议处，□［将］蚕茧牙用，尽系入社，众悉唯唯。遂于本县范县翁案前□领帖文准①造官称，里老什排不得仍前擅自称收，许主神二人，社首二人，总催一人，每年轮流管理，或补葺庙宇，或增置器物，或别神事之用，谁曰不宜？如得用若干，费过若干，现在若干，同□交代明白，即注神历，□社中，所有旗伞等□止，可本村备用，若顺情借使者，天诛地灭也，今日而谋，文□铭为不朽，犹望后之贤人君子，可以遵例循行，共襄盛事。更防后之好诡小人，不得视为利薮，系②豪侵使，任意横行，以违□［议］处之美意为辱。请不□为文，自揣庸鄙。敢曰文哉？不过叙其颠末，笔其岁月，立为长久之计云尔。

告执照状人郭景隆等，各年不一，系府下里为讨照防奸事：本村有关圣庙宇，年久倾□，所□蚕茧行抽□采用，公议入社修理，因□恶起争，曾告赴本县范老爷天断，准修庙，使□□□□□仍前不息，又想分肥，不入社中，叩□［乞］老爷俯赐准照，以便遵行，神人同感，上告老爷详行

准照③

大清顺治十三年五月二十九日

告执照状人：

郭增茂④

郭有财［画押］

郭景清［画押］

郭景隆［画押］

① 原文为準，准的异体字。
② 原文如此，疑当为丝字。
③ 字体较大，为原文书上知县的批示。
④ 原碑此处没有明显的画押十字，但应该也有才对。

苏□□［画押］

郭衍广书

高平县建宁镇

儒学生员 夏国彦 撰

儒学生员 苏兆 书

儒学生员 苏博 篆

儒学生员 苏胤①眉、儒学生员 郭十□ 订

主神：郭文焕　苏文宝

社首：郭庆善　郭景明

总摧：苏进宝

效劳：郭永体②、苏时远、郭宗大

大清顺治十二年岁在乙未六月望日立石。

为首人：郭景隆，郭衍庆，郭景清、郭有连

玉工李学让刊

三　碑文考释

（一）审判者

郭庄关王庙顺治案例的审判者是知县范绳祖。关于范绳祖担任高平知县的时间，高平多种县志中都出现了错误，乾隆县志和同治县志中均将范绳祖担任知县的时间记作顺治十六年③，这个记录与此碑文不符，明显是错误的。范绳祖是高平顺治县志的纂修者，顺治县志记载："范绳

---

① 原文为"胤"，同"胤"。

② 原文即为体，非體。

③ （清）傅德宜等纂修：《乾隆高平县志》卷十一《职官》，《中国地方志集成·山西府县志辑》，第107页；龙汝霖：《同治高平县志》卷五《官司》，《中国地方志集成·山西府县志辑》，第390页。

祖，字克武，辽东人，贡士，顺治十年任……刘璟，顺治十六年任。"①
由此可见，范绳祖任高平知县的时间是顺治十年到顺治十六年。郭庄关
王庙顺治案例发生的时间是顺治十二年，正是范绳祖任知县的时间。范
绳祖是清代早期高平比较重要的一位知县，清代县志中有其比较详细的
传记，对清代早期高平社会稳定发展做出了很大贡献，而本案例不载于
县志，却也是其众多功绩中的一项。

（二）当事人

这次诉讼案例的当事双方非常重要。一方是里老什排，也就是里长
和甲长。这里的里老什排是里长甲长的习惯说法，里老就是里长，什排
就是甲长，按照规定是每十户编为一个甲，因此，甲长也被称作什排。
现存于西李门和永宁寨两村的两通内容相同的碑刻上有涉及什排的较为
详细的内容："令东张后村社首公雇一什排，另立一甲将各花户粮钱合为
总数，仿照凌川章程，上下两忙，照章封纳一半。"② 这是一通与纳税有
关系的碑，这里的什排就是甲长。

另一方是以郭景隆为首的五个人，其中郭景隆和郭景清是最后落款
中四个"为首"中的两位，其余三人虽然并不是为首，但是一定也是村
社中的领导者。也就是说，本案可以看作是村社与里甲之间的一次诉讼
案。原告是村社，代理人以村社为首，被告是里甲，代理人是里老什排。

（三）诉讼事由

本案例诉讼的缘起较为复杂。泽潞地区是明清时期丝绸的重要产地，
通常称作"潞绸"。蚕桑业是丝织业的上游产业，蚕桑业的产品是蚕茧或
者茧丝。一般来说，茧作为商品的买卖是需要通过牙行来进行的，碑文
中所说过的"平衡蚕茧一行"就是指这种茧业的牙行。牙行的管理与收
入应该归谁支配，是本案的焦点。蚕茧牙用，简称"茧用"，实际上就是

---

① （清）范绳祖纂修：《顺治高平县志》，《清代孤本方志选》第一辑第九册，线装书局
2001年版，第231页。

② 同治七年，《玉皇庙尊立文书碑》，现存西李门玉皇庙。

牙行的收入。在此次诉讼案之前，郭庄的茧用收入被里甲系统的"里老什排"所占有，村社认为这些收入应该归属村社，用于庙宇补修之类的公用。这件事情引起了诉讼。

（四）判决结果

对于村社与里甲之间的争议，知县的判决支持了村社。知县的判决可以概括为以下几条：

（1）不再允许里老什排等人收取茧用收入："被里老什排不得仍前擅自称收"。这一方面里老什排不再能够管理茧行，剥夺了这方面的权力，另一方面里老什排不再能够从茧行中获益，茧用收入与他们无关。

（2）明确了茧用归社之后的组织管理结构和管理办法："主神二人，社首二人，总催一人……每年轮流管理"，这个管理结构是在村社组织基础之上形成的一个综合完善的管理机构和规范。

（3）明确了茧用归社之后具体的用途："或补葺庙宇，或增置器物，或别神事之用"，总的来说，就是用于关王庙的修缮，庙内器物的购置，和其他与庙宇有关的支出。

四　进一步的讨论

郭庄关王庙顺治案例是极其重要的诉讼案例，对于理解泽州地区的蚕茧业、里甲制度、村社制度和司法制度与实践等都具有极其重要的意义，现逐条对其具体内容稍作深入讨论。

1. 本案争议的主要内容是茧用收入的归属问题，而茧用是茧行的收入。茧行是为收购蚕茧的商人和出卖蚕茧的村民提供中介服务的。一般来说，交易场所就在社庙内，本案例中就在关王庙内。商人和村民不允许在自己家中私自进行蚕茧的交易，买卖双方必须在规定的场所也就是关王庙内进行买卖："议在社人等不许在家卖茧，如私卖茧者照罚。"[1] 茧

---

① 道光二十一年，《立茧秤碑序》，转引自张林峰《清代晋东南地区的蚕桑业与地方社会——以高平为中心的考察》，南开大学硕士学位论文（未刊稿）。

行按照一定比例来收取中介费用，也就是佣金。茧行有专门的人负责管理，这个管理者有些地方被称作"茧头"①，本案例中的"神头"应该就是这种茧行的管理者的角色。茧行的主要好处一是提供了交易的市场，集中进行交易，方便了买卖双方，二是有利于公平交易，规范了市场。本案例中将茧行称作"平衡蚕茧一行"，就是突出茧行在称重上的公平买卖的特点，因此，茧行也被叫作"茧秤"。茧用的坏处是增加了中间环节的交易成本，更重要的问题是茧用的管理问题。在泽州地区所见的大部分的案例中，茧行的管理者，也就是茧头或者神头，一般来说是由村社的社首担任的。但是从本案例中可以看出，在有些时间或者村庄里，茧行管理者也会由里老什排来担任。这种情况并不仅仅是郭庄存在："每年茧用，每斤二厘，经乡堡收明，交付社老，作办公之项"②，这里收取茧用的是乡堡收好之后再交给社里。郭庄的情况也是如此，里老什排负责茧行的日常管理，收取了茧用之后，再交给村社用于村社公共事务。这就是本案例碑文中所说的"里老什排恂称入社，各分而为自私之利"，意思是茧用收入本来就是归村社的，里老什排只是代为管理，但是在代为管理的过程中，他们将茧用私分，不愿交给村社，或者私自扣下了一部分归自己使用。所以，茧用的问题并不是这部分收入应该归谁的问题，而是如何进行管理的问题。

茧行以及茧用对于理解泽潞地区的蚕茧业具有重要的意义。首先，茧行能够让我们知道当时的蚕茧交易是如何进行的，蚕茧交易的市场如何运行。其次，茧行的分布能够让我们知道泽潞地区蚕茧业的主要分布区域，这对于我们全面具体的认识泽潞蚕茧业提供了重要的历史地理的背景。其次，茧用的数量可以让我们推算各村庄蚕茧业的交易规模，进而推算整个区域蚕茧业的交易规模。最后，蚕茧业的规模可以进一步用来理解潞绸生产的原料来源问题，并能利用蚕茧业规模来推算潞绸行业的规模。总之，茧行和茧用的问题对于研究泽潞地区桑蚕丝织业具有重

① 道光二十一年，《立茧秤碑序》，转引自张林峰《清代晋东南地区的蚕桑业与地方社会——以高平为中心的考察》，南开大学硕士学位论文（未刊稿）。
② 乾隆三十一年，《合镇公议条规碑》，现存沁水县龙港镇国华村，转引自张林峰《清代晋东南地区的蚕桑业与地方社会——以高平为中心的考察》，南开大学硕士学位论文（未刊稿）。

要的意义。

2. 茧用不仅仅具有重要的经济史研究意义，同时也具有重要的社会史研究意义。一般认为，村社一开始主要是一种信仰组织或祭祀组织，它的主要职能是在庙宇祭祀和修缮等信仰方面。从晚明到清代中期，泽州地区的村社越来越多地具有了超越信仰之外的其他的社会经济功能，这种转变究竟是如何发生的呢？郭庄关王庙顺治案例就是这方面的一个典型代表。里甲是明清时期的一种官方基层制度，但是在不同历史时期和不同区域，里甲的具体执行情况是各不相同的，民间社会的实际情况往往与国家规定有很大差别，而地方政府往往也对这些进行了默认。本案例中，里老什排来具体负责收取茧用收入应该是里甲执行征税功能的延伸，就茧行收取茧用本身来说和村社没有直接的关系。但是在两个方面，茧行和村社有关系，一个方面是茧行设在庙中，庙这个空间除了信仰方面的职能之外，还开始具有了交易场所的功能。这其实是庙宇的一种延伸功能，考虑一下庙会就很容易理解。这样我们就可以明白，村社功能从信仰祭祀等文化功能向社会经济多样化功能发展，其根本原因是庙宇作为公共空间的性质本身，就具有向市场等其他类型公共空间转变的潜在可能性。村社也因此从一个单一的信仰组织向社会经济组织发展了。另一方面是，茧用的费用是供庙里使用的，那么，为什么茧用要供庙里使用呢？或者说为什么村民以及整个社会能够认可"茧用归社"或者"茧用归公"这种做法呢？直接的原因是茧行占用庙宇场所，按道理自然应该给庙宇一部分的补偿。但是，这不是主要原因，主要原因是茧行本身是为大家服务的组织，它的收益显然也应该满足大家的公共利益，而不是任何私人利益。而庙宇所代表的信仰就是大家公认的公共利益。实际上在很多其他个案中，茧用收入也可以用于修路修桥等其他的公共事务。茧用实际上是将从事蚕茧业的村民的部分收入转移到了村庄集体收入之中，相当于从事蚕茧业的村民向村庄公共事务的捐施，但是它以一种制度化的方式来实现了这一目的。由此可见，社的职能的扩展，实际上还是因为信仰本身所具有的那种公共事务的特点所决定的。由于以上两点，茧行和茧用虽然和村社没有直接的关系，但是它本来就已经和村社紧密联系在一起了，里甲逐步退出管理茧行就具有了一定的必然性了。在郭庄案例中，这个过程是通过诉讼来完成的，但是在更多的村庄中，这个过程可能是通过和平协商解决的。到了清代中期以后，绝大部分的茧行的管理者都是村社，茧用也全部归公，成为村社收入的一个重要来源。

3. 茧用归社之后，就成为村社收入的一个重要的来源了。一般来说，村社的收入是多种多样的，主要包括：布施捐款（包括本村、外村、商人商号和其他各种社会机构）、按照地亩或人头摊派的地亩收入、摇会收入、社产的经营性收入或直接出卖的收入、各种罚款的收入以及管理服务的收入，等等。茧用收入就是属于最后一种：村社提供管理服务的收入。村社为蚕茧业的买卖双方提供了中介服务，然后以此来获得收入。茧用作为修庙的一部分资费，在泽州很多其他庙宇中常常出现，相关例子举不胜举，例如乾隆七年下马游村三义庙中也有茧用收入："又收茧用银并远口木头银房价银二十三两一钱八分。"① 这些充分表明，茧行制度和茧用收入对于村社的发展起到了重要的推动作用。这恐怕也是清代中期以后村社快速发展的原因之一——泽潞地区发达的手工业为村庄社会组织的发展提供了经济方面的支持。

茧用作为村社的收入，在本案例中其用途规定的非常明确，主要有以下一些：修缮庙宇、购买社物和其他庙宇需要的支出。其中社物需要略作说明，碑文中所说的"增置器物"，也就是后面所说的"旗伞"等，其实就是指神灵出游时候需要使用的仪仗。有些碑刻中对这类器物有详细的罗列，这里略具一例："计开社物……硃缎素拨会旗贰杆、红呢绣花招旗壹对、色缎绣花招旗叁对、紫微色缎大伞捌柄、黄绣花座纛旗壹杆、回避肃静大牌壹对、朝山进香大牌壹对、色绸清道大旗壹对、彩画飞虎大旗壹对"②，这就是碑文中所谓旗伞之类东西的具体所指。

4. 本案例中除了前半部分对事件过程的叙述之外，后面刻上了一份

---

① 乾隆七年，《无题名碑》，现存下马游三义庙内。

② 咸丰元年：《社物碑记》，现存高平市南城街办汤王头村甘露寺，原碑文很长，这里只选中间一部分。

完整的"告执照状"。"告执照状"是清代村民向县政府进行起诉的时候所使用的一种文书。这种"告执照状"是在一个用印版印好的状纸上填写的，有些内容已经印好，有固定的格式。从碑文中我们可以看出这种"告执照状"的基本格式如下：

（1）告执照状人的名字

（2）以"为……事"的格式开始叙述请求的事由和内容

（3）以"上告老爷详行"的格式请求知县的批示

（4）知县在此后进行批示

（5）告状的时间，一般年月都印好，只需要填写日期

（6）告执照状人的署名，每个人都要画押，最后是代书状纸人的名字

本案例中的这份"告执照状"的性质值得进一步讨论，"告状"并不一定是提起诉讼，也可能向县政府发出请求。本案例中，从碑文前面的说明以及"告执照状"的内容来看，这份"告执照状"并不是提起诉讼，而是要求执行。"告执照状"中明确说明，范绳祖知县已经就茧用入社一事进行了审判，显然，这份"告执照状"是在审判之后递交上报的。因此，这是在审判已经下达之后，里老什排不愿意执行，村社的社首为此再次向知县提出请求，请求对里老什排进行强制执行，强行收回茧行的管理权力。

5. 从碑文中可以看出，茧用的管理有一整套的办法。从管理的组织机构来说，主要是由神头、社首和总催组成一个领导班子。这个领导班子成员的具体分工和职责，碑文中没有明确说明。前面已经提到，神头可能就是在蚕茧交易中进行日常管理的人，社首则是从村社负责人中选出来的负责总体上管理茧行和茧用收取的人，很可能主要是负责茧用的使用和记账的人，而总催可能就是监督者。这些可以说是茧用管理的组织保障。茧用使用也有具体的管理制度，主要有以下几条：首先是以上的组织管理者要每年轮换，不能由少数人一直把持："每年轮流管理"，其次是对茧用的用途做了明确的规定，不能超出这个用途："或补葺庙

宇，或增置器物，或别神事之用。"再次是要有详细的账目，并且要进行账务公开："得用若干，费过若干，现在若干，同口交代明白，即注神历"，这种账目一般都是用四柱账法来进行记录的。最后，明确规定茧用在没用使用的时候，只能在本村存放，不得向其他个人和机构出借："可本村备用，若顺情借使者，天诛地灭也"，这样的一套管理制度可以说是相当完备的。

6. 顺治时期的诉讼并没有使得郭庄的各种矛盾完全平息下来，反而越来越激化了。乾隆五十八年的禁碑在高平地区是比较少见的一种。有两个其他禁碑所没有的特点。一是发布禁令的不是知县，而是"提刑按察使司"，这是省里的主管诉讼的机构。二是内容很少见："永禁：干犯尊长，越诉滋讼，讼棍教唆，金刀杀伤，借尸讹诈，包娼窝赌，崇信邪教，酗酒生事。"[1] 这里面所讲的事情很多是其他村庄从未见到过的。这些事情既然在严禁之列，一定是曾经发生过。与"越诉滋讼，讼棍教唆"相联系，再考虑到这是省里的按察使司发布的禁令，那说明郭庄村在这个时候一定有人在越级告状。这表明村庄里的矛盾非常激烈，以至于县一级都无法得到妥善解决，具体是什么原因不得而知。从现存另一块乾隆时候的告示碑可以看出，即便郭庄的事情和茧用无关，还是和里甲的税收有关系。乾隆五十一年告示碑的内容是知县下令禁止收取纳粮贴费："前据崔堪翼等呈称，县属完纳钱粮，除正耗之外，复有柜书私收贴费一项，相沿成弊，甚属口害，吁请革除前来，查贴费陋规，有干例禁，本县到任以来，正拟兴利除弊，以靖闾口口积弊，以相沿日久，稍事因循，致滋扰累，当经批示，据呈出示，永远革除在案。"[2] 看来，无论越级诉讼的是什么内容，钱粮税收可能是激化问题的焦点。这里虽然不再是茧用的问题，里甲是收税的主要主体，这或许就是里甲与村社的矛盾仍然还在继续。这种矛盾持续上百年，而且有越来越激化的迹象。

① 乾隆五十八年，《无题名禁碑》，现存郭庄关王庙。
② 乾隆五十一年，《无题名告示碑》，现存郭庄关王庙。

□處補葺關聖廟記

□帝誕生漢季迄今越千有四百餘年其英靈豪氣百代如生萬世欽服晉郡沁東四十里許有郭莊村者有

帝廟一區創不可識究帝之生□□履重修歲月姓字前石俱□□無容贅言但其間廟貌頹圮器皿

損折鄉民物力一時難湊茲村素有平衡蠶繭一行原為增飭神事之資無何遷延日久被里老什排恂

稱入社各分而為自私之利其□莫息□有鄉者郭景隆等目擊心傷非今是古欲為長久之計於是恭

請村眾聚廟議處□蠶繭牙用盡系入社眾悉唯唯遂于本縣

范縣翁案前□領帖文準造官稱裡老什排不得仍前擅自稱收許主神二人社首二人總催一人每年

輪流管理或補葺廟宇或增置器物或別神事之用誰曰不宜如得用若干費過若干現在若干同眾

交代明白即注神曆□社中所有旗傘等□止可本村備用若順情借使者天誅神滅也今日而謀及□

銘□為不朽猶望後之賢人君子可以遵例循行共襄聖事更防後之好詭小人不得視為利藪系毫侵

久之計云爾高平縣建寧鎮儒學生員夏國彥撰

告執照狀人郭景隆等各年不一系府下里為討照防奸事本村有儒學生員蘇　兆書

關聖賢廟字年久傾□所□蠶繭行抽□用公議人社修理因奸惡起爭曾告赴本縣范老爺天斷儒學生員蘇　博篆

准修廟使費□□□□仍前不息又想分肥不入社中叩□儒學生員蘇亂眉

老爺俯賜准照以便遵行神人同感上告郭有財十郭衍廣書儒學生員郭十□

老爺詳行郭景清十主神郭文煥蘇文寶

大清順治十二年五月廿九日告執照狀人郭增茂郭景隆十社首郭慶善郭景明總摧蘇進寶

蘇□□十效勞郭永体蘇時達郭宗大

大清順治十貳年歲在乙未六月望日立石為首人郭景隆郭衍慶郭景清郭有運玉工李學　讓刊

附　碑文原格式整理

合会与清代民国时期乡村公共事务的经费问题

——以太行山地区乡村庙宇修建为例

杨建庭

摘 要： 乡村公共事务的经费来源既是一个现实问题，又是一个历史问题，本文以"田野作业"为方法，"碑刻文献"为基础史料，以在山西省高平市永禄乡的许庄、马家庄、泉则头三个村的田野作业为中心，以乡村庙宇修建为例，来探讨清代民国时期中国乡村公共事务的经费来源，揭示中国传统民间金融形式——合会，在晋东南地区的乡村庙宇修建过程中的诸多细节和所起的作用。

关键词： 庙宇修建；合会；公共事务经费；晋东南

一 问题提出

史学研究最重要的一个基础是史料的收集和整理，不过，明清时期乡村经济的微观研究受制于史料的匮乏。在传统中国行政建制中最低一级的行政区是县，乡村属于基层组织，绝大部分没有行政机构派驻，相应的官方文书也没有，地方文献（如府志、州县志等）其他方面对于乡村的记录多集中在赋役上大多语焉不详。另山西绝大部分地区更在科举教育上较为落后，记录乡村的文人文集日记也少。笔者近年来在山西晋城市所属高平、泽州等县市进行田野考察，在逐村的田野作业过程中，从"进村找庙，进庙找碑"，进一步认识到"碑中有字、字中有事"，碑文是记录历史时期村庄所发生事情的重要文献。晋东南地区的乡村几乎"村村有庙"，而且绝大部分村还不止一个庙。近些年，其中不少庙在村民集资维修下，焕然一新，也由此可知，庙宇在这一地区的乡村社会生活中占有极其重要的地位。笔者在整理晋东南地区乡村庙宇碑刻的过程中，发现很多庙宇的创建、维修"纪事碑"中记载了相关庙宇的经费收支情况。我们也看到近些年有很多庙宇的重修工程完竣后新立碑石，仍然沿用同样的记事方式记载"历史"。

　　笔者在碑文整理的过程中，发现在庙宇修建和维护的经费筹措过程中，通过"合会"的这种民间金融形式筹措经费，在太行山、晋东南地区的乡村中表现的很常见，进而选择以高平永禄乡许庄、马家庄、泉则头三个村（以下简称"三村"）的古村落为个案，对"三村"的庙宇以及庙内碑刻进行了全面的调查。所谓"起会"即是学术界着墨较多的民间金融形式——合会，或者摇会、钱会。合会是一个以盈利为主要目的互助组织，而庙宇修建对于村庄来说，是一个公共事务，是非盈利的。如何将个人、家庭或者商业字号的收益与乡村公共事务的经费筹集结合起来，高平的合会和庙宇修建是一个很好案例。

　　合会在明清以来中国乡村社会中广泛存在，一般情况下是一种带有盈利性质的互助组织，摇会、钱会是合会的表现形式，其目的是从事个人或家庭的商业买卖、农业手工业生产以及婚丧嫁娶等事情。民国时期学者王宗培、杨西孟的研究是在调查分析的基础上，从乡村社会经济的角度对合会的建立原因、类型、运行机制和功能进行了较系统的分析与论述，从而奠定了互助组织研究的基础。[①] 当代李金铮、胡中生、熊远报等学者依据河北和徽州地区的合伙资料讨论合伙在近代乡村社会中的运

---

　　① 　王宗培：《中国之合会》，中国合作社 1931 年版；杨西孟著：《中国合会之研究》，商务印书馆 1935 年版。

作及对农业、共商业、日常生活所起作用等情况进行扎实的实证研究①。

二 村庄、庙宇与碑刻

三村位于高平市西北方向，距离市中心约 8 千米。图 1 即是三村在光绪年间的位置示意图。这三个村庄的出现并不在一个历史时期，许庄出现最早，至晚在顺治年间就已经出现②，泉则头在乾隆时期已经出现③，马家庄最晚出现，但不会晚于道光年间④。三村历史上曾同属一个社，"向许庄村、马家庄、泉则头三村原系一社"⑤，目前，三个村也是紧挨着，界限不甚分明。村落位于丹水的东侧。

据历年《高平县志》记载，至少从清顺治年间，永禄里诸村居民造纸为业⑥，以至于人们建仓颉庙来祭祀，"因邑之永禄里善造构皮纸，行于四方，居民世食其利，遂建仓颉庙以祀之，俗号朗公庙"⑦。正因为这一点，高平的纸作为土贡上交京师，"高平县原办呈文纸一千一百七十张，每张价银三厘，每百张脚价一分二厘，在地丁银内动给。雍正十二年，奉文添解呈文纸二千三百四十张，乾隆三年将添解停止，仍照原额

---

① 李金铮著《借贷关系与乡村变动：民国时期华北乡村借贷之研究》，河北大学出版社 2000 年版；胡中生：《近代徽州钱会的类型与特点》，朱万曙主编，安徽大学徽学研究中心编：《徽学》第 4 卷，安徽大学出版社 2006 年版；《钱会与近代徽州社会》，《史学月刊》2006 年第 9 期；《融资与互助：民间钱会功能研究——以徽州为中心》《中国社会经济史研究》2011 年第 1 期；《清代徽州民间钱会研究》，卞利，胡中生主编：《民间文献与地域中国研究》，黄山书社 2010 年版；熊远报：《在互酬与储蓄之间——传统徽州"钱会"的社会经济学解释》，《中国经济史研究》2017 年第 7 期。

② "永禄里，在县西地二十里，其庄三，东庄、许庄、永禄村。"见（清）范绳祖修、庞太朴纂（顺治）《高平县志》卷二，顺治十五年刻本。

③ "永禄里，在县西北，庄七，永禄村、东庄、许庄、黄儿沟、上扶村、泉则头、扶石村"，见（清）傅德宜修、戴纯纂（乾隆）《高平县志》卷四，乾隆三十九年刻本，见《中国地方志集成·山西府县志辑》第 36 册，第 57 页。

④ 在道光三年《补修东阁碑记》的施银名单中明确提到了马家庄维首。

⑤ 同治《崇正社禁匪碑记》，现存高平市永录乡许庄村东阁。

⑥ （清）傅德宜修：（乾隆）《高平县志》卷之四，乾隆三十九年刻本。见《中国地方志集成·山西府县志辑》第 36 册，第 57 页。

⑦ （清）司昌龄：《法志补缺序》，（清）龙汝霖纂修：（同治）《高平县志》卷八《艺文》，清同治六年刻本。

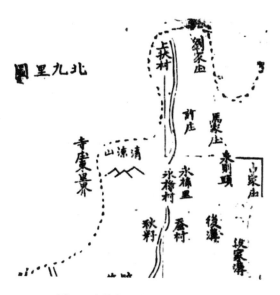

图1　光绪年间永禄里三村位置图

资料来源：（清）陈学富、庆钟修：（光绪）《续高平县志》·卷一，清光绪六年刻本。

办解。乾隆三十四年奉文添解呈文纸三千五百一十张。"① 此数量约占山西省全部上贡三万张的七分之一左右，可见这一地区造纸业的发达。

图2即是三村在 Google Earth 下示意图。由于永禄乡位置偏离南北的"官道"②，三村的商业不是很发达，远不如西邻寺庄镇③。"许庄古有高禖神祠，正月三元夜，香火极盛。虽妇人小子，莫不往焉。厥后村落萧疏，几难继矣。"④ 特别是同治以后，由于战乱和灾荒的原因，经济更为不景气。"里甲之累，初累于同治六年前。寇盗频兴，邑之以赀雄于乡者，外失其商贾之财货，内则苦于征输，故贫弱日甚。近遭大祲，逃绝尤多，其存而未去者，每至鬻舍，帖田以供徭役。于是丁倒累户，户倒

---

① （清）傅德宜修：（乾隆）《高平县志》卷之四，乾隆三十九年刻本。见《中国地方志集成·山西府县志辑》第 36 册。

② "官道"指明清时期从太原南下河南的主要大道。见廖声丰、孟伟《明清以来山西村落的庙宇与商业发展——基于对高平市寺庄村现存庙宇碑刻的考察》，《中国社会经济史研究》2015 年第 2 期。

③ 同上引用文章的分析。

④ 同治《崇祀高禖碑文》，现存高平市永录乡许庄村东阁。

累甲，甲倒累里，而市井乃愈觉萧条矣。"① 笔者在许庄村调查的时候，也深有体会目前三村商业上的落后。

图2   许庄、马家庄、泉则头三村及主要庙宇示意图

目前三村现存的庙宇，许庄村有玄武阁、观音阁、三嵕庙、三义庙等四座庙宇。马家庄有玉皇庙，泉则头有观音堂，详见表1。

通过下表可以知道，目前笔者可以看到的碑共有21通，其中新中国成立之前的碑共有15通。本文即以这15通清代民国时期的碑文为基础史料。从这些庙的创修情况来看，许庄村的建庙要早于马家庄和泉则头，或与三村曾同属一社有关。

表1   三村现存庙宇一览

序号	庙宇名称	兴建时间	碑刻情况	修葺情况	备注
1	玄武阁	1712年	共8通，其中1949前5通	康熙创建，道光、光绪修缮	又俗称东阁

---

① （清）陈学富修、李廷一纂：(光绪)《续高平县志》卷二，清光绪六年刻本，见《中国地方志集成·山西府县志辑》第36册，第572页。

续表

序号	庙宇名称	兴建时间	碑刻情况	修葺情况	备注
2	观音阁	1765 年	共 5 通，其中 1949 年前 4 通	咸丰、同治、民国修缮	又俗称西阁
3	三峻庙	未知	2 通	不详	即大庙
4	三义庙	未知	无	不详	
5	玉皇庙	1839 年	5 通，其中 1949 年前 3 通	光绪	
6	观音堂	1821 年	1 通	咸丰	

说明：（1）本表依据实地考察编制；（2）其中三义庙目前仅存遗址和物件，以及庙宇中的部分碑刻等，整体建筑不存，依据碑刻以及老人所见，回忆描述；（3）所谓俗称是指"当地人"的习惯称谓。

表2　　　　　　　　　三村留存碑刻题记情况一览

序号	时间	公元纪年	碑记额题	碑所在
1	道光三年	1823	补修东阁碑记	许庄玄武阁
2	同治十一年	1861	崇祀高禖碑文	许庄玄武阁
3	同治十一年	1861	公议社碑记	许庄玄武阁
4	同治四年	1865	崇正社禁匪碑记	许庄玄武阁
5	宣统二年	1910	重修真武阁碑记	许庄玄武阁
6	康熙五十一年	1712	正殿脊枋题字	许庄玄武阁
7	咸丰二年	1852	创修西阁碑记	许庄观音阁
8	同治元年	1861	观音会碑记	许庄观音阁
9	民国十七年	1928	补修西阁兼诸庙布施碑记	许庄观音阁
10	民国十七年	1928	捐款碑	许庄观音阁
11	乾隆三十年	1765	正殿脊枋题字	许庄观音阁
12	道光二十二年	1842	许庄村地亩社规碑记	许庄三峻庙
13	道光十八年	1838	补修碑记	许庄三峻庙
14	道光二十六年	1846	创修玉皇庙碑记	马家庄玉皇庙
15	道光二十六年	1846	捐款碑	马家庄玉皇庙

序号	时间	公元纪年	碑记额题	碑所在
16	民国四年	1915	玉皇庙改修舞楼碑记	马家庄玉皇庙
17	民国二年	1913	戏台脊枋题字	马家庄玉皇庙
18	道光十九年	1839	正殿脊枋题字	马家庄玉皇庙
19	咸丰九年	1859	创建观音堂碑记	泉则头观音堂
20	道光三年	1823	正殿脊枋题字	泉则头观音堂

说明：（1）本表依据对许庄村、马家庄村、泉则头村的实际调查汇总，按照村庄顺序排列给出；（2）这些碑铭仅仅是有幸存留的一部分，绝对不是三村的历史全部；（3）该村尚有墓碑、墓志铭、实物刻记等碑铭，亦不包括在内。

表 2 给出了"三村"现存所有庙宇 1949 年以前的碑刻及题记信息，共 20 通，其中最早的是康熙五十一年（1712）的题记，最晚的是 1928 年的，时间间隔共 216 年。这些碑刻和题记断断续续告诉了我们关于这三个村庄二百余年的一些人和事。最重要、最表面的事情就是庙宇在不断地修建、修补和扩建。

三　庙宇修建和经费的来源

修建、修补和扩建庙宇的原因是多样的，如西阁的创建是因为风水的原因，"许庄村之东南与北，周围茂密，无或少亏，惟西独见其缺，缺者而可不思所以补之乎？乾隆岁次乙亥年间，传闻村中父老谋及此事，欲建一阁以补风气之不足"①。玉皇真武庙的创建则是因为敬奉玉皇，"村之有庙，所以为保障也；庙之有神，所以奉祭祀也，虽所祀之神不一。自大都以及小邑，莫不有庙，而祀事孔明焉。而玉皇上帝庙甚罕，岂非以天帝至尊，惟天子克祭之。下里编氓，安敢于上帝而祀之也哉。虽然，天者群物之祖，以下民而祭之则僭，以下民而敬之则当。吾乡马家庄人心诚笃奉上帝而敬之历有年矣"②。

① 同治《创修西阁碑记》，现存高平市永录乡许庄观音阁。
② 道光《创修玉皇庙碑记》，现存高平市永录乡马家庄玉皇庙。

其后的修补、重修或者扩建原因则大同小异，或没有经费管理，"惜其规模虽壮而财用无资，神前洒扫间其无人，庙内香烟无所自出，是亦缺陷之一端也"①。或年久失修，"无如代远年湮，而风雨漂摇，遂成圮宇頹垣矣"②。

根据各庙的历年碑刻整理出各庙创建、维修、维护的筹集经费、修建时间以及经费的来源信息。

表3　　　　　　　　　"三村"庙宇修建情况

序号	庙宇名	工程类型	经费筹措时间	庙宇修建时间	经费的来源类型
1	真武庙	创建		1712	
2	真武庙	修补	1823	1823	捐资，人力，募商
3	高禖祠	修缮	1865—1871	1871	起会
4	真武庙	重修扩建	1885—1892	1893—1895	起会，募商
5	西阁	创建	1755	1765	度地计工捐钱积谷
6	西阁	扩建		1800	不详
7	西阁	扩建		1843	外省募化数载
8	西阁	维护	1852—1862		起会
9	西阁	重修扩建		1923—1928	起会、募化、捐资
10	玉皇庙	创建		1839	募化
11	玉皇庙	扩建		1840—1841	募化 放贷
12	玉皇庙	改修	1895—1913	1913	起会 募化 拨社钱、卖房卖树、谷钱
13	观音堂	创建		1823	募化、捐资
14	观音堂	修补		咸丰年间	募化、捐资

资料来源：本表依据实地考察所获碑刻内容整理。

根据不完整的碑刻记载，梳理出14次创建、修补和扩建的纪录，经历近二百年的兴衰历程西阁和东阁都有多次的修补活动。同时我们也发现，庙宇的兴修从倡导募集经费到最后修建完工，少的一年，多的数十

① 同治《观音会碑记》，现存高平市永录乡许庄观音阁。
② 宣统《重修真武阁碑记》，现存高平市永录乡许庄村东阁。

年，如修缮真武庙内的高禖祠从 1865 年开始募集经费，到 1871 年才完工，历经 6 年；光绪年间真武庙的重新扩建从 1885 年开始筹集经费，到 1895 年才完工，中间有 10 年间隔；玉皇庙的修缮和改建工程从 1895 年开始倡导和筹集经费，直到 1913 年才完工，用时更长，达 18 年，经历了清清末民国两代。

此外，也可以看到庙宇创建和修缮的经费来源的多元化，主要是本村和周边村庄的村民集资和摊派、在外经商同乡的募化、地产人工的折合，以及"合会"等民间金融。多元化经费筹集方式在乡村公共事务运作中发挥了重要的作用，本文即以"合会"这一民间金融形式的经营为例，来探讨乡村公共事务的经费来源问题。

四　合会与庙宇的修建

（一）碑记中关于"会"的记载

从表三中，可以得知有五次庙宇的修建活动有合会的参与，其情况详列如下：

许庄西阁同治《崇祀高禖碑文》的碑文中这样记载①：

> 许庄古有高禖神祠，正月三元夜，香火极盛。虽妇人小子，莫不往焉。厥后村落萧疏，几难继矣。众善士敦请摇会一局，积余钱文，诸善家捐纳布施。

这则资料记载许庄为修缮高禖祠设立摇会一局，起摇会的原因主要是因为村落经济萧疏，神祠难以为继，通过摇会积攒一些经费。摇会从"同治肆年二月十五日成会肆拾贰分，至同治拾年底会满告竣"，共历时 6 年，通过这个会，也积攒了不少钱文。

许庄西阁同治《观音会碑记》②：

---

① 同治《崇祀高禖碑文》，现存高平市永录乡许庄村东阁。
② 同治《观音会碑记》，现存高平市永录乡许庄观音阁。

余于咸丰壬子岁馆于斯村，见善士诸公悯其空匮，恐白手之无济也。因立钱会一局，日积月累，竭厥多年，至同治壬戌冬，会事告竣，得钱四百余千。

这次会从咸丰壬子年（1852）到同治壬戌年（1862）完成，长达十一年，其原因也是维修经费无出，立钱会积累资金。通过 11 年积累，其利钱达到四百余千。

许庄东阁宣统《重修真武阁碑记》：

乃有众善士孟中伏等急公好义，久存修缮之心，常虑功大费繁，诚非易举，欲仰百堵皆兴之乐，非万善有同归之心不克臻此。于是敦请摇会两局，名曰同心会。于光绪乙酉起壬辰止，得利若干，与经商者募化缘薄钱文，尽归诸公。

这次所起的摇会时间更长，从光绪乙酉年（1885）到壬辰年（1892），长达 8 年，积累的资金达到近 400 吊。

许庄西阁民国《补修西阁兼诸庙布施碑记》①：

洎乎代远年湮，风雨剥蚀，能无倾圮之忧乎？村中诸公久有维新补修之意，无奈村微力弱，不能告厥成功，因公立同议会一局，时值米珠腾贵，各物价昂，斗米三千六七，觔麦四百有奇。迨会满时余钱寥寥，人于村中广为捐资，仍其资力不足。

说明这次起会没有解决补修庙宇的经费问题。

马家庄民国《玉皇庙改修舞楼碑记》②：

因前有摇会两局，积钱若干。欲于人而获利，渐渐甚多。……

---

① 民国《补修西阁兼诸庙布施碑记》，现存高平市永录乡许庄观音阁。
② 民国《玉皇庙改修舞楼碑记》，现存高平市永录乡马家庄玉皇庙。

若不经营，亦恐废弛，神前圣事未能成功。于光绪戊戌年，会首善士等触目惊心，屡究此钱，公议重立会，名关圣会一局。自此同心协力，黾勉从事，积至民国癸丑年孟春月，积钱三百余串文。

在修建玉皇庙之后，之后的修缮也曾经有过摇会两局，到了光绪年间为了改修舞楼，又重新起会，所以马家庄的玉皇庙有过两次起会。后一次会，从光绪戊戌年（1898）开始，到民国癸丑年（1913）结束，共历时19年。

通过上面的五则资料，我们至少可以看到有过六次起会，或叫摇会，或叫钱会。会的名称也不一样，有同心会、同议会、关圣会。

（二）各"会"会友信息的整理及分析

笔者所整理三村碑文中，共有四通碑文中明确记载会友成员的名单。如下所列：

1. 同治东阁《崇祀高禖碑文》①：

【永　禄】缑王伙　保善堂　三吉堂

【上　扶】二伙会　两义会

【东　庄】三伙会

【扶　市】三伙会　义和会

【刘家庄】存德堂　马万兴　二合会

【申家庄】申小碾

【泉则头】许马伙　四聚会　光伙会

【本　村】倪靳　四家公　金玉伙　承宗永　四合会　三聚伙　四合伙　慎行堂

敬兴号　马文焕　常许伙　积善堂　双伙会　王向春　顺德堂　三伙会

王福成　三伙会　洪泰德　三合伙　李扁则　高禖祠　真武阁　长春会

---

① 同治《崇祀高禖碑文》，现存高平市永录乡许庄村东阁。

　　会　首　会　中　会　末

2. 宣统《重修真武阁碑记》①：

北　局

积善堂　三夥会　高禖词　玄帝阁　蚕姑殿　德盛堂　寿宁堂　三徐堂　许　俊　三荣堂

和盛堂　四伙会　义气堂　三姓伙　玉盛会　忠德堂　两伙会　三义堂　双伙会　三义会

义盛会　兴隆会　宝盛德　四合伙　崔来孩　全盛堂　双聚会　五福堂　三义会　三伙会

双合堂　和顺堂　双合泰　二合会　崔振蛟　四伙会　李丙丁　两伙会　四聚伙　马怀成

两伙会　会　首　三义会　会　中　四聚会　会　末　志诚堂

南　局

同心会　两义会　许全江　三伙会　时懋堂　老君会　高禖祠　两伙会　发盛堂　两义会

精一堂　刘　平　三伙会　双盛会　三义会　李长发　四合会　张来喜　四胜会　王喜锁

贺　谦　四伙会　三伙会　两义会　金兴会　三义会　兴隆会　寿宁会　双盛会　双盛堂

双合会　双伙会　会　首　双王会　李　勋　三义会　会　中　三义会　许　兴　两义会

会　末

3. 西阁同治《观音会碑记》②：

慎行堂　铨松堂　祥瑞堂　仁义堂　双许伙　许王伙　许庚士　许九锡　许永恒　许馥祥

徐凤祥　马喜荣　马天荣　马九令　马福贵　王　祥　王　谨　张配　常　炘　义成伙

---

① 宣统《重修真武阁碑记》，现存高平市永录乡许庄村东阁。
② 同治《观音会碑记》，现存高平市永录乡许庄观音阁。

【西阳】郜王伙　尚马伙　双王伙

【永禄】郜王伙　三合伙　三义伙　三王伙　三和堂　华凤堂　四聚堂　三义通　三义同

西阁上　仁义会　三义会　两义会　观音会　佛堂会　堆金会　积聚会　吉喜会

积德会　三合会　三伙会　刘　印　刘美峰　王承善　王大庆　刘海庄　王嘉乐

贺全顺　王育隆　王和义　李攀松　三义公　公义社　郭遇年　李根长　王　洪

4. 民国补修西阁《捐款碑》①:

常顺兴　宋东成　李枝明　焦荣保　刘长宝　刘修业　邵长义　和盛堂　四盛会　王远路

义和堂　双合公　贺松茂　以兴堂　刘衣财　邵衣宝　张五则　三盛堂　承盛德　王秀玉

义盛堂　二伙会　马福英　靳三狗　德顺堂　两伙公　观音会　王许伙　许老胖　万泉永

许岐山　万玉堂　永衣会　王克明　敬德堂　王部春　马羊孩　鸿盛堂　两伙会　李发成

祥瑞堂　茂盛堂　王迷盛　贺五孩　三盛堂　云盛堂　宝善堂　义盛堂　永成堂　三盛堂

马梦德　郭绳武　寿元堂　慎行堂　继述堂　友德堂　发盛堂　志德堂　和顺堂　志永堂

富有堂　麒麟堂　四夥会　二合会　芦金山　永盛合　双伙会　宋雪来　万兴昌　三义堂

崔衣孩　邵长枝　牛福荣　王书萱　贺四则　两伙会　刘三顺　福业堂　德兴永　乐善堂

马老秃　双合公　双盛堂　李盛则　三盛堂　义德会　发盛堂　两议会　祖师会　双义会

---

① 民国补修西阁《捐款碑》，现存高平市永录乡许庄观音阁。

三义会　四义会　福盛堂　王海昌　继善堂　德盛堂　许新发　春庆会　马有福　张德昌

成和堂　致和堂

从上面名单中这些会友的身份上来说，有个人、有堂号、有会、有伙、有庙、有字号。从区域分布上说，以本村为主，周边村庄也有参与，没有在外经商的字号，这就说明合会就是以本地的会友为原则。

将各碑文中有会友成员的身份整理如下表：

表4　　　　　　　　　　会友身份情况一览

庙名	个人	堂号	伙	会	庙	字号	其他	总计
高禖祠	10	6	7	13	2	1	3	42
真武阁	13	18	3	42	4	2	6	88
西阁	26	7	10	11	1	2	2	59
西阁	42	38	1	16		2	3	102
总计	91	69	21	82	7	7	14	291
各身份所占比重	31.27%	23.71%	7.22%	28.18%	2.41%	2.41%	4.81%	100%

资料来源：据三村现存各碑中含有会的资料整理。

从这几通碑的情况来看，参与的会友数量不一，少则42个，多的达到102个。其中以个人、会、堂号的名义参加是最多的，分别占到31.27%、28.18%和23.71%，此外还有一些以伙的名义参会的。字号相对来说是少数的。

对于这些"某某会""某某伙"的理解，笔者的理解是：夥（伙）是一种非常初级的合伙，可以看作是最简单初级的合伙，大约多是从事一些简单的手工业、商业活动，多为两姓或者三姓伙，诸如"郜王伙"应该就是郜姓和王姓的个人或者家庭的合伙，其规模不会很大。

"会"是其他的"会"以会友的身份参与到新会中，有些会友身份的"会"又是在若干"伙"的基础上形成的。

"庙"则是以庙为主体参加合会，这在碑文中也有体现，真武阁中所立同治《公议社碑记》所记支项中有一项："代本庙摇会一分，支钱十四千文。"在同治《崇祀高禖碑文》一碑中参会的会友就有真武庙，即这一情形的印证。

字号参与到"会"中的情况不是很常见，出现这种现象可能有两种情况，一是本地商业不是很发达，字号不多。二是字号资金需求不是很强，不需要通过这种方式筹集资金。通过对三村所有碑刻的梳理，本地商业字号在庙宇修建过程中参与的数量并不多，所以第一种情况可能性更大。

（三）合会的收益

王宗培、杨西孟和熊远报等学者的相关研究中，合会的运作方式已经说得十分清楚，本文不作冗叙。在笔者所做的调查和碑文整理中，合会的运作方式在碑文中并没有说明，应与一般合会区别不大的，区别只是将合会所得收入的部分或者全部捐到庙宇的经费中。下文谨将有合会参与的经费筹集的入项的摘录如下：

同治《崇祀高禖碑文》碑阴记载：

> 自同治肆年二月十五日成会肆拾贰分，至同治拾年底会满告竣，所得各样利息一应花费开列于左：
> 共得馔、更名、茶水、纸笔、走会、彩会、罚头钱 贰百肆拾肆仟叁佰肆拾贰文
> 共得会友施灯油钱 肆拾壹仟文
> 共得粮食行息利钱 贰佰壹拾五千柒百九十二文
> 以上三宗通共得钱 伍百零壹千壹百叁拾肆文

宣统《重修真武阁碑记》碑阴记载：

> 共得会友施灯油钱八十八串文
> 共得募化缘布钱 二百四十六吊一百文
> 共得会馔、更名、茶水钱 二百八十四吊三百零一文

共得走会、罚头、纸笔钱　一百零二吊三百三十一文

以上四宗总共入钱　七百二十吊零七百三十二文

同治《观音会碑记》碑阴记载：

共得会中利钱　四百二十六千文

共得行息利钱　二百一十四千文

共得放谷利钱　一十六千文

民国补修西阁《捐款碑》碑阴记载：

入会友灯油钱　玖拾九千文

入老社屡年补助钱　壹仟壹百拾九千六百六十一文

入会友饭馔、杂项钱　陆百柒拾九千零二十文

入首中末得余利钱　四拾八千六百六十二文

入房地基钱　贰百贰拾七千文

入六年罚头钱　壹百贰拾八千七百七十文

入常仲升　常贵生　施木料　钱十八千文

入得余利钱　八拾九千五百二拾五文

入诸公缘布钱　捌百贰拾千零六百文

以上九宗共入钱　叁千二百三十千零一百七十六文

我们从碑文中可以看到，"积余钱文""所得各样利息""得利若干"等词，这说明合会的经营是得利的。既然以合会形式筹集经费，只是合会的会友将所获利息的全部或者至少一部分归入修庙的经费。此外，作为投入庙宇修建经费的合会收入，在经费筹集到庙宇修建的这段过程中，又可以作为资本投入其他行业中收取利息，是经费利润最大化。在上文记载入项"共得粮食行息利钱贰佰壹拾五千柒百九十二文"，"共得行息利钱二百一十四千文，共得放谷利钱一十六千文"等，即此情形。

值得注意的是会事收拨之后，原来的最初本金是不收回的，在这些

碑刻中记载入项里出现了"会友（施）灯油钱"这一项，其数额与会友分数是吻合的。这表明合会众会友出资的钱是不会收回去的，而是作为捐款计入经费中。同治《崇祀高禖碑文》记载各会友"以上各捐布施钱壹千文"，同治《观音会碑记》同样也记载各会友"各施灯油大钱一千文"，宣统《重修真武阁碑记》记载"共得会友施灯油钱八十八串文"。从这一点来看，这类修庙的合会和一般的合会是有一些区别的，它实际上就是捐款。从性质上来说，为庙宇修建筹集经费的合会是捐款和一般意义的合会的综合。

从各"会"最终的收益情况来看，基本上都是几百千钱（约几百两白银）的规模，"因立钱会一局，日积月累，竭厥多年，至同治壬戌冬，会事告竣，得钱四百余千"①。"公议重立会，名关圣会一局。自此同心协力，黾勉从事，积至民国癸丑年孟春月，积钱三百余串文。"② 经费入项除了各会友的"灯油钱"之外，还有"馈、更名、茶水、纸笔、走会、彩会、罚头钱"、"首中末得余利钱"、"得粮食行息利钱"、"行息利钱"等名目。现在已经不易理解这些名目其中的含义，但都应该是"会"在运行过程中所获得的收益。下表将有合会参与的修庙活动经费来源整理如下：

表5　　　　　　　合会在庙宇修建的中经费来源中比重

活动	合会收入	其他收入	总收入	合会收入比重
重修东阁	474 千 632 文	246 千 100 文	720 千 732 文	65.9%
补修西阁	826 千 682 文	2403 千 494 文	3230 千 176 文	25.6%

资料来源：宣统《重修真武阁碑记》和民国补修西阁《捐款碑》。

表5 的情况显示，通过合会筹集的经费比重不一，维修规模越大，合会所占的比重越小。也可以说，在中小规模的修建活动中，合会能起决定性作用。不过大规模的修建活动，就需要多种渠道来筹集经费了。

————————

①　同治《观音会碑记》，现存高平市永录乡许庄观音阁。
②　民国《玉皇庙改修舞楼碑记》，现存高平市永录乡马家庄玉皇庙。

结　　语

作为明清以来晋东南地区乡村的一项重要的公共事务——庙宇的修建和维护是村庄最为重视和重要的事情之一，从目前保存下来的如此数量之多的庙宇，就可一窥端倪。在没有官府财政经费的支持下，只能靠村庄自行解决，或村民捐款，或按土地摊牌，或由外出商人募化，这些都是解决以庙宇修建为代表的乡村公共事务等经费的重要来源。本文所探讨的合会，则是利用传统民间金融组织解决经费的一种办法，虽不能从根本上或者全部解决庙宇修建经费，但在中小规模的修建活动中，合会能起到决定性作用，甚至在一些庙宇修缮工程中，通过合会也可以直接筹措到全部的经费。高平市永录乡下辖的许庄等三村只是一个缩影，这种形式在晋东南地区曾广泛的存在。

清代泽潞地区手工业集镇发展的个案研究

张林峰

摘　要： 采煤、冶铁及各类铁货制造是晋东南地区最典型的行业之一。本区对于煤铁的开采利用有着悠久的历史。该地多山，且优良的地质构造造成了该地丰富的煤铁蕴藏。原料及原材料的充足为本地铁冶业的发展提供了保障。所造钢针、铁锅及钉子名扬海内外，并出现了一批经营铁冶的专业性集镇，本文选择其中一典型的镇进行分析。

关键词： 清代；泽潞；手工业；集镇

一　泽潞地区的煤铁生产

晋东南地区大致相当于以明代及清代泽潞二府为核心的地区。清代的泽潞地区属于晋东南地区的核心部分，被包括于晋东南范围之中。这一地区在明代大体上分属泽、潞二府及沁、辽二州，此外还有一军事性的潞州卫。泽州直隶州直属山西布政司，下辖高平、阳城、陵川、沁水四县。潞安府在洪武年间直属山西布政司，为潞州建制，后于嘉靖八年升潞州为潞安府，治长治县，下辖长治、长子、屯留、襄垣、潞城、壶关、平顺、黎城等八县。沁州下辖沁源、武乡二县，辽州下辖榆社、平顺二县。清朝继承明代的行政划分，行政设置及边界大体不变，仅仅个别府县的行政级别有所微调。顺治十六年，潞州卫被裁，并入长治县，此时的潞安府治所在长治，辖长子、屯留、襄垣、潞城、黎城、壶关、平顺等8县。在雍正六年将泽州直隶州升级为府，并设凤台县为附郭，作为泽州府治所在，辖凤台、高平、阳城、陵川及沁水5县，沁辽二州辖区继续沿袭明代。至此，晋东南诸府县的行政划分基本定型，一直延续到清末。

这一地区地理上属于我国第二阶梯，太行、太岳山环绕构成高原地形，通称"沁潞高原"。在群山中有几个较大的山间盆地，比较著名的有长治盆地、晋城盆地（泽州盆地），这种高原环境下的山地、丘陵及盆地构成本区主要的地形地貌。境内的耕地资源较少，历史上记载为："阳城，山县，僻处陬隅……地多高岩、深谷，少平畴沃野以资播艺。"高平县"邑中形胜，层山环抱，曲水萦流，砦堡皆险阻之区，高下悉耕凿之地，中原平坦乃建城邑"。其得名也是因为"四面皆山，中有平地，曰高平"。陵川"居太行之巅，齿烦产薄"，境内"山倍于地十九，地既硗确，民性椎鲁，又不善治生，鲜营运货财之利，岁稍歉即贫乏不能自存"。

而现代科学测量的数据显示，长治市境内山地总面积达7042平方千米，约占全市总面积的50.67%；丘陵地带总面积达4641平方千米，约占全市总面积的33.4%。盆地面积2213平方千米，约占全市总面积的15.93%。晋城境内平原面积约12.9%、丘陵面积约28.5%、山地面积约58.6%。

本地山地居多，蕴含的煤铁资源丰富，并且开发利用的历史悠久。煤炭是本区重要矿产之一，优质的煤炭出产在阳城、高平等地。阳城县煤炭出产量很大，而且品种多，质量好，明代煤矿的开采就有一定规模。在明成化《山西通志》中，记载山西的产煤区如下：石炭："平定、霍、吉、隰、浑源、辽、潞、泽诸州、阳曲、太原、清源、交城、文水、榆次、寿阳、盂、静乐、乐平、宁乡、临汾、翼城、浮山、岳阳、洪洞、赵城、汾西、灵石、乡宁、河津、大同、怀仁、孝义、介休、沁源、武乡、和顺、长子、壶关、襄垣、路城、高平、阳城诸县俱有窑"①。其中全省出煤炭的州县43处，泽潞诸府县就有3州、9县合计12处。

具体到各县而言，潞安府长治县荫城里及周边是产煤区，在明万历年间，境内已经是"民间一切司燎之政与燎火之需，咸不取足于薪樵，而于煤是赖"。民间以煤炭代替薪柴，官私所用"凡公庖所给，多非甸人积薪，特求煤以为熟食御寒之具，斯地势使然也"。这一时期，境内已经出现了一批专门以挖煤卖煤为生的窑户，他们"业煤，犹农业稼也"。"各乡之山俱有煤窑，虽有力者得而取之。"周边以此为业者"产煤不过数处，专其利者不过数十家，各里煤窑约计五十余座"②。清代潞安府出现专门的煤市，周边贩运的煤炭大约以潞安府为集散中心，所销售煤炭估计有相当一部分来自于荫城等地。

泽州陵川县境内的黄沙山："在陵川县西南十里，产煤炭"，金牛山"在邑西三十里礼仪镇……其山出铁矿、煤炭"③。

阳城县境内以石炭"代薪爨，价贱而用多"④。煤已经成为大众常见的燃料了，开采规模应该不小。高平县煤炭开采尤其发达，起码明末清初，本地煤炭已经扬名于外，顺治年间方志记载"邑原无奇货，独煤炭甲于天下"⑤。县东南十五里"第四都朱庄东里"的三个村庄："南朱庄、贺岗、上村，北朱庄出煤炭，甲于一邑。"⑥

除了煤，本区铁矿资源也相当丰富。明代省内铁冶生产已经相当旺盛，明初全国共设置有13个铁官，山西就占5个，而晋东南地区又包揽了其中两个，即是益国铁冶和润国铁冶。这种官方主导的生产模式弊端颇多，效率很低，不久政府被迫变更管理措施，废除铁官制度，转而以

---

①　（明）胡温纂：《山西通志》卷六《土产》，成化十一年刻本，第326页。

②　（清）吴九龄修，蔡履豫纂：《长治县志》卷二十三《艺文志》，乾隆二十八年刻本，第541—543页。

③　民国《陵川县志》卷一《疆域山川略》，民国二十二年铅印本，第26页。

④　同治《阳城县志》卷之五《赋役》，同治十三年刻本，第101页。

⑤　（清）范绳祖修，庞太朴纂：《高平县志》卷之一《舆地志·物产》，顺治十五年刻本，第59页。

⑥　（清）范绳祖修，庞太朴纂：《高平县志》卷之二《建置志·里甲》，顺治十五年刻本，第82页。

对民间让利更大的办法管理地方铁冶生产。具体办法是通过税收进行管理，对民间经营的铁冶业征收一定比例的税，收税为产品实物，比例为三十取二。明成化年间，境内的铁冶生产地合计有十九处，分别为"平定、吉、朔、潞、泽州、太原、交城、榆次、繁峙、五台、临汾、洪洞、乡宁、怀仁、孝义、平遥、壶关、高平、阳城俱有冶坑，唯阳城尤广"[①]。其中在晋东南的县份有五个，占比超过全省产铁县份的五分之一，其中走马岭"在高平县西北十里，出铁矿"[②]。史山"在阳城县东北三十里，产铁，其西五里有金裹谷堆，堆下亦有铁矿"[③]。能够被省志记载，生产规模是比较大的。

明代中后期，商人已经开始投资铁冶业，这些人或者直接从事开矿冶铁，或携技术经营他方，或者利用资本渗透入铁冶生产。泽州申匠村商人李朝相（嘉靖四十一年至万历十六年）仲兄"遂以铁冶游齐鲁诸地经营，所在有获"。泽州秋木洼村商人王秀宇（万历三十四年至康熙三十四年）对于冶矿有独特见解，"金之英惟铁，口口独口铁之始为矿石，采之（缺字）。其上赭者，下必矿。公液矿（缺字）而智过之，数以万（缺字）"。苗匠村商业大族的李明轩（万历二十八年至崇祯十五年），父亲隶属商籍，在运城经营盐业，"后移居于巴公镇中，兼开质库……各处开凿口矿，咸借公资以助之"。

铁冶的发展，使得泽潞等地成为政府用铁的重要来源地。这种提供给政府的铁，有所谓的"平铁""好铁"等名目。根据需要，地方政府每年还会以官价采办一定数额的铁，作物"贡铁"上交朝廷。官府核定一定的成本价，并补贴脚价。这项活动，一般由产铁的各县长官负责。乾隆年间，政策转变为征银，由冶铁的"炉户"负责，由铁行统一承办，据凤台县记载："山右好铁一项，部定每加价银四分五厘，脚银二厘五毫。昔年县主采买，民无累赔。"[④]

政策的调整，对铁冶生产起到了一定的促进作用，相当多地区的铁

① （明）胡温纂：《山西通志》卷六《土产》，成化十一年刻本，第326页。

② （明）胡温纂：《山西通志》卷二《形胜形势》，成化十一年刻本，第99页。

③ （明）胡温纂：《山西通志》卷二《形胜形势》，成化十一年刻本，第100页。

④ 乔志强：《山西制铁史》，山西人民出版社1978年版，第77页。

冶已经成规模，至少明末已经成为专营铁货的集镇，一批以铁冶为生的聚落出现。铁冶业最为发达的高平、凤台及阳城等地，甚至发展出连片的铁货生产区域。

如高平东北部的北诗镇、陈区镇及建宁镇，地处山区，多煤铁，境内村落多开窑筑炉，冶铁为生。这一地区有所谓的"铁条钉行"，嘉庆年间"炉户"曾因铁行转嫁炉税，在县衙请愿，参与者"不下数百余户，伏白公堂"。从事冶铁者起码数百家规模。与之毗邻的陵川县礼义镇有金牛山"在邑西三十里礼仪镇……其山出铁矿、煤炭"①。礼义镇大约也是附近的铁货加工及分销中心。

高平县西南部也是较重要的铁冶及铁器加工中心，据光绪《高平县志》记载，境内"（铁冶炉）凤台、阳城业此者多，近则高平亦较增矣，针之为物，缝纫必资，邑惟西南与凤台接壤处多业此者"②。这一带的马村镇下属的东周、大周等村是高平境内著名制针、贩针中心。

泽州凤台县西北一带是铁货加工重地。本区的大阳镇从明代就以钢针生产而知名，号称"针都"。犁川镇也是铁冶重地，最迟清初就有较发达的铁冶业，康熙五十年时，镇上已经是"烟火鳞次，生齿日繁，而且颇得陶冶之利"。凤台县的徐庄镇也是重要的铁冶重镇。"招商立市，约远近卖条者会峃一处，以便纳税……是商贾辐辏，客主口猜者，迄今百有余年。"③ 从嘉庆年间上溯百余年，大约相当于康熙中后期，可见，起码康熙时期，徐庄已经成为周边的铁货交易中心。

这些铁冶区的不同村落，有不同的分工，各有自己优势的产品。有从事铁矿炼铁的"铁炉"，还有进行半成品加工的"改条业""拔丝业"等，成品深加工有"制针""制钉"及"铸锅"等行业。这些不同环节也形成完善的生产链条。

---

① 民国《陵川县志》卷一《疆域山川略》，民国二十二年铅印本，第26页。
② （清）陈学富、庆钟修，李廷一纂：《续高平县志》卷三《物产》，光绪六年刻本，第58页。
③ 薛林平等著：《东沟古镇》，中国建筑工业出版社2010年版，第166页。

图 1　大周古村平面图

二　铁冶重地周纂镇的个案分析

　　高平县的周纂镇是晋东南地区的一个较重要的铁冶重镇，本文利用现存资料略作探讨。周纂，在县西南四十里，镇内设有堡砦，在清代隶属于第二十一都"东宅里"，管辖九个庄，分别是"东宅村、东周纂、大周纂、西掘山、东掘山"① 等，西南与凤台县相邻，"毗凤台太阳镇，为

---

　　① （清）龙汝霖纂：《高平县志》卷一《地理志》，同治六年刻本，第29页。

里四十五①。

周纂至少在明代就是县内重镇，据东周村仙师庙保存的明嘉靖四十四年（1565）《新建望仙桥记》记载："大周纂者，乃泫阳之巨镇也，里名因之，曰东宅东里。镇左分而言曰东周纂。"② 周纂镇分为两部分，分别隶属两个村：大周纂，即大周村，东周纂即东周村。

周纂镇内商业发展很早，在明代就有相当的规模。证据就是镇上的金龙大王庙。所谓"金龙四大王"，是明代皇封的黄河水神。山西泽潞商人外出贸易，多是越太行入河南境，或者入直隶，或者下山东，甚至远抵江淮，这就免不了渡过风波险恶的黄河。为祈求渡河平安，行商多要祭祀主管江河的神祇，方志中记载"金龙四大王庙……因邑人商贩于外，涉川利往，故立庙以祭之"③。久而久之，金龙大王庙就变成事实上行商的奉祀神祇。换言之，有金龙大王庙存在的地区，行商群体一定达到了比较可观的规模。

据保存康熙二十七年（1688）《周纂镇重修大王庙碑记》记载："世之托庇于河口，逍遥于舟中者，相传为金龙四大王之力……今周纂镇原有大王庙一区，为武氏先人创建□。周纂为泫邑之巨镇，武氏乃周纂□□□□间业儒，而□钟鼎者固多，服贾而迁有无者亦复不少。是以武氏先人讳培、讳悌、讳□者，创修于前，重神道也。"④ 武氏家族出身于书香世家，有部分族人读书仕进，也有部分族人从事商贾。这批人可能是镇上较早的从事长途贸易的商人，因此会牵头兴建商人的保护神——金龙大王的庙宇。

与商业发达伴随而来的是，本地集市也开始形成。最迟清初，镇内就形成集市，其集期，据方志记载，"米山、野川、周纂、下台则二、五、八日"⑤。是高平县境内开市密度最高的集。在图 1 中我们也可以看

① （清）龙汝霖纂：《高平县志》卷一《地理志》，同治六年刻本，第 23 页。
② 王树新：《高平金石志》，中华书局 2004 年版，第 579 页。
③ （清）范绳祖修，庞太朴纂：顺治《高平县志》卷二《建置志·祠祀》，顺治十五年刻本，第 69 页。
④ 刘泽民等主编：《三晋石刻大全·晋城市高平市卷下》，三晋出版社 2011 年版，第 277 页。
⑤ （清）龙汝霖纂：《高平县志》卷一《地理志》，同治六年刻本，第 44 页。

出来，大周村城堡内设置有专门的集场，大约就是当时留下来的遗迹。

与商业的崛起相伴的是，本地境内的铁冶业的发展。最迟清代，周纂已经成为高平县境内重要的铁冶重地，以出产钢针知名。据大周村保存的乾隆三十九年《重修仙师庙碑记》记载，村民因为庙宇破败，"募化银一百零五两，收社谷作钱四十五千五百三十九文"，本次工程"补修仙师大殿东殿，关帝西殿，三峻东西廊房，南修舞楼，加以插飞外院高襟殿、针翁殿、土地祠以及后厨房、马棚"①。所维修的殿宇中有针翁殿，祭祀制针业的行业神针翁，这是本村从事制针业的明证。

至清末，以大周村（周纂镇）为核心的高平县西南部已经成为重要的铁冶中心，据光绪《高平县志》记载，境内"铁冶炉……近则高平亦较增矣，针之为物，缝纫必资，邑惟西南与凤台接壤处多业此者"②。这一带已经成为高平境内著名冶铁、制针、贩针中心。

除了方志的记载，更直接的一个证据是，镇内留下了一批捐资字号。道光年间周纂镇附近的桥梁进行维修，在留下的《资圣寺道光捐资碑》碑阴记载了一批捐资字号，里面相当一部分是从事铁货的字号。

兹整理如下：

表1　　　　　　　　　道光年间周纂镇捐募姓氏

行当	字号	捐资额	占比
典当	体元典致中典	各捐钱12千文	4家合计捐资32,6千，占比56.3%
	理顺典	捐钱7.4千文	
	泰生当记	捐钱1.2千文	
铁货	永泰针店	捐钱3千文	5家合计捐资9千，占比15.5%
	永裕针店	捐钱2千文	
	三合货炉永复条店	各捐钱1.5千文	
	永义条店	捐钱1千文	
煤窑	复成窑	捐钱2.5千文	占比4.3%

---

① 刘泽民主编：《三晋石刻大全·晋城市高平市卷下》，三晋出版社2011年版，第270页。
② （清）陈学富、庆钟修，李廷一纂：《续高平县志》卷三《物产》，光绪六年刻本，第58页。

续表

行当	字号	捐资额	占比
盐店	荣顺盐店	捐钱 1 千文	占比 1.7%
行业不详	公益礼记华兴盛	各捐钱 3 千文	6 家合计捐资 13 千，占比 22.5%
	公义合永成公	各捐钱 1.5 千文	
	昌和堂	捐钱 1 千文	
	文兴仁	捐钱 3 千文	

就表中来看，本次参与捐资的字号合计 17 家，经营典当业的字号，共计四家，捐资占比超过一半，旺盛的典当业务，大约与本地手工业、商业的资金需求有关。其次是经营铁货者，字号有五家，分别涉及冶铁的"货炉"，初级原料加工的"条店"及成品批发销售的"针店"，覆盖了制针所有的环节。另外有煤窑一所，是为铁冶业提供燃料的所在。其余七家字号，除了一家盐店外，业务不详，大约是为镇民提供各种日杂所需。

就本次捐资来看，与铁冶直接相关的字号有 6 家，占全部字号的近 30%，捐资占总额 19.8%，接近二成。假如把为之服务的金融业也计算在内，则接近六成的字号都与手工业有关，捐资占比更是占到了近八成。

不过这次捐资，仅仅是部分商号参与，我们不知道镇上从事冶铁业、制针业及从事零售的居民占据多大比例，镇民的职业结构无从推算，因此镇上的冶铁业对于镇内经济结构的影响，无法得出一个直接的结果。另外，这次的捐资，给人感觉规模偏小，参与捐资的字号偏少，捐资额也偏低，一个如此重要的镇，仅仅不足二十家字号参与，这是非常令人意外的。与境内其他比较发达的镇内，动辄数十甚至上百家字号规模比较，明显低于其应有规模。或许是因为本次捐资仅仅是对镇外的公益捐资，而非本镇切身利益的公益建设，因此参与者偏少的缘故？姑且算一个猜测吧。

商业的发展及铁冶业的旺盛，使周纂成为高平重镇，居民云集，清代中期镇内可能就有千户左右的居民。据东周村现存乾隆三十九年《重修仙师庙碑记》记载："周纂东镇一地，居民有数百家焉。"① 大周村资圣寺内藏道光十六年（1836）《东周村新建望仙桥记》记载："如我大周纂，非泫西一乡镇乎，烟火数百家。"② 更确切的记载在东周村仙师庙存清咸丰九年（1859）《重修仙师庙碑记》："吾村蕞尔微区也，以成周五百家为党计之，未满其数"③，仅仅镇东一部就接近五百户人家，而作为集镇主体的大周村也拥有数百家，二者合计，镇上也要有千户左右。

清代嘉庆十二年的记载中，高平县合计居民 49190 户，同治初大约56180 户。就方志所记载"里甲"信息统计，清代高平县约大小村庄五百，合计每个村庄平均百户左右。而周纂镇一地就汇聚千户左右的军民，相当于十个村落的常住人口，也可以从侧面反映其经济的发达。

三　铁货销售区

铁货是泽潞地区外销的主要产品之一，顺治《潞安府志》记载"上党居万山之中，商贾罕至，且土瘠民贫，所产无几。其奔走什一者，独铁与绸耳"④。所产著名产品有铁锅、铁钉、钢针以及犁铧等铁货，除了部分供本地市场消费外，其他多行销华北诸省及西北，甚至远及江南。就有限的文献记载来看，其外销路线大致如下：

河南与山西隔太行而毗邻，自然是山西铁货的重要销售区。史书记载，煤炭、铁是晋东南输往河南的重要货物，"其输市中州者惟铁与煤，日不绝于途"⑤。进入河南的通道，最便捷的就是从晋城翻山而东南行，经过碗子城到达清化镇。清化是山西东南部与河南省交界的一个重要商镇，也是泽潞一带所产铁货向东运销的重镇。起码明代，这里就有泽潞

---

① 王树新：《高平金石志》，中华书局 2004 年版，第 270 页。
② 王树新：《高平金石志》，中华书局 2004 年版，第 302 页。
③ 王树新：《高平金石志》，中华书局 2004 年版，第 579 页。
④ （清）张淑渠、姚学瑛等修，姚学甲等纂：《潞安府志》卷八《物产志》，乾隆三十五年刻本，第 189 页。
⑤ （清）朱樟修，田嘉穀纂：《泽州府志》卷之十二《物产》，雍正十三年刻本，第120 页。

铁货商活动的足迹。有史料记载，明代的清化镇已经是"山西之冶器集焉"，自泽潞诸府的铁货翻越太行山，汇聚清化，并分销到河南其他府县。① 咸同年间，德国人李希霍芬说："成千上万的人和牲畜年复一年地把凤台这个重要煤铁产区的产品运往清化。"② 并由此转往各地。如许昌所售铁器"自河内清化镇来"。或由壶关一带越太行而进入豫北及直隶南部，如安阳"铁器自壶关县来"。

山东是泽潞铁货另外一个重要销售区。从泽州府等地运往清化的铁货，就近可以借助卫河水运，径直运往山东，并利用运河等转销各地，或转销至京津，或沿运河南下江淮，或在本省发售。运河沿线形成一批铁货分销中心，如在临清市面上有山西商人销售的"西路铁锅"，大约即出自泽潞一带；聊城"铁货自山西贩来"，在山东的山陕会馆中，有铁货行，所售铁锅等产品大概属于泽潞产品；潍县所售铁器，为"山西客商贩来，销售岁约五百金"；莱阳县"山西之铁锅，周村之铜货，博山、淄川之煤炭、瓷器于焉转输"③。

直隶地区的铁器，部分从清化分销，如南皮县，"山西之铁……产自泽潞者可运致于清化镇"④。运入直隶的铁货，也尽可能利用境内的水道转销，如汇集邯郸的"山西之铁货……均由滏河船运直抵天津"⑤，天津有一条铁货街，所出售铁货大概就由此而来。天津附近的沧州市场上，也有山西铁货，"铁器来自潞汾，农具为多"⑥。甚至接近东北的地区，也有泽潞铁货的影子，直隶乐亭"邑地近边关，经商者多出口贸易……列肆称贾，惟设质库，鬻铁器者，间有晋人"⑦。柏乡县"铁器购自山西"⑧

①　许檀、吴志远：《明清时期豫北的商业重镇清化——以碑刻资料为中心的考察》，《史学月刊》2014 年第 6 期。

②　彭泽益：《中国近代手工业史资料（第二卷）》，中华书局 1962 年版，第 142—143 页。

③　民国《莱阳县志》卷二之六《实业志·商业》，民国二十四年铅印本，第 327 页。

④　民国《南皮县志》卷十一《文献志五》，民国二十一年铅印本，第 682 页。

⑤　民国《邯郸县志》卷三《地理志》，民国二十八年刊本，第 101 页。

⑥　（清）徐时作修，胡淦等纂：《沧州志》卷之四《风俗》，乾隆八年刊本，第 142 页。

⑦　（清）游智开等修，史梦兰纂：《乐亭县志》卷二《地理志》，光绪三年刊本，第 53 页。

⑧　民国《柏乡县志》卷五《风俗·民生》，民国二十一年刻本，第 173 页。

"营是业者（铁器业）计四家，均系晋人，一切生熟铁器，自山西贩运"①。

西向的销售地主要是陕、甘一带，史载陕西省"铁来自晋、豫"②，其货运路线之一就是经过翼城转运至临汾、浮山等地，或南下进入渭河流域，或渡过黄河西入陕北一带。

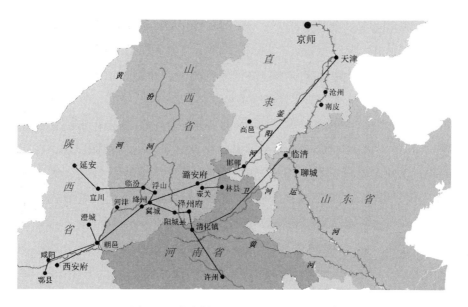

图2　晋东南铁货部分外销路线示意图③

结　　语

铁冶业是泽潞地区重要的手工业部门之一，在明、清长达数百年的时间内曾长期垄断华北一带的铁货市场。铁冶及相关手工业的发展，对本区经济产生了深远的影响。

首先是带动了本区地方经济的发展，相当一批村落靠采煤冶铁发展

①　民国《邯郸县志》卷十三《实业志·商业》，民国二十八年刻本，第447页。
②　民国《澄城县附志》卷之四《物产》，民国十五年铅印本，第156页。

起来，并成为境内经济支柱之一。在资料较为丰富的高平县，以冶铁采煤及其产品深加工为生的专业性的手工业村落，不完全统计约有近五十村落，已经占全县五百余村落的 10%。

其次在微观的表现，就是作为农村经济最基本的单元的村落，经济结构发生了变化。我们能够明显看出，在相当一批村落中，农业已经不再是主要的谋生手段，以手工业、商业为代表的非农业经济在整体经济结构中所占比重的大幅度上升。这一变化虽然在官方文献中较少记载，但确是历史事实。

最后一点，某些村落由于经济规模相当大，使得人口密集，在地区经济中的地位逐渐上升，逐渐演变成经济色彩浓厚的"镇"。"镇"，在晋东南的地方文献中的含义有二，其一："若里坊之宜分合，市镇之通商贾。"其二："县之村成市集而为镇者十有五。"其三："在城曰坊，在关曰厢，在乡之聚落曰村，附于村者曰庄。村之巨者，有商贾、集市曰镇。"可以看出，巨村且有商贾者为"镇"，由集市发展而来者为"镇"，这就是本地村落城镇化的最直观写照。

晋城地区——泽州县

明清时期南太行地区的金龙四大王

张　楠

摘　要：南太行地区现存供奉金龙四大王的大王庙多达 40 余处，相关碑刻近百通。最早的大王庙是创建于明隆庆时期的博爱大王庙，其余大王庙多始建于晚明万历时期，大王阁则多始建于清代前中期。早期大王庙的创建、修缮鲜有提到村社的参与，与村中其他社庙有所不同。自明至清，大王庙的功能逐步由保佑商人水运行旅平安演变为防备水患和祈雨等，成为一般性的龙王信仰，从而完成了本地化的过程。

关键词：南太行地区；金龙四大王；大王庙

顺治《高平县志》上记载："金龙四大王庙：在南关，因邑人商贩于水，涉川利往，故立庙以祭之。"① 地方志中虽然仅仅记载了高平南关的一处大王庙，但目前在南太行地区已经发现的大王庙遗址或遗存多达 40 余处。这些大王庙大多奉祀金龙四大王，这一神灵却非太行山地区本土信仰，而是盛行于明清时期运河和黄河沿线的重要信仰，保佑水运的平安。太行山地区海拔高，干旱缺水，不具备水运条件，尤其在本土信仰

---

① （清）范绳祖修，庞太朴纂：顺治《高平县志》，《清代孤本方志选》第一辑第九册，线装书局 2001 年版，第 138 页。

众多的南太行地区①出现主管水运平安的金龙四大王，无疑是值得注意的。

宋元之际，民间信仰观念发生转变，在神祇人身化和出身平民化的趋势下，一向以自然神面目出现的黄河河神，开始逐渐被称为"护国金龙"。明中叶前后，"金龙四大王"这一称呼出现，其人物原型被认为是谢绪，在明太祖吕梁洪之战出现了显灵助战的神迹。几乎与此同时，金龙四大王又被赋予了运河河神的身份。自此，金龙四大王信仰更加兴盛，受到官方的大力推崇。向福贞《济宁商帮与金龙四大王崇拜》②一文中，利用正史、笔记、方志及碑刻资料，认为金龙四大王信仰的兴起主要源自于政府的倡导。申浩的《近世金龙四大王考——官民互动中民间信仰现象》③考证了金龙四大王信仰的形成过程，认为受到了官民互动的极大影响，因契合国家正统理念被官方立庙致祀，官方性更被强化。王元林、褚福楼④对明清两代官方、民间对金龙四大王的崇祀进行了探讨，在国家层面上，金龙四大王被列入国家正祀，官方主持立庙，官员定期祭祀；在民间，金龙四大王作为航运保护神得到了商人、水手、船户、运丁等群体的崇祀，文人也对金龙四大王的事迹进行了记录和传扬。胡梦飞《明代漕运视野下的金龙四大王信仰》⑤一文认为，被视为忠义化身的金龙四大王是明清时期国家正祀河神，得到了官方大力推崇，官方色彩浓厚。漕粮运输和河漕治理的现实需要，使得河漕官员和漕军、运丁成为虔诚信徒。金龙四大王作为黄河神、运河神，得到了官方和民众的支持。

---

① 太行山分为三段，北段东北西南走向，中段南北走向，南段东北西南走向。本文中的南太行地区是指太行山南部东北西南走向一段的东西两麓，从行政区划角度来说，大致相当于今太行西麓的晋城市（高平、陵川、泽州、阳城和沁水）和东麓的新乡和焦作的西部山区（辉县、修武、博爱、沁阳）。

② 向福贞：《济宁商帮与金龙四大王崇拜》，《聊城大学学报》（社会科学版）2007年第2期。

③ 申浩：《近世金龙四大王考——官民互动中民间信仰现象》，《社会科学》2008年第4期。

④ 王元林、褚福楼：《国家祭祀视野下的金龙四大王信仰》，《暨南学报》（哲学社会科学版）2009年第2期。

⑤ 胡梦飞：《明代漕运视野下的金龙四大王信仰》，《聊城大学学报》（社会科学版）2018年第1期。

　　首先，由于黄河水患频发，漕运地位重要，国家对此的重视程度就体现在了对金龙四大王的崇祀上，希望借助神力护佑水运。金龙四大王信仰成为官方祀典，官员不断为其奏请封号并定期祭祀，促进了金龙四大王信仰的发展。其次，民间对这一信仰也相当推崇，黄运沿线的民众、河工、水手，涉川利往的商人，因其实际需求对金龙四大王倍加推崇。金龙四大王正是在官民互动中得以不断发展。

　　作为一个典型的区域性祠祀，民众抛弃了神祇只能在其本庙地界范围内显威灵的观点。金龙四大王信仰并不再局限于某一地区，开始向各地扩展，最终金龙四大王信仰几乎遍及全国。王云①考证了金龙四大王崇拜在山东运河区域的形成发展及扩散过程，认为外出的山东人把本地崇祀的金龙四大王信仰带到了所到之处。商人对信仰的传播亦起到了推动作用，客商把侨居地的信仰带回了家乡，但并未对此展开详论。向福贞②认为济宁商人的商业活动对金龙四大王在黄河上下、运河南北的传播起到了促进作用。褚福楼《明清时期金龙四大王信仰地理研究》③ 一文通过地方志分析了明清时期金龙四大王庙的分布情况，除了密集分布的大运河祭祀带、黄河沿线的河南地区外，在安徽、山西、陕西等省亦有分布，信仰的产生和发展始终伴随着不同地域、不同社会阶层、社会群体的信息传播与交流。张晓虹④在《明清时期黄河流域金龙四大王信仰的地域差异》中注意到了金龙四大王在不同区域发挥着不同的功效，在河南地区因黄河水患频发被视为黄河神，在山东地区因运河兴盛被视为运河神，在江苏北部黄运交界处人们认为金龙四大王可以佑护航运，而在陕西河北地区人们则向金龙四大王进行求雨。胡梦飞通过大量论文探讨了金龙四大王信仰在运河沿线地区的传播发展情况，对明清时期徐州、淮安、扬州、苏州、常州、镇江、聊城、宿迁、杭州等地的相关情况进行

---

　　①　王云：《明清时期山东运河区域的金龙四大王崇拜》，《民俗研究》2005 年第 2 期。

　　②　向福贞：《济宁商帮与金龙四大王崇拜》，《聊城大学学报》（社会科学版）2007 年第 2 期。

　　③　褚福楼：《明清时期金龙四大王信仰地理研究》，硕士学位论文，暨南大学，2010 年。

　　④　张晓虹、程佳伟：《明清时期黄河流域金龙四大王信仰的地域差异》，《历史地理》第二十五辑，2011 年。

了考察①。金龙四大王早在明正统年间已形成"大运河祭祀带"，作为黄河神亦向长期饱受水患威胁的黄河沿岸传播。

关于南太行地区的金龙四大王信仰，程峰的《博爱清化镇金龙四大王庙及其戏楼碑刻考述》②一文中讲到，博爱清化镇金龙四大王庙创建于明嘉靖辛酉年（1561），康熙七年（1668）创建了戏楼，并且不断进行重修，庙中留存的十余通碑刻不仅证明了金龙四大王信仰在清化镇商人中得到了崇祀，更能从碑刻所记载的修缮规模、捐资人、捐资数量等情况中，分析判断各时间段内清化镇的商业情况。同样，从金龙四大王信仰角度来研究河南清化镇商业的，还有程峰、任勤的《明清时期河南清化镇的商业——基于清化镇金龙四大王庙碑刻资料为中心的考述》③，文章利用文献记载和实地调查的清化镇金龙四大王庙碑刻资料，对明清时期清化镇的商业发展状况进行了考察，并尝试对其商业规模进行估算。许檀的《明代河南清化镇的商业规模——隆庆五年〈创建金龙大王神祠记〉及相关碑文研究》④亦是使用清化镇金龙四大王庙碑刻资料，考察明代河南清化镇的商业规模，同时证实清化镇地区的金龙四大王信仰在明中后期已经出现。而李德文⑤则是从文物保护的角度介绍了高平市良户村大王庙的状况。

---

　　① 胡梦飞：《明清时期苏北运河区域水神信仰初探——以淮安地区为例》，《九江学院学报》（社会科学版）2013 年第 1 期；《明清时期苏北运河区域的金龙四大王崇拜》，《江西教育学院学报》2013 年第 1 期；《明清时期聊城地区的金龙四大王信仰》，《山东青年政治学院学报》2015 年第 1 期；《明清时期宿迁地区的金龙四大王信仰》，《湖北职业技术学院学报》2015 年第 1 期；《明清时期杭州地区的金龙四大王信仰》，《淮阴师范学院学报》（哲学社会科学版）2016 年第 1 期；《明清时期开封地区的金龙四大王信仰》，《重庆第二师范学院学报》2016 年第 2 期；《明清时期山东地区的金龙四大王信仰》，《山东青年政治学院学报》2016 年第 3 期；《明清时期苏南运河区域的金龙四大王信仰》，《淮阴工学院学报》2017 年第 4 期；《明清时期山东运河区域民间信仰述论》，《淮阴师范学院学报》（哲学社会科学版）2018 年第 1 期；《明清时期江南运河区域水神信仰文化述略》，《浙江水利水电学院学报》2018 年第 3 期。
　　② 程峰、程谦：《博爱清化镇金龙四大王庙及其戏楼碑刻考述》，《焦作大学学报》2012 年第 3 期。
　　③ 程峰、任勤：《明清时期河南清化镇的商业——基于清化镇金龙四大王庙碑刻资料为中心的考察》，《焦作师范高等专科学校学报》2012 年第 4 期。
　　④ 许檀：《明代河南清化镇的商业规模——隆庆五年〈创建金龙大王神祠记〉及相关碑文研究》，《天津师范大学学报》（社会科学版）2014 年第 3 期。
　　⑤ 李德文：《高平良户大王庙建筑特点及院落布局》，《文物世界》2017 年第 5 期。

目前对于金龙四大王信仰的研究，多集中在黄河周边和运河沿线，金龙四大王在此发挥着黄河神、运河神的功效。亦有学者意识到了不同区域的信仰格局会有不同，但目前并未有学者对除黄运沿线以外其他地区的金龙四大王信仰做出明确的梳理。而关于南太行地区，对成汤信仰、二仙信仰、崔府君信仰、炎帝信仰等本土信仰的研究成果颇多，在本土信仰如此发达的环境下，并未有学者对金龙四大王这一外来信仰给予更多关注。

一　金龙四大王在南太行地区的分布情况

南太行地区大王庙众多，表 1 中整理了目前所知大王庙的大体情况。以庙宇形式存在的独立大王庙大部分均创修于万历时期，未见有更早的例子，清代以后的例子也很少。魏庄金龙宫提到："如斯土之庙貌，创自故明万历二十四年。"① 西大阳大王庙创立于万历时期："万历元年十月，内乡人王克己，同男永兴、姪永资，度地定基，命工斲材建立金龙四大王神祠三楹。"② 周村大王庙创建于万历年间："肇于万历甲寅秋七月，落成于明年冬十月。"③ 其他记录不再一一赘引。万历时期存在一个大王庙创修的高潮。

清中叶以后出现了不少大王阁，却很少见到创修独立的大王庙。这一类阁门上常常是大王与其他神灵合祀，朱家山关帝鲁班大王阁、上村南阁和水西文昌大王阁等均是这种情况。上村神阁重修描述其上神灵情况说："金龙大王位其南，文昌帝君□□。"④ 虽然碑文有残缺，但表述的意思很明确，大王和文昌合祀在阁上，分别朝向两个方向。

根据实地调查总体上来说，大王庙的保护情况都不好。大部分大王

---

① 《重修金龙宫序》，嘉庆二十五年，现存高平市陈区镇魏庄村，金龙宫。

② 《新建金龙四大王神祠记》，万历八年，现存泽州县大阳镇，吴神庙。

③ 万历四十七年《创建金龙四大王庙记》，碑刻调查未见。周村镇志编纂委员会编：《周村镇志 下》，三晋出版社 2015 年版，第 874 页。

④ 嘉庆二十三年《修南阁原委碑记》，樊秋宝主编：《泽州碑刻大全》（第一册），中华书局 2013 年版，第 62 页。

庙废弃坍塌，大王庙被认知程度也比较低，很多村民都没有听说过自己村中的大王庙。这和大王庙较早被废弃有关系，也和大王这一神灵在南太行地区不居于主要地位有关系。正是由于这种情况，下表中所整理的大王庙数量可能远低于实际存在的大王庙数量。

表1   南太行地区部分大王庙情况一览

序号	庙宇名称	行政归属	奉祀类型	建筑类型	备注
1	高平城大王庙	高平县城	主祀	庙院	不存
2	良户大王庙	高平市原村乡	主祀	庙院	保存完好
3	冯村大王阁	高平市原村乡	主祀	阁门	保存完好
4	章庄大王庙	高平市原村乡	主祀	庙院	调查未见
5	常庄大王庙	高平市原村乡	主祀	庙院	不存
6	石桥口大王阁	高平市米山镇	主祀	阁门	保存完好，又称西阁
7	张壁大王阁	高平市米山镇	主祀	阁门	保存完好
8	酒务三圣宫	高平市米山镇	配祀	庙院	保存完好，又称新庙底
9	魏庄金龙宫	高平市陈区镇	主祀	庙院	保存完好，又称大王庙
10	康营大王庙	高平市马村镇	主祀	庙院	不存
11	康营五龙宫	高平市马村镇	配祀	庙院	保存完好，又称东河庙
12	唐东龙王庙	高平市马村镇	配祀	庙院	保存完好，又称金龙宫
13	古寨大王阁	高平市马村镇	主祀	阁门	荒废
14	大周大王庙	高平市马村镇	主祀	庙院	保存完好
15	大周三皇宫	高平市马村镇	配祀	庙院	保存完好
16	西周汤帝庙	高平市马村镇	配祀	庙院	保存完好
17	朱家山大王阁	高平市三甲镇	合祀	阁门	保存完好，又称西阁
18	赵家山如来庵	高平市三甲镇	配祀	阁庙	保存完好
19	圪旦大王阁	高平市三甲镇	主祀	阁门	不存，又称北阁
20	小河西文昌阁	高平市神农镇	配祀	阁门	保存完好
21	永录大王庙	高平市永录乡	主祀	庙院	保存完好
22	侯庄大王庙	高平市石末镇	主祀	庙院	保存完好
23	寺庄会馆	高平市寺庄镇	配祀	庙院	仅存正殿

续表

序号	庙宇名称	行政归属	奉祀类型	建筑类型	备注
24	北苏庄大王阁	高平市河西镇	主祀	阁门	不存
25	建宁大王庙	高平市建宁乡	主祀	庙院	不存
26	郭庄大王庙	高平市建宁乡	主祀	庙院	不存
27	夏荷大王阁	沁水县郑村镇	主祀	阁门	保存完好
28	沟底大王庙	阳城县北留镇	主祀	庙院	保存完好
29	润城大王庙	阳城县润城镇	主祀	庙院	调查未见
30	王村大王阁	阳城县润城镇	主祀	阁门	保存完好
31	上伏大王庙	阳城县润城镇	主祀	庙院	保存完好
32	下伏大王阁	阳城县润城镇	主祀	阁门	保存完好
33	郭峪大王庙	阳城县郭峪镇	主祀	庙院	不存
34	东大阳大王庙	泽州县大阳镇	主祀	庙院	保存完好
35	西大阳大王庙	泽州县大阳镇	主祀	庙院	保存完好
36	高都大王庙	泽州县高都镇	主祀	庙院	荒废
37	西部大王阁	泽州县巴公镇	主祀	阁门	调查未见
38	周村大王庙	泽州县周村镇	主祀	庙院	荒废
39	附城会馆	陵川县附城镇	配祀	庙院	保存完好
40	博爱大王庙	博爱县城	主祀	庙院	仅存正殿
41	府城玉皇庙	泽州县金村镇	配祀	庙院	保存完好
42	水西文昌大王阁	泽州县金村镇	合祀	阁门	保存完好
43	上村文昌大王阁	泽州县下村镇	合祀	阁门	保存完好
44	新乡大王庙	新乡市区	主祀	庙院	保存基本完好

说明：（1）此表根据田野调查与碑刻搜集情况整理；（2）由于调查不完整，本表所整理仅为南太行地区部分大王庙；（3）由于配祀神灵通常不出现在碑刻中，表中配祀的大王庙数量远不能反映实际情况。

二　神灵形象的维持与发展

南太行地区的人民在认识金龙四大王时，对其人物原型谢绪的事迹也有探求：

金龙四大王，宋会稽处士也，姓谢氏，行四。初为诸生，隐钱塘之金龙山，愤宋祚移，阴畜义士欲图恢复，知势不可为，遂沉渊死，……明太祖与蛮子海牙战□吕梁，果见云中有天将挥戈驱河逆流，元兵大败。帝夜祷问其姓名，梦中遂详得之，且曰：上帝怜我忠……封为'金龙四大王'。"①

　　根据碑文的描述，谢绪为会稽人，家中行四，隐居于金龙山，南宋灭亡时沉渊而死，在吕梁洪之战时显圣助战，助明军得胜，被明太祖敕封为神。碑文中的描述与前述关于谢绪生平及显圣成神过程的主流认识是一致的，说法也极其相似，可能是直接转引某则史书上的记载。

　　康熙二十七年《周纂镇重修大王庙碑记》中也有如下记载：

　　　　闲尝读《禹贡》，知河之为害甚大，而其为利亦甚远也。然利之所在，害必随之，是以三代而后，沉马没璧祸及淇园，此《瓠子之歌》所由作也。藉非有神焉以司其事，何以有祷即应，而庆安澜者比比也。故世之托庇于河□、逍遥于舟中者，相传为金龙四大王之力。②

　　碑刻撰文者引经据典，强调金龙四大王在河海中的作用，在撰文者的认识中，金龙四大王的神职仍与江海密不可分，舟行江河得到了大王庇佑。

　　许多碑文中对金龙四大王的神职与身份都进行了说明，如"况金龙四大王职膺江河，威灵赫奕"③，直接言明金龙四大王是在江河上发挥作用的神灵。"故江河水神惟金龙四大王之祀最盛"④，在此说法中，金龙四大王信仰被认为在水神信仰中是最兴盛的。光绪二年《建修春秋阁碑记》中有"若夫庙宇妥神各有其位，如炎帝位南方，大王镇河务"⑤。认为大

---

① 《创修大王阁碑记》，道光十八年，现存高平市马村镇古寨村，大王阁。
② 《周纂镇重修大王庙碑记》，康熙二十七年，现存高平市马村镇大周村，资圣寺。
③ 《建金龙四大王行宫西行廊记》，万历四年，现存泽州县大阳镇，东大王庙。
④ 《创修大王阁碑记》，道光十八年，现存高平市马村镇古寨村，大王阁。
⑤ 《建修春秋阁碑记》，光绪二年，先存高平市原村乡常庄村，春秋阁。

王应在河边镇定安澜。

万历八年《新建金龙四大王神祠记》中提到了金龙四大王的配祀神灵的情况：

> 万历元年十月，内乡人王克己，同男永兴、姪永资，度地定基，命工斲材，建立金龙四大王神祠三楹，中绘神像，左右萧公、晏公，诸神彩色鲜明，俨然可畏。夫是神也，皆江河湖海至贵极尊之神也，每岁季秋，十有七日值神圣诞之期，特备牲楮，洁脩罇俎，处诚致祭，莫敢有怠。①

碑文提到，在金龙四大王神像旁边还有作为配祀的萧公、晏公塑像，并且认为他们皆为"江河湖海至贵极尊之神"。萧公、晏公被认为是"明清时期广泛盛行于内河各流域保障舟楫安全的水神信仰"②，最早是江西地区的地方水神，后来传播到了黄河和运河地区，也就成了黄运地区的水神了。作为主祀神的金龙四大王也被认为是水神，神职相似，且三位神灵都地位极高。以萧公、晏公配祀金龙四大王有悠久的历史，景泰六年（1455）敕建感应祠引文就有"其左祀护国金龙大王，及平浪侯晏公、英佑侯萧公"③。可见，早在明代，金龙四大王就与萧公、晏公一同得到奉祀。

综上，金龙四大王仍被认为是祀事兴盛的航运神，主要的神职是庇佑航行安全。随着金龙四大王信仰在南太行地区的不断传播，大王庙逐步融入当地村民的日常生活之中，成为村落众多神灵中的一员。民众对大王的认识有了转变，其神灵形象也相应地发生了变迁。

这种转变首先从庙宇名称可以看出来。专祀金龙四大王的庙宇一般被称为"大王庙"，但高平市陈区镇魏庄村供奉金龙四大王的庙宇却被称为"金龙宫"，在重修金龙宫时，碑文中有如下记载：

---

① 《新建金龙四大王神祠记》，万历八年，现存泽州县大阳镇，吴神庙。
② 郭学飞：《明清时期水神萧公信仰地域研究》，硕士学位论文，暨南大学，2013 年。
③ （明）谢肇淛：《北河纪》卷八《河灵纪》，景印文渊阁《四库全书》第 576 册，台湾商务印书馆 1986 年版，第 711 页。

闻之南北之界，天寔限之。其限之也云何？曰：缘有河在。夫河，北方流水之通称也。若沁若漳，若泫邑之丹。自晋而豫，皆河之显著者。至于豫近行山东，淇泉而西济，水如云限焉。其专指为何居，曰黄河。此非所谓源星宿而出昆仑，游山、陕而发中州者乎？出山后奔突迅激，鼓浪扬波，瀎瀎然莫□向迩，且也环绕如带，故曰限之。洵若此，而无神以主其中，则任其狂澜，而通商便民之谓何！然主之为谁？曰：勅封金龙四大王。嗟嗟！龙之为灵，昭昭也，兴云作雨，变化莫测，其有功德于民，曷克胜道！况河为四渎之一。渎，通也，驱天下之垢浊而入于海，矧兹黎庶有不曲，为佑之乎。因思夫不怒而威，神之迹也，不寒而栗，民之情也。故沐德者，竭诚建庙崇祀、尸祝有由来矣。……至所云土瘠民贫，□贸迁者众，往来行旅获庇者多，皆寔叙也。①

在此记载中，首先，撰文者认为，金龙四大王是黄河神主："洵若此，而无神以主其中，则任其狂澜，而通商便民之谓何！然主之为谁？曰：勅封金龙四大王。"这还基本符合金龙四大王的传统形象。其次，撰文者认为金龙四大王是龙神："龙之为灵，昭昭也，兴云作雨，变化莫测，其有功德于民，曷克胜道！"此篇碑文中完全没有提及原型谢绪，直接将金龙解释为龙神，实际上，谢绪隐居于钱塘金龙山，"金龙"二字应是来源于其隐居的山名，与龙神本来并没有关系。最后，对于金龙四大王的功能，首先便是"通商便民"，也就是保佑水路的畅通和安全，撰文者又巧妙用四渎的含义来说明金龙四大王保佑百姓的神威："渎，通也，驱天下之垢浊而入于海，矧兹黎庶有不曲，为佑之乎。"

魏庄金龙宫创修于万历年间，创修时并未记录庙宇名称，嘉庆重修时已经被称为"金龙宫"，1985年重修的脊枋题记上又写作"大王庙"。由此可知，此庙的名称应当一直存在"金龙宫"和"大王庙"两种不同的称谓，两种称谓并存。当然，民间传说自然有足够的方法来解释这种不同，谢绪可以是龙神化身为人，也可以是人死后成为龙神，这都并无

---

① 《重修金龙宫序》，嘉庆二十五年，现存高平市陈区镇魏庄村，金龙宫。

不可。名称代表了对于神灵形象的不同认识，谢绪与龙神这两种神灵形象反映了神灵的地方化。当山西商人将大王信仰带回山西本地之后，情况就发生了改变。太行山地区山高水急，不具备水运的条件，对于商人来说，金龙四大王可以保佑他们外出经商，但是对于大王庙所在的地方社会而言，却没有什么实际意义。太行山地区又恰好是一个缺水很严重的地区，各种龙神的崇拜非常发达，龙神的形象就更加容易被当地人所接受。

同样，在高平市马村镇康营村也有相似的情况。康营村有两处庙宇供奉金龙四大王，一为大王庙，主祀金龙四大王，现已不存；另一个为五龙宫，又称龙王庙，创修于光绪二十一年（1895），有创修碑留存，碑文称：

> 盖闻龙王之为神也，济六合以甘霖，功隆位育；普九州之玉液，德着乾坤。君村东河之中有一奇石，自古有年。求病即愈，求财即得。至光绪辛卯仲夏之月，旱既太甚。吾村群祷数处，未见有应。后诣奇石神前，以祷甘雨。祷之片时，但见天油然作云，沛然下雨。于是远方闻之，莫不洁整衣冠，同来奇石神前，以祈甘雨。三日未越，到处普降甘霖。由是各村各庄，矢顾许砖、瓦者甚多。吾村有忠厚老成者九人，意欲建修庙宇，无奈力不能胜。又复向四方君子捐纳，布施钱七十千文整。公同商议，择选河东坎位，建修五龙宫三楹，内塑龙王、大王、药王圣像三尊。①

碑文对龙王的降雨功能进行了描述，村东河的一"奇石"，原本就被村民们认为灵验于治病求财，光绪年间岁逢大旱，祝祷各处神灵不应，求奇石得雨，因此更得尊崇。村中立庙祭祀，本村大社、龙王社、周边村社及各处村民为主要的捐款对象。庙中供奉龙王、大王、药王，龙王以求雨、药王以除病，大王的功效在此并未被提及，在民众眼中大王似乎也与求雨、祛病消灾等功能有关。亦或许是因为本村曾有大王庙，虽

---

① 《创修龙王庙碑》，光绪二十一年，现存高平市马村镇康营村，五龙宫。

然时代久远村民已不知其功能，但仍在修缮庙宇时加以供奉。

　　距离康营村不远的唐东村龙王庙也存在类似情况，在东侧殿奉祀金龙四大王，但是也基本完全混同于一般性的龙王，不再有保佑行路安全的功能，也不再与谢绪有什么关系了。

三　大王庙兴修的组织方式

　　清代华北遍布大大小小的乡村庙宇，俗话说有"无庙不成村"。村中主庙通常不仅仅是村庄位置的中心、信仰的中心，更是村社处理日常村务的地方，是村庄管理中心、教化中心、信息发布中心、社会调解中心，如若修缮庙宇一般要对所需资金进行筹措，或在本村、周边村庄寻求布施，或将社产收入填入，或组织摇会运作多年。村社在明清时期的泽州地区发挥着重要作用，村中的许多事务如征收地亩钱、修庙、唱戏、庙会等都会由村社来主导，村民间的规约也是由村社来制定。而大王庙修庙的资金来源明显与村中其他社庙不同，早期大王庙的创建、修缮也鲜有提到村社参与。

　　以下就以大阳东西大王庙的兴修过程为例进行讨论。

　　大阳镇属晋城市泽州县，位于晋城市区西北方向20千米左右。大阳位于泽州、高平和沁水三县交界处，北与高平的周纂相望，西与沁水相接，南面是大南沟、小南沟等村。大阳镇地处晋城盆地的西北边缘丘陵地带，其所在地为一片天然的小盆地，四面环山，西面地势略高于东面。前后两条小河经过大阳镇南北，环绕着大阳镇，形成了"三山两河夹一镇"的地理格局。村落大体上呈东西向带状布局，历史上就存在东、西大阳两条东西向的街道。大阳镇是我国冶铁业的发源地之一，历史悠久，形成了独特的针翁信仰，明清时期成为全国制针业的中心，产品远销全国各地，商号众多，素有"九州针都"的美誉。

　　大阳镇的两个大王庙分属东大阳和西大阳，为了区分，可以分别称之为东大阳大王庙和西大阳大王庙。东大王庙位于前河河边和村落边缘处的东南角，西大王庙则位于北面后河的岸边，也在村落边缘处。值得一提的是，东西大阳现存的庙宇几乎都是成对出现的，两个大王庙并非完全分离，也并非完全同步。

　　大阳镇的两座大王庙均创建于万历初年，是太行西麓地区所见创建最早的大王庙，时间上接近于太行东麓的博爱大王庙。东大阳大王庙创建较早，根据万历四年（1576）的增修西廊碑可知，此大王庙应创修于万历元年（1573），万历四年（1576）新修了西行廊，道光十八年（1838）对正殿进行了补修，并修建了东西耳楼。西大王庙创建于万历八年（1580），创建时只有正殿，内有彩绘塑像，嘉庆七年（1802）时补修了前院后院，庙貌得以完整，嘉庆二十四年（1819）又进行了修缮。此后的重修情况就不见于记载了。

　　西大阳大王庙创修时主要依靠募化来完成修建，未见到有外省捐资。嘉庆重修时进行了外省募化，但仍然以本镇募化为主体。东大阳大王庙情况类似，万历与道光时期均是本镇募化为主体。"于是各出囊赀，复向两镇诸君之贸易于南者益为募化，由是得金八十余缗。"① 从这一记录来看，募化对象主要是大阳东西两镇在外经商的商人。

　　大阳镇东西两座大王庙均非村社组织修建的社庙，在其修建过程中，反复提到了"会友"，东大王庙创修西行廊时，李菁、郗希颜二人"久涉江河，屡蒙阴佑，故乐随社首并会人，亦累捐赀替翊厥事"②。创修者是和村社与某个会商量建庙的，此碑未题撰文人，实际撰文人应该就是碑文开头出现的社首。再结合后面"延会友，捐资帛，伐木石，督匠纠工，建西行廊三楹将为祀，事毕享神惠耳"③ 的描述来看，东大阳大王庙主要组织管理者应当是某个会，而并非村社，创修时出于礼貌和尊重才与社首商议。道光重修时，东大阳大王庙主要由商人自己完成，未见有社的参与。西大阳的情况也是类似的，万历创修时未见有任何组织存在，在嘉庆七年（1802）重修，专门记录了会友的捐资情况，但因碑刻残损，只能看出题名为"□王会捐赀妆修碑记"，据此猜测大阳专门负责大王庙各项事务的组织名为"大王会"。总之，大阳镇的大王庙主要是由大王会

---

① 《补修大王殿并东西两耳楼碑记》，道光十八年，现存泽州县大阳镇，东大王庙。
② 《建金龙四大王行宫西行廊记》，万历四年，现存泽州县大阳镇，东大王庙。
③ 《建金龙四大王行宫西行廊记》，万历四年，现存泽州县大阳镇，东大王庙。

来组织管理的，并不是社庙。

大王会是专门为了大王庙成立的组织，结合其他地区现存碑文，可以大致了解大王会的一些具体情况。

首先，通过大阳镇东西两座大王庙的情况可知，大王会的成员是自愿参加的，成员之间地位较为平等，"会中善士，公同商酌"①。参与者主要是商人，其中一些直接以商号名义入会。西大阳大王庙嘉庆年间两块重修碑中列出了所有会友的名字："会友姓氏列后：和昌典，□盛典，公兴店，协泰号，□公泰，郜允协，许昌美，张勋臣，申德显，李圣从，泰□□，牛帝裔，张东亮，霍存诚，袁万镒，毕聿修。"②"会友列后：监生秦应友，施黄布神幔五挂，丰裕典，任廷玉，张东亮，牛□裔，王嘉彦，都严舟，张玉柱，李同年，冯耀亭，监生申敏齐，监生段作孚，儒生金印川，共捐钱八千五百文。"③ 前一条记录会友共计 16 人，其中 6 个为商号，10 个为个人，商号全部排在前面。后一条记录中，会友共计 13 人，其中商号一个，其余均为个人，个人中 3 人是监生，当也为商人捐纳的功名，另有儒生 1 人。大王会的成员数量在十余人，成员身份当以商人为主体，但并不能排除有其他身份的人。

其次，大王会负责筹措用于修庙的资金。"吾乡大王殿旧无龛口，今维首之家经营蓄积，子母相权，得赀若干，金妆圣像，新作神龛，厥功告竣，立此片石，以纪岁月而垂后云。"④ 此处的"维首"是大王会的组织者和管理者，是修建庙宇的直接参与人。修庙通常工程颇大，费用不少，当筹措的资金不足以修建庙宇时，维首不断经营、累积多年，有时甚至需要通过几代人、几十年的积攒来积少成多，"是役也，滋独任之，后果即此运转十余载，共积金四百有奇，……遂鸠工庀材，卜吉重修"⑤。或出外进行募化，"俾村中之服贾于外者持疏募化，得金若干数"⑥。直到

---

① 《大王庙补修碑记》，民国十七年，现存高平市原村乡良户村，大王庙。

② 《□王会捐赀妆修碑记》，嘉庆七年，现存晋城市泽州县大阳镇，吴神庙。

③ 《无题名碑（捐款碑）》，嘉庆二十四年，现存晋城市泽州县大阳镇，吴神庙。

④ 《大王殿新作神龛金妆圣像碑记》，嘉庆十八年，现存高平市马村镇西周村，汤帝庙。

⑤ 《重修金龙宫序》，嘉庆二十五年，现存高平市陈区镇魏庄村，金龙宫。

⑥ 《创修大王阁碑记》，道光十八年，现存高平市马村镇古寨村，大王阁。

足够修庙所需花费。

再次，大王会负责了大王庙的日常事务。庙宇创建、修缮都是十分重要的事情，除此之外，日常的祭祀、庙宇的管理等事务也是需要处理的。大王庙在村庄中处于边缘地位，与社庙尤其是大庙地位不同，一般无关村民不会前去祭祀，故而会出现"适有国学生赵滋，于乾隆己酉季秋日，与会中众信善在庙致祝，觌倾圮之状，动补葺之思"①。大王会无疑是金龙四大王日常祭祀的主要负责人。其他的事务，如庙宇买卖田地作为庙产，或将修庙剩余资金继续放贷经营运作，都是与大王会密切相关、不可分离的。

"大王会"只是负责大王庙各种事务组织机构的统称，并不绝对，其他大王庙的负责机构可能叫别的名字，如马村镇古寨大王阁的碑文上，"欲于庙之东北建立高阁迎神而祀于其中，第阁之建也，工程颇大，为费不赀，非协力共济恐不足以竣其事。……各解己囊，聊请安澜会两局，得金若干数不足文"②。此处所记载的"安澜会"对修建大王阁的资金进行了筹措，与"大王会"的职能是一致的，"安澜"二字也符合商人们对金龙四大王的认知与期待。

总之，地处边缘的大王庙（阁）与村庄大部分村民关系淡薄，负责处理村中各项事务的机构村社也极少参与大王庙的事务。大王庙通常是由大王会等组织负责大小事务，其成员多为商人。

四　小结

明清时期金龙四大王作为黄河神、运河神传播极广，南太行地区金龙四大王的信仰传播最初无疑依赖于跨区域移动的特殊群体，对神灵的认识及诉求保持了原貌。但其一旦在某一地方存在，就会逐渐发生地方化。

晚明所创建的大王庙在一些方面，与南太行地区其他本土庙宇都存

① 《重修金龙宫序》，嘉庆二十五年，现存高平市陈区镇魏庄村，金龙宫。
② 《创修大王阁碑记》，道光十八年，现存高平市马村镇古寨村，大王阁。

在较大的不同之处。从庙宇位置上来看，大王庙或大王阁通常位于村外或者村落边缘的河边，与村中的庙宇保持一定距离。与村中社庙相比，地处边界的大王阁与村内的联系并不十分密切，甚至村民并不把大王庙看作是本村庙宇，其保佑水运的神灵功能也和南太行地区的自然地理条件不符合。兴修庙宇时多由以商人为主体的大王会来进行组织，负责兴修庙宇的资金筹措、日常祭祀、庙产管理等事务，村社较少参与。

入清之后，金龙四大王逐步地方化，神灵形象演化为龙神和防御水患神，大王神灵成为南太行地区本来就比较发达的龙神信仰体系的一部分。在建筑样式方面，大王庙多以村口阁门的形式存在，成为具有更多风水意义的建筑，少有新建专奉金龙四大王的独立庙宇。组织上，村社也参与到庙宇修建之中，将大王与其他本土神灵合祀，循例修缮。金龙四大王逐步融入南太行地区的神灵体系之中。

清代至民国时期泽州铁业研究

——以大阳镇为中心

黄振华

摘 要： 泽州是晋东南铁业生产的一个重要地区，在中国古代北方冶铁史上占有重要地位。大阳镇是泽州的制铁业中心之一，这里所产的钢针行销范围极广，有"九州针都"之誉。大阳镇坩埚炼铁技术、炒炉技术、条炉技术直接推动了大阳镇铁业的发展。到了清代在大阳镇出现专门冶炼的炉场。炉场的出现是大阳铁业规模化、专门化的重要标志。从炉场的资本组织形式、工人生产管理到生产的成本投入问题都体现出了一套成熟的、集约化的生产管理模式。虽然大阳铁业出现了专门生产机构，但是沿用的仍然是传统的生产技术。到了清代后期，西方铁制品大量的销售到中国，中国传统的冶铁业受到了极大的冲击，再加上种种不利的因素，泽州铁业没落了。冶铁业是大阳地区最为重要的行业，也对大阳地区的社会生活产生了重要的影响。通过对大阳地区铁业的研究，可以对明清以来泽州地区经济发展以及社会生活有新的认识，对了解泽潞商人、山西商人也将发挥一定的积极意义。

关键字： 明清时期；泽州；大阳；铁业

一　时代与区域背景

在中国的经济发展史中，明清时期是重要的发展时期。这一时期社会环境相对稳定，商业的发展无论从规模上还是从商人活动的范围上看都超越了前一个历史时期。全国范围内的商品经济的发展，为商人群体的兴起和商品区域间的交流提供了推动力。这些客观条件为明清时期山西商人、泽潞商人的兴起提供了良好的现实环境和市场环境。

（一）明清时期的泽潞商人

泽潞商人指的明清时期泽州府、潞州府一带的商人群体。这一地区的商人以经营盐铁、丝绸而著名，是山西商人的一个重要分支。明人沈思孝言道："平阳、泽、潞豪商大贾甲天下，非数十万不称富，其居室之法善也"①，可见泽潞商人之富。泽潞商人是一个相对独立的商人群体，外界称之为泽潞商帮，如在洛阳就存在独立的泽潞会馆。赵世瑜、杜正贞的《区域社会史视野下的明清泽潞商人》对明清时期泽潞商人及其商业活动及与地方社会之间的互动关系进行了探究，从新的社会史的视角去理解晋商研究。② 张正明、宋丽莉《浅谈明清潞商与区域环境的相互影响》以铁、丝绸为中心，论述了明清时期潞商的兴衰，探讨了区域地理环境因素对商人、商业的影响。③

泽潞商人的兴起和山西其他地区的商人有类似的地方，依靠独特的地理环境和政府对边境的粮食政策。这一地区居山西东南部，"东有太行，南有王屋"，黄土地貌，内多丘陵，干旱少雨，土壤贫瘠，不宜农业的发展。"上党居万山之中，商贾罕至，且土瘠民贫，所产无几"④；而"（泽）州介万山中，枉得泽名，田故无多，虽丰年，人日食不足，……贾人冶铸盐笑，曾不名尺寸田。"⑤ 山西在地理位置上靠近北部的辽东、宣府、延绥等军事重地，山西商人的崛起与明代实行的"开中法"有密切的关系。而泽潞地区的商人和明代的食盐贸易也割裂不开。清段如蕙

---

① （清）沈思孝：《晋录》，中华书局 1986 年版，第 3 页；《清高宗实录》卷一二五七。

② 赵世瑜、杜正贞：《区域社会史视野下的明清泽潞商人》，《史学月刊》2006 年第 9 期。

③ 宋丽莉、张正明：《浅谈明清潞商与区域环境的相互影响》，《山西大学学报》2008 年第 1 期。

④ （清）乾隆《潞安府志》卷八《物产》。

⑤ （明）李维桢：《大泌山房集》卷一五。

的《新修长芦盐法志》载："明初，分商之纲领者五：曰浙直之纲、曰宣大之纲、曰泽潞之纲、曰平阳之纲、曰蒲州之纲"①，由此可见泽潞地区盐业的重要性。

泽潞地区的手工业以丝绸、铁器为代表。泽潞地区的商人大多以丝绸、盐、铁器产品而致富。顺治《潞安府志》载："上党居万山之中，商贾罕至，且土瘠民贫，所产无几，其奔走什一者，独铁与绸耳。"② 此外，成化《山西通志》载："制造局，太原、平阳二府，泽、潞二州俱建，每岁织造绫绢。"③ 同书卷六《土产》："绫，太原、平阳二府，潞、泽俱出；帕，平阳、潞、泽俱出，高平米山尤佳；绸，潞、泽州俱出。"④ 顾炎武在《肇域志》中说："绫：太原、平阳、潞安三府，及汾泽二州俱出。绸：出潞安府，泽州间有之。帕：出平阳府，潞安府泽州俱有，惟蒲州府及高平县米山者尤佳。"⑤ 可见，明清时期，泽潞地区产丝地域之广。潞绸曾一度作为贡品供应朝廷。弘治《潞州志》载："国朝岁造生丝绫三十匹，生丝绢五十匹……弘治五年，造贡绸绫数目不变，然本州治丝赋折绢二十一匹，直解京库。"⑥ 万历《泽州志》载："额办岁造绫绢，本州并四县共办无闰黄丝五百斤、遇闰共加黄丝五百四十二斤。每年无闰该造绢一百匹，绫一百匹，遇闰加造绫八匹，绢九匹，俱各随年造解，并无增减。"⑦ 乾隆《高平县志》："高平例贡平铁纸绢，沿自前朝，固已数减价增，民情胥协至。皇绸一项，与长治分造。始自何时，未考其详。土贡不书，办织沿昔，而织户消亡，丝斛昂贵，虽非所产，未敢告劳，亦用载焉，附诸贡篚。"⑧ 此处所讲的"皇绸"就是潞绸。潞绸生产全盛的时候，"登机鸣杼者，奚啻数千家"⑨。所产丝绸，除了上缴贡赋外，还

① （清）段如蕙：《新修长芦盐法志》卷二《沿革》。
② （清）《潞安府志》卷八《物产》。
③ （明）李侃修、胡谧：《山西通志》卷四，民国二十二年景钞明成化十一年刻本。
④ （明）李侃修、胡谧：《山西通志》卷四，民国二十二年景钞明成化十一年刻本。
⑤ （明）顾炎武：《肇域志》，上海古籍出版社2004年版，第889页。
⑥ （明）马暾：《潞州志》，中华书局1995年版，第11页。
⑦ （明）傅淑训：《泽州志》卷七，万历刻本。
⑧ （清）傅德宜编：《高平县志》卷九，乾隆三十九年刻本
⑨ （清）张淑渠、姚学甲：《潞安府志》卷八，清乾隆三十五年刻本。

输往外地。在河南洛阳泽潞会馆的乾隆二十四年《建修关帝庙潞泽众商布施碑记》和乾隆三十二年《山西泽潞众商布施关帝庙香火地亩碑记》①两通碑文中就出现了绸布商人捐款的碑记。

泽潞地区铁矿资源丰富，在境内各处均有铁矿资源的分布。唐甄《潜书》载："潞之西山中，有苗化者富于铁冶，业之数世矣，多致四方之贾，椎凿，鼓泻、但挽，所借而食者常百余人。"② 据《阳城县志》载："县地皆山，自前世已有矿穴，采铅铁，故旧制岁贡铅铁有常数。至石灰户代薪爨价贱，而用多为利博矣。"③ 由此也可看出，泽潞地区产铁之悠久。元代，武宗至大元年（1308）政府设立了八处铁冶，其中益国冶就在泽州。明代全国十三处冶铁所，泽潞地区有两处。《续通典》卷一四载：明太祖洪武六年（1373）全国设立了十三个铁冶所，山西设有两个，吉州（今乡宁、右县）两个，名富阳、丰国，太原一个名大通，泽（晋城）一个名益国，潞（今潞安）一个名润国。④《续文献通考》载：明洪武六年置铁冶一十三所。山西平阳（富阳、丰国）（今临汾县治）二所，太原（大通）（今阳曲县治），潞州（润国）今长治县治，泽州（益国）（今晋城县治）各一所。⑤ 洪武、永乐年间，益国铁冶产铁50万斤左右。

泽潞地区生产的铁制产品种类很多，主要有铁锅、针、笼、圈、构、熬、壶、刀剪、门上附件、铁钉、犁镜、铁桦、锯条、镰刀、锄刀、钉耙等。泽潞地区铁业贸易兴盛，直到清末还有一定的规模。正是在本地优势产业的促进下，至少从明代开始，就有泽潞商人经营铁货的记载，铁货贸易是泽潞地区商人获利最多的行业之一。清代，泽潞商人依然活跃在北方地区。河南洛阳泽潞会馆乾隆二十四年《建修关帝庙潞泽众商布施碑记》载："李玉盛捐银壹佰陆拾柒两柒钱，宋大顺捐银玖拾柒两壹

---

① 许檀：《清代河南、山东等省商人会馆碑刻资料选辑》，天津古籍出版社2013年版，第54—57页。

② （清）唐甄：《潜书》下篇《富民》，四川人民出版社1984年版，第310页。

③ （清）《阳城县志》卷四《物产》，乾隆二十年刻本。

④ （清）嵇璜：《续通典》卷一五《食货》，文渊阁四库全书本。

⑤ （清）嵇璜：《续文献通考》卷二三《征榷考》，文渊阁四库全书本。

钱，李兴盛捐银捌拾壹两肆钱，宋统盛捐银贰拾玖两陆钱，郭美和捐银贰拾贰两柒钱。"① 从碑文上看，此次铁货商人的捐款额度很大。在乾隆三十二年《山西泽潞众商布施关帝庙香火地亩碑记》② 中依然可以看到上述商人捐款的记载。以此可以看出，铁货贸易的兴盛。泽潞商人是山西商人的一部分，有晋商的共性，但也有其自身的特性。泽潞商人是在全国商品经济的发展的大背景下，依自身所处的地理位置、依国家的政策而兴起的。再加上泽潞地区煤铁资源丰富，为发展冶铸业提供了先决条件。使得这一地区成为明清时期北方铁业生产的一个中心。

（二）大阳镇地理及历史沿革

大阳镇是山西省泽州县辖镇，位于县境西北部，山西省的东南部，距市区 22 千米，为上党地区的古镇之一。镇区东西长约 5 千米，南北约 3 千米，总面积约 15.6 千米，人口约 2.8 万人，③ 温带大陆性气候。

大阳镇四面环山，所居是一个山间盆地，从外形上看状似灵龟。在镇的西北部是吾神山（武神山、五神山、梧山），为泽州、高平、沁水三地的交界之地。吾神山是大阳镇的祖山，山岭巍峨，为大阳之天然屏障。《凤台县志》云："境内山分三支，中一支自吾山，东西南三分，盘结于太行。"④《阳阿志》载："泽（古泽州）发脉于吾山。吾山崔巍于郡之西北，香山承其脉为麓，屏藩阳阿。"⑤ 吾神山和香山一起构成了大阳西北部的一道天然的屏障。香山也称香炉山，位于大阳镇的西北部，吾神山的南侧。《凤台县志》载："吾山下稍低曰香炉山。"⑥ "吾山之麓为香炉

---

① 许檀：《清代河南、山东等省商人会馆碑刻资料选辑》，天津古籍出版社 2013 年版，第 56 页。

② 许檀：《清代河南、山东等省商人会馆碑刻资料选辑》，天津古籍出版社 2013 年版，第 58 页。

③ 根据 2000 年第五次人口普查数据得知。

④ （清）林荔修、姚学甲：《凤台县志》卷二，清乾隆四十九年刻本。

⑤ 《阳阿志》，转引自王怀中、王枢《阳阿奏奇舞——古镇大阳史话》，山东画报出版社 2015 年版，第 6 页。

⑥ （清）林荔修、姚学甲：《凤台县志》卷二，清乾隆四十九年刻本。

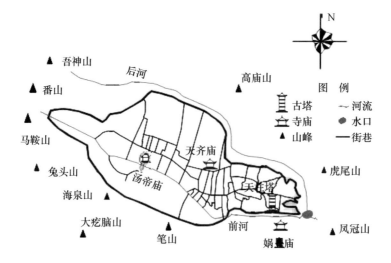

图1　大阳镇整体风貌示意图

注：图片来源：西安外国语大学旅游研究与规划中心《山西省泽州县大阳镇文物与古建筑保护规划（2006—2020年)》，2007年。

山，香炉山者，大阳发脉之源也。"[①] 香山是大阳镇的主山、座山。南北两侧有高庙山、海泉山、大疙瘩山、笔山等环卫回护，东面为虎尾山、凤冠山。在大阳镇内有两条河流流过，分别是前河、后河。前河亦称塔河，因天柱塔[②]而得名。前河是大阳镇的重要的水源，前河发源于香炉山流经大阳镇，在东神坡于后河汇合，注入丹河。

大阳，古称"阳阿"，历史悠久，据当地人讲，其历史可以追述的西周时期。在大阳镇曾存在过甫太尉庙、仲山井，在东针翁庙的匾额上写着"业齐仲山"四个字，这些古迹和传说都昭示着这一地区有着悠久的历史。大阳的历史可以分为两个阶段，即阳阿时期和大阳时期。

大阳历史上行政更迭频繁，"秦皇置县，汉主封侯，魏晋设郡"。清康熙《泽州府志》载："秦置高都县，属上党郡，秦置六县分属三郡，濩

① 《禁行炉碑文》，碑存大阳镇汤帝庙，清道光五年立。
② 天柱塔位于东大阳南侧天柱院内，院为两进院落，现已拆除，只有高大的塔依然矗立。塔始建于明万历五年（1577），历二十六个年头，于万历三十年（1603）竣工完成。天柱塔为密檐式砖塔，共九层，通告36米，平面呈正八边形。

泽、端氏，属河东郡，泫氏、高都、阳阿属上党郡，沁水属河内郡。"① 西汉时期在高都县设立了阳阿侯国，阳阿属阳阿侯国管辖。"汉高帝七年封卞䜣为侯国，建兴郡治阳阿县。"② 阳阿侯国在征和三年（前90）被废除。至于阳阿县。"后汉地理志司隶河东郡，有濩泽侯国端氏，并州上党郡有泫氏、高都、阳阿侯国。"③ 这里提到的阳阿是一个县。《水经注》有："沁水南经阳阿县故城西，魏土地记曰：建兴郡治阳阿县。郡西四十里有沁水南流。沁水又南与濩泽水合，水出濩泽城……泽水又得阳泉口，水出鹿台山。山上有水，渊而不流，其水东经阳陵城南。即阳阿县之故城也。"④ 此处大致给出了阳阿县和阳阿侯国的地理方位。东汉时，"世祖中兴，惟官多役烦，乃命并合省郡国十，县邑道侯国四百余所"⑤。阳阿县被撤销了，而阳阿侯国被划入上党郡管辖。清雍正《凤台县志》记载，魏文帝黄初元年（220），重新设立阳阿侯国。魏正始八年（247）阳阿复为县。西燕慕容永在位时置建兴郡，复置阳阿县，领濩泽、泫氏、高都、阳阿、端氏等县。北魏孝文帝永安二年（529）罢建兴，改建州，州治高都，领高都、长平、安平、泰宁四郡。高都郡领高都、阳阿二县。北齐天保七年（556），并省州县，废阳阿。阳阿始以"阳阿故县"为村名，属高都县领辖。在大阳镇现存北齐河清二年（563）《石法华像记》碑文载："大齐河清二年岁次癸未五月甲午朔十五日戊寅，阳阿故县村合邑长幼等敬造石法华像一躯。宝像华丽，借此功福，上为皇帝斋僧，七世父母，因缘眷属，遍地四生，成登正果。"⑥ 由碑文的记载可知，此时这里已不是阳阿县，阳阿此时为"阳阿故县村"，属高都县管辖。

"阳阿"何时改为"大阳"，确切的年份无从考证。据传，隋朝建国后，隋文帝对全国的地名进行过一次整改，凡不吉利或者有些犯讳的进行了更改。王怀忠《阳阿奏奇舞》中讲："'阳阿'的'阳'与隋文

---

① （清）朱樟修、田嘉谷：《泽州府志》卷五二，雍正十三年刻本。
② （清）朱樟修、田嘉谷：《泽州府志》卷一三，雍正十三年刻本。
③ （清）朱樟修、田嘉谷：《泽州府志》卷五二，雍正十三年刻本。
④ （东魏）郦道元：《水经注》，中华书局2007年版，第228页。
⑤ （南朝宋）范晔：《后汉书》，中华书局1973年版，第3533页。
⑥ 《石法华像记》，大齐河清二年立，碑存大阳镇二分街南河庵。

帝杨坚的杨同音，而'阳阿'的'阿'有'曲隈阿从'、'曲隅阿附''不正'之意。这个不雅试听且对'杨'大不吉利的地名，非改不可，于是改'阳阿'为'大阳'。① 镇内现存碑记中，年代最早的相关记载见于大阳汤帝庙宋宣和元年（1119）《重修汤王殿宇记》中："大阳成汤殿宇自乾德五年，我祖刘公之所建，已寥寥数酉载，风雨浸坏，神罔攸宁。"② 可见，自宋代起便以大阳为其名了，并且以后各代一直延续了下来。明清时期这里是全国的制针业中心，有"九州针都"之称。

大阳是泽州铁业的中心地之一，历史悠久，很早就出现在史籍之中。明清时期，这里冶铁业繁荣昌盛，是泽州地区有名的以冶铁业为支柱而发展起来的城镇。

二　大阳镇冶铸业及其生产

泽潞地区冶炼业发达，大阳镇的冶炼业很早就出现在史籍记载上。据传，阳阿剑就出在此地。"阳阿之剑又曰阳纡之剑，今其地工锻炼名大阳，由来远矣。"③ 由于当地铁矿资源丰富，泽州境内的煤炭产业兴旺，冶铁业兴盛。《中国铁矿志》载："泽州盆地及东河两岸含矿层分布殊广，货显露地表，或埋伏于煤系之下。"④ 而"大阳附近之宋家村及四十亩沟且有达数公尺者"⑤。除了铁矿丰富之外，这里煤炭资源也很丰富。山西"铁矿之上常有煤层极厚，分布亦广……尤以东南部为最多，勘采之层最厚"⑥。这里所产的煤炭质量很高，《中国铁矿志》中对泽州及大阳附近煤炭质地进行了分析，整理如下：

表1　　　　　　　　　　　泽州地区煤炭质地分析

---

① 王怀中、王枢：《阳阿奏奇舞》，山东画报出版社2015年版，第13页。
② 《重修汤王殿宇记》，北宋宣和元年立，碑村大阳镇三分街，原先在西大阳汤帝庙。
③ （清）朱樟修、田嘉谷：《泽州府志》卷五一。雍正十三年刻本。
④ 丁格兰著，谢家荣译：《中国铁矿志》，实业总署重印，民国二十九年，第107页。
⑤ 丁格兰著，谢家荣译：《中国铁矿志》，实业总署重印，民国二十九年，第107页。
⑥ 丁格兰著，谢家荣译：《中国铁矿志》，实业总署重印，民国二十九年，第107页。

序号	地点	固定炭（%）	炭氢化物之挥发分（%）	硫磺（%）	灰分（%）	水气（%）	发热量
一	泽州	80.03	4.54	0.37	12.70	2.24	—
二	泽州	80.30	4.45	0.35	12.04	2.86	5825
三	大阳	85.74	3.46	0.30	7.10	3.40	—
四	大阳	89.24	—	0.31	6.91	3.54	7166
五	大阳	89.35	4.93	0.37	4.74	0.61	7885

以上（一）至（四）为宿克莱氏所采，（五）为鲍氏（G. Baur）所采。

注1：丁格兰著，谢家荣译：《中国铁矿志》，实业总署重印，民国二十九年，107页。

注2：固定碳、挥发分、水分、灰分、发热量是煤的工业分析计算的内容。水分指的是单位重量的煤中水的含量。灰分指的是煤在规定条件下完全燃烧后剩下的固定残渣。挥发分指的是煤中有机物质受热分解产生的可燃气体。固定碳测定煤的挥发分时，剩下的不挥发物称为焦渣，焦渣减去灰分就是固定碳。煤的发热量是单位质量的煤完全燃烧所发出的热量。

李希霍芬的《旅华日记》中，对大阳镇的煤炭也有所述及，并对泽州大阳及其周围的铁冶情况给出了大致的描述。现摘引如下：

表2　　　　　　　　　　　大阳煤炭及周围铁冶情况

所在地	产销情况	矿工情况	附注
山西泽州 1. 大阳镇 2. Tai-tie（城南） 3. 南沟（城南10里） 4. 西南山中	煤块每担10—50文，碎煤每担10文。煤块运到清化镇，每担售价400文。开采者三个坑，每个坑每天出煤320筐（每筐200斤）合39吨。 有80辆牛车向外运煤，每车载2筐，全部供应当地。每担售价30文。	矿工100名，不管伙食每天100文	当地铁冶极为发达。当地铁冶极为发达。

资料来源：［德］李希霍芬（F. von Richthofen）：《旅华日记》（Tagebücher aus China）。转引彭泽益《中国近代手工业史资料》，生活·读书·新知三联书店1957年版，第163页。

大阳地区煤铁资源丰富，成本低廉，为大阳的冶炼业提供了前提条件。大阳铁业就这在充足的自然禀赋之下发展起来。

(一) 大阳镇冶铁业的情况

明清时期是大阳最为繁盛的时期，方志上讲"户分五里，人聚万家"。明朝洪武年间（1368—1398），大阳铁业发展迅速，很快成为这一地区的支柱产业。清代，依托本地发达的冶炼业，大阳手工制针业得到发展，是全国的著名制针中心。经济的繁盛和冶炼业的发展有密切的联系，冶炼技术的发展、完善为铁冶行业的繁盛提供了支撑。

1. 坩埚炼铁

坩埚炉又称元炉、棒槌炉，是中国北方传统的冶铁的方法。此法操作简单，成本低廉，为民间冶铁的主要方式。杨宽在《中国古代冶铁技术发展史》中讲到，坩埚冶铁"以山西省的太行山地区最为流行，在近代全国土铁的总产量中，有40%以上是山西省太行山地区运用这种炼铁法生产出来的"[1]。"山西铁矿在清季成为中国最大铁业者，在古时则尚无闻。推原其故，殆以山西铁矿在古时虽有采者，其量不多。迨稍迟发明以粘土作坩埚，及利用无烟煤为燃料之后，山西铁业始臻发达，此则技术进步之关系也。"[2]

坩埚是冶炼生铁的第一步，"冶炼之前，须先制坩埚，该坩埚用粘土制成，长圆形，长约二尺，经约六时，制成后用火烤干，才可备用，锅既制成"[3]。就坩埚的炼铁流程，德国学者李希霍芬在考察泽州大阳时对坩埚的炼铁过程给出了详细的介绍，现转引如下："熔炼是在为数极少的小工厂内进行。一片铲平了的、略有坡度的广场，八英尺长，五英尺宽，建筑有如打禾场。两个长边垒起土泥墙。倾斜下去的一边为前边，是开敞的，第四个边则被一间小屋的泥壁封堵起来。在那间小屋里，是那个由二至四人操纵的风箱。燃烧场的上面布上拳头大小的无烟煤块。再上

---

① 杨宽：《中国古代冶铁技术发展史》，上海人民出版社2004年版，第81页。

② 彭泽益：《中国近代手工业史资料》第一卷，生活·读书·新知三联书店1957年版，第54页。

③ 笛楼、石青：《修武铁矿及晋城冶铁调查报告》，《焦作工学生》1932年第1卷第2期，第282页。

面放上大约一五〇个十五英寸高,上面直径六英寸、用耐火土制的坩埚。这些坩埚里面都充填上一种混合物,这种混合物作如下的安排。将矿石用手敲碎,用一个筛子把较大块剔去,小块同碎的无烟煤和小块含铁多的矿渣混合在一起,然后倾入坩埚里面。坩埚与坩埚之间的空间仔细地填充上无烟煤块,最后在坩埚层上面撒上一层无烟煤块。在这上面随后又放上第二层被充填的坩埚,计一五〇个。这一层也是用煤掩盖上。上面放置上旧的,不能用的坩埚,并且在前面同样垒上一道由横列的旧的坩埚构成的墙壁。然后燃气火来,并煽进风去。等到热度够高的时候,就停止吹风,因为自动地钻进去的空气是足够维持火焰的。"[1] 这样最基本的坩埚制作流程就说明白了。接下来所要做的事情就是看炼出来的铁的用途了,是用于铸器还是锻铁。如果是为了铸器,就把坩埚从火中取出,并把里面的流质倾倒在一块平地上。这就成为一种薄片、形白而脆的铁。如果想要锻铁,那就让这一堆在四天之内慢冷却,然后击碎坩埚,在坩埚的底上就是半球状的铁块。"以上两种这样练出来的生铁的价格是十多个铜钱一斤(合三个马克一公担)。"[2] 为了更为直观的呈现坩埚的制作情况,现援引两张图片用以说明。

　　李希霍芬对坩埚的炼铁过程给出了详细的描述。李希霍芬所描述的坩埚炼铁是在方炉中所熔炼的,文中对方炉结构、形状有所描述。方炉,"长方形之意,就平地筑之,三面围以四尺于高之墙,一面底有小洞,通于墙后,以于风箱相接,风箱之后,还有墙,其上则箍成半圆形,以避炉中之火,两旁有口,人可以出入,筑炉之材料,为已使用之旧坩埚及砂石,粘土等,炉底并不特别建筑,铺平即可"[3]。坩埚装好材料之后,放于方炉之内进行冶炼。坩埚内的材料是烟煤、黑土、矿石按比例配比

---

　　① 彭泽益:《中国近代手工业史资料》第二卷,生活·读书·新知三联书店1957年版,第139页。

　　② 彭泽益:《中国近代手工业史资料》第二卷,生活·读书·新知三联书店1957年版,第139页。

　　③ 笛楼、石青:《修武铁矿及晋城冶铁调查报告》,《焦作工学生》1932年第1卷第2期,第282页。

图2 山西大阳镇炼铁厂图片

注：图片来自丁格兰著，谢家荣译《中国铁矿志》，实业总署重印，民国二十九年，pl. xxx。

图3 山西大阳镇装坩埚图片

注：图片来自丁格兰著，谢家荣译《中国铁矿志》，实业总署重印，民国二十九年，pl. xxx。

而成，没有严格的规定，主要看铁矿石的含铁比例及杂质多少而定。李希霍芬所见到的方炉是大炉，一次可以烧大约150个坩埚。还有一种普通的方炉，每炉大约可以130个。

从装炉开始到出炉，大约需要一夜的时间，"开炉后用长铁又取锅出，放冷，击碎之，即得生铁，六十余锅，普通可得生铁五百斤"①。

在大阳一带，每炉所费之材料及工价，约如下表3：

表3　　　　　　　　　　　大阳一带炼铁炉所费材料价目

原料	量数	单位（斤）	单价（文）	总价
玉河炭	2000	斤	3文	6000
矿石	1500	斤	2文	3000
黑土	600	斤	4文	2400
烟煤	100	斤	3文	300
粘土	520	斤	1.2文	724

注：根据《修武铁矿及晋城冶铁调查报告》所给出的数据编制而成。

方炉出产的生铁，与近代冶金学中所称之生铁，不完全相同。土法所产生铁，"成分极杂，多含土质及少量焦炭，一也；铁质易展，含炭较少，二也；含硫，磷极多，较新法生铁多至二至十倍，此其三也。故其生铁自近代冶金学视之，实非上品"②。吴斗庆在《泽州地区传统冶铁技术初探》中对坩埚炼出的铁依照品相的特征划分为四等："出炉生铁分为四级：一等铁铁块外形整齐、光洁、每块重10—15公斤；二等铁铁块表面有均匀蜂窝，铁内杂有炉渣，每100公斤，以90公斤折称；三等铁表面不规则孔隙更多，含渣在30%以上，经常装炉重炼，不计入产量；四等铁为3—5分之粒铁或者海绵铁。"③

---

① 笛楼、石青：《修武铁矿及晋城冶铁调查报告》，《焦作工学生》1932年第1卷第2期，第283页。

② 笛楼、石青：《修武铁矿及晋城冶铁调查报告》，《焦作工学生》1932年第1卷第2期，第283页。

③ 吴斗庆：《泽州地区传统冶铁技术初探》，硕士学位论文，山西大学，2007年，第16页。

下表 4 为泽州大阳镇生铁成分分析表：

表4   泽州大阳镇生铁成分分析

名称	比重（%）
铁	87.59
硅	未知
磷	0.225
炭	2.27
硫	0.154

注：根据《修武铁矿及晋城冶铁调查报告》所给出的数据编制而成。其中硅的含量因材料问题，无法获得可靠数据。

方炉所炼出的生铁，杂质太多，其根本原因是由于土法冶炼技术太过落后。据英国派定及斯帝德之试验，以泽州铁矿用新法化铁炉制炼，所得成分如下表5：

表5   泽州铁矿成分

名称	比重（%）
铁	92.16
混合炭	0.25
石墨炭	3.50
锰	0.60
硅	2.5
硫	0.03
磷	0.96
合计	100

注：根据《修武铁矿及晋城冶铁调查报告》所给出的数据编制而成。

从大阳所炼的生铁和泽州铁矿的化学成分对比来看，生铁杂质高的原因并非出自矿石，是冶炼技术的问题。

2. 炒炉技术

坩埚炼铁法所炼出的铁主要是生铁，生铁炼出后，一部分直接供给锅货炉，熔铸成大铁锅之类的铁器具，另一部分铁则经过炒炉炒出后变成半成品，再经过条炉变成熟铁，下面我们就来看一下这种炒炉技术。由生铁炒成熟铁，费两步重要手续，经过二种火炉，一、炒炉，二、条炉。但在炒炉之前，还有一种火炮炉，所占的比重不太，没什么影响力，不予深究。

所谓炒炉，就是把方炉练出来的生铁，变成熟铁。"炉之位置，系在地内，使炉口与地面相平，炉腹修于地下，炉面之中部，有砖墙一，墙后置风箱，其下有孔，可送风力于炉内。建炉之材料，则多用砂石，炼时须用木柴先添炉内，木柴之上，堆置生铁，俟柴大燃后，体积略减，铁即渐沈落炉内。"[①] 在冶炼的过程中，若是火焰太高就要泼水，使其火焰下降。等到铁完全进入炉内，用铁棍搅拌，到将熔未熔的时候，用长铁叉，一块一块取出，然后把它制作成长约一尺的圆柱形铁棒，即成熟铁。这种铁的重量大约十五斤左右。但此种熟铁，做工粗糙，质量不高，一般难以使用，所以必须经过另外一种炉的冶炼方可使用。"炉中温度不足以溶化生铁，适足以熔化生铁内所含之渣滓，使其与铁相离，每炼一炉，约需一点钟，夜间不停，每日夜可出二十一炉，每炉约装生铁二百斤，木柴一百至一百二十斤，可得疙瘩铁约一百六十斤，每炉每日夜用生铁四千斤，木柴二千斤，出熟铁约三千二百斤。"[②]

每一炒炉，共用工人十三名，但同时只有六人工作，剩下的人预备替换。这六人工作之分配：一炉头，负责搅炉中之铁；一人撑箱；二人锤铁；二人扇风。

炒炉所出之铁，除了供应条炉，没有单独售卖的。下面看一下炒炉原料工价情况：

---

① 笛楼、石青：《修武铁矿及晋城冶铁调查报告》，《焦作工学生》1932 年第 1 卷第 2 期，第 286 页。

② 笛楼、石青：《修武铁矿及晋城冶铁调查报告》，《焦作工学生》1932 年第 1 卷第 2 期，第 287 页。

表6   炒炉原料工价

名称	重量（斤）	价格（文）
生铁	4000	200
木柴	2000	24000
工资		6210

注：根据《修武铁矿及晋城冶铁调查报告》所给出的数据编制而成。文中所给出的价格为总价。

在炒炉冶炼完以后，炉底会有渣滓，这些渣滓含铁量很高。一般会卖给疙渣炉，这种铁的价格很低，每斤约制钱六文。

3. 条炉技术

条炉，就是把炒炉内炒出的熟铁，再用此炉进行冶炼，即打成长约一尺五时，宽约一尺之长形条铁。"炉之位置，系安于三尺高，五尺宽之炉台，以砖制之，炉内有小孔一，与墙后之风箱相接，炼时炉内先装无烟煤块，次将炒炉内炒出之熟铁装入，上盖粘土制成之圆形大盖，俟烧红时，用长铁又取出，先用錾子破开，再烧红取出，锤为长条，即成条铁，或少烧一次，打成长一尺，宽二时，厚数分之扁块，名曰小板铁。"[1]普通疙瘩铁一千斤，可制条铁七百五十斤。

表7   条炉原料工资价目

名称	重量（斤）	价格（文）
疙瘩铁	900	108
无烟炭	1200	4000
工资		4000

注：根据《修武铁矿及晋城冶铁调查报告》所给出的数据编制而成。

每炉用工人六名，一炉头撑箱子，三人用锤打铁，二人轮流扇风，每天十二时，可出铁七百斤，工资与炒炉略同。

---

[1] 笛楼、石青：《修武铁矿及晋城冶铁调查报告》，《焦作工学生》1932年第1卷第2期，第288页。

此外还有疙渣炉与货炉二种。疙渣炉是用来冶炼炒炉所遗留下来的渣滓，冶炼完备以后用来铸粗重货物。货炉则是用方炉所炼出的生铁，装入坩埚内，熔了以后铸造各种生产用具。这两种炉，无论是从构造还是冶炼方法都与方炉十分相似。不同之处在于原料和产品上。

4. 炉场的出现及发展

坩埚炼铁的技术发展，方炉的产量升高，生产的规模也相应地扩大，传统的一家一户的生产方式已经不适合生产力的发展，炉场就产生了。炉场的经营者和劳动者分离开来，产生了近代化的生产方式。"乾隆三十九年（1774）出现了三顺号，乾隆五十二年（1787）的三义炉，都是手工工厂性质的合作组织。"① 炉场的产生使得方炉、炒炉、条炉生产体系化。"但是，在道光以前的百余年间，发展并不大。直到道光以后，才逐渐发展起来，出现了很多炉场。"② 下表根据《民国山西实业志》中《晋城县炼铁业现况一览》中大阳地区的炉场的情况编制而成：

表8　　　　　　　大阳地区的炉场情况

厂房名	聚兴岐	协泰山	吉星山	德盛山	永盛岐	同兴岐	龙盛岐	协泰岐
地址	大阳镇	大阳镇	大阳镇	大阳镇	大阳镇	大阳镇	大阳镇	大阳镇
设立年月	民间十年九月	民国二十四年四月	清光绪十五年七月	民国二十年八月	民国二十三年九月	民国二十三年九月	民国二十一年九月	民国十九年八月
组织	合资	独资	合资	合资	合资	合资	独资	独资
资本额（元）	2000	1800	3500	100	100	150	100	600
职工数	94	76	98	10	10	15	10	55
原料用量（斤）	26000000	1800000	2600000	400000	400000	600000	400000	2400000

① 靳虎松：《晋城大阳铁业》，山西省晋城市政协编：《晋商史料全览·晋城卷》，第156页。

② 靳虎松：《晋城大阳铁业》，山西省晋城市政协编：《晋商史料全览·晋城卷》，第157页。

厂房名	聚兴岐	协泰山	吉星山	德盛山	永盛岐	同兴岐	龙盛岐	协泰岐
产量（斤）年产额 年产额		1000000	1400000	200000	200000	30000	200000	1200000
产值（元）	22800	17400	21000	1800	1800	2700	1800	10800
备注	生、熟铁炉	生、熟铁炉	生、熟铁炉	生铁炉	生铁炉	生铁炉	生铁炉	生铁炉

注：《民国山西实业志》，山西省地方志办公室编，山西人民出版社出版，四七七（巳）—四八一（巳）。

从上表8可以看出，大阳当地的炉场主要设立在道光至民国年间，大阳当地的冶铁业在这段时间内一直很兴盛。从出资的资本额度中可以看出，炉场所需的资本较大，个人很难承担这么多的资本支出。所以大阳当地的炉场大多是合伙经营得，也有部分独资的。这些炉场规模较大，所需要的劳动力较多，出现了经营者和劳动者分离的雇佣劳动的生产现象，由此，产生了资本主义的生产方式。从炉场的产铁的类型上看，似乎这些炉场是专业化生产，有专门生产生铁的，有生熟铁一起生产的。这些炉场规模不同，所拥有的炉数也有不同。据山西省志记载，凤台县的炉房及炉数列举如下表9：①

表9　　　　　　　　　凤台县境内炼铁炉房及炉数

地名	炉名	炉数	地名	炉名	炉数
来村河	蔚泰昌	14	来河村	晋生昌	6
来村河	福金山	8	来村河	隆泰义	6
来村河	隆兴山	22	来村河	福顺昌	5
来村河	泰盛岐	15	奎泰山	协义岐	8
奎泰山	德风岐	6	奎泰山	平坎炉房	5
奎泰山	魁兴山	5	南庄	岐山盛	12

① 山西省地方志编纂委员会：《山西旧志》，中华书局，第649—650页。

续表

地名	炉名	炉数	地名	炉名	炉数
南庄	永泰山	6	蛤蛤沟	裕益岐	7
蛤蛤沟	裕益岐	12	西太阳	双森岐	13
西太阳	去星山	20	西太阳	裕泰昌	12
西太阳	进泰山	8	西太阳	永泰山	7
西太阳	裕泰昌	5	西大沟	歧山盛	12
四村河	奎泰	5	四村河	义生岐	7
四村河	金盛岐	12	柳树底	积盛山	8
四村河	金殇岐	14	柳树底	益盛永	7
大南沟	山和义	8	柳树底	泰盛山	14

注：文中所提的"西太阳"应是现在的"西大阳"，同样的情况也出现在李希霍芬的著作中；而"去星山"应该是上面所提到的"吉星山"。山西省地方志编纂委员会：《山西旧志》，中华书局，649—650页。

从表格中可以看出，就整个凤台县而言，大阳当时所有的炉场数量、炉数都占有不小的比重，吉星山炉场是大阳当地规模最大的炉场。

"风箱响，十六两"，这是大阳当地的民谣。在当地，炉是以风箱为单位的，一口风箱就是一张炒炉。"方、炒、条炉之间，八张方炉供一张炒炉原料，一张炒炉产出的半成品需四张条炉才能制成板铁。方炉不足的炉场，靠收购小炉生铁解决。"[1]

虽然在大阳出现了资本主义生产方式的炉场，但是在当地还是存在着家庭作坊式的手工炼铁者。这些家庭手工炼铁者大多是季节性的，只有在农闲的时候进行生产。这些小生产者大多把产品卖给炉场，"他们将产品供给炒炉，经济上依附于炒炉"[2]。

泽潞地区的制铁业和铁器贸易一直到清末民初仍然维持着一定的规模．据光绪版的《凤台县志》记载："昔也，铁冶遍于西南，岁入白金数十万……万金之家遍于各里，夙称巨富者十余户。"[3] 从灾荒年的社会赈

---

[1]　靳虎松：《晋城大阳铁业》，山西省晋城市政协编：《晋商史料全览·晋城卷》，第159页。

[2]　靳虎松：《晋城大阳铁业》，山西省晋城市政协编：《晋商史料全览·晋城卷》，第157页。

[3]　（清）张贻管修、郭维垣纂：《凤台县续志》叙，清光绪八年刻本。

济中把制铁业作为重要的救治对象，就足以说明制铁业在当地社会生活中的重要性。"凤民以铁炭为生涯，丰年亦利赖于力作，岁既不收，铁货尤滞，穷民失业，饿毙亦多。县令赖昌期请于宫保曾诚毅伯（曾国荃，时为山西巡抚），借拨银二万两，散给铁炉炭窑，令其兴作以养工匠。"①

（二）大阳镇制针业的发展情况

大阳冶炼铸造业发达，明清时期是全国制针业的中心，也是大阳历史中最为繁华的时期。关于大阳的针，有大阳针出自"三周纂两大阳"的说法。德国学者李希霍芬曾言到："在欧洲的进口货尚未侵入以前，是有几亿人从凤台县取得铁的供应的。……大阳的针供应着这个大国的每一个家庭，并且远销中亚一带。"② 可见这一地区的制针业之发达。

大阳镇制针业从何时兴起，史书上没有明确的记载，方志上亦难找到相关的只言片语。在东周村仙师庙内，现存清雍正五年（1727）年碑文一块，上载："乡人复塑针翁。"③ 此次修建针翁神像是重修，可知在此之前就已经存在针神信仰了。碑文现存高平市马村镇东周村仙师庙内。

西大阳针翁庙碑文《西大阳针翁庙创建碑记》中记载：

> 公中业此者，旧有三、二家而止，今则列肆矣，屈指不能尽。至工一艺而资以养生，比屋而是……辛巳之际，杀人枕藉，而吾乡存活者为多，此业赖耳。迩以兵火之余，南路经商悉废，其北向者，推此货为首务，日打其缺，价且大踊，成获数倍息，甚有发越于不訾者。顺治十年春季、前奉直大夫、今列编氓黄冠道士、七十四翁里人、秋水王国士撰。④

----

① （清）张贻管修、郭维垣纂：《凤台县续志》卷一，清光绪八年刻本。
② 彭泽益编：《中国近代手工业资料》，生活·读书·新知三联书店1957年版，第178页。
③ 《□□□□门楼并重修石桥碑记》，勒石于清雍正五年（1727），现存高平市马村镇东周村仙师庙内。
④ 《西大阳针翁庙创建碑记》，薛林平等：《大阳古镇》，中国建筑工业出版社2012年版，第242页。

　　此碑文上所记载的创建针翁庙的时间为顺治十年（1653）。这是目前所能确定的有关针翁神信仰的最早的确切的时间，这时针翁神信仰在西大阳已经形成。文中还提到"辛巳之际，杀人枕藉"。"辛巳"年所指的时间应该是明末崇祯十四年。这一年"两畿、山东、河南、浙江、湖广一带，大旱"，而且正值明朝末年，各地农民起义，天下大乱，"吾乡存活者为多，此业赖耳"。当时，大阳制针业，就已经形成了规模。"公中业此者，旧有三、二家而止，今则列肆矣，屈指不能尽。至工一艺而资以养生，比屋而是"，从制针业在大阳出现到形成大阳当地独特的产业，进而出现针翁神庙，在时间上和大阳当地的传说是吻合的。

　　明朝宋应星的《天工开物》中对传统的制针工艺有明确记载的，"凡针先锤铁为细条，用铁尺一根，锥成线眼，抽过条铁成线，逐寸剪断为针。先搓其末成颖，用小槌敲扁其本，刚锥穿鼻，复搓其外。然后入釜，慢火炒。炒后以土末入松木火天。豆豉三物掩盖，下用火蒸，留针二三口挿挿于其外以试火候。其外针入手捻成粉碎，则其下针火候皆足。然后开封入水健之"①。大阳镇的制针工艺又糅合了一些较为先进的技术。明清时期大阳镇的制针生产出现了分工，"从生铁到钢丝都是由各个作坊完成，只有从钢丝制成针，才有各家做成。无论妇孺老幼都能参与进来"②。从人们取得钢丝进行加工开始，到制成针所需要的环节并不像外界所说的有 72 道工序那么复杂。据大阳镇裴家传统制针传人裴向南介绍，"大阳钢针的制造要经过一系列的流程，从取火开始，要经过凿条、滚圆、截断、锤扁、凿孔、磋尖、煅针、热淬、冷淬、制炭末、制土末、制豆豉、入釜掩之、复磋、剪修针孔、粗抛光、细抛光等一系列的步骤，成品完成然后分封"③。"当时大阳除去少数官宦家族，整个平民无论贫富都参加了制针的手工业生产。每年农历十月初一晚上吃罢'瞪眼食'（粳米干饭），人们就要在麻油灯下通宵彻夜地加工了，到处都能听到隐隐的

---

①　（明）宋应星：《天工开物》卷中，明崇祯初刻本。

②　裴向南口述。裴向南，1950 年生，家里世代业针，父辈为当地能工巧匠，自幼耳濡目染手工制针技艺，成年后得父亲制针流程传授。2012 年被评为省级非物质文化遗产手工制针传承人。

③　裴向南口述。

锤敲钻磨声。"①

　　大阳镇所产的钢针有五种不同的型号，不同型号的钢针有不同的用途。据裴向南介绍："大阳针有五种不同型号的钢针，钢针型号之间的长度相差为两厘米，最大号的钢针主要出口到俄罗斯和蒙古，用于缝制皮衣、皮帽等。普通的钢针和绣花针都可以做，也可以通过商号定制。"②当地的卖针歌唱到："头号针能纳千层底，二号针能缝万件衣。三号四号老常用，针线活儿不可离。五号钢针虽然小，大家小户离不了"③。另一首卖针歌也提到了钢针的不同的型号，"头号钢针长又长，赛过罗成一条枪。威风凛凛上战场，单人独马战虎狼。二号钢针明又明，当中粗来两头细。三号钢针三月三，三打三战在三关。用处最多三号针，不粗不细也不短。四号钢针尖又细，一年四季不能离。能绣花，能做衣，还用缝补纳袜底。五号钢针数他小姑娘小姐离不了。"④当地的卖针歌用了一种简单、诙谐的方式，把不同型号的钢针的特点、用途给描述了出来，也是一种对大阳钢针宣传的方式。

　　大阳手工制针业辉煌了几百年，发展至近代已不适应生产力的发展，逐渐被现代化的生产所取代。山西晋城县五龙河西村之大德制针公司，创设于民国九年，其公司实现了生产的现代化，其机器主要从日本进口。大德制针公司的出现，标志着大阳传统的手工制针业的彻底没落。

（三）大阳镇冶铁的衰落

　　大阳镇冶铁业曾盛极一时，为大阳镇带来了财富与名望。但是，传统的冶炼技术有它的落后性，在遭遇了近代工业的冲击后，被淘汰是它

---

①　靳虎松等：《明清时期泽州凤台的大阳针业》，山西省晋城市政协编：《晋商史料全览·晋城卷》，第177页。

②　裴向南口述。

③　靳虎松等：《明清时期泽州凤台的大阳针业》，山西省晋城市政协编：《晋商史料全览·晋城卷》，第182页。

④　靳虎松等：《明清时期泽州凤台的大阳针业》山西省晋城市政协编：《晋商史料全览·晋城卷》，第180页。

不可避免的命运。除此之外，还有很多的不利的因素，使它的发展裹足不前。

　　缺乏创新性是大阳地区的铁业衰落的重要原因。档案中写到："从明朝万历年间至现在，五百余年的悠久历史。各种铁的制成品，经常销行在广大的国土上。因它缺乏科学研究，始终停留在前数百年原有基础之上，无进一步改造。"① 从这段材料中可以看出，当地的铁的生产在几百年里没有发生变化。这使得当地的铁很难再和洋铁竞争。彭泽益《中国近代手工业史资料》中载："一八六四年钉条铁进口仅九〇、六〇一担，而一八六五年到一二八、七〇二担，其中欧陆提供三六、〇〇〇担，余数来自英国。这项商品货物在持续不变的价格上容易销售，平均每担二两五钱，而中国土铁是不能在这个价格下生产的。"② "由于外国制成的铁器输入以后（这种铁器可以由水路从通商口岸运来），山西铁器的销售额和总产量便已大大地减少，同时为要尽量供应原有的市场，曾经求助于降低原有的价格，因而也降低了制造者的利润。"③ 可以看出山西地区的铁已经受到影响了，后来价格的降低会使得制造者生产积极性进一步降低，从而使得铁的生产进一步减少。

　　冶铁业的生产是山西财富的主要来源之一，山西铁货曾经行销大半个中国，在中国的铁货市场上占有重要地位。自从洋铁货进入中国后，山西的铁货市场严重萎缩，销路局限于中国北部。销售的缩减、价格的降低导致了生产者生存更加艰辛。"洋布、洋纱、洋花边、洋袜、洋巾入中国，而女红失业；煤油、洋烛、洋电灯入中国，而东南数省之柏树皆弃为不材；洋铁、洋针、洋钉入中国，而业冶者无事投闲，此其大者。尚有小者，不胜枚举。所以然者，外国用机制，故工致而价廉，且成功亦易；中国人用人工，故工笨而价费，且成功亦难。华人生计，皆为所

---

　　① 《晋城铁业初步调查研究》，1947 年，油印，现存于山西省档案馆，档号：A71－5－12－1。

　　② *Returns of Trade and Rrade Reports*，1865 年，转引自彭泽益《中国近代手工业史资料》卷二，生活·读书·新知三联书店 1957 年版，第 171 页。

　　③ *Report by Baron von Richthofen，On the provinces of Honan and Shansi*，1870 年，转引自彭泽益《中国近代手工业史资料》卷二，第 175 页。

夺矣。"①

　　制针业是大阳的支柱产业。"在欧洲的进口货（洋铁）尚未侵入以前，足有几亿的人是从（山西）凤台县（即晋城县）取得铁的供应的。……因为凤台县就生产铁来说在原来潞安府所属各县中是名列前茅的。而在凤台县境内，大阳（镇）又是生产铁的主要地点。在大阳地方的无数人家里也是经营各种小的铁工业部门，特别是铁丝和针。大阳的针供应这个大国的每一个家庭，并且运销中亚一带。在早先时节，几乎全国所需用的缝针是由这里来供应。"② 供应几亿人这种说法有些夸张，但是也能反映出制针这一行业在中国的影响力。而欧洲洋针入侵后，大阳地区的制针行业受到了严重的冲击。土法炼制的钢针质地柔软，而进口钢针质地光滑、坚硬。而且进口钢针在价格上更具有优势，"上等洋针每箱五十万颗售价八十至一百海关两"③。山西所产的钢针很快失去了市场。李希霍芬在《中国》中写到："当我来在此间的时节，世代相传从事此一工业部门的一些家庭正在趋向于没落。尽管是人们极度地辛勤，到底还不能够使价格降低到每九十枚售五十文以下。商贩们照例从远方前来。就连现在，产量还是很大的。但这些人是怀着忧郁的心情来端详我拿给他们看得英国针的，因为他们应当心里明白，这种针比他们的要高明多了。"④

　　在国内其他地方也面临着同样的情况。"如以吾粤论，佛山针行向称大宗，佣工仰实物以千万计。自有洋针，而离散殆尽矣。"⑤ "自通商以来，佛山针行之大废殆尽；妇人织坊之业，荡然无存。"⑥ "土针行：亦本乡特产，用熟铁制成，价值不一，行销本省各属。咸同以前最盛，家数约二三十，多在鹤园社花衫街口岗等处。后以洋针输入，销路渐减，今

---

　　① 郑观应：《盛事危言》卷七，转引自彭泽益《中国近代手工业史资料》卷二，第165页。

　　② 李希霍芬：《中国》，1882年，转引自彭泽益《中国近代手工业史资料》卷二，第175页。

　　③ *Reports and Returns of Trade*，1879年，转引自彭泽益《中国近代手工业史资料》卷二，第177页。

　　④ 李希霍芬：《中国》，1882年，转引自彭泽益《中国近代手工业史资料》卷二，第175页。

　　⑤ 刘桢麟：《论各省善堂宜设工艺厂以养贫民》，转引自彭泽益《中国近代手工业史资料》卷二，第175页。

　　⑥ 麦仲华：《皇朝经世文新编》，转引自彭泽益《中国近代手工业史资料》卷二，第175页。

仅存数家。"① 下表 10 为清代从国外进口的铁与针的情况：

表 10 　　　　　　　　　　　清代进口铁和针情况

年代	铁		针	
	担	海关两	万根	海关两
1867	113441	263553	20729	53671
1868	272875	665915	51790	265348
1869	419394	951100	88685	230089
1870	368629	741030	46347	83067
1871	219836	433511	55798	93671
1872	256417	700897	91117	161525
1873	205720	391421	139591	226806
1874	246761	696716	133068	216030
1875	442198	983588	82363	127558
1876	325038	749269	68529	105529
1877	462686	906235	90284	158937
1878	541163	958629	60815	97937
1879	810686	1380569	89224	152059
1880	864043	1546065	193394	314610
1881	748557	1292965	201160	334969
1882	746624	1284071	185364	285682
1883	817521	1484393	151798	209019
1884	843582	1483329	171186	190868
1885	1202881	1993167	176290	260982
1886	1100842	1793355	187583	273148
1887	1023060	1680033	227336	310732
1888	1298408	2185280	273523	299136
1889	1148729	2075778	187387	242375
1890	1124341	2127363	228675	316578
1891	1726056	3182613	312426	404945

① 冼宝干：民国《佛山忠义乡志》卷六，转引自彭泽益《中国近代手工业史资料》卷二，第 175 页。

续表

年代	铁		针	
	担	海关两	万根	海关两
1892	1359343	2559210	304354	304345
1893	1083415	2226141	259210	382494
1894	1185411	2467590	212172	317963

资料来源：历年海关报告，转引自彭泽益《中国近代手工业史资料》卷二，第164页。

附注：1867—1973年的价值，原为上海银两，已换算为海关两（上海银两：海关两：111.4＝100）。1874年起为进口净数。

除却西方先进的生产工艺对中国铁制品的实力碾压外，本国也有种种不利因素影响着铁业的发展。例如，对工商业者勒索榨取事例，"（山西凤台）（光绪初年）曩者，该县铁炉生意最多，后因外商来泽买办铁货，炉户往往用其银两，交货不足，以致外商不来，炉户歇业者十居八九。该令欲传唤炉头，谕令复业，用意良佳。但推歇业之由，止归咎于各炉户交货不足，似不尽然……否则，民间有利之事，必为奸胥蠹役所垂涎，往往以稽查为名，假公济私，百计阻挠，诸多掣肘。故民间欲为之者，必须将衙门内外人等，各予以年例规费而后其事得行。迨其事行，而其利已无几矣。又复多为名目，横添枝节，俾规费年增一年，非但胗其脂膏，必使之削骨见髓，而犹噬吮之不已。小民歇业之由于此者，或亦不少。该令欲兴复铁炉，尚须体察前项情形，其由于时势人事者，非贤令尹所得而主持也。如或从前有所谓规费之类，设法裁汰，俾穷商一无所累，则炉户可望复十之四五。如其不能，则反复开导之劳，适为奸胥蠹役兴利而已。虽家喻户晓，彼小民欲食力营生，乃无厚利可图，岂能听乎？"[1]

天灾的破坏。"（晋城）在前清道光年间，其业（炼铁）甚为发达，全县炉数，计千余座之多。光绪大旱，民遭大祲，地方凋敝，炉数顿减

---

[1] 曾国荃：《曾忠襄公批牍》卷四，转引自彭泽益《中国近代手工业史资料》卷二，第316—317页。

过半。"①

市场的波动和外来商货的侵入。"到民国七年，外洋日本人口了大批款项到晋城收买铁板熟铁等，和各炉户定货，虽知不口多时，日本人（不知什么原因）和原来各炉户所定的铁货全部不要，并通过当地政府迫使各炉户归退款项，曾经几次派代表与日本人交涉无效，结果各炉户无法，迫不得已将已出的铁货减价赔本销售。这样一来使各炉户破产停业。当时破产停业的有三十余个炒炉（当时有七十余个炒炉经这次破产只剩下四十余个）。到民国二十六年又发展到六十八各炒炉，民国二十七年日本占领晋城后，铁叶生产全部垮台停业了。"②

大阳铁业大多是家庭作坊式的生产方式，本小利微，对市场的依赖性大，容易受到波及。铁户除了要应对自然灾害以外，还有面对统治者的盘剥和外来商品的入侵，生存举步维艰。种种原因导致的结果就是，以大阳为中心的冶铁行业的衰落。

三　大阳铁业的经营管理及生产方式

清代中后期，大阳出现了炉场。炉场从资本的组织方式到产品的统一销售都表现出了专业化、集约化的特点。在炉场内部的生产组织管理过程中，无论是工人的生产情况还是原料上都进行了核算和监督，以求控制铁业生产成本、提高铁业产量。

（一）铁业资本组织方式

铁业手工工厂具体的表现形式是炉场。炉场的出现是大阳铁业生产发展、规模扩大的产物。在手工工厂出现以前，大阳一直是一家一户的手工炼铁，规模很小，大多只把炼铁当成是副业，并没有形成规模生产。后来规模扩大，这就要求投入大量的资金。

---

① 山西省地方志办公室编，《民国山西实业志》，山西人民出版社 2012 年版，四七八（巳）

② 《晋城铁业生产的初步研究》，手写，1946 年，现存于山西省档案馆，档号 A82 - 5 - 112 - 1。

下表 11 为摘引自《民国山西实业志》中大阳地区的炉场的情况：

表 11　　　　　　　　　　大阳地区的炉场情况

厂房名	聚兴岐	协泰山	吉星山	德盛山	永盛岐	同兴岐	龙盛岐	协泰岐
地址	大阳镇	大阳镇	大阳镇	大阳镇	大阳镇	大阳镇	大阳镇	大阳镇
设立年月	民国十年九月	民国二十四年四月	清光绪十五年七月	民国二十年八月	民国二十三年九月	民国二十三年九月	民国二十一年九月	民国十九年八月
组织	合资	独资	合资	合资	合资	合资	独资	独资
资本额（元）	2000	1800	3500	100	100	150	100	600
职工数	94	76	98	10	10	15	10	55
原料用量（斤）	26000000	1800000	2600000	400000	400000	600000	400000	2400000
产量（斤）年产额	年产额 1000000	1400000	200000	200000	30000	200000	1200000	
产值（元）年产额	22800	17400	21000	1800	1800	2700	1800	10800
备注	生、熟铁炉	生、熟铁炉	生、熟铁炉	生铁炉	生铁炉	生铁炉	生铁炉	生铁炉

注：山西省地方志办公室编《民国山西实业志》，山西人民出版社 2012 年版，四七七（巳）—四八一（巳）。

从材料中可以看出，炉场的规模较家庭手工作坊式要大很多，有的炉场需要近百人的，炉场内各种铁炉也比较齐备。这就需要注入大量的资金，从表格中可以看出当时兴办炉场所需要的资本数量。这样，多数的炉场选择以合资的形式进行经营。《晋商史料全岚·晋城卷》载："方炉出现后生产力发展，生产规模扩大，生铁冶炼要求劳动分工进一步细化，由个体农民转化而来的手工业者已无法解决生产中遇到的种种问题。由此，出现了合作经营的炉场。乾隆三十九年（1774）出现的三顺号，乾隆五十二年（1787）的三义炉，都是手工工场性质的合资组织。"[①] 也

---

① 靳虎松：《晋城大阳铁业》，山西省晋城市政协编：《晋商史料全览·晋城卷》，第 156 页。

有少数炉场完全是个人独立出资。有时，炉场"资金周转不开的时候，商业资本和高利贷资本便乘机渗入。二仙掌姓赵的资本家逐渐据了红花沟炉场，长子地河庄的资本家开办了岐山炉场"①。

炉场的生产采用合营或者私营的方式进行生产，而家庭的手工作坊并不是这样。据档案记载："除东沟、柳树底有太谷东家拿款经营少数炉外，大多数都没资本，多是自东自营。"② 他们的生产是根据客户要求进行生产，在生产上有时还要依托客户所提供的资本进行生产。铁业档案中记载："□较好家庭有主要技术工人者，再顾几个普通工人，或请个炉头，就藉上客人资本干起活来。自己只有炉场工具，没有资本；客人买货便做，客人不买工厂便停。炉户只有炉厂、工具，而没有历年积累的资本，不能独立地恢复营业。"③

若是借助客户的资本进行生产的，货物销售的利润就要被资方给分去一些。由于大阳镇资料有限，现用大阳镇相邻的村庄来看一下利润的分配。民国"二十五年大岭头锅炉、每炉成本九元四角一分，售价十一元五角，纯利二元九分。工资一元六角，劳方41%，资方59%"④。同年，"南村炒炉，每炉成本69元，出铁2450斤，售洋73元5角，纯利洋4元5角。工资14元，劳方估77%（生活费在内），资方估23%（系纯利）。以上例子是选择一个最高的与最低的比较"⑤。

从两个例子中可以看到，劳方和资方所分配的利润是有差距的。普通一般都是劳方60%，资方40%。因为这一工作主要赚的是劳力钱，资本是借助客人的，所以劳方利润一般要比资方大。

（二）铁业生产组织的内部管理

1. 铁业工人的工资、管理情况

明清时期，炉场的工资是和产量相互关联的。"当时炉场普遍实行的

① 《晋城文史资料》第八辑，政协晋城市文史资料委员会，2003年12月。
② 《晋城铁业调查材料》，铅印，1948年9月，共三份，档号：A12-7-4-3。
③ 《晋城铁业调查材料》，铅印，1948年9月，共三份，档号：A12-7-4-3。
④ 《晋城铁业调查材料》，铅印，1948年9月，共三份，档号：A12-7-4-3。
⑤ 《晋城铁业调查材料》，铅印，1948年9月，共三份，档号：A12-7-4-3。

以产量定出勤、奖金占大头、是实物与货币相组合的血汗工资制度。当时劳动报酬，分基本工资和奖金两个部分。基本工资行话白头，奖金行话铁头。"① 从材料可以看出，这个时期的工资制度是按劳动产量而定的，也就是多劳多得。明清时期的泽州铁业的工资不是以钱为单位的，当时晋城的"工资标准，一般是以小米计算。以扇火的为起码点，一个扇火的每日赚小米四升，普通工人赚六升，技术工人九升，这是货快时最高工价。如货物销售迟滞，行情不大，一个扇火的普通每日赚米三升，工人赚米四升半，技术工人赚米六升。炒炉工资普遍是依据第一个作标准，一般货炉是依据第二个作标准"②。

此外在方炉与炒炉上还有按产量计资制。"依普通产量作标准，超过者加资付给。如方炉普通产量是420斤，每斤给资二厘五分，如每炉430斤，则超过此数按三厘计，如440斤，超此数每斤按四厘五计。"③

除工资外，还有奖励。"如连烧八火不休息，每火产量与规定数相等者，名为硬八炉，每个技术工人奖白面一斤。如连烧八火，每火超过原定数者，每个技术工人奖白面二斤，名为单铁面。如连烧五个八火不休息者，吃三滚面，每人加白面四斤。至于软八炉，虽是连烧八火，但数量即不到一般数量，每人也要加面，但不如硬八炉那样光荣。"④

铁业工人工资水平因分工、产量不同而有所不同。炉的类别之间也会有所不同。在打铁炉中也出现了用工资薪金激励生产的方式。民国档案载："按职务不同给以固定薪津，工作好的逐渐提升，薪津一至八倍。工人除方炉外，都是按技术分工，规定不同工资。按日计工，做一天赚一天工资，停工就停资了。但方炉是按出产计待遇，每炉规定出铁标准420斤，是有一定工资，但超过420斤的数字，加双算工资，要是超450斤每人得赏白面一斤，超460斤每人得赏白面二斤，以资励勉，这样也可

① 《晋城文史资料》第八辑，政协晋城市文史资料委员会，2003年12月。
② 《晋城铁业调查材料》，铅印，1948年9月，共三份，一正两副，现存于山西省档案馆，档号：A12-7-4-3。
③ 《晋城铁业调查材料》，铅印，1948年9月，共三份，档号：A12-7-4-3。
④ 《晋城铁业调查材料》，铅印，1948年9月，共三份，档号：A12-7-4-3。

节俭原料，多出产量，是劳资两利。"①

表12　　　　　　　　民国六七年（1917—1918）的工资情况

职务	工资（文）	备注
炉头	680	
倒三班	640	
搅铁	600	
正扇火及拌柴	400	
半扇火及拌铁	240	每月工资可买6升小米

注：根据太原市档案馆档案编制而成，档号A12-7-4-3。

大柜一般薪津按吃住在柜上。现将大柜人员工资情况列表如下：

表13　　　　　　　　　炉场大柜人员工资情况列表

职务	工资（吊）	备注
经理	50	约50000文
采购	40	
会计	32	
外厂及总□各36	36	
铁匠	30	
伙夫24	24	
看炉三人	24、18、10	
学徒三人因入柜年代不齐	16、12、6	管饭有够零花，不够穿

注：根据太原市档案馆档案编制而成，档号A12-7-4-3。

由此可以看出，大柜上的人员实行的是供给制。大柜薪津差额比较悬殊。学徒，炉上工人的工资差额有一倍至三倍之差。

按条炉看，原来二个小工顶一个二工，三个小工顶一个头工。公办

---

① 《晋城铁业调查材料》，铅印，1948年9月，共三份，档号：A12-7-4-3。

条炉是二个小工就顶一个头工了。

晋城县（即旧泽州）民国十七年铁业工会议定之炒炉工人工资列表14，以资参考：①

表14　　　　民国十七年时期铁业工会议定之炒炉工人工资列表

工别	人数	工资	奖金
炉头	1	850	500
倒三班	1	800	450
校铁	1	750	350
正分	4	500	230
半分	4	400	180
拌材	1	500	200
拌铁	1	400	100

按上表自十七年三月起施行，工人路途远者，再加给数十文

注：根据《修武铁矿及晋城冶铁调查报告》所给出的数据编制而成。

从条炉、炒炉的工资水平的设定上来看，冶炼行业所实行的工资制度大多是为了鼓励生产工人进行生产。

2. 铁的生产过程中的管理

（1）生产过程原料及人员配备情况

铁在冶炼过程中，从原料做成生铁，再从生铁做成熟铁，最后到做成产品，会有很多环节，不同的环节所需要的劳动力、原料是不相同的。在铁的冶炼过程中，出现了集约化分工生产的现象，如前文中提到过的炒炉供应条炉、条炉供应货炉，也出现专门生产生铁和熟铁的炉场。这种集约化的生产有利于提高产量，达到专业化生产、节约劳动成本的目的。

晋城各种炉每炉每日所需劳力、原材料的数量各不相同，以下分别列表说明：

---

① 笛楼、石青：《修武铁矿及晋城冶铁调查报告》，《焦作工学生》1932年第1卷第2期，第287页。

表 15　　　　　　　　　晋城县民国二十五年各种铁炉生产统计

项别 数目 炉别	炉数	每炉 人工数	全炉工人总数			生产情况			
			技术 工人	一般 工人	合计	每炉 每日 产量	全年 生产 天数	每炉 全年 产量	总产量
方炉	376		376	1580	1956	450	200	90000	33840000
炒炉	36	37	216	1116	1332	2500	200	500000	18000000
老条炉	20	14	60	22	280	450	150	67500	1350000
老锅炉	49	14	147	539	686	875	180	17000	7717600
锅货炉	44	14	132	484	616	700	180	126000	5544000
熟铁碎货炉	875	6	875	4375	5250	50	200	10000	8750000
合计	1400		1806	8314	10120				
备考	1. 方炉内大方工 38 个每炉工人 7 个，余为小方炉每炉工人 5 个。2. 炒炉产量按经条炉以成铁计算。3. 锅炉产量以每炉每日出印锅 400 印每印 20 斤重量计。4. 老锅炉只生产 16 印以上至二十四印之老锅，锅货炉生产 16 印以下印锅及各种碎货，熟货炉内包括钉炉丝板炉。								

晋城各种炉每炉每日所需劳力统计表 16—表 20

表 16　　　　　　　　　　　　条炉劳力生产情况

项目 原别	单位	重量	采原工人 （人）	运输折人工 （人）	小计 （人）
炭	斤	2800	5	27	32
铁	斤	600		10	10
工人及职员	工人				11
	职员				2
	运输成品出口 4800（折人工）				48
合计					103

表17 炒炉劳力生产情况

项目 原别	单位	重量	采原工人 （人）	运输折人工 （人）	小计 （人）
柴	斤	2200	36		36
砖	斤	60	1		1
生铁	斤	4500		75	75
工人及职员	炒炉工人				13
	职员				3
合计					135

表18 方炉劳力生产情况

项目 原别	单位	重量	采原工人 （人）	运输折人工 （人）	小计 （人）
石矿	斤	1800	6	18	24
矸	斤	1200	2	12	14
炭	斤	2000	3	21	24
黑土	斤	1200	2	12	14
柴	斤	60	1		1
工人及职员	方炉工人				5
合计					82

表19 小板炉劳力生产情况

项目 原别	单位	重量	采原工人 （人）	运输折人工 （人）	小计 （人）
柴	斤	4800		80	80
工人及职员	四个炉工人				24
	杂工				4
	运输成品出口2300				198
合计					306
说明	一个炒炉需四个小板炉，所以按四个小板炉计算				

表20 货炉劳力生产情况

原别＼项目	单位	重量	采原工人（人）	运输折人工（人）	小计（人）
炭	斤	3000	5	30	35
矸	斤	1100	2	9	11
铁	斤	1000		17	17
工人及职员		工人			12
		杂工职员			5
		运输成品出口750			72
合计					152

附注：

1. 本表运输以人工为计算标准。在运输上主要以畜力车，因为炉有远有近不等，为便利计，故其运输力折成人工（见以上五表）。

2. 每种铁货成品，必须都经几个生产过程。如做成八印锅，先经方炉做成生铁，再经货炉。小板铁先经方炉再经炒炉、小板炉，然后才为成品。再各个炉所须工人上亦各不相同，为便利计，便以各种炉为计算人工单位。

铁在生产的过程中出现了专门化和集约化，这种生产方式有利于节约生产资料和劳动成本。对铁业的发展有促进作用。

（2）组织领导

按一个炒炉设一个大柜，直接领导炒炉一个，条炉四个，圪磴炉一个。各炉每天所炒的熟铁条炉必须打完。各炉之间形成统一领导，每隔十天休息二天，每月做工二十四天。

大柜除供给原料及保管成品外，还养有铁匠，提供炼铁工具，养有技术人才二人。炉上工人遇有疾病请假时，可派养的技术人员去代班工作，以资补无故停工的缺点。大柜还专门收留一定的学徒，让他学技术，但炉上没有学徒，因为分工明确，一个人顶一个人用，所以大柜培养学徒来接济二人。

（3）铁货行店的作用

铁业发展了，铁货行店一定要随着发展。铁货行店在生产者与贩运者中间起着桥梁作用：对生产者说来，保证将生产成品推销出去，再购

进原料，能扩大再生产，没有积压资本之忧。对贩运者说来，由于他对
炉户不了解，不知哪里产什么货，通过他的关系能充分满足购货客人的
要求，保证按时收到货物。这是一方面。另外对货物质量提高上也有影
响，行货店收货不要孬货，因此炉上怕货推不出去，也不敢做孬货。多
以铁货行店对铁业发函与否也是关系很大的。行店的制度如下：

①代客卖货，抽卖主手续费1.5%，抽炉户手续费0.5%，共计2%。

②代客买卖完全负责。如炉上交不了货或炉户遇事垮台时，行店赔
偿，保证客人不受损失。

③代客催货，只抽客人一五手续费，不抽炉户。

④代客买卖都立有契约，一般是先交款后取货。现款交易者多是小
贩客商。

⑤客人结账，大者平均一年一次，小者三月，较小客人临时结算。

行店中的主要人物，首推各炉定货人。其条件：第一要完全了解炉
户情况。第二要能认识货物的好坏、行销路线。第三要会承揽客人买卖。

（4）师徒关系

在师徒规定上，也是学习三年。惟铁业行是个出力工作，非年到十
八岁以后，举不动铁棍、铁锤（方炉货炉是铁棍，炒炉条炉等是铁锤，
每件重量三十斤至六十斤），一般体力小的人是没有当徒弟的条件。在旧
社会里铁业带徒，必须取得厂方同意，否则不准带徒。因为：第一学徒
劳动抵不住一个工人。第二学会本事是徒弟的，名誉是师傅的，用料却
是厂方的，因此厂方往往拒绝把式带徒。初学徒时只能赚个扇匣钱，到
三年上能赚个普通工人钱。在学徒时是有一定的规矩，学炉头就是炉头，
学打锤就是打锤，不是一下子都能学会。在炉头学成时，虽然在技术上
与一般炉头同，而不经过谢师请同行吃饭，仍不能赚炉头工资，同时大
家也不承认。虽经手续承认了，但还不能揽厂方的炉，要揽炉必须经过
自己师傅答话，厂方才给。这是方炉、炒炉、货炉的情况。至于碎货炉
学徒，吃是自家的，又不赚工资；穷人学不起，富人不去学，所以家传
的多。不过铁业行道不管方炉、货炉与碎货炉，都有个共同特点：

①同是给厂方出卖劳动力。

②虽然三年谢师，但时间是活的，啥时学会啥时算。

③师徒之间同是赚厂方工资，没有直接剥削关系（碎货炉自家动作者有）

由于有这几个特点，技术不能改进，质量提不高也就是肯定的了。

（三）大阳镇铁业产品的销售

大阳镇煤铁资源丰富，冶炼所需要的各种原料也很齐全，因之很自然的成为冶炼的重要之地。大阳镇的铁产品以小板铁为主，从铁的质地上看，介于软、硬之间，铁性中和。除满足自己需要之外，还供应别的地方。据档案中记载"东沟、大阳、来村方炉、炒炉多，专门出产铁货原料供给各处。而南村等地便是各种货炉（炒炉、条炉、老条炉、百货炉、锅炉等），专做成品，向外推销，形成自然地集散地。"① 这则材料中提到南村这个地方，"晋城南村是各种铁货的聚集地"②。南村是泽州地区的一个重要的铁货集散地，"除吸收本地铁货外，并有阳城、荫城、长子一部，都由此向外推销"③。大阳镇的铁货大部分也是拿到南村进行售卖的。从南村铁货的销售上，大致可以推断大阳镇铁货的销售范围及销售的路线。

南村铁货的销售"一般分为西南路与东南路，又□东河南与西河南，西河南是洛阳西安一带。东河南是开封、商丘、禹州、漯河、徐州、曹州、济南、大名一带，沿有陕西、河南、江苏、山东、河北诸省"④。在另一份档案中也提到了东河南、西河南。这份档案中提到了东河南包括"禹州、尧湾、洛河、开封、郑州、曲冯集、台湾、山东、青岛等地"。西河南包括"洛阳及豫西各地"。这两份档案中出现的地名有些差异，但从销售的路线方向上来看是一致的。除在外地市场销售以外，在本地的市场也有销售。

据档案记载，发往不同地方的铁货产品是不同的。东河南"主要是

---

① 《晋城铁业调查材料》，铅印，1948 年 9 月，共三份，档号：A12 - 7 - 4 - 3。
② 《晋城铁业调查材料》，铅印，1948 年 9 月，共三份，档号：A12 - 7 - 4 - 3。
③ 《晋城铁业调查材料》，铅印，1948 年 9 月，共三份，档号：A12 - 7 - 4 - 3。
④ 《关于晋城铁货运销的调查报告》，手写，一份，1945 年，现存于山西省档案馆，档号：A71 - 5 - 197 - 1。

老锅、改托、装锅、钉子、对口、八印"①。"主要是耳货（尺七、尺八、大小黑岭、高耳黑岭）、钉线、熟铁原料（小版、对桶、花铁）、红钉、六百支箭、炉盘、炉条、火口、鞋钉等。"② 在本地的各个市场上"主要是尺七、尺八、小小版、中大版、三股铁、对桶、十八至二十四印锅、西箭、西铧、镰刀、锄头等"③。

以上是民国中期以前的销售情况。民国后期泽州各地的铁业受到了破坏，在销售的路线方面也出现了不同。销售的路线仍是以南村为出发点，主要有以下几条路线：一、由南村到清化、徐梁，再到新乡，分发于东河南等地；二、由南村到鱼台、冶戍、泗水、再发到洛阳，分发于豫西各地；三、南村发到翼城关，分发于晋西南及陕西各县；四、由南村发到邯郸，再分发各地。④ 随着泽州铁业的衰落，发往这些地方的铁货的种类和数量都减少了。

随着铁货行业的发展，出现了类似于掮客的铁货行店。铁货行店起着中间商的作用，对生产者说来，保证将生产成品推销出去，再购成原料，能扩大再生产，没有积压资本之忧。对贩运者说来，由于他对炉户不了解，不知哪里产什么货，通过他的关系能充分满足购货客人的要求，保证按时收到货物。行店后来也兼管运输的功能。南村就是一个行店中心。

铁货对外销售的主要运输方式是担挑驮运。在大阳镇的君泰号就经营着一个驮帮，为铁货的长途运输提供服务。⑤ 运货的时间是"冬三个月，春三个月。春天有农忙，减少到四分之三。夏秋两季则占有百分之五左右。运送下去铁货计算全年估计在两千万斤上下"⑥。铁货的数量巨大，需要大量的人力进行运输。档案中做了一个大概的统计，"在晋城境

---

① 《晋城铁业调查材料》，铅印，1948 年 9 月，共三份，档号：A12 - 7 - 4 - 3。
② 《晋城铁业调查材料》，铅印，1948 年 9 月，共三份，档号：A12 - 7 - 4 - 3。
③ 《晋城铁业调查材料》，铅印，1948 年 9 月，共三份，档号：A12 - 7 - 4 - 3。
④ 《晋城铁业调查材料》，铅印，1948 年 9 月，共三份，档号：A12 - 7 - 4 - 3。
⑤ 君泰号遗址现在仍在，此系君泰号主家后人口述。
⑥ 《关于晋城铁货运销的调查报告》，手写，一份，1945 年，现存于山西省档案馆，档号：A71 - 5 - 197 - 1。

内周林、大阳、东沟、南村、犁川、黑石岭到山下□□□五十里，四天路程。每天行四十里，每人八十斤，则1500万斤货运到山下需要七十五万人"①。这样，转业经营运输的行店、驮帮就出现了。

通过档案，可以看到大阳镇铁货的大致销售的方式。但是，大阳镇的钢针的销售却不是这样的。钢针小而轻，家家都能做，不需要专门的驮运。据大阳镇裴向南介绍："钢针是通过针行销售的，针行就设在针翁庙内。有专门的商号到这里来收购。业针的人家把制作好的针打包好以后直接拿到针行交给收购的人即可。"② 针的销售也有时间性，农闲的时候针的产量大，农忙的时候针的产量就小很多。除了有商人来到这里收以外，当地的商人也自己经营制针业。前提到的君泰号的业务种类中，针就是其中之一。也有的人家把针做好以后自行销售的。根据李记针店及其后人李连五回忆道："在以前，以卖针为生的人家，一年四季走州过府，推着独轮车或者肩挑货担赶集赶会，销售钢针。"③ 当地的《卖针歌》里唱到："小小钢针做得精，卖遍天下四大京，东京卖到汴梁地，西京卖到长安城。南京卖遍应天府，北京卖遍顺天城。东京军师苗光义，西京军师徐茂公。南京军师刘伯温，北京军师喇嘛僧。四大军师合一处，不如蜀汉一孔明。南阳诸葛真神算，能比西岐姜太公。小小钢针光油油，扬州徐州州达州。山西泽州出铁货，好马出在口外头。"④ 另一首卖针的歌曲里唱到："滴溜当啷两面牌，好似鲤鱼戏莲台。鱼戏莲台台还在，莲戏鲤鱼不再来。东至岱岳西至川，北至鞑靼南至蛮。北方鞑靼说番语，南方蛮儿打乡谈。北方冷，南方热，不冷不热到中原。人人都说中原好，人手无钱到处难。你也难，我也难，你难我难不一般。你难怕我钢针不好使，我难好货卖不了你的钱。"⑤ 当地的钢针行销范围广泛，这些卖针歌曲形象的说出了大阳钢针的销售范围，虽不一定准确，但也能看出大

---

① 《关于晋城铁货运销的调查报告》，手写，一份，1945年，现存于山西省档案馆，档号：A71-5-197-1。
② 裴向南口述。
③ 李连五，泽州县大阳镇一分街人，祖上世代业针，现在仍经营一个业针的小店。
④ 当地卖针流传下来的歌曲，传为赵永昌针店传下的手抄残本，经后人整理而成。
⑤ 当地卖针流传下来的歌曲。

阳钢针的巨大的影响力。

四　铁业生产与大阳地方社会

铁业是大阳地区的支柱产业，铁业的发展对大阳当地产生了重要的影响。由于冶炼行业的兴盛，当地的社会生活也为之发生变化。俚言云："黑行不动，百行没用；铁货之口，人民受穷。""不怕三年天大旱，只怕一年不打铁。"大阳地区冶炼的历史悠久，对当地的地理环境产生了很大的影响。当地的政府也对铁业生产进行干预。当地的铁业商人凭借冶铁走向富足以后也积极的承担社会责任，积极捐资，支持地方的公益事业。

（一）铁业生产对当地环境的影响

大阳当地铁业发达，这得益于当地的原料多，出产富。根据调查，"晋城大阳、东沟、来村河一带，附近数十村都是铁产区。矸、矿、黑土、煤炭蕴藏非常丰富。南村周围各村，虽亦有铁产原料；但较大阳、东沟、来沟河等处为数较少。因之很自然的形式东沟、大阳、来村方炉、炒炉多，专门出产铁货原料供给各处"①。大阳出产铁、炭非常丰富，对当地群众的经济生活也起着很大的影响。从此可知大阳铁业与大阳人民经济生活关系。大阳当地的铁矿、炉场、铁矿窑、矸矿、黑土窑随处可见。

铁业的利润高，自然吸引很多人从事"黑行"②。据说当时大阳的黑行从业人员有近千人。从业人员多，为了追求利润就出现了滥采滥挖的现象。当地人基于保护风水的因素考虑，禁止滥采滥挖。在清乾隆元年（1736）八月，当地百姓共同设立《禁穿凿碑文》。碑文正文如下：

> 香炉山系大阳东西两镇发脉之源，最为要地，不宜伤损。乾隆

---

① 《晋城铁业调查材料》，铅印，1948 年 9 月，共三份，一正两副，现存于山西省档案馆，档号：A12－7－4－3。

② 大阳称商户为白行，称窑炉为黑行。

元年，因穿凿窑口，五月初四日，呈报本县仁明罗老父师大老爷案下，蒙批勿得穿凿，有伤风脉，立右永禁。乾隆元年桂月，大阳五里绅衿，乡地耆民公立。①

在乾隆四十一年的时候大阳镇村民又一次设立禁矿的碑文。此次禁止挖矿的原因是，除了因为怕有伤风水外，"有碍于神祠"。不同于上一次的禁穿凿碑。此次达成的协议有明确的禁止采矿的区域。现将碑文录入如下：

> 阳阿之北岭山势袤延，冈峦层叠，镇边依岭为屏，盖一乡之保障也。具岭建舍五楹，左祀土谷之神，右为施茶之所，事神便民，制甚善矣。奈历年既久，日就倾圮，兼之此地有剧矿之害，无知群小，横加凿削，不惟有伤于山脉，抑且有碍于神祠。爰于今岁仲秋捐金增修，缺者补之，倾者植之，庄严神像，丹垩栋壁，不数日而金碧交辉，焕然改观矣。功既竣，将谋勒石，以垂久远，因众相议曰：不杜其害，则今日之成功仍作曩日之废坠。自兹以往，宜永禁剧矿，不特同岭之人不得复蹈前辙，即事外之妄作者亦必鸣官究治。庶几，神灵安乎山脉完固，往来行旅得以息肩，受庇者实在多人，岂止一乡一镇之利也哉。兹将捐金姓氏开列于左…一合岭公议永禁不许剧矿。东至东岭，西至西岭，南至坡脚，北至大河水心。大清乾隆肆拾壹年岁次丙申十月吉日合岭士民公立。玉工李成镌。②

道光年间是大阳铁业发展的一个重要的时期。大阳地区的铁业主要是以炉场的生产方式为主。炉场的生产需要大量的水。而再炼铁的时候排出的废水会让河流变脏，污染当地的水质。在清道光五年（1825）十一月十五日勒石：

---

① 《禁穿凿碑文》，现存泽州大阳镇西街，该碑镶嵌于墙上。
② 《补修茶棚岭神庙兼禁剧矿碑记》，茶棚岭，清乾隆四十一年立。

　　吾山之麓为香炉山，香炉山者，大阳发脉之源也。大阳邨南有两河，其大河之源即发于山之西北隅，潆回曲折，如带之围，环抱两邨，万家居民利赖无穷。道光乙酉岁，忽有距邨百余步，紧依合水龙口创开烧铁炉厂，既有损于风脉，复有碍于河道。合镇绅耆皆虑其贻害我邨也。禀官饬禁。蒙仁明荣大老爷金批："此河既系香炉山来脉，不许行炉，有伤风脉。"兹恐后世复有靠山临河行炉坏脉者，爰勒斯石，永为禁耳。

　　道光五年十一月十五日，大阳西社绅衿耆庶仝立石①

　　从此次的禁行炉的碑文看，主要是炉场的生产污染了当地的主要河流而引起当地人的反对。而且这次的禁碑是由政府出面而禁止的。

　　矸矿是炼铁的材料之一。在矿石冶炼的过程中起着催化的作用，是生铁冶炼的重要材料。矸矿冶炼生铁后会产生废渣。村民冶炼生铁后随意的把废渣放置于村里的公共位置上，"徒一己之便者而积灰堆粪"，对当地环境造成了破坏。清道光十一年（1831）四月订立了禁止掘挖矸矿的村约。正文如下：

　　且夫神以洁净而始安，人以地灵而后杰。不可污也，不可损也！然吾窃见村中滋一时之利者而掘矿起土，徒一己之便者而积灰堆粪。斯诚有慢于神明而损于地气者也。余也，目击时弊，于心不安，遂纠合社而议之，金曰："此诚大弊，不可不除。自今以后，凡庙堂前后不许堆积灰粪。沿村百步以里，即自己之地，不准掘挖矸矿。"余曰："倘有负固不服者奈何？"金曰："此大公至正之事，谁敢不服。若有恃强借势、负固不服者，公同送官以凭究治。"余曰："善！"遂不辞荒陋，略书于石，以示永久云耳。道光十一年四月谷旦。②

　　在大阳镇都家山村也存在同样的问题，村民担心挖矿会破坏风水。

---

① 《禁行炉碑文》，道光五年，现存于泽州县大阳镇西街村汤帝庙内。
② 《永禁掘挖矸矿起土碑记》，道光十一年立，现存于泽州县大阳镇河底村。

相约刻立碑文予以禁止。"盖闻土为地之肉，石为地之骨，地之去土与石，犹人身之去骨与肉，其弊有不可胜言者。至矿洞之开，愈绽愈远；久之，坟墓之所在，皆矿洞之所有。下多筑矿之夫，上安先祖之灵，是坟冢反肇建于矿洞之上，祖宗其何恃以为安？此三者皆村中风脉之所关，即村中安危事系，不得不大费斟酌也。"① 村民为了避免村里的风水因采矿而遭到破坏，对采矿区做了明确的规定，"南至南山分水岭，西至官路，北至山神口口河，东至东沟底河交界以内，永杜此弊"②。"自今以往，倘有仍蹈此弊恬然不改者，是惟图一己之便，不顾一村之害"，村民会进行相应的处罚。

　　大阳镇这些禁约碑的出现，大部分是基于风水考虑，害怕采矿凿山破坏当地的风水。但是这些禁约碑的出现，无形中也起到了保护当地的环境作用。因为出现了明文的规定，村民就不能再随意的滥采滥挖，这也有利于当地的铁业的可持续发展。

图 4　山西大阳镇铁矿渣堆图片

　　注：图片来自丁格兰著，谢家荣译《中国铁矿志》，实业总署重印，民国二十九年，p. xlv。

① 《严禁挖矿坏风脉之弊告示碑》，碑存都家山村，清道光十七年立。
② 《严禁挖矿坏风脉之弊告示碑》，碑存都家山村，清道光十七年立。

炼铁产生的废渣还对大阳镇当地的地貌产生了影响。大阳冶铁历史悠久，尤其到了明清时期产量巨大。但是在炼铁过程中会产生废渣，这些废弃物被堆放在大阳镇的南面，经年累月的堆积，这里就成了一座座小小的炉渣山。因为这些炉渣中含有很多冶炼不彻底的铁，所以这些小的山丘铁的含量高。

这些小的山丘成为大阳镇发达的冶铁业的证明。

（二）地方政府对当地铁业的管理

明清两代，大阳铁业发达，土法制针行销大半个中国。清中叶至民国年间，冶铁业更是得到迅速的发展。在古代社会，官商一体的社会现象非常普遍，商业的发展始终离不开政府的影响，大阳这一地区也不例外。

当地政府对大阳铁业的管理主要依靠立法和商税。当地政府通过法令的形式对当地铁的生产产生影响。大阳镇乾隆年间的《禁穿凿碑文》中记载："乾隆元年，因穿凿窑口，五月初四日，呈报本县仁明罗大老爷案下，蒙批勿得穿凿，有伤风脉，立右永禁。"当地官员因群众的要求，对当地的铁业的开采，从法令上进行了限制。在《禁行炉碑文》中，当地政府因炉场"紧依合水龙口创开烧铁炉厂"，"有碍于河道"，对炉场下了禁令，不许在此行炉。"蒙仁明荣大老爷金批：'此河既系香炉山来脉，不许行炉，有伤风脉。'"[1] 这是当地政府直接对铁业进行的管理。

也有当地居民在开采冶铁的材料时侵犯了公众的利益，违反了村约，被送到当地的官府进行惩治的。道光年间大阳镇河底村就曾对禁止掘挖矸矿订立村规民约。民约规定，"凡庙堂前后不许堆积灰粪。沿村百步以里，即自己之地，不准掘挖矸矿。余曰：'倘有负固不服者奈何？'金曰：'此大公至正之事，谁敢不服。若有恃强借势、负固不服者，公同送官以凭究治。'"可以看出官府对当地铁业的发展起着或直接或间接的影响，官府作为乡规民约的保护者间接地影响着当地铁业。

当地政府对冶铁的另外一种管理方式就是商税。大阳镇制针业发达，

---

[1] 《禁穿凿碑文》，碑存大阳镇汤帝庙，乾隆元年立。

鼎盛时期大阳制针的人家有几百家。当地政府对制针业商税的管理从这块《沐恩刘老爷中止针税碑记》中可见一斑，正文如下：

> 窃思针，微物也；业针，末艺也；经切磋琢磨，数十余工，烦事也；终日劳瘁，所获仅数钱，小利也。谚喻徒劳之举曰"针尖削铁"。非目覩身亲者，乌能为是言乎？然而，凤邑西北，分技逞长，攻此者数千家，曷故？盖以土瘠民贫，合家劳攘尚可资养一二老弱，殆亦唐凤克勤之遗俗也欤？迨至前任余老爷，有'少增针税'之议，经前任刘大老爷急谕中止。良谓圣天子仁爱黎庶，贫者居先。本土业针，自古有年；原因手艺琐屑，所获无几，故无徵商之例；虽《条例》载有铁线一则，而来自广东落地征税，是铁线已有正供。业针者又于每月另有为微奉，尤属野人献芹之义，不在例内。若行更添，乃种地纳粮外复强佣力人加征矣。未能为国家增海之一粟，先使一方老稚妻孥饥饿流离。职司抚育者，讵忍出此？因之，既标明示，复令勒石，永寝斯议。兹详庙产而连类及此者，盖缘置产而复回赎，与沐恩而复追思，事虽不侔，而要皆业针者之宜永垂不朽也。后之仁明宰治斯土，岂不效刘公祖之体恤穷寒，岂不法妥父师之轸念工匠？凡我戚友，宜预谅勿蹈前辙，以免参商，是所祷求也。
>
> 时大清乾隆五十年岁次乙巳清和月谷旦
>
> 上村、中村、河东、南庄、下村、张庄、湾里、大阳等村业针人公记。①

碑文讲到业针的人数多达"数千家"，由此可见当地的业针业的发达。当地官府开始对制针业是征收商税的，"迨至前任余老爷，有'少增针税'之议，经前任刘大老爷急谕中止"。当地政府对制针业不再征收商税，也是促使大阳制针业发展的一个重要原因。

---

① 《沐恩刘老爷中止针税碑记》，碑存大阳镇西街镇政府院内，乾隆五十年立。

（三）铁业发展对当地社会的影响

1. 冶铁业的发展与社会风俗

打铁花是大阳镇一带有名的民俗活动。打铁花的出现是和当地发达的冶铁业有密切的联系。打铁花是把生铁先在炉内熔化，熔成粘而稠的液体，一个人用经过水浸泡的木勺从炉中取出，然后放到另一个人持的木板上，木板也是预先经过水浸泡过的。持板人将铁水洒向空中，随即用力往夜空中打去，铁水在空中就会变成漫天银星。

打铁花最初是为了祭祀、超度亡灵。所以最初只有在中元节或者清明节才举行。后来，打铁花被用来庆祝喜庆的节日，多在元宵节举行。大阳镇一带的打铁花活动是从冶铁演化出来的一种娱乐活动，这和大阳镇的冶铁史有关，是大阳铁业文化的重要内容。

2. 铁业的发展与地方公益事业

铁业的发展，使得当地从事冶铁行业的商人完成了最原始的资本积累。因此他们有资本投入到当地的公益事业上。现存大阳镇河底村的《重建舞楼补修大庙碑记》①中就有铁业商人的捐款，捐款名单整理如下：

表21　　　　　　　　《重建舞楼补修大庙碑记》捐款名单

名称	人数	捐钱数量	备注
永兴泰炉		20000	铁业
双兴泰炉		50000	铁业
李凤鸣		20000	
李海钱		50000	
李财钱、赵凤山、李峻、李永斌、李琇、李久敬、郭禄	7	21000	
李蓝田		10000	
李通财		7000	
张震、李连春	2	12000	
聚盛公窑		5000	铁

---

① 《重建舞楼补修大庙碑记》，道光二十年立，现存大阳镇河底村。

续表

名称	人数	捐钱数量	备注
刘耀、任荣山、李峰	3	5000	
李谦		4000	
李忠钱、李进有、李通发、刘得仁	4	8000	
李记昌、李丕绪、李进兴、刘得义、李丕铁、牛正如、原小狗李淮	8	12000	
协同公窑		1500	铁
牛志士、都维藩、李滋、邰佩麟、牛大发、苏恒基、宋全、李春芳、李春水、李裕兴、郭鹏程、李□、路全保、任□□、李□□、李□□、李□□、李□□、李永成、李福李国武、李新年、李凤麟、李明、李骏李亨业、王□孝、李心发	27	27000	
宋□□		700	
刘廷栋		600	
李文安、李张氏、王小根、郭祯、靳□、刘得发、李藏修、李春元、都友怀、姬顺兴、张□成、牛复生、任来顺、赵兴、牛得土、李得生、李来安	17	8500	
秦旺、李熟闹、崔东成	3	1200	
李应祥、李丕□、李丙□、陈保金、李末成、任汝霖	6	1800	
刘得智、李谊、李殿銮、李永立、李春兰、李玉、李永顺、李金水、李隋旺、杨岐山	10	2000	

注：表格是根据碑文整理而得。

此次捐款出现了炉场、窑厂的名字，数量不多，但是可以看出冶铁业的发展规模，并且铁业商人积极的投入公益上。

在东大阳关帝庙道光三十年《创修照壁重修万楼捐金字号名录》中，就出现了以炉场的名义进行布施的，此次布施，铁货行当出现的名字不多，仅元兴山一家。①

民国期间在补修东大阳关帝庙中，也出现了和铁业有关的捐款名单。

---

① 《创修照壁重修万楼捐金字号名录》，道光三十年，碑现存于东大阳关帝庙内。

东大阳的关帝庙是本镇的一所商业会馆，所以在碑文中出现了很多商业字号。而和铁有关的捐款是其中的一部分，现把碑文整理如下表22①：

表22　　　　　　《补修彩绘大阳东镇关帝庙碑记》铁行业捐款情况

地址	名称	捐钱数额	备注
本镇	老君会	未知	和铁业有关的工会组织
西镇	隆丰山	七仟文	
西镇	吉星山	伍仟文	

注：根据碑文整理而得，此处只列出了和铁有关的捐款情况。

大阳镇汤帝庙有《补修装饰针翁庙碑记》一块，正文已经漫漶。碑中记有捐款者辛未科状元张大经以及泰来号等二十多家商号名称。现将上面所列商号整理如下表23②：

表23　　　　　　　　《补修装饰针翁庙碑记》商号一览

序号	商号名称	捐钱数量	所属村落	序号	商号名称	捐钱数量	所属村落
1	泰来号	未知	大阳	13	永裕号	一两	大阳
2	□泰号	未知	大阳	14	晋通号	一两	大阳
3	吉春号	未知	大阳	15	顺兴号	一两	大阳
4	兴泰号	一两	大阳	16	人和号	一两	大阳
5	干元号	一两	大阳	17	恒昌号	一两	张庄
6	弘义号	一两	大阳	18	源兴号	一两	河东
7	广兴号	一两	大阳	19	正太号	一两	上村
8	广益号	一两	大阳	20	隆盛号	一两	下村
9	广□号	一两	大阳	21	兴盛号	一两	未知
10	王赐号	一两	大阳	22	振兴号	未知	未知
11	丰升号	一两	大阳	23	南庄号	未知	未知
12	义合号	一两	大阳	24	魁西号	未知	王家庄

---

① 《补修彩绘大阳东镇关帝庙碑记》，大中华民国十四年□□月立，碑现存于东大阳关帝庙内。

② 《补修装饰针翁庙碑记》，碑存大阳镇汤帝庙，乾隆二十二年立。

　　此次补修针翁神庙捐款的全是商号，这么多的捐款商号同时出现在一个行业神的庙宇中，可以肯定是和业针有联系，或者业针是其经营商品的一部分。

　　在大周村资圣寺内碑文《重修资圣寺记》也出现了铁业商人的捐款，捐募姓氏整理如下表24：①

表24　　　　　　　　　　《重修资圣寺记》捐款情况

姓名	人数	钱数	备注
体元典		12000	典当业
致中典		12000	典当业
理顺典		7400	典当业
文兴仁		3000	
永泰针店		3000	针店
公益礼记		3000	
复成窑		2500	
永裕针店		2000	针店
永成公		1500	
泰生当		1200	
（监生）王执中		4000	
三合货炉		1500	炉场
永复条店		1500	
公义合		1500	
永义条		1000	
荣顺盐店		1000	盐店
昌和堂		1000	
李朝如、赵显	2	6000	
王长德		1500	
王价		1000	
（即选教谕）马百明		3000	
（监生）韩柏龄		2500	

---

①《重修资圣寺记》，道光十六年立，现存于大周村资圣寺内。

姓名	人数	钱数	备注
（监生）魏致中		2000	
（监生）赵珏		1500	
（乡耆）侯于京、邵法全、张万祥	3	3000	
陈珏、陈监、（从九）李凤鸣	3	1500	
常德超、常德新		60000	内施木什钱20000
奉有贵、和敦信	2	50000	
□□□□		4000	
（武生）焦熙文		10000	
李本立		8000	
白丕元		5000	
韦信		3000	
秦福州		1500	
璩环		14000	
（乡耆）李芳林		36600	
（即选知府）李闲		4000	
贡生·牛培善、韩佛保、郝毓隆	3	3000	
韦璋、程玉发、（监生）韦礼、程模		108700	募钱
（武生）杨维溥		4□□□	募钱
焦坦		21000	募钱
焦塘		45247000	
李清			募钱
刘星耀、白丕烈、吴思明、武光远		38170	
武珩		21120	
和致信			

注：根据碑文整理而得。

可见，随着当地铁业的发展，大阳镇一带的铁业商人在当地社会中也开始发挥重要作用，社会地位大有提高。

3. 大阳镇的老君会、炉神会及针神信仰

在大阳当地存在过两个铁业行业组织，就是老君会和炉神会。太上老君是铁业工人的行业崇拜神。"盖谓太上之名，法师符咒所必称。老君之冶陶冶铸，销皆堂奉，立行分卦，有功于生民，为世人之所钦遵。炼海烧山为利于械器，尤冶行之所敬事者也。"① 大阳镇老君会形成在清中叶以后，比炉场形成的时期稍晚一些。老君会的形成是由大阳镇的铁业工人发起的。"大阳最初的炼铁者认为，冶铁业是火里求财，冶铁质量好坏、产量高低不在于技术的高低，而在于老君神的扶持。"② 老君会的形成是在炉神会之后。原因是炉神会不再是维护铁业工人利益的组织。老君会代替了炉神会，就成为铁业工人的自治组织，老君自然也就成了铁业工人的祭祀对象和铁业的守护神。

老君会内部有严格的规定。关于大阳镇老君会的内部规定资料较少，从《辛壁村志》上或可看到老君会的一些内部规定，兹为佐证。规定如下：

> 立协约德顺山炉等。凡我老君会各炉匠人工资，向以铜元起码。兹因银价跌落，亏累甚大，现共同约定，匠人工资一律以银计算。各炉户每出铁一百斤，以一角洋为标准，不准抬高，亦不能压低。自协定之日起，嗣后如查任何炉户有不遵情事，除停其炉口外，公同议罚，禁止先行开支工匠。空口无凭，立此协约为证。各炉户议定明年正月匠人，各炉户不准乱勾。如违，罚办为要。民国二十四年腊月公立。③

从规定中可以看出，作为一个自治的组织，老君会有较为严格的内部制度。

老君会作为铁业工人的组织，也起到维护工人利益的作用。据传，"在民国2年（1913年），爆发了熟行炒条炉工人罢工。大家推举小孩、金孩（人名）出头，向资方交涉，工人的要求没有得到解决。通过当时统治人民的基层组织'息讼会'，也没有效果，炉神会资方的代表和小

---

① 《老君庙碑记》，乾隆四十六年立，碑存沁水柳沟老君庙。
② 靳虎松：《晋城大阳铁业》山西省政协编：《晋商史料全览·晋城卷》，第162页。
③ 《辛壁村志》，转引自山西省政协编《晋商史料全览·晋城卷》，第589页。

孩、金孩就到县里打官司。县衙先把小孩押起来，让金孩回来领导工人生火，工人们不干，不涨起白头不生火，不管和谁说。当时，吉星山有个尖顶炉头受了资方的诱骗，生起火来。工人们知道后，半夜里进不了吉星山炉场，就从墙外向炒炉棚底仍飞砖，吓得他们赶快停止。太盛岐的福泰炉头也生起火来，工人们冲进炉场，把他捆出来，到老君会讲理。"①

　　炉神会原名寒令会。每年农历十月初一，人们都要给祖宗化锡箔送寒衣，并在野外祭祀孤魂野鬼。"铁矿工人认为，他们的劳动是在荒郊野地，时常在深夜进行，不免要和孤魂野鬼相撞，大家就挤出钱来，买些布化，在野外祭祀孤魂，凑起的钱财当年用不完留在下年用，同时选出人来经营。年代久了，形成了炉神会。"② 在紧邻大阳镇的南村曾有一座炉神殿，碑文记载，炉神"窥火候之机缄，功缘人力，参炉中之造化"③。炉神殿自建成以来"代远年湮，物久日敝，楼舍耸峙，不无风雨倾颓，法象尘封"④，所以进行了修葺。据碑文记载，此次重修为乾隆二十七年，那么炉神殿的修建最迟应该在乾隆初年。大阳镇和南村紧邻，以此推测大阳镇炉神信仰也应该出现在乾隆时期。炉神会的会址在大阳西镇的五虎阁上。

　　炉神会是铁业工人自发组成的一个组织，后来被炉场主利用。"到清朝末年，寒令会的积累大起来，经营的权利落到了炉场主的手里。炉场主利用这一组织，协调他们对铁业工人的劳动管理。每月初一、十五，炉场主聚集在这里，议定他们发给工人的实物价格。并且规定，每天在铁业工人的工资内扣除一文钱，作为寒令会的会费。"这样，"寒令会被炉场主掌握，变成了剥削工人的炉神会。"铁业工人在和炉场主斗争的过程中，新的代表工人阶级利益要求的老君会就成立了。

　　针翁神信仰是大阳地区比较独特的民间信仰，和当地的制针业密切相关。针翁是制针行业的行业神。行业神崇拜是随着社会分工和行业的

① 靳虎松：《晋城大阳铁业》，《晋商史料全览·晋城卷》，第162页。
② 靳虎松：《晋城大阳铁业》，山西省晋城政协编：《晋商史料全览·晋城卷》，第162页。
③ 《补葺炉神殿碑记》，现存南村镇西峪村李卫公庙。
④ 《补葺炉神殿碑记》，现存南村镇西峪村李卫公庙。

发生、发展，以及行业观念在从业者头脑中的确立而出现的。有了分工，有了行业，就各自有了自己的利益追求，适应本行业特点和需要的用来保护本行业利益的行业神就出现了。针翁神的出现就是业针这一行业的人所供奉的用来保护自身利益的行业神。

制针行业对大阳人的生存和发展起到过重大作用，因此对针翁神的祭祀也就成了当地历史文化的一个重要组成部分。

针翁神是以某位历史上的真人为基础形成的，但这个人究竟是谁，限于材料匮乏，并无定论，东周村仙师庙《□□□□门楼并重修石桥碑记》载："针翁不识何识，然而惠泽溥自不得不报本急也，斯殿甫成，而桥就倾圮。"在大阳镇，东、西大阳各有一座针翁庙。针翁神作为一个行业神，在泽州地区传播范围只限于大阳一带。

针翁作为行业保护神受到祭祀，人们希望针翁神能保佑这一地区的制针业繁荣昌盛，对它世代进行祭祀，以酬神明。①。

结　论

泽州铁业是山西特产之一，不独名闻全国，还扬名海外。从明朝万历年间至民国时期，有几百年的悠久历史。各种铁的制成品，经常行销在广大的国土上。因它缺乏科学研究，生产技术始终停留在数百年前原有基础之上，无进一步改造。而正因为它是一种特产，广大的中国人民在经济生活上仍和它保持着紧密关系，所以它的产量，永久保持在一定的水平上。泽州铁业的发展如何，对于当地人民生活与商业繁荣有决定的意义。

泽州大阳镇是泽州的制铁业中心之一，煤铁资源丰富冶炼发达，冶铁的历史可以追溯到春秋战国时期。在使用坩埚炼铁后，铁的成本进一步降低，练出的铁质量大为提高，从而使得大阳走向繁盛。明清时期制针业在这里兴起，迅速成了这一地区的支柱产业。这里所产的钢针行销

---

① 黄振华：《社会经济史视野下的针翁神信仰研究》，《晋城职业技术学院学报》2017年第1期。

范围极广，有"九州针都"之誉。在大阳保留了丰富而完整的炼铁技术，它有泽州地区冶炼的共性，同时也有自己的特点，是泽州炼铁的一个缩影。通过对大阳地区的铁业的研究，可以对明清以来泽州地区的铁的生产情况以及对当地的社会生活有一个更为清晰的认识，也对了解明清时期的泽潞商人乃至山西商人有一定的积极意义。